U0527300

京平说拆迁系列

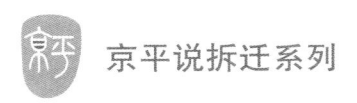

拆迁维权

实务及案例解析

第三版

赵健 刘春兴 ◎ 编著

中国法制出版社
CHINA LEGAL PUBLISHING HOUSE

序　言
民法典时代的征收拆迁

2020年5月28日，十三届全国人大三次会议表决通过了《中华人民共和国民法典》，其被称为"社会生活的百科全书"，是新中国成立以来首部以"法典"命名的法律。

《中华人民共和国民法典》共7编、1260条，各编依次为总则编、物权编、合同编、人格权编、婚姻家庭编、继承编、侵权责任编以及附则。民法典被誉为"新时代人民权利的宣言书"，通篇贯穿以人民为中心的发展思想，着眼于满足人民对美好生活的需要，对公民的人身权、财产权、人格权等作出了明确翔实的规定，并规定了侵权责任，明确了权利受到削弱、减损、侵害时的请求权和救济权等，体现了对人民权利的充分保障。[①]

自20世纪70年代末我国启动改革开放的宏伟进程以来，国民经济高速发展，城乡面貌日新月异，以高铁、高速公路、大桥、港口、机场、学校、商业综合体以及成片住宅区等为代表的城乡建设项目出现在祖国大地上，令人目不暇接。然而，国土空间是有限的，为了更好地发挥其经济、政治、社会、文化和生态等效益，就不可避免地需要拆除某一范围内原有的地上建筑物、构筑物或其他附着物，在原址上创设新的不动产样态。这就必然涉及土地征收、拆迁及其法律救济。

公允地说，大多数征收拆迁过程都是能够正常推进的。主导征收拆迁的一方与被拆迁的一方通过协商、谈判等方式在规定期限内达成合意，被拆迁人获得补偿安置后交出相应的房屋等不动产，再对土地进行整理后交由有关方面进场施工以实现拆迁目标。

[①] 《把对人民权利的保障落到实处 切实推动民法典实施》，载中国人大网，http：//www.npc.gov.cn/npc/c30834/202101/47af579e355c4b70862c97a081b97d1d.shtml，最后访问时间：2023年6月2日。

在党的领导下，我国先后制定了《中华人民共和国民法通则》（1987年）、《中华人民共和国合同法》（1999年）、《中华人民共和国物权法》（2007年）、《中华人民共和国侵权责任法》（2010年）以及《中华人民共和国民法总则》（2017年）等涉及被拆迁人基础权利方面的法律法规，为合法权利可能受到侵犯的全国各地广大被拆迁人依法维权奠定了基础。然而，由于没有一部统一的民事权利法典，被拆迁人的权利被分散在不同的法律法规之中，因此其合法权利无法得到更有效、更全面和更及时的保护。

《中华人民共和国民法典》的出台正当其时。正如《关于〈中华人民共和国民法典（草案）〉的说明》所指出的，"中国特色社会主义法治建设的根本目的是保障人民权益。改革开放以来，我国民事法律制度逐步得到完善和发展，公民的民事权利也得到越来越充分的保护。中国特色社会主义进入新时代，随着我国社会主要矛盾的变化，随着经济发展和国民财富的不断积累，随着信息化和大数据时代的到来，人民群众在民主、法治、公平、正义、安全、环境等方面的要求日益增长，希望对权利的保护更加充分、更加有效。党的十九大明确提出，要保护人民人身权、财产权、人格权。而现行民事立法中的有些规范已经滞后，难以适应人民日益增长的美好生活需要。编纂民法典，健全和充实民事权利种类，形成更加完备的民事权利体系，完善权利保护和救济规则，形成规范有效的权利保护机制，对于更好地维护人民权益，不断增加人民群众获得感、幸福感和安全感，促进人的全面发展，具有十分重要的意义"。[①]

征收拆迁中的民事权利保护是《中华人民共和国民法典》确立的民事权利保护体系中一个不可或缺的环节，《中华人民共和国民法典》的制定、颁布和施行为被拆迁人维护和争取合法权益提供了法律保障。以此为契机，作为社会主义法律工作者的律师在维护被拆迁人合法权益的征途中就更有信心行稳致远、笃定前行。

北京京平律师事务所自成立以来，一直都是在挫折中前进，在坎坷中成长。近两年，北京京平律师事务所的内部与外部环境也发生了较大变化。然而，无论怎样变化，其为全国各地广大被拆迁人提供优质的法律服务，运用法律武器依法保护被拆迁人的合法权益，确保全国各地涉征、涉拆、涉诉事项的稳定，在更高

[①] 《关于〈中华人民共和国民法典（草案）〉的说明》，载中国人大网，http：//www.npc.gov.cn/npc/c30834/202005/50c0b507ad32464aba87c2ea65bea00d.shtml，最后访问时间：2023年6月26日。

层次上和更大范围内助力各地经济社会稳定发展的初心不变。

一百多年来,党不畏艰辛带领全国各族人民走过了从站起来到富起来、从富起来到强起来的艰辛路程。北京京平律师事务所怀着对党的忠诚与热爱,紧跟依法治国的脚步,开启为全国广大被拆迁人依法维权的崭新航程,为在征收拆迁领域实现法治中国梦贡献一份独特的京平力量。

谨以本书作为京平律师拳拳之心、殷殷之情的见证。

赵 健　刘春兴

目 录

第一章 征收拆迁概述 ... 1
第一节 "拆迁"相关概念辨析 ... 1
第二节 城镇与农村征收拆迁的现状及发展 ... 2
第三节 民法典时代的征收拆迁及其维权 ... 7

第二章 征收拆迁的法定程序 ... 10
第一节 集体土地征收法定程序（2020年1月1日之前） ... 10
第二节 集体土地征收法定程序（2020年1月1日之后） ... 13
  典型案例1 征地批复被确认违法，助力当事人获得满意补偿案 ... 15
  典型案例2 《集体土地上房屋征收范围公告》未记载《征地批复》被确认违法案 ... 16
  典型案例3 集体土地征收补偿安置方案被法院撤销案 ... 18
第三节 农村集体经济组织收回土地使用权的法定程序 ... 19
  典型案例4 街道办批准收回剩余滞留户宅基地使用权违法案 ... 20
第四节 城市房屋拆迁法定程序 ... 21
  典型案例5 申请撤销《限期拆除通知书》获得支持案 ... 26
第五节 违章建筑拆除法定程序 ... 27
  典型案例6 棚户区改造项目违法强拆房屋案 ... 29
  典型案例7 企业职工拍卖购得房屋被征收案 ... 31

第三章 征收拆迁的应对 ... 33
第一节 概　述 ... 33

拆迁维权实务及案例解析（第三版）

第二节　征收拆迁维权前的准备工作 ················· 34
第三节　被拆迁人如何争取合理的拆迁补偿 ············· 36
第四节　与征收方签协议应该注意哪些事项 ············· 37
第五节　需要避免的一些思想误区 ··················· 38
　　　　典型案例8　对商铺作出的《征收补偿决定书》被撤销案 ······ 39

第四章　征收拆迁补偿与安置 ···················· 41
第一节　农村征地补偿 ························· 41
　　　　典型案例9　《征收补偿决定书》因征收范围不合法被
　　　　　　　　　　撤销案 ······················· 49
　　　　典型案例10　拆迁征收方剥夺安置地点选择权违法案 ······ 50
　　　　典型案例11　经村委会、镇政府同意协议买房后被强制
　　　　　　　　　　撤销权属证书案 ·················· 52
第二节　城市拆迁补偿 ························· 53
　　　　典型案例12　以低于附近房价的评估价格进行拆迁确认
　　　　　　　　　　违法案 ······················ 56
　　　　典型案例13　《房屋征收补偿决定书》被依法撤销案 ······ 58
　　　　典型案例14　征收补偿决定被依法撤销案 ············ 59
第三节　企业拆迁补偿 ························· 60
　　　　典型案例15　某冷藏厂拆迁维权案 ··············· 70
第四节　房屋拆迁中的特殊问题 ···················· 72
　　　　典型案例16　拆迁前的补偿安置方案违法案 ·········· 79
　　　　典型案例17　棚户区改造项目未达成拆迁补偿协议违法
　　　　　　　　　　拆除案 ······················ 80

第五章　房地产评估 ·························· 82
第一节　房屋的评估程序 ························ 82
　　　　典型案例18　棚户改造依据往年房价出具《房屋征收
　　　　　　　　　　补偿决定书》被撤销案 ··············· 83
第二节　估价工作实务分析 ······················ 85
第三节　评估机构的选择 ························ 86

目 录

    典型案例 19 评估机构选择权被剥夺确认违法案 …………… 87
  第四节 房屋价值评估的标准 ………………………………… 88
    典型案例 20 基于半年前评估价值时间点出具的《房地产征收
          估价分户报告》作出的补偿决定被撤销案 …… 90
  第五节 收到评估报告后该如何应对 ……………………………… 91
    典型案例 21 农村拆迁房屋评估机构虚假委托案 …………… 92

第六章 强制拆除的程序及救济 …………………………………… 94
  第一节 合法强拆的法律程序 ……………………………………… 94
    典型案例 22 当事人被强制拆除房屋违法案 ……………… 98
  第二节 非法强拆的形态及救济 …………………………………… 99
    典型案例 23 合法商铺被违法强拆案 …………………… 103
  第三节 合法强拆与非法强拆的误区 …………………………… 105
    典型案例 24 拆迁补偿协议未达成一致被强拆违法案 …… 109

第七章 对被拆迁人的行政救济 ………………………………… 111
  第一节 政府信息公开制度 ……………………………………… 111
    典型案例 25 旧城改造项目征收不履行信息公开职责
          违法案 ………………………………………… 113
  第二节 行政复议制度 …………………………………………… 114
    典型案例 26 行政复议决定书被撤销案 ………………… 117
  第三节 土地监察制度 …………………………………………… 119
  第四节 行政查处制度在拆迁中的应用 ………………………… 121
    典型案例 27 自然资源局对查处违法行为的申请不履职
          违法案 ………………………………………… 125
    典型案例 28 在被拆迁人合法宅基地周边修建围墙违法案 …… 126
    典型案例 29 镇政府不履行查处村委会违法行为职责案 …… 127
  第五节 行政赔偿制度 …………………………………………… 128
    典型案例 30 违法强推承包地上种植物案 ……………… 131
    典型案例 31 承包地树木因高速公路建设遭强拆行政
          赔偿案 ………………………………………… 132

第八章　征收拆迁常见纠纷专题 ································· 135

- 第一节　违法建筑问题 ··· 135
  - 典型案例 32　承包养殖场地上的居住用房被违法拆除案 ······ 140
- 第二节　临时建筑的拆迁补偿问题 ······································· 141
- 第三节　"住改非"的拆迁补偿问题 ····································· 143
  - 典型案例 33　城市"住改非"房屋不予拆迁补偿案 ············· 144
- 第四节　公租房的拆迁补偿问题 ·· 146
- 第五节　抵押房的拆迁补偿款归属问题 ································· 147
- 第六节　土地使用权的补偿问题 ·· 148
- 第七节　划拨土地的补偿问题 ··· 149
- 第八节　空院落的拆迁补偿问题 ·· 150
- 第九节　"以租代征"问题 ·· 151
- 第十节　一户多宅问题 ··· 152
- 第十一节　农村宅基地本身的拆迁补偿问题 ·························· 154
- 第十二节　"外嫁女"是否有权获得征地、拆迁补偿款问题 ······ 155
- 第十三节　未成年人（儿童）是否有权获得征地、拆迁补偿款问题 ··· 159
- 第十四节　现役军人是否有权获得征地、拆迁补偿款问题 ········· 160
- 第十五节　在校大中专学生户籍迁出农村后能否获得拆迁补偿安置问题 ·· 161
- 第十六节　服刑人员是否可以获得补偿款问题 ······················· 161
- 第十七节　承租人的拆迁补偿问题 ······································ 163
  - 典型案例 34　公房承租人获得合法补偿案 ······················· 166
- 第十八节　村委会截留征地补偿款问题 ································ 167
- 第十九节　婚前房屋拆迁补偿款的归属问题 ·························· 168
  - 典型案例 35　离婚后夫妻共有房屋仅一人签订拆迁补偿协议违法案 ··· 169
- 第二十节　签协议后迟迟不分房问题 ··································· 171
- 第二十一节　签协议后征收方毁约问题 ································ 172
- 第二十二节　协议签订后是否可以反悔问题 ·························· 173
- 第二十三节　如何通过诉讼撤销非自愿签订的协议问题 ··········· 175
  - 典型案例 36　无民事行为能力人签署拆迁补偿协议无效案 ······ 177

附 录

附录一　拆迁维权实用工具 ·· 179

一、国有土地上房屋征收补偿标准及计算公式 ················· 179

二、征收土地的补偿费用标准及查阅方法（2020年1月1日之后） ··· 180

三、集体土地征收安置补偿协议（参考文本） ················· 181

四、房屋征收补偿协议（参考文本） ···························· 182

五、国有土地上房屋征收流程图 ·································· 189

六、国有土地上房屋强制拆除流程图 ···························· 190

七、集体土地征收程序简图（2020年1月1日之前） ········· 191

八、集体土地征收程序简图（2020年1月1日之后） ········· 192

九、行政复议流程图 ··· 193

十、行政诉讼流程图 ··· 194

附录二　拆迁维权常用法律文件 ·································· 198

中华人民共和国农村集体经济组织法 ·························· 201

（2024年6月28日）

中华人民共和国行政复议法 ······································ 215

（2023年9月1日）

中华人民共和国土地管理法 ······································ 232

（2019年8月26日）

中华人民共和国城市房地产管理法 ····························· 248

（2019年8月26日）

中华人民共和国城乡规划法 ······································ 257

（2019年4月23日）

中华人民共和国农村土地承包法 ································ 269

（2018年12月29日）

中华人民共和国行政诉讼法 ······································ 278

（2017年6月27日）

中华人民共和国国家赔偿法 ······································ 294

（2012年10月26日）

中华人民共和国行政强制法 ·· 302
　　（2011 年 6 月 30 日）
中华人民共和国土地管理法实施条例 ···································· 315
　　（2021 年 7 月 2 日）
中华人民共和国政府信息公开条例 ·· 327
　　（2019 年 4 月 3 日）
国有土地上房屋征收与补偿条例 ·· 336
　　（2011 年 1 月 21 日）
国有土地上房屋征收评估办法 ·· 342
　　（2011 年 6 月 3 日）

附录三 ··· 347
1. 最高人民法院公布全国法院征收拆迁十大典型案例 ············ 347
　　（2014 年 8 月 29 日）
2. 最高人民法院发布第二批征收拆迁典型案例 ······················ 361
　　（2018 年 5 月 15 日）
3. 最高人民法院发布 10 个行政协议解释参考案例 ················ 371
　　（2019 年 12 月 10 日）

后　记 ··· 383

第一章
征收拆迁概述

第一节 "拆迁"相关概念辨析[①]

在当代中国,"拆迁"或"征地"几乎是任何一个普通人都耳熟能详的词语,其本人或亲友所在的家庭中没有经历过拆迁的并不多见。但在法律术语中,"拆迁""征地"等词语却并不是很严谨。事实上,它们都可包含于"不动产征收"这个更宽泛的大项之下。但由于"拆迁""征地"这两个词语已经被人们广泛使用,再强行将其塞进法律术语中似乎已没有必要,也很难让没有受过专业法律训练的民众理解。因此,本书仍继续在一般意义上使用"拆迁""征地"等词语。

"不动产"一词并不是汉语里固有的,与许多法学或法律术语一样,一般认为它源自近现代的日本,即"不動産",不过也有人认为汉语中的"不动产"一词最早出现于1885年江南制造局翻译馆出版的《佐治刍言》之中,后来才传到了日本。在英文中,它的对应词汇是 immovable property。此外,英文中与汉语的"房地产"对应的词汇是 real estate,意为真正的产业。由此看出,国外对这种财产类型也是比较偏爱的。[②]

目前,在国内不同的法律规定中,关于不动产的定义并不相同,学理上也没有统一的认识。按理说,作为物权中最重要的一个不动产类别,其法律概念的权威依据应当来源于曾经有效的《物权法》[③]或《民法典》,但这两部法律也并没

[①] 拆迁一般分为商业拆迁和行政拆迁,本书讨论的主要是行政拆迁的问题。
[②] 张璐、赵晓耕:《从动物、植物到动产、不动产——近代法律词汇翻译个案考察》,载《河南省政法管理干部学院学报》2009年第1期。
[③] 全称为《中华人民共和国物权法》,为表述方便,在不影响理解的前提下,本书在引用法律法规名称时,均省略全称中的"中华人民共和国"字样,如《民法典》。

有给出相应的严格定义。《不动产登记暂行条例》第二条第二款明确规定："本条例所称不动产，是指土地、海域以及房屋、林木等定着物。"在理论界和实务界，该条例对不动产的定义被认为是较为权威的。

"征地"，顾名思义，就是"征收土地"或"征用土地"，除非特别说明，通常都是指"征收土地"。从广义上来看，征地是国家以公共利益为目的，依照法律规定的程序和权限，对农民集体所有土地和国有土地使用权予以征收的行为；从狭义上来看，征地是依照法定审批程序，由县级以上地方人民政府予以公告并组织实施，将集体土地所有权变为国有，并对被征地的农村集体经济组织和农民个人给予合理补偿并妥善安置的法律行为。

"拆迁"一词，既包含"拆"，也包含"迁"，即将土地上的各类附着物，如房屋等各类建筑物或构筑物进行拆除，收回土地所有权或使用权，并把原来在法律上或权利上居于该土地之上的单位或个人迁移至他处，并给予合法合理的补偿。一般来说，拆迁多指房屋拆迁。但"拆迁"一词也涵盖了征地，老百姓口中的拆迁律师、打拆迁官司等，都是从比较宽泛的意义上而言的，且已经约定俗成。正是考虑到这一点，本书的第一版、第二版和第三版都使用了固定的书名，即《拆迁维权实务及案例解析》。

第二节　城镇与农村征收拆迁的现状及发展

一、城镇征收拆迁的现状及发展

城镇化进程是每一个国家实现现代化的必经之路，在这一过程中，城市房屋征收又是城市建设发展的必然产物，也是改善人民生活条件、改造旧城区和改善城市环境的重要手段。但是，城市房屋征收也会引发一定的社会问题。随着我国社会法治化进程的不断加快，这些问题也受到了社会各界的广泛关注。反映在公权力方面就是，国家有关部门开始总结城镇拆迁事务中的经验教训，适时出台了一系列举措。其中，最有代表性，并且对近期的拆迁维权影响最大的就是不再搞大拆大建，告别大规模成片开发，从而避免出现短时间内的房价飙升，影响社会稳定和经济平稳发展。

（一）合理开发建设城市

2020年7月10日，国务院办公厅印发了《关于全面推进城镇老旧小区改造工作的指导意见》。该意见指出，以习近平新时代中国特色社会主义思想为指导，全面贯彻党的十九大和十九届二中、三中、四中全会精神，按照党中央、国务院决策部署，坚持以人民为中心的发展思想，坚持新发展理念，按照高质量发展要求，大力改造提升城镇老旧小区，改善居民居住条件，推动构建"纵向到底、横向到边、共建共治共享"的社区治理体系，让人民群众生活更方便、更舒心、更美好。

上述指导意见还指出，城镇老旧小区改造的工作目标是：2020年新开工改造城镇老旧小区3.9万个，涉及居民近700万户；到2022年，基本形成城镇老旧小区改造制度框架、政策体系和工作机制；到"十四五"期末，结合各地实际，力争基本完成2000年底前建成的需改造城镇老旧小区改造任务。

各地要进一步摸清既有城镇老旧小区底数，建立项目储备库。区分轻重缓急，切实评估财政承受能力，科学编制城镇老旧小区改造规划和年度改造计划，不得盲目举债铺摊子。例如，2023年3月1日起施行的《北京市城市更新条例》第四条第四项就明确规定，要落实城市风貌管控、历史文化名城保护要求，严格控制大规模拆除、增建，优化城市设计，延续历史文脉，凸显首都城市特色。

（二）城市棚户区改造不急不躁、稳中求进

鉴于前几年对城市棚户区改造导致当地房价快速上涨的情况，住房和城乡建设部于2020年年底明确表示要对这种不正常现象"踩刹车"，要求各地因城施策、稳步推进，不搞"一窝蜂""一刀切"。可以说，大规模的城镇棚户区改造拆迁工作已经告一段落，且根据相关政策，只有以下两种情形进行整体拆迁的可能性比较大。

一是质量存在问题的危房。无论是棚改拆迁还是旧改计划，无疑都是为改善居民住房环境而服务的。旧改计划主要针对外观破旧但没有质量问题的老小区房屋，通过提升绿化率，加装电梯，改善水、电、网等措施来达到提升居住质量的目的。然而并不是所有的老旧小区都只是外观破旧，城市中仍然存在着一些有安全隐患的老房子。因此对于这类房屋，在旧改计划不适用的情况下，未来仍将按照棚改政策进行拆迁。

二是影响市政规划的房屋。这类房屋是拆迁过程中比较常见的。特别是在城市现代化建设过程中,很多大型基础设施的兴建,如地铁、机场、医院、公园、道路拓宽等,都需要将周边的老房子拆除掉,以确保市政规划的完整性。

二、《征补条例》确立的城镇拆迁工作框架[①]

在2011年1月21日之前,国有土地上的房屋征收活动一直适用《城市房屋拆迁管理条例》。但为适应形势的发展变化,2011年1月21日,《征补条例》出台,标志着旧的拆迁条例完成了历史使命。自此,《征补条例》成为城镇拆迁,即国有土地上房屋征收与补偿工作的基本法规。

(一)征收主体

根据《征补条例》第四条、第五条的规定,房屋征收与补偿的主体是市、县级人民政府,房屋征收与补偿工作由其市、县级人民政府确定的房屋征收部门组织实施,房屋征收部门可以委托房屋征收实施单位,承担房屋征收与补偿的具体工作,且该受委托单位不得以营利为目的,房屋征收部门对其委托的房屋征收实施单位的行为后果承担法律责任。

市、县级人民政府有关部门一般是由市、县级人民政府设立专门的房屋征收部门,或在现有的部门(如房地产管理部门、建设主管部门)中确定。房屋征收部门对房屋征收实施单位的委托事项一般包括:协助进行调查、登记,协助组织征求意见、听证、论证、公示,以及组织对被征收房屋的拆除等。市、县级人民政府有关部门应当按照职责分工,互相配合,保障房屋征收与补偿工作的顺利进行。

(二)以公共利益为目的

根据2004年《宪法修正案》的规定,对于公民的合法财产,只有基于"公共利益"的目的方能按照严格的法律程序实行征收或者征用,并给予合理补偿。《征补条例》第八条明确规定,将因国防和外交的需要,由政府组织实施的能源、交通、水利、科教文卫体、资源环保、防灾减灾、文物保护、社会福利、市政公用等公共事业以及保障性安居工程建设、旧城区改建等纳入公共利益的范

[①] 在本书中,《国有土地上房屋征收与补偿条例》简称《征补条例》,下文同。

畴。这一划分明确了公益拆迁和商业拆迁的界限，在一定程度上保护了被拆迁人的利益。

其中，保障性安居工程建设和旧城区改建是现阶段城市拆迁的主力，为避免以公益之名行夺利之实，应将其纳入市、县级国民经济和社会发展年度计划，经市、县级人民代表大会审议通过，方可实施征收。

（三）司法强拆必须履行法定程序

《征补条例》第二十八条第一款规定，被征收人在法定期限内不申请行政复议或者不提起行政诉讼，在补偿决定规定的期限内又不搬迁的，由作出房屋征收决定的市、县级人民政府依法申请人民法院强制执行，即行政机关只能到法院申请强拆。因为强制拆除被征收人房屋实际上是对该国有土地上房屋权属的强制剥夺，所以必须满足《征补条例》中明确的征收要件，并严格履行法定程序。

三、农村拆迁的现状及发展

在农村，我国主要实行农村集体土地所有制。伴随着快速推进的城镇化进程，农村集体土地的征地拆迁成为这一进程中的一项重要工作。

集体土地征收是伴随着社会经济和中国城市化进程的发展而来的，因城市建设用地有限，为了满足建设用地需求，集体土地成了征收的"宠儿"。征收集体土地，意味着土地所有权变为国有，土地上的房屋或其他附着物也将被拆除。与国有土地上的房屋拆迁相似，在集体土地房屋拆迁中，拆迁方同样应当对被拆迁方进行补偿安置。作为国家征收行为，集体土地上的房屋拆迁同样具有强制性。但其具体的补偿范围和补偿标准，在全国范围内还没有统一、明确的规定。

一方面，我国日益重视农业农村工作，夯实农民基础权利的举措一个接一个出台并落实，这为农民将来应对拆迁问题奠定了法律基础。另一方面，国家对农村不动产管理提出了更严格的要求。

（一）农村集体土地征收制度进行的重大修改

2019年8月26日，十三届全国人大常委会第十二次会议审议通过《土地管理法》修正案，并于自2020年1月1日起施行。2021年9月1日，与其配套实施的《土地管理法实施条例》也在进行相应修订后施行。由此，农村集体土地征收以及依附于集体土地上的农村房屋拆迁等制度发生了较大改变。

例如，细化土地征收程序，设立征收土地预公告制度，规范征收补偿，规定有关费用未足额到位，不得批准征收土地，保障被征地农民的知情权、参与权、监督权，设立与国有土地上房屋征收类似的社会风险稳定评估制度等。

（二）农村拆迁严格规范村庄撤并，不得强迫农民上楼

2021年2月21日，中共中央一号文件发布，再次将焦点集中在农业、农村、农民问题上。其中，一个突出的亮点，也是对农民权益影响最大的是，文件强调了"严格规范村庄撤并，不得违背农民意愿、强迫农民上楼"。[①] 这一举措说明国家越来越注重对农民权益的保护。

党中央一再强调，不能违背农民意愿，不能强迫农民上楼，这表明国家在今后相当长的时期内将会加大对农民权益的保护。毫无疑问，这将会对农村拆迁形势产生深远的影响。

（三）国家开始实行乡村振兴战略，农村的拆迁将会受到限制

2021年4月29日，十三届全国人大常委会第二十八次会议表决通过《乡村振兴促进法》，自2021年6月1日起施行。其主要内容包括促进产业发展和农民增收，加大乡村治理力度，完善农民社会保障，实施国家粮食安全战略，规范乡村建设等。

由于近年来对土地的征收主要集中在农村，有些开发商也一直盯着这一块"诱人的肥肉"，农村一度出现大量拆迁的局面。许多人因此产生了错觉，认为今后政府是要把农村都变成城镇。《乡村振兴促进法》的出台及时纠正了这一错误认知。有相当数量的农村，是需要保留的。

因此，今后不仅城镇不再大拆大建，农村的拆迁也将受到限制。当然，由于我国城镇化进程还远远没有完成，农村拆迁在短时间内还是不可避免的。

[①] 《中共中央、国务院关于全面推进乡村振兴加快农业农村现代化的意见》，载农业农村部网站，http://www.moa.gov.cn/ztzl/jj2021zyyhwj/2021nzyyhwj/202102/t20210221_6361867.htm，最后访问时间：2023年5月5日。

法给予拆迁补偿，维护被征收人的合法权益；征收个人住宅的，还应当保障被征收人的居住条件。

而《民法典》第二百四十三条第二款、第三款是与之相对应的条款规定，征收集体所有的土地，应当依法及时足额支付土地补偿费、安置补助费以及农村村民住宅、其他地上附着物和青苗等的补偿费用，并安排被征地农民的社会保障费用，保障被征地农民的生活，维护被征地农民的合法权益。征收组织、个人的房屋以及其他不动产，应当依法给予征收补偿，维护被征收人的合法权益；征收个人住宅的，还应当保障被征收人的居住条件。

显然，《物权法》第四十二条中关于征收集体土地的补偿的规定中，没有明确对"农村村民住宅"的补偿，而《民法典》第二百四十三条在原有的土地补偿费、安置补助费、地上附着物和青苗的补偿以及社会保障费用的基础上，新增"农村村民住宅"的补偿费作为法定的补偿范围，这将使广大农民朋友的居住条件得到充分的保障。同时，该条款在"足额"前加上"及时"两字，即明确要及时足额支付，希望更好地解决在征收、拆迁过程中遇到的不及时支付补偿款以及不及时落实安置房屋等问题。

三、明确"三权分置"规定，各自的拆迁补偿权利有理有据

《民法典》专设一章对土地承包经营权作了详细规定。其中，特别需要注意的是，该规定落实了农村承包地"三权分置"改革的要求，对土地承包经营权的相关规定作了完善，增加了土地经营权的规定，并删除了耕地使用权不得抵押的规定，以适应"三权分置"后土地承包经营权入市的需要。

《民法典》第三百三十条到第三百四十三条明确规定，承包期限届满，由土地承包经营权人依照农村土地承包的法律规定继续承包。土地承包经营权人依照法律规定，有权将土地承包经营权互换、转让。未经依法批准，不得将承包地用于非农建设。承包地被征收的，土地承包经营权人有权依据本法第二百四十三条的规定获得相应补偿。土地承包经营权人可以自主决定依法采取出租、入股或者其他方式向他人流转土地经营权。流转期限为五年以上的土地经营权，自流转合同生效时设立。当事人可以向登记机构申请土地经营权登记；未经登记，不得对抗善意第三人等相关内容。

第三节 民法典时代的征收拆迁及其维权

《民法典》自 2021 年 1 月 1 日起施行，此前的《民法通则》《民法总则》《物权法》《合同法》《侵权责任法》《婚姻法》《继承法》《收养法》和《担保法》等同时废止。《民法典》的出台对拆迁维权将产生的深远影响，主要体现在以下四个方面。

一、筑牢被征收人的民事权利基础

人们把《民法典》称为"万法之母"，并将其誉为"社会生活的百科全书"。众所周知，虽然拆迁法律体系在主体上属于行政法，但其根基在于民法。《民法典》的出台，无论是对征收人而言，还是对被征收人来说，都有重要意义。

正如习近平总书记在中共中央政治局第二十次集体学习时指出的，"严格规范公正文明执法，提高司法公信力，是维护民法典权威的有效手段。各级政府要以保证民法典有效实施为重要抓手推进法治政府建设，把民法典作为行政决策、行政管理、行政监督的重要标尺，不得违背法律法规随意作出减损公民、法人和其他组织合法权益或增加其义务的决定。要规范行政许可、行政处罚、行政强制、行政征收、行政收费、行政检查、行政裁决等活动，提高依法行政能力和水平。依法严肃处理侵犯群众合法权益的行为和人员。民事案件同人民群众权益联系最直接最密切。各级司法机关要秉持公正司法，提高民事案件审判水平和效率。要加强民事司法工作，提高办案质量和司法公信力"。[①]

二、完善征收补偿制度，保护被拆迁人权利

以农村集体土地征收为例，原《物权法》第四十二条第二款、第三款规定，征收集体所有的土地，应当依法足额支付土地补偿费、安置补助费、地上附着物和青苗的补偿费等费用，安排被征地农民的社会保障费用，保障被征地农民的生活，维护被征地农民的合法权益。征收单位、个人的房屋及其他不动产，应当依

[①] 《习近平主持中央政治局第二十次集体学习并讲话》，载中国政府网，http://www.gov.cn/xinwen/2020-05/29/content_5516059.htm，最后访问时间：2023 年 5 月 5 日。

四、新增"居住权",将对房屋征收产生影响

《民法典》第三百六十六条到第三百七十一条,针对新增的"居住权"进行了详细规定。这些条款明确了作为一种用益物权的"居住权"在原则上应无偿设立,既可以通过合同约定的方式,也可以通过订立遗嘱的方式设立,除当事人另有约定外,已经设立了居住权的房屋不得未经同意对外出租,一经正式登记,居住权人有权占有和使用他人的住宅,用于满足自身的生活和居住需要,并可长期保持。

对于这一权利类型,一旦遇到征收,是否可以获得补偿就成为一个法理问题。一般来说,居住权人占有并使用的房屋在被征收时,是可以获得一定补偿的。其法律权利来源于《民法典》第三百二十七条的规定:"因不动产或者动产被征收、征用致使用益物权消灭或者影响用益物权行使的,用益物权人有权依据本法第二百四十三条、第二百四十五条的规定获得相应补偿。"

第二章
征收拆迁的法定程序

第一节　集体土地征收法定程序（2020年1月1日之前）

2020年1月1日，2019年修改的《土地管理法》开始施行。尽管如此，考虑到农村集体土地征收是一个持续性的行政行为过程，往往需要经过几年甚至十几年才能最终完成集体土地征收工作。这就必然涉及2020年1月1日之前和之后的衔接问题。因此，仍需对旧的农村集体土地征收程序有所了解。本节主要介绍旧的程序，下一节将对《土地管理法》修订后的新程序进行介绍。

基于公共利益的需要，国家可以对农民集体所有的土地进行强制征收。不过，为了保障农民的权益以及长远生计，确保农业基础不被动摇，集体土地征收受法律严格约束。根据《行政强制法》《土地管理法》《土地管理法实施条例》《征收土地公告办法》《国土资源部关于加强征地管理工作的通知》[1]《国土资源部关于进一步做好征地管理工作的通知》[2]等法律法规中的相关规定，集体土地征收的法定程序大致可以分为以下十个步骤。

需要特别指出的是，2018年，根据党的十九届三中全会审议通过的《中共中央关于深化党和国家机构改革的决定》《深化党和国家机构改革方案》和第十三届全国人民代表大会第一次会议批准的《国务院机构改革方案》的要求，全国各地的国土资源行政管理部门陆续重新组建为自然资源行政管理部门，国土资源部重新组建为自然资源部。不过，由于法律修改的滞后性，许多冠以国土资源

---

[1] 该文件已失效。
[2] 该文件已失效。

部门名义颁布的规章短期内仍将有效①。

步骤一：发布拟征地公告

拟征地公告由县级或市级自然资源部门发布，公告的内容包括：（1）拟征地范围；（2）面积；（3）补偿方式；（4）补偿标准；（5）安置途径；（6）拟征地用途。公告应当张贴在拟征收土地所在地的村内。公告发布后，村民不得抢栽、抢种农作物，也不得抢建建筑物。

步骤二：征询村民意见

征地公告发布之后，县级或市级自然资源部门应当与乡镇政府围绕公告的六项主要内容征询村集体经济组织（村委会）与村民的意见。如果村委会或者村民提出了不同意见，县级或市级自然资源部门应当记录在案，立即着手协调解决，同时还应当告知他们有权提出听证申请，并依法组织听证。这些程序履行完毕后，县级或市级自然资源部门还应当将记录在案的不同意见、听证的相关材料作为报批的必备材料。

步骤三：实地调查与登记

土地征收过程中的实地勘察程序是至关重要的。在这个环节中，县级或市级自然资源部门应当会同土地所有权人、使用权人，去征收范围内对被征土地的四至边界、土地用途、土地面积、地上附着物的种类与数量、规格进行实地调查，并将调查情况现场填制成表，一式三份，然后由县级或市级自然资源部门与土地所有权人、使用权人共同确认表格内容，确认无误之后由土地所有权人、使用权人签字。县级或市级自然资源部门也应当将土地所有权人、使用权人签好字的表格作为报批的必备材料。

步骤四：拟定"一书四方案"

县级或市级自然资源部门做完前三个步骤的工作之后，根据征询、听证、调查与登记的具体情况，拟定出正式的"一书四方案"："一书"是指建设用地说明书；"四方案"包括农用地转用方案、补充耕地方案、征收土地方案、供应土地方案。拟好后组卷报省级人民政府或国务院批准。

步骤五：张贴征地公告

省级人民政府或者国务院作出征地批准文件并下发给征收土地的县级或市级

---

① 这一点需要读者注意。全书的"国土资源"在一般意义上涉及部门时，统一改成"自然资源"；在涉及此前的规章或者当时的专门名称（如国土资源厅）时，不作更改。

人民政府之后，县级或市级自然资源部门应当在10个工作日内进行征地公告，公告内容应当包括以下四个方面：（1）征地批准机关、批准文号、批准时间和批准用途；（2）被征土地的所有权人、位置、地类和面积；（3）征地补偿标准和农业人员安置途径；（4）办理征地补偿登记的期限和地点。另外，公告应当张贴在被征地所在村内。

步骤六：张贴征地补偿安置方案公告

根据省级人民政府或者国务院批准的《征收土地方案》的要求，县级或者市级自然资源部门应当在张贴征地公告之日起45日内，以村为单位，拟定征地补偿安置方案并予以公告，公告内容应当包括以下六个方面：（1）被征土地的位置、地类、面积，地上附着物和青苗的种类、数量，需要安置的农业人口的数量；（2）土地补偿费的标准、数额、支付对象和支付方式；（3）安置补助费的标准、数额、支付对象和支付方式；（4）地上附着物和青苗的补偿标准与支付方式；（5）农业人员的具体安置途径；（6）其他有关征地补偿、安置的具体措施。

征地补偿安置方案公告后，村委会、村民或其他权利人如果对方案有不同意见，又或者要求举行听证会的，应当自公告张贴之日起10个工作日内，向县级或者市级自然资源部门提出，后者应当认真研究，在要求听证的情况下还应当举行听证会。倘若征地补偿安置方案确实存在需要修改的地方，县级或者市级自然资源部门应当依照有关法律、法规和批准的《征收土地方案》的规定进行修改。

步骤七：报批征地补偿安置方案

县级或者市级自然资源部门应当将公告后的征地补偿安置方案，连同村委会、村民或其他权利人的不同意见及采纳情况报本级人民政府审批。

步骤八：批准征地补偿安置方案

县级或者市级人民政府对报批的、公告后的征地补偿安置方案与村委会、村民或其他权利人的不同意见及采纳情况进行审查并决定批准之后，应当报省自然资源厅备案，并交由县级或者市级自然资源部门组织实施征地与补偿安置工作。

步骤九：土地补偿登记

村委会、村民或其他权利人应当在征地公告规定的期限内持土地权属证书，即土地承包合同到指定地点办理土地补偿登记手续。超过期限未办理该手续的，对其补偿按照县级或者市级自然资源部门的调查结果进行。

步骤十：实施征地补偿与土地交付

按规定落实土地补偿之后，被征地单位和个人应将土地交付县级或者市级自然资源部门。

第二节　集体土地征收法定程序（2020年1月1日之后）

2020年1月1日，修订后的《土地管理法》开始施行。其中，对拆迁工作影响最大的是农村集体土地征收程序发生了较大变化，具体体现在随后修订的《土地管理法实施条例》之中。

修订后的《土地管理法实施条例》自2021年9月1日起施行。该条例的基本宗旨是维护国家的土地管理秩序，保护耕地，强化建设用地管理，维护农民合法权益。其中，关于集体土地征收程序方面的修改是本次修订工作的亮点，与此前的集体土地征收程序相比，本次修改建立了新的征收程序框架，具体体现在以下七个环节。

一、审查拟用地项目是否符合规划

建设项目需要使用土地的，应当符合国土空间规划、土地利用年度计划和用途管制以及节约资源、保护生态环境的要求，并严格执行建设用地标准，优先使用存量建设用地，以提高建设用地使用效率。

从事土地开发利用活动，应当采取有效措施，以防止、减少土壤污染，并确保建设用地符合土壤环境质量要求。

二、发布土地征收预公告

县级以上地方人民政府认为符合《土地管理法》第四十五条规定的公共利益，需要征收土地的，应当发布征收土地预公告，并开展拟征收土地现状调查和社会稳定风险评估。

征收土地预公告应当包括征收范围、征收目的、开展土地现状调查的安排等内容。应当采用便于社会公众知晓的方式，在拟征收土地所在的乡（镇）和村、村民小组范围内发布，预公告时间不少于10个工作日。自征收土地预公告发布之日起，任何单位和个人不得在拟征收范围内抢栽抢建，违反规定抢栽抢建的，对抢栽抢建部分不予补偿。

拟征收土地现状调查应当查明土地的位置、权属、地类、面积，以及农村村民住宅、其他地上附着物和青苗等的权属、种类、数量等情况。

社会稳定风险评估应当对征收土地的社会稳定风险状况进行综合研判，确定风险点，提出风险防范措施和处置预案。社会稳定风险评估应当有被征地的农村集体经济组织及其成员、村民委员会和其他利害关系人参加。

三、组织编制征地补偿安置方案，并进行公告和听证

县级以上地方人民政府应当依据社会稳定风险评估结果，结合土地现状调查情况，组织自然资源、财政、农业农村、人力资源和社会保障等有关部门共同拟定征地补偿安置方案。方案应当包括征收范围、土地现状、征收目的、补偿方式和标准、安置对象、安置方式、社会保障等内容。

征地补偿安置方案拟定后，县级以上地方人民政府应当在拟征收土地所在的乡（镇）和村、村民小组范围内公告，公告时间不少于30日。公告应当同时载明办理补偿登记的方式和期限、异议反馈渠道等内容。多数被征地的农村集体经济组织成员认为拟定的征地补偿安置方案不符合法律、法规规定的，县级以上地方人民政府应当组织听证。

四、签订征地补偿安置协议

县级以上地方人民政府根据法律、法规规定和听证会等的情况确定征地补偿安置方案后，应当组织有关部门与拟征收土地的所有权人、使用权人签订征地补偿安置协议，其示范文本由省、自治区、直辖市人民政府制定。对于个别确实难以达成征地补偿安置协议的，县级以上地方人民政府应当在申请征收土地时如实说明情况。

五、申请土地征收审批

县级以上地方人民政府完成征地前期工作后，方可提出征收土地申请，并依照《土地管理法》第四十六条的规定报有批准权的人民政府批准。有批准权的人民政府应当对征收土地的必要性、合理性、是否符合《土地管理法》第四十五条规定的为了公共利益确需征收土地的情形，以及是否符合法定程序进行审查。

六、发布土地征收公告

征收土地申请经依法批准后,县级以上地方人民政府应当自收到批准文件之日起15个工作日内在拟征收土地所在的乡(镇)和村、村民小组范围内发布征收土地公告,公布征收范围、征收时间等具体工作安排,对个别未达成征地补偿安置协议的应当作出征地补偿安置决定,依法组织实施。

七、实施土地征收

省、自治区、直辖市应当制定公布区片综合地价,确定征收农用地的土地补偿费、安置补助费标准,并制定分配办法。地上附着物和青苗等的补偿费用,归其所有权人所有。社会保障费用主要用于符合条件的被征地农民的养老保险等社会保险缴费补贴,按照省、自治区、直辖市的规定单独列支。申请征收土地的县级以上地方人民政府应当及时落实土地补偿费、安置补助费、农村村民住宅以及其他地上附着物和青苗等的补偿费用、社会保障费用等,并保证足额到位、专款专用。

典型案例1[①]

征地批复被确认违法,助力当事人获得满意补偿案

【案情简介】

某村的村集体农用地因当地规划建设的需要,被划入征收范围,市自然资源局向省政府呈报了建设用地项目申请,省政府作出了征地批复。其中4户当事人因为补偿不合理,拒绝签订征收补偿安置协议。为了维护自己的合法权益,4户当事人找到了专业做征地拆迁案件的北京京平律师事务所,决定联合维权。

京平律师与当事人详细沟通后,立即对征地程序和案件事实进行了调查取证,发现征地批复存在违法之处。针对征收程序中的违法点,律师制订了完备的维权方案。

[①] 本书中涉及案例均为北京京平律师事务所承办,经作者改编,仅为说明法律问题,供读者研究和参考,下文不再提示。

【办案经过】

京平律师指导当事人向省政府申请行政复议,省政府作出行政复议决定,确认征地批复违法。之后京平律师又向国务院申请裁决,并查明市政府在征地完成收储后,已通过招拍挂形式将该地出让给某开发商,且该地块正在进行施工建设。由于征收方没有证据证明其已将拟征地告知书进行了张贴,也未能提供征地报批前社会保障费用已经落实的相关证据,4户当事人也未对拟征地调查结果进行确认,所以该征地项目不符合《国务院关于深化改革严格土地管理的决定》中的报批规定。

【办案结果】

最终,国务院依法作出如下裁决:

维持省政府作出的行政复议决定,确认征地批复违法。

【律师点评】

事实上,在当时有效的土地管理制度下,征地批复是相关征收程序启动的主要依据。一旦征地批复被确认违法,后续的土地征收行为就失去了相应的法律依据。通过一系列法律程序的启动,京平律师为当事人与征收方之间的协商谈判搭建了更好的平台,争取到了更多的机会,为下一步的维权并最终解决群众问题奠定了坚实的基础。

典型案例2

《集体土地上房屋征收范围公告》未记载《征地批复》被确认违法案

【案情简介】

本案当事人钟先生等88人是某村村民,2009年10月26日,省政府作出对某区政府的《征地批复》;2018年3月30日,某区政府发布《集体土地上房屋征收范围公告》,公示了征收范围。钟先生等人对《征地批复》不服,于2019年4月17日向省政府提出了行政复议申请,省政府作出了《驳回行政复议申请决定书》。钟先生等人不服该复议决定，又于 2019 年 8 月 5 日提起了行政诉讼。原审法院认为，钟先生等人的行政复议申请超过了 60 日的法定期限，因此驳回了原告的诉讼请求。

【办案经过】

钟先生等人在京平律师的指导下向省高级人民法院提起上诉。京平律师认为，某区政府张贴的《集体土地上房屋征收范围公告》附件并未记载《征地批复》的内容，复议申请应当从申请人知道或应当知道该批复内容之日起算，因此复议申请时间应当从申请信息公开之日起算，因此钟先生等人的复议申请没有超过期限；法院经过审理，支持了京平律师的观点，认为申请人知道该行政行为的标准应为知道被申请行政行为的作出主体、行为名称和行为主要内容三个方面。

【办案结果】

最终，省高级人民法院支持了京平律师的观点，判决如下：

一、撤销原审行政判决；

二、撤销省政府作出的《驳回行政复议申请决定书》；

三、指令省政府在判决书生效后 60 日内重新作出行政复议决定。

【律师点评】

集体土地上房屋征收的一个前提是需要经过上级人民政府的批复征收土地，否则即为违法。本案中，征收方在公告中未记载批复的相关内容，侵犯了当事人的合法权益。就《征地批复》而言，无论它本身是否被确认违法，都应当成为下级政府在后续征收过程中的执行依据。特别是对征收人发布的征收公告来说，《征地批复》更是必不可少的内容之一，如果缺失这一项，就表明征收可能存在一定的问题。如果被征收人能够及时洞察这一点，就能依法维护自己的合法权益。

典型案例 3

集体土地征收补偿安置方案被法院撤销案

【案情简介】

熊先生等9人系某村村民，在该村均拥有合法的房屋并承包了部分集体土地。后该村土地被纳入征收范围，为了维护自己的合法权益，熊先生等人决定委托京平律师代理其维权事宜。经调查，区政府已就涉案土地发布了《土地补偿安置公告》，但熊先生等人不服公告的补偿安置方案，故提起行政诉讼。

【办案经过】

京平律师介入后，分析了案件的详细情况，发现该补偿安置方案实体及程序均存在严重违法问题，于是，向市政府申请行政复议，市政府作出的《行政复议决定书》确认该征收补偿安置方案违法，但以涉及公共利益为由未予撤销。于是，京平律师指导熊先生等人向人民法院提起行政诉讼，请求依法撤销区政府批准作出的《土地补偿安置公告》暨集体土地征收补偿安置方案及市政府作出的《行政复议决定书》。

庭审过程中，京平律师提出：被告区政府作出的涉案公告存在没有征求被征收土地集体经济组织和农民的意见、补偿标准畸低严重降低了被征收人生活水平等诸多违法点，且未提交作出行政行为的证据和所依据的规范性文件，则视为其没有相应证据与依据，应依法予以撤销。被告市政府作出的《行政复议决定书》认定事实不清、证据不足，亦应当撤销。

【办案结果】

最终，法院支持了京平律师的观点，判决如下：

一、撤销被告区政府批准作出的《土地补偿安置公告》；

二、撤销被告市政府作出的《行政复议决定书》。

【律师点评】

政府实施的征收及补偿行为必须符合法定程序，如果征收集体土地时，存在未征求村集体经济组织和村民的意见、补偿标准畸低等情形，则该征收行为涉嫌违法，此时应及时咨询专业征地拆迁律师。对广大老百姓来说，安置补偿方案规定了几乎全部拆迁安置补偿事务，每一个体的具体补偿都与之息息相关。因此，对于它的法律救济问题一定要引起足够重视。

第三节　农村集体经济组织收回土地使用权的法定程序

农村集体经济组织收回集体土地使用权与前面讨论的土地征收并不是一回事。然而，在实际工作中，存在某些为了加快拆迁进度、降低拆迁成本，故意回避正式的农村集体土地征收程序，把作为民事主体的农村集体经济组织或村民委员会推到前台，以收回农民土地使用权的方式进行"明收实征"的情况，它的性质与在征迁工作中发生的"以拆违代拆迁"如出一辙。因此，有必要介绍一下集体土地使用权的收回程序。

一、相关法律依据

《土地管理法》第六十六条第一款和第二款规定："有下列情形之一的，农村集体经济组织报经原批准用地的人民政府批准，可以收回土地使用权：（一）为乡（镇）村公共设施和公益事业建设，需要使用土地的；（二）不按照批准的用途使用土地的；（三）因撤销、迁移等原因而停止使用土地的。依照前款第（一）项规定收回农民集体所有的土地的，对土地使用权人应当给予适当补偿。"

二、收回行为的实施主体

根据《土地管理法》以及其他相关法律的规定，有权收回集体土地使用权的行为主体是农村集体经济组织，在具体的实践中可能以村民委员会或村小组的名义作出。由于农村集体经济组织或村民小组都是实行自治的民事主体，而被收回集体土地使用权的农民同样也是民事主体，因此收回集体土地使用权的行为在本质上属于民事行为，与集体土地征收这一本质上的行政行为明显不同。也就是说，收回集体土地使用权的行为并不会改变集体土地的性质。

与普通意义上的民事行为稍有不同的是，收回集体土地使用权的行为需要报经原批准用地的人民政府批准。目前的司法实践一般认为，该报批与批准行为并不会改变收回集体土地使用权的民事行为定性，只是当地人民政府行使监督权，以防止农村集体经济组织侵害农民的合法权益。然而，人民政府的批准行为本身是否属于行政法上可救济的行政行为，即它是否属于可复议或可诉讼的范畴还存在争议。

三、法定程序

《村民委员会组织法》第二十四条第一款第六项、第二款规定："涉及村民利益的下列事项，经村民会议讨论决定方可办理……（六）宅基地的使用方案……村民会议可以授权村民代表会议讨论决定前款规定的事项。"另外，该法第二十二条第一款还明确规定，召开村民会议，应当有本村18周岁以上村民的过半数，或者本村三分之二以上的户的代表参加，村民会议所作决定应当经到会人员的过半数通过。只有履行了上述法定程序，才有可能成功收回农民的集体土地使用权，并对该地块安排其他用途。

典型案例4

街道办批准收回剩余滞留户宅基地使用权违法案

【案情简介】

赵先生购买的本案第三人杨先生的房屋位于某区某村，该房屋登记在杨先生名下，且有买卖协议。该集体土地建设用地使用证批准机关为该区人民政府，2019年，因当地城中村改造，该村村委会向该区某街道办事处申请收回该村剩余滞留户的宅基地使用权，包括涉案房屋所在的宅基地，该街道办事处作出了同意批准村集体经济组织收回村民宅基地使用权的回复。

之后，村委会与街道办事处共同向第三人杨先生发出通知，要求其腾空宅基地并移交给村委会。此后不久，该街道办事处就组织相关工作人员强行拆除了涉案房屋，从而损害了赵先生的财产权益。在京平律师的指导下，赵先生提起了行政复议，请求确认该街道办事处强制拆除涉案房屋的行为违法。

【办案经过】

复议机关认为，《土地管理法》第六十六条规定："有下列情形之一的，农村集体经济组织报经原批准用地的人民政府批准，可以收回土地使用权：（一）为乡（镇）村公共设施和公益事业建设，需要使用土地的……"

本案中，涉案宅基地的原批准用地机关并非街道办事处，街道办事处批准收回宅基地使用权的行为超出了其法定职权范围，其行为违反了上述法律规定，并且在对涉案房屋进行拆除前，其也未对赵先生履行催告等法定程序。

【办案结果】

最终，复议机关支持了京平律师的观点，作出如下决定：

确认该街道办事处拆除涉案宅基地上房屋的行政行为违法。

【律师点评】

在征地拆迁过程中，有些地方为了尽快拆迁，有时会以收回土地使用权的方式进行征收或要求被拆迁人签字。从法理上来看，收回土地使用权可以分为因公共利益收回和因相关法律事实出现而收回两大类。后者往往与行政相对人的土地闲置等违法行为有关，并不属于征收拆迁的范畴。但对因公共利益而收回土地使用权的情形来说，它实际上也属于一种行政行为，只不过是以收回土地使用权的形式来进行的。对不了解我国现行土地管理制度的人来说，一旦遇到这种情况，可能就需要寻求专业法律人士的帮助了。

第四节　城市房屋拆迁法定程序

当前，我国的城镇化进程仍在快速推进。除极个别情况外，为推进这一进程就必然要拆除原有的部分房屋，并收回土地使用权。根据《行政强制法》《征补条例》《国有土地上房屋征收评估办法》等法律法规的相关规定，国有土地上房屋拆迁流程具体体现在以下十个方面。

一、确定房屋征收范围

在征收决定作出之前，市、县级人民政府要组织发展改革、城乡规划、自然资源、建设等有关部门就房屋征收范围进行审查，对拟征收范围内的建筑、居民、环境等社情、民情进行调查摸底，并作比较。

二、拟定征收补偿方案

市、县级人民政府作出征收决定前需要由房屋征收部门拟定征收补偿方案，该方案应当包括征收方案和补偿方案。具体内容应包括征收的详细理由、如何补偿、补偿的落实等诸多方面。

三、论证征收补偿方案与听证

根据中共中央、国务院印发的《法治政府建设实施纲要（2021—2025年）》的规定，要严格落实重大行政决策程序。严格执行《重大行政决策程序暂行条例》，增强公众参与实效，提高专家论证质量，充分发挥风险评估功能，确保所有重大行政决策都严格履行合法性审查和集体讨论决定的程序。推行重大行政决策事项年度目录公开制度。涉及社会公众切身利益的重要规划、重大公共政策和措施、重大公共建设项目等，应当通过举办听证会等形式加大公众参与力度，深入开展风险评估，认真听取和反映利益相关群体的意见建议。建立健全决策过程记录和材料归档制度。因此，在房屋征收过程中，政府的每个涉及公共利益的行政决定都应当举行听证会，每个涉及他人重大利益的行政决定都应当告知利害关系人有申请听证的权利。如果利害关系人已经申请，那么就必须组织听证。征收补偿方案具有准法律的性质，一旦经由政府通过决定形式公布，无论是对征收人还是对被征收人就都具有了约束力，因此对于征收补偿方案更要经过慎重的论证才能公布。

此外，《征补条例》第十一条第二款规定，因旧城区改建需要征收房屋的，如果多数被征收人认为征收补偿方案不符合本条例的规定，那么市、县级人民政府则应当组织听证会，听证会由被征收人和公众代表参加。被征收人应当是所有的被征收人，而不是被征收人代表。对于公众代表如何产生、听证会如何召开，条例没有规定，有待相关的实施细则对此予以明确。

《征补条例》第十条第二款规定，市、县级人民政府对于征收补偿方案应当组织有关部门论证。有关部门，广义的理解，就是与实现公共利益有关系的所有部门。例如，对于一个环境保护项目，环保部门肯定应当参加。如果是一个教育项目，那么教育部门则应当参加。狭义的理解，则至少是立项、土地、规划等部门必须参加。既然是论证，那么在形式上论证会应当形成论证报告供政府参考。论证应该从征收内容和合法性两个方面进行。首先，方案是否包括被征收房屋认定标准、被征收人确定标准、补偿方式、房屋价值补偿标准、用于产权调换房屋的地点、搬迁费支付标准、临时安置费支付标准、停产停业损失支付标准、签约期限、困难户保障办法等一系列内容；其次，审查方案制订的依据及方案条款是否符合相关法律法规的规定，以及方案制订是否履行了必要的程序。

四、对征收补偿方案征求公众意见

除了论证，《征补条例》第十一条还规定，对征收补偿方案应当征求公众意见。征求意见前应当公布征收补偿方案，公布的形式应当确保公众能够知晓，如举办座谈会等；征求意见的期限不少于 30 日。这里的"公众"，是指不特定的人群，主要包括被征收人、利害关系人、律师以及专家等在内的所有社会公众。

五、修改征收补偿方案

征收补偿方案的修改有两种情况：一是针对征收补偿方案征求公众意见后，市、县级人民政府结合公众意见对征收补偿方案进行修改，修改完成后，市、县级人民政府应当将征求意见的情况和补偿方案的修改情况及时公布。公布的内容应当全面反映征求意见的内容、意见是否采纳、采纳的理由、修改的原因等方面。二是举行听证会后的修改。根据条例的规定，在旧城区改建过程中需要对房屋进行征收的，如果多数被征收人认为征收补偿方案不符合条例的规定要举行听证会，那么市、县级人民政府应当根据听证会的情况修改征收补偿方案。

六、社会稳定风险评估

进行社会稳定、环境、经济等方面的风险评估，有利于选择征收成本最低、对被征收人影响最小和公共利益最大的补偿方案，从而最大限度地保障被征收人的利益。

（一）评估的主体

重大事项决策的提出、政策的起草、项目的报批、改革的牵头、工作的实施等都需要有关部门来负责实施，而这些部门正是负责组织重大事项、社会稳定风险评估工作的主体。涉及多个部门的，牵头部门为评估工作的主体，其他相关部门协助办理。

(二) 评估内容

根据重大事项的合法性、合理性、可行性、可控性四个要素,主要围绕以下内容进行评估:

1. 是否符合现行法律、法规、规章,是否符合党和国家的方针政策,是否符合国家、各级政府的战略部署、重大决策。

2. 是否符合本地区、本系统近期和长远发展规划,是否兼顾了各方利益群体的不同需求,是否考虑了地区的平衡性、社会的稳定性、发展的持续性。

3. 是否经过充分论证,是否符合大多数人民群众的意愿,所需的人力、财力、物力是否在可承受的范围内并且有保障,是否能确保连续性和稳定性,时机是否成熟。

4. 征收项目的拆除施工是否存在障碍或安全风险隐患,是否会对周边环境产生较大影响,是否会对周边群众生产、生活造成较大不方便,拆除工地管理是否符合工地要求。

5. 征收项目实施的各项准备工作是否充分,如征收补偿方案是否制定,征收补偿标准是否符合当地房地产市场行情,补偿资金、安置房源是否落实,对困难家庭的综合保障条件是否具备,征收法律政策的宣传公示是否到位,拆除房屋的安全防护措施是否完备等。

6. 征收项目的实施是否会引起征收片区范围内或周边居民的不满,是否对政策出台前的征收项目产生重大影响,征收补偿是否与区域内同类项目相比存在明显不公平,是否会激化社会矛盾等。

7. 征收项目的社会稳定风险防范对策和预案措施是否齐全。

8. 征收的相关配套措施是否齐全,如公示制度、信访接待制度、责任承诺制度、举报制度、监管制度、责任追究制度等。

9. 其他可能引发不稳定因素的问题。

(三) 评估程序

1. 制订评估方案。由评估主体对已确定的评估事项制订评估方案,明确评估的具体要求和工作目标。

2. 组织调查论证。评估主体根据实际情况,将房屋征收决定通过公告公示、走访群众、问卷调查、座谈会、听证会等多种形式,广泛征求意见,进行科学论证、预测、分析可能出现的不稳定因素。

3. 确定风险等级。将重大事项的社会稳定风险划分为 A、B、C 三个等级。人民群众反映强烈，可能引发重大群体性事件的，评估为 A 级；人民群众反映较大，可能引发一般群体性事件的，评估为 B 级；部分人民群众意见有分歧，可能引发个体矛盾纠纷的，评估为 C 级。被评估为 A 级和 B 级的，评估主体需要制订化解风险的工作预案。

4. 形成评估报告。在充分论证评估的基础上，就房屋征收中风险的分析、评估的结论、应对的措施编制社会稳定风险评估报告，报告由市、县级人民政府审定，作为作出房屋征收决定的重要参考。

5. 集体研究审定。重大事项实施前必须经党政领导班子开会等集体研究审定。评估主体将评估报告、化解风险工作预案提交党政领导班子办公会等会议进行审批，由会议集体研究视情况作出实施、暂缓实施或不实施的决定。对已批准实施的重大事项，评估主体要密切监控运行情况，及时调控风险、化解矛盾，确保重大事项的顺利实施。

七、政府常务会议讨论决定的事项

如果房屋征收决定涉及的被征收人数量较多，那么作出征收决定前应当经过政府常务会议讨论。不过，如何把握数量较多又是一个需要明确的问题。仅以人数的多少作为是否需要经过政府常务会议讨论是不够的。比如，在一个企业厂房的征收中被征收人仅有一个，但其影响的自然人可能更多。无论是公民的利益，还是法人、其他组织的利益均应慎重对待。

八、落实征收补偿费用

作出房屋征收决定前，政府对征收补偿费用应当有所了解和研究，在讨论决定征收时该费用应已足额到位、专户存储、专款专用。

九、公告与进场

作出房屋征收决定后，要依法进行公告。公告一般张贴于征收范围内以及周围较为醒目的地点，也可以通过报纸、电视等新闻媒体予以公布。公告内容应该包括征收范围、征收目的、实施单位，以及补偿方案、行政复议、行政诉讼等救济方式，然后就可以委托实施单位进场开展工作。

十、宣传解释工作

《征补条例》第十三条第二款规定，市、县级人民政府及房屋征收部门应当做好房屋征收与补偿的宣传、解释工作。因为在房屋征收的同时，国有土地使用权也要收回，因此国有土地管理部门应该同样做好宣传解释工作。

典型案例 5

申请撤销《限期拆除通知书》获得支持案

【案情简介】

委托人张先生是某县某镇某村的村民，在该村拥有房屋一处。2018年6月，其房屋所在地被纳入棚户区改造拆迁范围。2018年7月某日，该县人民政府对委托人下达了《限期拆除通知书》，该通知书以张先生的房屋违反《城乡规划法》第四十条为由认定该房屋为违法建筑。几日后，在未与张先生达成拆迁补偿协议的情况下，将其房屋强制拆除，张先生随即找到京平律师承办此案件。

【办案经过】

京平律师接案后，迅速整理了现有材料和证据，并根据案件情况详细地梳理了维权方案和相关法律依据，之后请求撤销该县人民政府作出的《限期拆除通知书》。原审法院认为，该《限期拆除通知书》是根据《最高人民法院关于适用〈中华人民共和国行政诉讼法〉的解释》第一条第二款第六项"行政机关为作出行政行为而实施的准备、论证、研究、层报、咨询等过程性行为不属于人民法院行政诉讼的受案范围"之规定作出，是行政机关作出行政处罚前的过程性行为，而非最终处理行为，未给当事人造成实质性的影响，故裁定驳回张先生的起诉。张先生不服，在律师的指导下，提起上诉。

京平律师提出：原审法院裁定认定事实不清，法律适用错误。该《限期拆除通知书》责令自行拆除房屋不履行的后果是县人民政府将协助当事人拆除，该行为属于行政强制行为，而非一审裁定认定的"为作出行政行为而实施的准备、论证、研究、层报、咨询等过程性行为"。本案的争议焦点是被上诉人作出的《限期拆除通知书》是否为具有可诉性的行政行为。《行政诉讼法》第二条第一款规定:"公民、法人或者其他组织认为行政机关和行政机关工作人员的行政行为侵犯其合法权益,有权依照本法向人民法院提起诉讼。"本案中,该县人民政府对委托人下达了《限期拆除通知书》,该通知书为张先生设定了于××年××月××日前自行拆除案涉房屋的义务,实际对张先生的权利产生了影响,当事人对该行政行为提起行政诉讼,符合《行政诉讼法》规定的受理条件,属于行政诉讼受案范围。

【办案结果】

最终,二审法院支持了京平律师的观点,判决如下:
一、撤销一审法院作出的行政裁定;
二、指令一审法院继续审理。

【律师点评】

近年来,在征收拆迁过程中,当事人的某些因历史遗留问题而导致的权属不清的房屋,成为他们获得合法补偿的"软肋"。但对于违法建筑是有严格的认定程序的,在认定程序中法律也赋予了当事人法律救济的途径和权利,遇到这种情况,一定要在专业律师的指导下做好取证工作,并及时提起相应的法律程序,以维护自己的合法权益。

第五节 违章建筑拆除法定程序

严格来说,本章讨论的主题是拆迁的法定程序,违章建筑拆除问题在逻辑上是不应当出现在本章的。然而,京平律师们在为当事人维权的过程中发现,有时候会出现"以拆违代拆迁""以拆违促拆迁",从而达到快速推进拆迁进程或降低拆迁成本的目的的情况。因此,本章有必要介绍一下合法的拆违过程,以此作为参照,一旦出现"以拆违代拆迁"或"以拆违促拆迁",被征收人能够快速识别出事务的性质,从而尽早启动维权程序。

违法建筑、违章建筑或违法建设等都不是严格的法律术语,也没有一部法律法规对此进行过严格的定义。一般来说,它是指未经规划土地主管部门批准,未领取建设工程规划许可证或临时建设工程规划许可证,擅自建筑的建筑物和构筑物。需要指出的是，如果房屋被认定为违建就很可能被强制拆除。

目前，我国的相关法律法规对于违章建筑的认定或拆除限制还是比较严格的，通常需要履行下列程序后才可以进行拆除。

一、立案

一般来说，违章建筑拆除的第一道程序就是立案，即国家有关行政机关在发现或接到线索后，初步认定存在违章建筑并且应当受到处罚，需要追究相应的法律责任的，便会决定启动立案程序。《行政处罚法》第五十四条第二款规定，符合立案标准的，行政机关应当及时立案。

二、调查取证

《行政处罚法》第四十条规定，公民、法人或者其他组织违反行政管理秩序的行为，依法应当给予行政处罚的，行政机关必须查明事实；违法事实不清、证据不足的，不得给予行政处罚。因此，立案后就必须进行调查取证。该法第五十五条规定，执法人员在调查或者进行检查时，应当主动向当事人或者有关人员出示执法证件。当事人或者有关人员也有权要求执法人员出示执法证件。执法人员不出示执法证件的，当事人或者有关人员有权拒绝接受调查或者检查。当事人或者有关人员应当如实回答询问，并协助调查或者检查，不得拒绝或者阻挠。询问或者检查应当制作笔录。

三、当事人有权进行陈述和申辩

《行政处罚法》第六十二条规定，行政机关及其执法人员在作出行政处罚决定之前，未依照本法第四十四条、第四十五条的规定向当事人告知拟作出的行政处罚内容及事实、理由、依据，或者拒绝听取当事人的陈述、申辩，不得作出行政处罚决定；当事人明确放弃陈述或者申辩权利的除外。

《行政处罚法》第六十三条规定，行政机关拟作出下列行政处罚决定，应当告知当事人有要求听证的权利，当事人要求听证的，行政机关应当组织听证：(1) 较大数额罚款；(2) 没收较大数额违法所得、没收较大价值非法财物；(3) 降低资质等级、吊销许可证件；(4) 责令停产停业、责令关闭、限制从业；(5) 其他较重的行政处罚；(6) 法律、法规、规章规定的其他情形。当事人不承担行政机关组织听证的费用。

因此，行政机关在对所谓的违章建筑进行拆除前，需要履行上述法定程序，听取当事人的意见，并考虑违章建筑形成的原因及理由等。

四、作出限期拆除决定书

经过调查，并履行相应的法律程序之后，如果认为违章建筑确有必要进行拆除的，则应当作出责令限期拆除决定书。根据《行政强制法》第三十五条第一项的规定，行政机关作出强制执行决定前，应当事先催告当事人限期履行义务。该法第四十四条规定，对违法的建筑物、构筑物、设施等需要强制拆除的，应当由行政机关予以公告，限期当事人自行拆除。当事人在法定期限内不申请行政复议或者提起行政诉讼，又不拆除的，行政机关可以依法进行强制拆除。因此，对于被认定为违章建筑的，必须依法作出限期拆除决定书，且必须等到当事人对该限期拆除决定法定起诉期限届满才可以依法启动强制执行程序。

五、进行强制拆除

《行政处罚法》第四十二条规定，行政处罚应当由具有行政执法资格的执法人员实施。执法人员不得少于两人，法律另有规定的除外。执法人员应当文明执法，尊重和保护当事人合法权益。

根据《行政强制法》第四十四条的规定，对违法的建筑物、构筑物、设施等需要强制拆除的，应当由行政机关予以公告，限期当事人自行拆除。当事人在法定期限内不申请行政复议或者提起行政诉讼，又不拆除的，行政机关可以依法强制拆除。

在收到限期拆除决定书或类似的文件时，当事人一定要擦亮双眼，看看到底是真正的拆违，还是以拆违代拆迁。如果是以拆违代拆迁，当事人应当立即启动法律程序，寻求法律救济。

典型案例 6

棚户区改造项目违法强拆房屋案

【案情简介】

杜先生系某村村民，在本村拥有房屋一处，后因该村被纳入城市棚户区改造项目，但就拆迁补偿事宜一直没有达成补偿协议。2017年11月8日，杜先生的房屋被强制拆除，为维护自己的合法权益，杜先生决定委托京平律师代理其维权事宜。

【办案经过】

京平律师介入后，分析了案件的详细情况，指导杜先生首先以某县政府和某街道办事处为被告提起了行政诉讼，请求法院确认某县政府和某街道办事处拆除其位于某村的房屋的行为违法。因同村村民杨某的房屋被已经生效的行政判决书确认其某街道办事处组织人员将其拆除，法院据此判决，杜先生房屋拆除的主体应为某街道办事处。在此过程中，律师也提出，在没有就拆迁补偿问题与杜先生达成一致的情况下直接拆除房屋，违反了相关法定程序。该案件的一审法院支持了杜先生的请求，确认了某街道办事处的拆除行为违法，但是未认可某县政府实施了拆除行为。一审判决后，某街道办事处提起上诉，经二审审理，二审法院也支持了杜先生的请求。

京平律师提出：根据相关法律规定，征收拆迁工作要严格按照法定程序进行，行政机关不能在拆迁补偿协商不成的情况下，直接强制拆除相对人的房屋，从而造成对相对人合法财产的侵害。本案中，某街道办事处直接强制拆除杜先生的房屋的行为是违法的。

【办案结果】

最终，二审法院支持了京平律师的观点，判决如下：
驳回上诉，维持原判决。

【律师点评】

在征地拆迁过程中，对房屋等不动产的强制拆除在正常情况下是最后的环节。其中，若征迁双方达成合意，则签订安置补偿协议及交房协议，然后被征收人交出房屋由征收方或其委托的相关主体进行拆除，以便进行下一阶段的征迁工作；若双方一直未能达成合意，而征迁工作又必须尽快推进，则征收方在履行必要程序后向人民法院申请强制执行。然而，在当前的征迁工作中，上述两种情形都可能被有意或无意地避开，征收方或有关主体在未履行任何前置程序的情况下径行强制拆除。众所周知，如果房屋尚在自己手中，当事人还可能有足够的谈判筹码。一旦房屋被强拆，双方的博弈力量对比就失去了平衡。在这种情况下，尽快寻求律师的帮助是必然的途径。

典型案例 7

企业职工拍卖购得房屋被征收案

【案情简介】

委托人曾女士的房屋位于某市某区某街道某号，该房屋有国有土地使用权证及房屋产权证，面积分别为412.64平方米和52.05平方米，房屋性质为非住宅。该房屋是企业为了解决职工困难、维护社会稳定，申请了改制，委托人曾女士作为本企业职工，通过拍卖购得该房屋。拍卖时该房屋已年久失修，接近于危房，拍得后，曾女士对其积极进行修缮和加固，使房屋面积扩展至800平方米左右。曾女士通过政府公开信息得知该房屋被纳入征收范围，但给予的征收拆迁补偿与周边房屋市场的价格相差悬殊，因此其与拆迁部门就补偿问题一直未达成一致。拆迁部门于2019年11月20日下发了依法强制拆除违法建筑物的公告，并于2019年12月4日发出了搬迁腾房通知书，要求曾女士腾房，逾期将组织人员将房屋强制拆除。2019年12月6日，曾女士房屋全部被拆除完毕。为此，曾女士找到了京平律师承办此案件。

【办案经过】

京平律师接案后，迅速整理了现有材料和证据，并根据案件情况制订了详细的维权方案。京平律师在案件中协助委托人整理了全部证据共计六项，并对被告所属的城市管理局、街道办事处提交的共计七项证据进行了逐一审查，针对个别证据的真实性、合法性、目的性依法提出异议。律师指出，本案中案涉补偿决定于2019年11月20日作出，拆迁部门于2019年12月6日就将曾女士的房屋拆除，并没有保障曾女士复议及诉讼的权利，且虽然已经按照法律规定对曾女士进行了补偿，但未依法作出《责令交出土地决定书》，也未申请法院强制执行，故请求确认该区城市管理局、街道办事处共同拆除曾女士的涉案房屋的行为违法。

京平律师提出：《土地管理法》《土地管理法实施条例》《征补条例》等法律法规对集体和国有土地上房屋征收程序和方式作出了明确规定，行政机关在对土地和房屋的征收过程中，应当遵循"先补偿，后搬迁"的原则，依法对被征收人进行安置补偿。根据《行政强制法》第三十四条的规定，行政机关依法作出征收决定后，当事人在行政机关决定的期限内不履行相关义务的，由具有行政强制执行权的行政机关依照本章规定强制执行。该法第四十四条规定，需要对违法的建筑物、构筑物、设施等强制拆除的，应当由行政机关予以公告，限期当事人自行拆除。当事人在法定期限内不申请行政复议或者提起行政诉讼，又不拆除的，行政机关可以依法强制拆除。本案中，拆迁部门在拆除曾女士房屋时并未依照相关法律规定的程序实施，因此其拆除涉案房屋的行为违法。

【办案结果】

最终，法院支持了京平律师的观点，判决如下：

确认被告街道办事处、该区城市管理局共同拆除原告曾女士房屋的行政行为违法。

【律师点评】

在近年来的征收拆迁工作中，存在企业职工因各种原因购买企业所属的房屋后，在拆迁过程中遇到拆迁补偿不合理的情况。对于这类房屋，如果已经取得了正式的不动产法律文件，则征迁双方产生纠纷的概率较小。尽管如此，由于这类房屋与通过公开的不动产交易市场购买的房屋在权属来源、流转方式和用途等方面都存在差异，一旦面临征收，这些潜藏的缺陷可能就会显现出来，被征收人权益就会有受到侵犯的可能性，因此需要认真对待。

第三章 征收拆迁的应对

第一节 概 述

作为一名被拆迁人,到底该如何应对征地拆迁问题?如何判断补偿是否合理?又如何为自己争取到公平合理的补偿呢?

第一,确认拆迁性质。面对征地拆迁问题,首先要明确拆迁原因,如果是为了公共利益而进行的征收,则要努力争取合理补偿。

第二,确认土地性质。征收行为因土地性质不同而不同,要分清是集体土地还是国有土地。国有土地上是征收房屋,依据《征补条例》的规定必须按照市场价给予补偿。而集体土地上的拆迁,目前没有直接的法律依据,主要依据《土地管理法》和《土地管理法实施条例》,集体土地要开发必须先征收为国有,所以主要是征收土地的补偿,而房屋等是作为地上附着物进行补偿。但是不管是哪种性质的征收,都必须给予被拆迁人公平合理的补偿才可以实施拆迁。

第三,给自己定位。不管因为什么拆迁,拆迁补偿的对象是土地或房屋的所有权人,那么要想拿到补偿,首先需要证明自己是被征收土地或房屋的所有权人,因此,手中的土地证、房产证非常重要,可凭此主张自己的权利。如果你不是土地或房屋的产权人,只是使用者,首先要看租赁合同中就拆迁问题是否有明确约定。若有约定,按照约定执行;若没有,则在有效的承租合同下,因拆迁而导致的停产停业损失或其他损失,是可以主张补偿的。

第四,明确补偿内容。国有土地上房屋征收的补偿主要有:(1)被征收房屋价值的补偿;(2)因征收房屋造成的搬迁、临时安置的补偿;(3)因征收房屋造成的停产停业损失的补偿。而集体土地上主要是土地征收的补偿,房屋、青苗等地上附着物的补偿,搬迁和临时安置的补偿,停产停业损失的补偿。

第五，了解补偿标准。这是京平律师接触拆迁案件和咨询以来，回答最多的一个问题。很多被拆迁人见到律师时的第一句话就是问怎么补偿。补偿虽然是拆迁案件的核心，但是必须先弄清楚前边的几个问题才能谈补偿。如果是国有土地上的房屋征收，就必须依据《征补条例》的规定，按照市场价进行补偿。而集体土地上的拆迁，目前没有直接的法律依据，主要依据《土地管理法》和《土地管理法实施条例》。总的来说，要把握一个原则，就是征收或者拆迁不能降低被拆迁人原有的生活居住水平。

了解了上面的内容，被拆迁人就可以和拆迁方协商补偿协议了。如果通过谈判拿到了合理补偿是最好的，但若拆迁方执意坚持己见，无法平等协商，被拆迁人就可以寻求专业拆迁律师来帮助自己维权。事实上，这也是争取公平、合理的拆迁补偿的最有效途径。

第二节 征收拆迁维权前的准备工作

俗话说，"有备才能无患"，做任何事情都需要提前进行周全的准备，在拆迁过程中想维护自己的权益以下三点非常重要。

一、了解拆迁信息及相关规定

被征收人需要了解的拆迁信息主要有：房屋所在的土地是集体土地还是国有土地，如果属于国有土地，应当参考《征补条例》的规定；如果属于集体土地，则主要依据《土地管理法》和《土地管理法实施条例》。被征收人还要明确征收主体、征收范围等；征地拆迁的项目是否得到区、县级以上政府批准，在征收开始的时候是否征询了相关公众的意见，以及有无特别的扶持补助政策等。

以上内容都是在征收时容易让征收方"钻空子"的地方。有的征收方为了达到速度快、补偿低的目的，在征收过程中作出违法行为，因此被征收人要积极了解相关信息，千万不能理所当然地认为征收方说什么都是对的。实践中有很多打着"公共利益"的旗号进行商业开发的例子，若不了解情况可能会拿不到合理的补偿。只有充分了解了这些信息，才能对自己的房屋拆迁获得多少补偿做到心中有数。

二、进行自我检查，消除法律隐患

无论是集体土地还是国有土地，安置补偿的对象都是房屋或土地的所有权人和使用权人，因此在拆迁开始前被拆迁人务必准备好土地和房屋的权属证明，如土地证、房产证等。因为一旦拆迁开始，对于建房手续不全或没有产权证的房屋，有的时候会被拆迁方认定为违法建筑而不予补偿。为了避免被动，一定要提前做好准备。如果因为建房年代较为久远或者其他历史遗留原因导致没有土地证或房产证的，被拆迁人需要准备土地来源和建房合法的证明文件，如买卖、交换、赠与、继承协议书，土地使用权原始取得证明，村委会同意土地使用和建房的书面材料等。需要注意的是，必须准备书面材料，因为口头承诺往往很难产生证明效力。

如果是房屋的承租方，那就要看房屋租赁合同中有无关于房屋征收的约定条款，若双方没有约定，则要根据具体情况向房屋出租人或征收方主张作为承租人相应损失的补偿。

三、要学会保存证据

在遭遇强拆后，很多被征收人维权的最大阻力便是"证据不足"。在征地拆迁案中，很多被征收人只知道房屋被强拆，但对实施强拆的行为人却一无所知，也无法提出有力的证据证明其因此所遭受的实际损失。针对以上情况，建议被征收人在房屋被划入征收范围后，立即对自家的房屋状况、四至范围、房屋内外的财物进行拍照录像，以防日后突然遭遇强拆，来不及保存能证明房屋及财物的相关证据。若房屋被非法强拆，被征收人是可以根据损失情况申请国家赔偿的，此时拆迁前的证据保存就显得十分重要。

妥善处理各类征收文件，千万不要置之不理。对于在征收过程中收到的征地告知书、征收公告、土地登记表以及补偿安置方案等文件，要做好保存和备份。认真阅读每一份文件，需要签字的文件要谨慎对待，有问题的文件不要签，但是不签不等于一味拖延，当拒绝签字后，一定要及时咨询专业律师，以防错过维权的最佳时机。

在征地拆迁过程中，被征收人一定要擦亮双眼，认真走好拆迁维权的每一步。好的开始是成功的一半，在拆迁过程中，做好前期准备尤为重要，因涉及多方利益，拆迁极易发生纠纷和违法行为，加之法律规定也相对繁杂，若不提前做好准备，被征收人易因突发状况而措手不及。只有做好万全的准备，才能在拆迁中维护好自己的合法权益。

第三节 被拆迁人如何争取合理的拆迁补偿

在拆迁中，拆迁补偿问题是被拆迁人最为关注的。打个恰如其分的比方：三分政策定，七分看协议，而剩下的九十分就需要被拆迁人自己争取了。拆迁补偿，说到底就是拆迁双方的一种利益博弈，在这场利益博弈中，被拆迁人如何争取最合理的拆迁补偿？笔者认为主要包括以下五个方面。

（一）坚守阵地，表明立场

有些被拆迁人，一看到要拆迁，便自乱阵脚，甚至主动搬迁撤离。对此，笔者建议，被拆迁人应该表明坚决维护自己合法权益的立场。

（二）多听少说，做到心中有"数"

作为被拆迁人，尤其是对拆迁毫无经验，对相关的法律规定也知之甚少的被拆迁人来说，对于拆迁方的说辞，一定要多听少说，冷静地判断其用意并沉着应对。关于拆迁补偿的报价一定要掌握好时机，才能报价，否则，报价过高或过低都会很被动。

（三）一手资料，自己掌握

在拆迁过程中，房屋产权证、土地使用权证等重要的证件或者是可以证明自己合法权利的证明、协议等重要的原件材料，一定要留在自己手中，也可以将这些重要的文件放在可靠的地方，因为万一自己的房屋被非法强拆，这些重要文件就很容易丢失。拆迁过程是非常复杂的，而且可能会遇到一些突发性事件。所以，被拆迁人一定要小心谨慎，防患于未然。

（四）协议有风险，签字需谨慎

拆迁过程中拆迁方经常会向被拆迁人送达有关资料和文书。比如：拆迁通知、限期拆除通知、拆迁补偿决定等。这些文件有的只是起信息传达的作用，可有的则会对被拆迁人的权利义务产生实际影响。在没有确认所收到材料的内容及签字可能产生的法律后果时，不要轻易在这些材料上签字。因为一旦签字，再去质疑评估内容的缺项漏项、面积不符等问题就会困难重重。所以在拆迁过程中建议，对拆迁方送来的材料可以收，但是不要随便签字。

（五）合理拆迁维权，不作无谓牺牲

要想获取合理的拆迁补偿，首先要有一颗坚定的心，在拆迁中逆来顺受、缺乏勇气的人是不可能拿到令人满意的拆迁补偿的。但是，拆迁维权行动千万不要盲目进行，在遇到拆迁方或者拆迁中的出租方要求尽快搬家或者侵犯住宅或经营场所，尤其是遇到非法强拆的时候，被拆迁人一定要沉得住气，遇到这种情况应该第一时间报警以减少损害，寻求保护，或者提前启动相关的法律程序维护自己的合法权益。

虽说通过谈判是拿到合理补偿最好的途径，但倘若拆迁方态度强硬，无法平等协商，被拆迁人就必须拿起法律武器进行维权，这也是争取到公平合理的拆迁补偿的最有效途径。

第四节　与征收方签协议应该注意哪些事项

在拆迁过程中，拆迁方与被拆迁人之间的争议焦点往往是拆迁补偿问题，对被拆迁人来说，拆迁补偿的多少直接关系到自己今后的生活，所以我们在签订拆迁补偿协议的时候一定要慎重。那么，在签订拆迁补偿协议过程中应注意哪些问题呢？

在拆迁补偿协议中有五点是必须重点关注的：一是签署拆迁补偿协议的主体是谁，法律规定市、县级以上主管部门才是征收拆迁主体。二是核实征地拆迁补偿协议内容是否正确，补偿项目是否齐全，空白协议不要签。三是看补偿金额是否合理，是否参照周边市场价格，能否保证生活水平不降低。四是拆迁补偿协议需要一式两份，拆迁方是否当场签字，是否已盖章，是否给你留下一份。对于未盖章的拆迁补偿协议，被拆迁人有权拒绝签字。五是注意合同中的违约责任，其通常被称为"兜底条款"。

拆迁补偿协议是拆迁方向被拆迁人兑现拆迁补偿款或者安置房的法律凭证，

上面的一字一句都将影响到被拆迁人拆迁后的生活，因此签字前一定要慎重，签字后将协议小心保存。另外，对于拆迁补偿款或者安置房执行期不确定的拆迁补偿协议，被拆迁人谨慎对待，不要轻易签字。拆迁方口头承诺及空白协议不可轻信，必须签订书面拆迁补偿协议。若拆迁方频繁要求签订拆迁补偿协议，则被拆迁人更需要谨慎，可能是因为项目进度加快，需要尽快签字，此时要特别注意合同中的细节条款。在国有土地上，按照《征补条例》的规定，为了公共利益的需要，征收国有土地上单位、个人的房屋，应当对被征收房屋所有权人给予公平补偿。

实践中，拆迁方不履行征地拆迁补偿协议怎么办？《行政诉讼法》第十二条第一款第十一项规定，人民法院应受理公民、法人或其他组织认为行政机关不依法履行、未按照约定履行或者违法变更、解除政府特许经营协议、土地房屋征收补偿协议等提起的诉讼，即行政机关如不依法履行、未按约定履行或违法变更、解除征收拆迁补偿协议，当事人可向法院提起行政诉讼。依据我国有关法律，被拆迁人可在收到征收决定、征收补偿决定等行政行为的 60 日内提起行政复议，并在 6 个月内提起行政诉讼。如房屋被强拆，应在知道拆除日期后 6 个月内提出起诉。

第五节 需要避免的一些思想误区

拆迁对我们来说并不陌生，随着法律法规的日益完善，遇到征地拆迁纠纷时，被征收人可以通过合理的方式维护自己的合法权益，如提起行政诉讼。但是现实生活中，很多人往往因维权方式不当，导致自己不能得到合理的补偿。征地拆迁中存在"三大坑"，让我们一起来看看是哪"三大坑"吧。

一、不能有"躺平"思想

近年来，越来越多的法律法规出台并依法执行，对百姓权益的保护越来越全面，对权力机关的监督也越来越严格。申请行政诉讼是我们的权利，特别是征地拆迁案件，只要我们的诉求合理合法，一般都可以得到妥善的解决。在拆迁过程中，切忌躺在权利上睡觉，甚至"躺平"，这是一种不负责任的做法。

二、以法律为依据，寻找征收政策的法律漏洞

有些地方的征收政策是基于征地成本和征收效率而制定的，在某个环节上可能与法律是相悖的。所以我们与之谈判时要知法、学法、守法、用法，做到依法依规，寻找征收政策中的法律漏洞，据理力争、主动争取，保障自己的征收补偿不被缩水。

三、拖延等待误时机

许多人会认为，既然有争议，那就不要签字，拒绝接收任何通知文件，或者等别人有了好结果就"搭顺风车"。殊不知，正是这种拖延等待贻误了时机。拆迁需要系统、全面、专业的法律知识，需要对全局的把控，更需要合理运用法条。即便是有着多年诉讼经验的律师，也要不断地学习和更新自己的知识储备，只有掌握了具体案件的实际情况，才能在冷静地分析并作出正确的判断。

典型案例 8

对商铺作出的《征收补偿决定书》被撤销案

【案情简介】

张先生在某市某区拥有合法商铺一处，该商铺一直用于出租经营。2018 年，该区人民政府发布了棚户区改造决定，将对该地块的房屋进行征收，张先生一直没有看到合法文件，征收补偿标准也不合理，在这种情况下，也就没有达成征收补偿协议。2019 年 11 月 4 日，张先生收到了《征收补偿决定书》，其认为在没有见到任何文件，且补偿不合理的情况下，直接下达决定书侵害了自己的合法权益。在京平律师的指导下，张先生向人民法院提起行政诉讼，请求撤销该《征收补偿决定书》。

【办案经过】

京平律师通过核实案件事实，提出被告该区人民政府无论是实体还是程序上均违法，该征收补偿方案不仅未征求原告张先生的意见，产权调换房屋也缺乏基本信息。在庭审过程中，被告辩称，因原告张先生未在法定期限内签约，其才依

据法律规定作出了《征收补偿决定书》，且补偿价格也是合理的。

征收行为和程序是否合法，需要结合所有的事实情况来判断。因此，京平律师提出：根据相关的法律规定，对国有土地上的房屋进行征收，应先依据评估程序进行评估。之后，双方在确定的签约期限内未能达成征收补偿协议的，应由房屋征收部门报请作出房屋征收决定的市、县级人民政府依照征收补偿方案作出补偿决定书。本案中，就张先生的房屋，该区人民政府在作出补偿决定之前没有委托鉴定机构对其进行评估，并且征收补偿方式只有货币补偿，未提供产权调换方案，因此该区人民政府作出的征收补偿决定不合法。

【办案结果】

最终，法院支持了京平律师的观点，判决如下：

撤销该区人民政府作出的《征收补偿决定书》。

【律师点评】

一旦征收方作出了补偿决定，如果被征收人不及时启动法律程序，待行政复议或行政诉讼期限届满后，征收方就可能向人民法院申请强制执行，此时被征收人就比较被动了。

第四章
征收拆迁补偿与安置

第一节　农村征地补偿

在农村集体土地征收工作中，老百姓最关心的无疑就是具体的补偿安置问题。

一、农村房屋拆迁补偿标准的具体规定

（一）一般规定

补偿安置依据：被拆除房屋的用途和建筑面积，一般以房地产权证、农村宅基地使用证或者建房批准文件的记载为准。记载与实际不符的，除已依法确认的违章建筑外，应以实际面积为准。

特别情况的处理：

1. 征地公告时，被拆迁人已取得建房批准文件且新房已建造完毕的，则对新房予以补偿，对应当拆除而未拆除的旧房不予补偿；征地公告时，被拆迁人已取得建房批准文件但新房尚未建造完毕的，则被拆迁人应当立即停止建房，具体补偿金额可以参照建房批准文件内容，也可由拆迁当事人协商确定。

2. 拆除未超过批准期限的临时建筑，可以给予适当补偿。

3. 违法并应无偿拆除的建筑、超过批准期限的临时建筑，以及征地公告后擅自进行的房屋及其附属物新建、改建、扩建的部分，一般不予补偿。

4. 拆迁范围内，既有国有土地又有集体土地的，国有土地范围内的拆迁房屋补偿安置按《征补条例》的规定执行；被征集体土地范围内的房屋拆迁补偿安置按集体所有土地房屋拆迁补偿安置的规定执行，如当地有规定的，从其规定。

(二) 拆迁居住房屋的补偿安置规定

1. 征地的村或者村民小组建制撤销的补偿安置

被拆迁人可以选择货币补偿，也可以选择与货币补偿金额同等价值的产权房屋调换。

货币补偿金额计算公式一般为：（被拆除房屋建安重置单价结合成新+同区域新建多层商品住房每平方米建筑面积的土地使用权基价+价格补贴）×被拆除房屋的建筑面积。

被拆除房屋评估如选用重置法的，则其建安重置单价结合成新，由建设单位委托具有房屋拆迁评估资格的房地产估价机构进行评估；同区域新建多层商品住房每平方米建筑面积的土地使用权基价及价格补贴标准，由被拆除房屋所在地的市、县人民政府根据土地市场的实际情况制定并公布。

2. 征地的村或者村民小组建制不撤销的补偿安置

根据现行规定，拆迁人对未转为城镇户籍的被拆迁人应当按下列规定予以补偿安置：具备易地建房条件的区域，被拆迁人可以在乡（镇）土地利用总体规划确定的中心村或居民点范围内申请宅基地新建住房，并获得相应的货币补偿。

货币补偿金额计算公式为：（被拆除房屋建安重置单价结合成新+价格补贴）×被拆除房屋的建筑面积。

被拆迁人使用新宅基地所需的费用，由建设单位支付给被征地的村或者村民小组。被拆迁人申请宅基地新建房屋的审批程序，按照国家和当地农村住房建设的有关规定执行。

不具备易地建房条件的区域，被拆迁人可以选择货币补偿，也可以选择与货币补偿金额同等价值的产权房屋调换，此后被拆迁人不得再申请宅基地新建住房。

3. 其他补偿

拆迁人应当补偿被拆迁人的搬家补助费、设备迁移费、过渡期内的临时安置补助费，并自过渡期逾期之日起增加临时安置补助费。

4. 补偿原则

《土地管理法》第四十八条第一款明确规定："征收土地应当给予公平、合理的补偿，保障被征地农民原有生活水平不降低、长远生计有保障。"

(三) 拆迁非居住房屋的补偿安置

在办理拆迁非居住房屋补偿安置的过程中，拆迁与补偿应当有利于当地经济的发展，防止拆迁对当地原有工商业与就业造成负面影响。

补偿标准一般为：

1. 拆除农村集体经济组织以土地使用权入股、联营等形式与其他单位、个人共同举办的企业所有的非居住房屋，货币补偿金额计算公式为：被拆除房屋的建安重置价+相应的土地使用权取得费用。

2. 被拆除房屋的建安重置价、相应的土地使用权取得费用，当事人协商不成时由房地产估价机构进行评估。

3. 其他补偿

（1）按国家和当地规定的货物运输价格、设备安装价格计算的设备搬迁和安装费用；

（2）无法恢复使用的设备按重置价结合成新结算的费用；

（3）因拆迁造成停产、停业的适当补偿；

（4）其他非居住房屋、居住房屋附属的棚舍，以及其他地上构筑物的补偿，按照当地关于国家建设征地的财物补偿标准执行。

二、农村自建房的补偿

农村建房必须先经过城建、规划、国土等相关部门的审批，即使是旧房翻新也要经过批准，任何人都不能占用农田擅自建房。否则，在面临拆迁时，拆迁人就可能会为了达到快速拆迁和降低成本的目的，将其认定为违章建筑快速拆除而不予补偿。

但这并不意味着权利存在瑕疵的房子就不会得到任何补偿，获得补偿的关键在于双方利益的博弈。被拆迁人虽掌握的信息有限，但通过行政复议、行政诉讼等方式可以获取更多的信息以弥补信息的不对称，另外，其也可咨询或聘请专业律师，借助专业律师的法律知识与严谨的思维逻辑，依法维护自身的权益。

三、农村拆迁补偿的法律基础

(一) 当事人的知情权和听证权有章可循

征收土地方案经依法批准后,由被征收土地所在地的市、县人民政府组织实施,并将批准征地机关、批准文号、征收土地的用途、范围、面积以及征地补偿标准、农业人员安置办法和办理征地补偿的期限等,在被征收土地所在地的乡(镇)、村予以公告。被征地农户可以从公告上了解相关情况。如若在被征地人不知情的情况下,土地上的附着物被损害、土地被强行征占,则都属于征地部门的程序违法,被征地人都可以对此提出异议。

(二) 拆迁人的强拆强占行为是违法乱纪

《征补条例》第二十七条第三款规定,任何单位和个人不得采取暴力、威胁或者违反规定中断供水、供热、供气、供电和道路通行等非法方式迫使被征收人搬迁。禁止建设单位参与搬迁活动。第三十一条规定,采取暴力、威胁或者违反规定中断供水、供热、供气、供电和道路通行等非法方式迫使被征收人搬迁,造成损失的,依法承担赔偿责任;对直接负责的主管人员和其他直接责任人员,构成犯罪的,依法追究刑事责任;尚不构成犯罪的,依法给予处分;构成违反治安管理行为的,依法给予治安管理处罚。尽管上述规定最初是面向城镇国有土地上房屋征收工作的,且目前的集体土地征收法律没有明确规定,但是基于程序正当的原则,面对处于弱势地位的农民群体,在农村集体土地征收拆迁工作中更应当严格遵守上述规定。

(三) 老百姓被征收的耕地补偿标准有政策支持

依据《土地管理法》的规定,征收土地应当依法及时足额支付土地补偿费、安置补助费以及农村村民住宅、其他地上附着物和青苗等的补偿费用,并安排被征地农民的社会保障费用。征收农用地的土地补偿费、安置补助费标准由省、自治区、直辖市通过制定公布区片综合地价确定。

四、安置房析产问题

随着经济的快速发展,农村工业化、城市化进程的不断加快,农村征地拆迁的范围和速度不断加大、加快，因拆迁安置所产生的争议也不断涌现。下面仅就农村拆迁安置取得房产后因家庭成员离婚而要求析产时如何处理的问题提出一些观点。

（一）与农村房屋有关的三个问题

1. 农村房屋，顾名思义就是建造在农村宅基地上的房屋。根据《土地管理法》第九条第二款的规定，宅基地属于农民集体所有。第六十二条第一款规定，农村村民一户只能拥有一处宅基地，其宅基地的面积不得超过省、自治区、直辖市规定的标准。上述规定很明确，宅基地的权属归集体所有而非农民私人所有，只有农业人口才有宅基地使用权，农村房屋必须以户为单位申请宅基地后方可建造。

2. 农村房屋的权利归属。农村房屋和城市商品房存在很大的区别，它是以户为单位，由全体家庭成员申请宅基地后共同出资、出力建造的，其所有权是共同共有的，也就是说农村房屋是家庭共有财产。

3. 家庭共有财产的概念。家庭共有财产是指在家庭中，全部或部分家庭成员共同所有的财产。换言之，它是指家庭成员在家庭共同生活关系存续期间共同创造、共同所得的财产。

（二）目前农村拆迁安置房的形式及分配依据

1. 拆迁安置房的形式

联排房：政府不再考虑家庭人数多少，不分大、中、小户型，统一外观样式和建筑面积，而是另行安排宅基地由农户自己建造。

商品房：政府负责建造的具有国有土地使用权证、房产证和契证的商品房。

联排房+商品房：政府既沿用农村建房的模式，以农业家庭人口的多少分大、中、小户型建造联排房（其建房用的土地性质仍为集体所有的宅基地），同时也建造不同户型的商品房，供被拆迁人选择。

2. 分配依据

尽管这一点在全国范围内没有统一的标准，但是在有的地区，根据当地政策，拆迁安置通常采用商品房或者联排房+商品房的形式。分配依据通常是以家庭现有农业人口的数量，分为大户（5人及以上）250平方米、中户（3人至4人）220平方米、小户（2人及以下）190平方米，同时参照原有被拆迁房屋的合法建筑面积。具体为：被拆迁房屋面积小于按农业人口划分的大、中、小户型安置面积时，可以按人口对应的户型面积享受安置房，在原有房屋面积内的价格按 500 元/平方米（涉及的价格是为表述方便和直观而虚拟的，下同），超出部分的价格按市场价的 90% 计算。被拆迁房屋面积大于按农业人口划分的大、中、小户型安置面积时，对应户型以内的面积价格按 500 元/平方米计算，超出部分至被拆迁房屋面积之间的价格为相对优惠的价格按 800 元/平方米计算，超出被拆迁房屋面积部分的价格按市场价（3000 元/平方米）的 90% 计算。当然，以上只是某地的一个例证，具体的数字不能推而广之，但是其实施精神是可供参考的。

（三）拆迁安置房的分割问题

如前所述，农村房屋系家庭共有财产，那么征地拆迁后拆迁安置房权利归属是否会产生变化呢？取得拆迁安置房后因家庭成员离婚而产生析产纠纷时又应当如何分割？下面就以一个京平律师办理的四个案件为例进行说明。

1. A 户（原人口数为 3 人）在房屋拆迁之前有入户的儿媳或者女婿且他们将户口迁至 A 户并生育一子，拆迁后如 A 户（被拆迁房屋面积为 300 平方米）在选择纯商品房安置时得到三套商品房分别是 140 平方米、120 平方米、65 平方米，后儿媳或女婿提出离婚并要求分家析产，那么儿媳或者女婿是否有权要求分割，具体如何分割？首先要注意以下三点：（1）该房屋已经从拆迁前的建设在宅基地上的农村房屋转变成城市商品房；（2）享受的面积超出了对应户型大户可享受的 250 平方米，也超出了被拆迁房屋的原有面积；（3）入户的儿媳或女婿在拆迁前虽已将户口迁至 A 户，但当时 A 户所在的集体组织并未划拨宅基地使用权，后生育的子女也未划拨宅基地使用权，而拆迁后在安置过程中 A 户所在的集体组织按 5 个农业人口数进行了安置，实际上给予了他们宅基地使用权。但实践中离婚的儿媳或女婿在这种情况下无论是将户口继续保留在 A 户，还是迁回原地，都无法再次享受宅基地使用权。

京平律师认为，上述案例中拆迁前后房屋本身性质虽发生了改变，但无法改变房屋作为家庭共有财产的性质。儿媳或者女婿在拆迁安置过程中实际上享受了宅基地使用权，那么当然有权分割房屋，而有权分割到的房屋面积应当是 50 平方米，理由是：250 平方米的商品房是基于 A 户的农业人口数（5 人），也就是享有宅基地使用权的成员（每个成员各 1/5）数量来安置的，而超过 250 平方米之外的部分是基于被拆迁房的面积以产权调换的形式取得的，入户的儿媳或女婿对被拆迁房没有任何权利，也就无权对这部分房产主张分割。需要指出的是，儿媳或者女婿在分得 50 平方米的房屋后应当将以拆迁补偿款支付的房款 500 元/平方米的房款补偿给对被拆迁房屋享有所有权的其他成员。在上述案例中，一种情况是，儿媳或者女婿可分得 50 平方米的房屋，但实际安置中却没有 50 平方米的房屋，只有 65 平方米的房屋，那么超出的 15 平方米应当由分得该房的儿媳或者女婿按市场价对其他家庭成员予以补偿；另一种情况是，在明确了儿媳或者女婿享有 50 平方米的房产后，儿媳或者女婿同意该 50 平方米的房屋产权归其他家庭成员而由其他家庭成员以折价补偿的方式对其进行补偿时，应如何折价补偿？京平律师认为，此时按安置价格 500 元/平方米对其进行补偿显失公平，因为儿媳或者女婿在放弃了 50 平方米的产权后不可能再在 A 户或者原户籍地享有宅基地使用权，且按拆迁政策的规定，拆迁安置后被安置人员的户口性质也随之变更为城镇户口，如果其要取得房屋只能通过购买商品房的形式。所以京平律师认为，这时的折价补偿按市场价扣减 500 元/平方米的差价为标准较为公平合理。综上，如 A 户在安置时选择了联排房或者联排房+商品房的形式，那么在确定离异儿媳或女婿应当享有的房屋份额时同样适用，唯一不同的是联排房的土地性质是集体所有制的宅基地，在考虑折价时应当与具有国有土地使用权的商品房有所区分。

2. B 户房屋拆迁之前有入户的儿媳或者女婿，但他们是非农业户口，或者虽是农业户口但并未将户口迁至 B 户，B 户拆迁安置后儿媳或女婿提出离婚并要求分家析产，那么儿媳或者女婿是否有权分割，具体如何分割？

京平律师认为，这里的 B 户无论选择何种安置房形式，离异的儿媳或者女婿均无权分割安置房。理由是：B 户的儿媳或者女婿无论是在拆迁前还是在拆迁后都不享有宅基地使用权，对被拆迁房屋也不具有所有权，而安置房的权利来源是基于农村人口对宅基地的使用权和对房屋所有权的双重权利。但是，若取得安置房后家庭成员对其进行了装修，在此过程中离异的儿媳或者女婿就具有了出资、出力的行为，那么他们也有权就该部分要求其他家庭成员对其进行折价补偿。

3. C 户房屋拆迁之前有入户的儿媳或者女婿且他们将户口迁至 C 户，拆迁后政府不再考虑家庭人数多少，不分大、中、小户型，而是统一外观样式和建筑面积，另行安排宅基地由 C 户自己建造，后儿媳或女婿提出离婚并要求分家析产，那么儿媳或者女婿是否有权要求分割，具体如何分割？

京平律师认为，在这种情况下离异的儿媳或者女婿在拆迁安置过程中已实质上享有了宅基地使用权，因此其完全有权分割房屋，在没有其他约定或者没有充分的证据证明某些成员在房屋建造过程中出资、出力明显不同的情况下应当平等分割。

4. D户房屋拆迁之前有入户的儿媳或者女婿，但他们是非农业户口，或者未将户口迁至D户，拆迁后政府不再考虑家庭人数多少，不分大、中、小户型，而是统一外观样式和建筑面积，另行安排宅基地由D户自己建造，后儿媳或女婿提出离婚并要求分家析产，那么儿媳或者女婿是否有权要求分割，具体如何分割？

京平律师认为，在此种情况下，离异的儿媳或者女婿在D户既无宅基地使用权，对被拆迁房屋也无所有权，故其无权要求分割，但其有权提供证据证明其在建房过程中共同出资、出力，从而可以要求其他成员对其作出相应的补偿。

五、农村宅基地的补偿

土地征收是发生在国家和农民集体之间的所有权转移的过程，是指国家为了社会公共利益的需要，按照法律规定的批准权限和程序进行，并给集体和农民个人补偿后，将集体或农民所有的土地转变为国家所有。集体土地被征收意味着农民对集体土地所有权的丧失，也意味着农民对土地的使用收益的丧失，故征收土地时，应当本着"谁使用，谁补偿"原则，妥善安置和安排被征地单位和农民的生产和生活。土地征收的补偿并不是由国家支付，而是由用地单位支付。这是因为，国家并不直接使用所征收的土地，也不是该被征土地建设项目的直接受益者，而征地单位则兼具这两个因素，所以按照市场经济规律要求由其支付征收土地补偿是合理的。征地单位的补偿是一项法定义务，承担此项义务是使用被征土地的必要条件。用地单位必须按照法定标准，向被征收土地的集体经济组织和农民给予合理的补偿。

在现实生活中，我国房屋拆迁补偿基本上为财产权的补偿，而财产权的补偿也只限于对直接损失的补偿。事实上，被拆迁人在取得房屋所有权时已经支付了相应的土地使用费，而在他们的房屋被拆迁后，这部分费用却未被完全纳入补偿范围。对集体土地拆迁而言，农民在拆迁过程中不仅失去了房屋，他们的生活生产也都受到了不同程度的损害。村民们需另觅生存地点，其生活和生产的成本也相应增加。

在拆迁过程中，唯有通过法律手段，依靠专业法律服务人员，才能使自身权益得到合理的保障。当被征地拆迁补偿问题困扰的时候，一定要善于运用法律来维护自己的合法权益，法的作用得到最大限度的发挥就在于对它的运用上。

典型案例 9

《征收补偿决定书》因征收范围不合法被撤销案

【案情简介】

张女士在某市某区某村建有房屋一处，1991 年，张女士取得《建设工程规划许可证》，许可建设两层住宅，但张女士未经批准加盖了第三层。1994 年，市建设局作出《行政处罚通知书》对其进行罚款并让其补办了《建设工程规划许可证》。2004 年，张女士取得《国有土地使用权证》和《房屋所有权证》。2005年，张女士再次取得《建设工程规划许可证》，依法建设附属建筑。2017 年，该区域划入城中村改造范围，征收双方就征收拆迁补偿问题多次协商未果。为加快征收进程，2020 年，区政府对张女士作出了《征收补偿决定书》。张女士向市政府提起行政复议，市政府作出《行政复议决定书》，决定维持区政府作出的《征收补偿决定书》。张女士为了维护自己的合法权益，委托京平律师代理其维权事宜。

【办案经过】

京平律师介入后，分析了案件的详细情况，在法定期限内指导当事人向市政府申请行政复议，市政府作出《行政复议决定书》，决定维持区政府作出的《征收补偿决定书》。于是，在律师的帮助下，当事人向人民法院提起行政诉讼，请求法院依法撤销被告区政府作出的《征收补偿决定书》和被告市政府作出的《行政复议决定书》。

被告区政府辩称，《征收补偿决定书》认定事实清楚，适用法律正确，程序合法，充分保障了张女士的合法权益；被告市政府则辩称，复议决定内容合法、程序正当，请求法院驳回原告的诉讼请求。

京平律师提出：区政府应当组织有关部门对征收范围内未经登记的建筑进行调查、认定和处理，并在认定结果的基础上决定是否予以补偿。张女士的房屋建设时已依法取得《建设工程规划许可证》，超出规划部分已受过行政处罚并履行了缴纳罚款义务，且已申请办理规划许可证，故该层房屋属于已经行政处罚予以保留的房屋，应当认定为合法建筑。另附属楼房扩建、翻建均已取得施工许可证及《建设工程规划许可证》，也应当作为合法面积予以计算。而被告区政府仅对部分房屋面积进行了补偿安置，对其他部分不予补偿安置的做法显然是错误的。且区政府在补偿决定中确定的补偿安置方式只有产权置换，没有货币补偿，这显然侵犯了被征收人对补偿安置方式的选择权。因此，区政府作出的《征收补偿决定书》认定事实不清，证据不足，市政府作出的《行政复议决定书》适用法律、法规错误。

【办案结果】

最终，法院支持了京平律师的观点，判决如下：
一、撤销被告区政府作出的《征收补偿决定书》；
二、责令被告区政府重新作出房屋征收补偿决定；
三、撤销被告市政府作出的《行政复议决定书》。

【律师点评】

本案同样涉及补偿决定的法律程序，除了与案例 8 相同的应注意情形之外，本案还有特殊性，即政府作出房屋征收决定前，应当组织有关部门依法对征收范围内未经登记的建筑进行调查、认定和处理，不能一概认定为违法建筑而不予补偿。在征地拆迁过程中，如果征收方的补偿不合理，一定要及时咨询专业征地拆迁律师，在律师的帮助下，通过法律程序拿到应得的补偿。

典型案例 10

拆迁征收方剥夺安置地点选择权违法案

【案情简介】

本案当事人杨先生是某市某镇某村村民，在该村拥有合法的宅基地和房屋。2009 年 9 月，省政府批准将杨先生宅基地所属地块征收为国有。2010 年 5 月，市住房和城乡建设局为第三人市土地储备中心核发《房屋拆迁许可证》。因取得拆迁许可证的时间在《征补条例》实施以前，因此根据当时的相关法律，市住房和城乡建设局作为该市房屋拆迁管理部门，有作出行政裁决的行政职权。因补偿不合理，杨先生与本案第三人市土地储备中心未能签订拆迁补偿协议，市土地储备中心申请市住房和城乡建设局作出行政裁决，市住房和城乡建设局作出《房屋拆迁补偿安置裁决》。杨先生认为市住房和城乡建设局作出的《房屋拆迁补偿安置裁决》违法，因此委托京平律师代理其进行维权。

【办案经过】

京平律师介入案件后，对《房屋拆迁补偿安置裁决》提起了行政诉讼，请求人民法院撤销该违法行政裁决。京平律师通过分析案件情况后在法庭上提出：（1）住房和城乡建设局的行政裁决未尊重杨先生对安置地点选择的权利。本案中，安置房类别分为就近优先购房安置和定销房安置，在有两种安置方式具有现实可能性的情况下没有尊重当事人就近优先购房的意愿，剥夺了被拆迁人对安置地点的选择权。（2）裁决书所依据的评估报告不合法，不能作为裁决的依据。根据相关法律的规定，被拆迁人对估价结果有异议的，自收到估价报告之日起5日内，可以向原估价机构书面申请复核估价，也可以另行委托估价机构进行评估。本案中，杨先生收到评估测绘公司的拆迁评估报告后，于5日内提出了异议，认为评估机构的选定不合法、评估方法错误、评估价格偏低，要求重新选定评估机构进行评估。而该评估测绘公司、市土地储备中心对杨先生的异议未作出处理，明显剥夺了杨先生对评估报告进行复核或另行委托估价机构进行估价的权利。因此，拆迁评估报告书不能作为市住房和城乡建设局行政裁决的依据。

【办案结果】

法院支持了京平律师的观点，认定《房屋拆迁补偿安置裁决》主要证据不足，不具有合法性，应当依法予以撤销。判决如下：

一、撤销被告市住房和城乡建设局作出的《房屋拆迁补偿安置裁决》；

二、责令被告市住房和城乡建设局于本判决生效之日起30日内对原告杨先生与第三人市土地储备中心就案涉房屋拆迁裁决纠纷依法重新裁决。

【律师点评】

本案是非常典型的旧法延续性问题，目前的城市房屋征收工作已经废止了拆迁许可证制度，但是根据《征补条例》第三十五条的规定，本条例施行前已依法取得房屋拆迁许可证的项目，继续沿用原有的规定办理。另外，对当事人来说，最重要的是拆迁补偿利益。在收到拆迁补偿决定书或者拆迁补偿安置裁决书之后，如果对补偿数额不满意，一定要及时启动法律程序撤销相应文件，以争取到合理的补偿数额。

典型案例 11

经村委会、镇政府同意协议买房后被强制撤销权属证书案

【案情简介】

原告周先生、向女士系夫妻关系。2006 年 3 月 19 日，案外人夏某某将其在某县某镇某村 3 组的土木结构房屋卖给向女士并签订了《卖房协议》，村委会、镇政府等在该协议上面盖章并签署"同意双方协议"等字样。2007 年 2 月 3 日，向女士以住址已经迁移至房屋所在地的户口簿等理由向该地原国土房管局申请办理房屋权属变更登记，经该局审查后于同年 3 月 27 日办理了房屋权属变更手续，该局给向女士颁发了《房地产权证》。2008 年 9 月，向女士以原房屋为危房需拆除重建为由，以某县某镇某村 3 组村民的名义向原县国土局提出集体土地建设用地许可申请，该局审查后，向其颁发了《集体土地建设用地许可证》，其中载明"建设项目名称：住宅；用地项目：集体；批准面积：150 平方米；用地形式：拆建 150 平方米"等内容，房屋建成后，周先生、向女士夫妻二人将此房屋用于居住及经营，并办理了营业执照。

2011 年，该房屋所属区域被纳入征收范围，双方就经营安置问题一直未协商成功。2018 年 9 月，某县自然资源和规划局作出《关于撤销房屋权属转移变更登记的决定书》《撤销集体土地建设用地许可的决定书》。周先生、向女士意识到问题的严重性，遂委托京平律师代其维权。

【办案经过】

京平律师接案后，迅速整理了现有材料和证据，并根据案件详细情况制订了维权方案，经复议及诉讼，首先经法院判决撤销了《关于撤销房屋权属转移变更登记的决定书》《撤销集体土地建设用地许可的决定书》，有效保护了周先生、向女士对房屋的权属（在该裁判结果作出后，该县自然资源和规划局又一次作出

《关于撤销房屋权属转移变更登记的决定书》《撤销集体土地建设用地许可的决定书》，京平律师第二次提起诉讼，法院撤销了两份决定书，本次裁判结果判决中确认的是第二次诉讼判决）。同时，律师依据《某市征地补偿安置争议协调裁决办法》的规定向县政府申请协调，后据协调结果向市人民政府申请裁决，市人民政府作出《征地补偿安置协议行政裁决书》，原告不服，提起诉讼。

市人民政府提交了36份证据以证明其作出的《征地补偿安置协议行政裁决书》合法。法院认同京平律师认为：市人民政府作出的《征地补偿安置争议裁决书》认定事实不清、证据不足。

【办案结果】

最终，法院支持了原告的诉讼请求，判决如下：
一、撤销市人民政府作出的《征地补偿安置协议行政裁决书》；
二、责令被告市人民政府在本判决生效后，在法定期限内重新作出裁决。

【律师点评】

在农村房屋征地拆迁中，争议裁决是比较重要的环节。尽管根据2019年修改的《土地管理法》和2021年修改的《土地管理法实施条例》的规定，这一制度呈现出逐渐退场的趋势，但实践中，在相当长一段时间内它仍可能存在，因此，需要认真对待。由于它直接决定了具体的安置补偿，关涉被征收人的切身利益，对于这样的专业问题，最好是提前咨询专业拆迁律师，听取相关意见，了解相关法定程序，以维护自己的合法权益。

第二节　城市拆迁补偿

一、城市拆迁补偿的原则性规定

2004年《宪法修正案》第二十二条规定，将《宪法》第十三条"国家保护公民的合法的收入、储蓄、房屋和其他合法财产的所有权""国家依照法律规定保护公民的私有财产的继承权"修改为"公民的合法的私有财产不受侵犯""国家依照法律规定保护公民的私有财产和继承权""国家为了公共利益的需要，可以依照法律规定对公民的私有财产实行征收或者征用并给予补偿"。权利是相对的，世界上不存在绝对的权利，公民的合法私有财产权也是如此，任何人都应正确处理合法的私有财产保护和公共利益的需要、公民权利和公共权力之间的关系。

实行征收和征用，应当遵循以下三条原则：一是公共利益需要的原则。实行征收和征用必须是出于公共利益的需要，这是征收和征用的前提条件。而不能出于商业利益的需要或是部门、单位和小集体利益的需要。因为在现实生活中，存在假借公共利益之名，行谋取部门、单位和小集体利益之实的情况，这是法律所不允许的。为了谋求商业利益或者单位利益而需要公民转让其私有财产时，应当通过平等协商、公平买卖的办法解决，而不能借助国家强制力来实现。二是依照法定程序的原则。为了防止滥用这种手段，平衡私有财产保护和公共利益需要的关系，征收、征用必须严格依照法律规定的程序进行。三是依法给予补偿的原则。尽管征收和征用是为了公共利益的需要，但都不能采取无偿剥夺的方式，必须依法给予补偿。

二、城市拆迁补偿的实践规定

法律没有规定拆迁补偿标准的具体数额，主要有以下三个原因：

1. 各地区经济发展不平衡。我国各地区经济发展不平衡，如沿海与内地的经济发展差距较大。

2. 房屋的结构、附属物等类型多样化。在拆迁补偿中要针对不同情况区别对待，在房屋结构上，有框架结构、砖混结构、土木结构等，通常情况下，框架结构的价值要比砖混结构的高，砖混结构的价值比土木结构的高；在房屋用途上，有经营用途、住宅用途等，通常情况下，经营用途的价值比住宅用途的高。还有房屋的附属物，如装修，同样面积的房屋，装修的费用也不一样。

3. 不同区位的房屋不同。在一个城市里，房屋的面积、用途、结构均已确定的情况下，房屋的价值多取决于其在这个城市的区位，就是平常所说的房屋在哪个地段。同样的房屋所在的地段不一样，其价值也不一样。譬如，某市某些核心区域的房屋，拆迁补偿每平方米能达到数万元；同样的房屋如果在该市的其他区域，其补偿每平方米可能就会低不少。

三、城市拆迁补偿的"高"与"低"

拆迁补偿要价高的现象违法吗？房屋作为公民的个人财产，公民依法享有其物权，补偿协议的签订需双方协商一致，公民对自己房屋价值和其他损失的估量可以自己认定，协议协商不成的，房屋所有权人不承担法律责任。从这一点来说，对房屋拆迁补偿的数额，公民当然有发表自己意见的权利，也具有不签订协议的自由。

另外，房屋拆迁补偿在保障公民财产权利和生活水平的基础上，也应给予被拆迁人一定的奖励和补助，让拆迁变成"共赢"，让参与拆迁的各方都因此而受益。因此，被拆迁人因拆迁而享受房屋地价升级的好处无可非议，法律充分尊重和保护公民的权利和自由，这也是法治精神的重要体现。

实际上，《征补条例》针对漫天要价的情况也作出了限制。其第二十八条第一款规定，被征收人在法定期限内不申请行政复议或者不提起行政诉讼，在补偿决定规定的期限内又不搬迁的，由作出房屋征收决定的市、县级人民政府依法申请人民法院强制执行。法治社会，要缘法而行，依据法律对拆迁进行补偿才是正理，被拆迁人的权益得到真正的保护才是法治追求的目标。维护被拆迁人的合法权益，是拆迁律师不懈追求的目标。

四、关于拆迁补偿的具体规定

拆迁人和被拆迁人最关心的问题，即拆迁补偿安置问题，也是拆迁纠纷产生的根本原因之一。拆迁补偿安置问题包含补偿标准、补偿范围等多个方面的问题，被拆迁人要想妥善解决这些问题，往往需要专业拆迁律师的指导和帮助，因为仅凭被拆迁人自身的能力往往难以妥善解决。

（一）补偿标准

《征补条例》第十九条第一款规定，对被征收房屋价值的补偿，不得低于房屋征收决定公告之日被征收房屋类似房地产的市场价格。被征收房屋的价值，由具有相应资质的房地产价格评估机构按照房屋征收评估办法进行评估确定。其中，类似房地产，是指与被征收房屋的区位、用途、权利性质、档次、新旧程度、规模、建筑结构等相同或者相似的房地产；类似房地产的市场价格，是指在评估时点与被征收房屋类似的房地产的市场价格。评估时点为房屋征收决定公布之日。类似房地产的市场价格，既包括被征收房屋的价值，也包括房屋占用范围内土地使用权的价值。确定类似房地产的市场价格，可以通过搜集实际成交案例，剔除偶然的和不正常的因素后得到。《征补条例》第二十条第一款规定，房地产价格评估机构由被征收人协商选定；协商不成的，通过多数决定、随机选定等方式确定，具体办法由省、自治区、直辖市制定。

（二）补偿范围

《征补条例》第十五条规定，房屋征收部门应当对房屋征收范围内房屋的权属、区位、用途、建筑面积等情况组织调查登记，被征收人应当予以配合。调查结果应当在房屋征收范围内向被征收人公布。第十六条规定，房屋征收范围确定后，不得在房屋征收范围内实施新建、扩建、改建房屋和改变房屋用途等不当增加补偿费用的行为；违反规定实施的，不予补偿。房屋征收部门应当将前款所列事项书面通知有关部门暂停办理相关手续。暂停办理相关手续的书面通知应当载明暂停期限。暂停期限最长不得超过1年。第十七条规定，作出房屋征收决定的市、县级人民政府对被征收人给予的补偿包括：（1）被征收房屋价值的补偿；（2）因征收房屋造成的搬迁、临时安置的补偿；（3）因征收房屋造成的停产停业损失的补偿。市、县级人民政府应当制定补助和奖励办法，对被征收人给予补助和奖励。第十八条规定，征收个人住宅，被征收人符合住房保障条件的，作出房屋征收决定的市、县级人民政府应当优先给予住房保障。具体办法由省、自治区、直辖市制定。第二十一条规定，被征收人可以选择货币补偿，也可以选择房屋产权调换。被征收人选择房屋产权调换的，市、县级人民政府应当提供用于产权调换的房屋，并与被征收人计算、结清被征收房屋价值与用于产权调换房屋价值的差价。因旧城区改建征收个人住宅，被征收人选择在改建地段进行房屋产权调换的，作出房屋征收决定的市、县级人民政府应当提供改建地段或者就近地段的房屋。

典型案例 12

以低于附近房价的评估价格进行拆迁确认违法案

【案情简介】

张先生在某市某县拥有一处国有土地上房屋，并在此生活居住。2018 年 12

月，某县政府作出对该区房屋的征收决定，张先生的房屋被列入征收范围。2019年7月，某县政府作出《房产价格评估机构选定公告》，后选定某房地产评估公司为房产价格评估机构。2019年11月，该机构对案涉房屋出具评估报告，后某县政府将评估报告送至张先生处。2019年12月，某县政府作出《房屋征收决定书》，其中提供了两种补偿方式，且需在15日内确定补偿方式，过期则视为选择货币补偿。后双方未能就征收补偿安置问题达成一致。2020年4月，某县政府向张先生出具《房屋征收补偿决定书》。张先生对该补偿决定表示不满，为了维护自己的合法权益，张先生决定委托京平律师代理其处理维权事宜。

【办案经过】

京平律师介入后，分析了案件的详细情况，并制定了完备的维权策略。

庭审过程中，被告某县政府辩称：其作出的房屋征收决定合法，且作出征收决定前召开了房屋征收风险评估会。因双方多次协商未果，其遂对选定评估机构、抽签选定评估公司均进行了公告并作出分户评估报告，并送达至原告处，后依法依规作出了《房屋征收决定书》。

京平律师提出：某县政府作出的征收补偿决定书认定事实不清，且未赋予被征收人选择评估机构的权利，也未对征收房屋进行现场勘查，故其作出的房屋征收决定书违法。房屋征收决定中虽列明两种补偿方式，但货币补偿缺少附属物补偿，而房屋调换补偿则未载明安置房屋的面积、具体安置地点等。

【办案结果】

最终，法院支持了京平律师的观点，判决如下：

撤销被告某县政府作出的《房屋征收补偿决定书》。

【律师点评】

在房屋征收过程中，有些地方会以远低于附近房产均价的评估价格出具征收决定，或在决定书中对征收拆迁补偿安置内容描述不明确，这些都会影响后期的补偿安置结果。所以在签署征地补偿协议时，一定要详细阅读协议内容。需要强调的是，国有土地上房屋征收，如果征收部门作出征收决定公告，则需要及时对房屋征收决定的合法性进行审查，不要超出复议诉讼期限，否则，若将来仅对房屋征收补偿决定进行诉讼，法院极有可能不对征收决定的合法性进行审查。那么当事人就将错过一个非常重要的法律程序，从而增加了办案难度，获得合理合法补偿的风险也会因此增加。

典型案例 13

《房屋征收补偿决定书》被依法撤销案

【案情简介】

吕女士在某市某区拥有合法房屋一处，因该市某建设项目需要，其房屋面临征收，双方未能达成征收补偿协议，吕女士于 2019 年 3 月 20 日收到某区政府出具的《房屋征收补偿决定书》，为了维护自己的合法权益，吕女士决定委托京平律师代理其处理维权事宜。

【办案经过】

京平律师介入后，分析了案件的详细情况，发现该征收补偿决定在事实和程序上均违法。律师指导吕女士向法院提起了行政诉讼，请求依法撤销该《房屋征收补偿决定书》。一审法院驳回了吕女士的诉讼请求，吕女士不服一审判决，在京平律师的帮助下提起上诉，并提出以下七点理由：（1）评估机构选择不合法；（2）某区政府一审提交的被征收房屋价值评估报告不能使用；（3）评估报告送达存在问题；（4）房屋征收补偿决定确定的房屋装修附属物价值没有事实依据；（5）产权调换方式的补偿信息不明确、不具体，导致征收补偿决定不具有确定性和执行力；（6）临时安置房没有计算标准；（7）房屋征收补偿决定存在遗漏补偿项目。综上，请求撤销一审判决，改判撤销某区政府作出的《房屋征收补偿决定书》。

庭审过程中，某区政府辩称：其作出的《房屋征收补偿决定书》符合案件事实，程序合法，对吕女士作出的征收补偿与绝大多数被拆迁人的拆迁补偿标准一致，且评估机构选择合法，评估报告合法有效，一审法院判决认定事实清楚、适用法律正确，请求驳回上诉，维持原判。

京平律师提出：某区政府在一审时提供的房屋价值分户评估报告送达照片不真实，且未提交有效证据证明该评估报告送达程序合法，未能充分尊重上诉人申请复核评估的权利。故某区政府据以作出的房屋征收补偿决定缺少事实依据，程序违法。一审判决认定事实错误，应予纠正。

【办案结果】

最终,二审法院支持了京平律师的观点,判决如下:

一、撤销一审法院作出的行政判决;

二、撤销某区政府作出的《房屋征收补偿决定书》;

三、责令某区政府于判决生效 30 日内重新作出补偿决定。

【律师点评】

收到《房屋征收补偿决定书》后,在法定期限内不复议、不诉讼的,征收机关就可以申请法院强制执行,也就是大家常说的合法强拆,若这时候再提出异议就晚了。所以,遇到前述情况一定要及时咨询专业征地拆迁律师,经由律师协助找出其中的违法点,在法定期限内申请行政复议或提起行政诉讼,通过法律程序维护自身的合法权益。

典型案例 14

征收补偿决定被依法撤销案

【案情简介】

余女士的房屋是通过继承所得。因房屋涉及征收,2017 年 5 月,某市某区人民政府确定了评估机构,同年 9 月,作出了征收决定,并公示了该决定及征收补偿方案。2017 年 6 月,评估机构对余女士的房屋作出了分户评估报告,之后余女士申请复核评估,因对复核答复书不服,其又向专家委员会申请了鉴定,因邮寄地址无法妥投,申请材料被退回。2018 年 6 月,某区人民政府对余女士作出了某区政征补××号征收补偿决定,认定余女士继承的房屋为余女士的部分房产,另一部分因已实际拆除,故余女士土地使用范围内所建的其他房屋属于他人所有。

【办案经过】

一审后,余女士对一审法院关于评估报告的合法性、产权调换的征收补偿方式不认可,其遂提起上诉,请求二审法院对空地不予补偿、评估报告的合法性和房屋征收决定的合法性进行审查,并提出请求撤销一审判决和房屋征收补偿决定。

二审法院经过审查，认为某区人民政府具有作出征收补偿决定的法定职权，又因余女士持有房屋的房产证，且在其继承其父母的房产时，已办理了公证手续。即使在证载房屋的土地面积，有他人居住的情况存在，也应该通过民事诉讼程序解决。

本案中，某区人民政府在诉讼过程中没有提交证据证明余女士继承的房屋产权只是房产证中的一部分，故其直接作出某区政征补××号征收补偿决定是错误的。

【办案结果】

最终，二审法院支持了京平律师的观点，判决如下：

一、撤销一审法院行政判决；

二、撤销某区人民政府作出的某区政征补××号征收补偿决定。

【律师点评】

本案涉及房屋基础权利的民事争议问题，牵涉面较大。对于这类较为复杂的房屋基础权利确定问题，在面临征收时会遭遇一些特别的困难，仅凭被征收人自己的知识储备可能难以招架。一般来说，建议及时咨询专业拆迁律师，以最大限度地来维护自己的合法利益。

第三节　企业拆迁补偿

一、企业拆迁补偿概述

随着我国经济社会的迅猛发展，以及对城市污染控制要求的越发严格，使得越来越多的工厂需要搬迁。此外，不少企业在不断扩大生产规模，因原生产场地达不到发展需求，也需要搬迁。工厂搬迁，就必须停止生产，必然给企业造成一定的损失。因此因工厂搬迁而造成的生产经营损失的评估，对于拆迁赔偿的计量以及企业搬迁的财务预算，都是十分必要的。工厂搬迁，涉及企业的人、财、物、产、供、销等方方面面，因此，对于企业这一损失的评估也比较复杂。这不仅关系到要求工厂搬迁的政府，还涉及作为当事人的企业，因此，应予以重视。

企业拆迁补偿是指企业因政府城市规划、基础设施建设等公共利益需要被征收时，应依法获得的补偿。作为房屋征收与补偿中的特殊一例，企业征收补偿有其特殊性和复杂性，故将其单列出以进行进一步探讨。

相比一般的住宅、商铺，企业具有体量更大的特点，且多有大型的机器设备及众多雇佣人员，一旦面临拆迁停业，遭受的损失也就更大。这也就造成了在征地拆迁领域中，企业拆迁特殊且重要的地位。对于地方政府，进行企业拆迁要综合考虑对地方经济、政治、生态环境等多种因素的影响，达到资源的最优配置；而对于企业主，拆迁后不论是重建还是异地搬迁，都应获得合法合理的拆迁补偿，以保障自身合法权益，如果得不到合理补偿，则可能导致企业无法继续运行。

首先，企业要了解拆迁的原因。比较常见的原因有：一是公共设施的建设，如全国各地因修建客运专线而征用企业所占土地；二是城市规划的调整、修改、扩大等，使得相关土地规划中不再适合该企业存在而导致拆迁；三是产业政策的调整，产能落后企业、污染环境企业、资源浪费企业会因产业政策的调整而被淘汰，从而导致后续的关停、拆迁；四是租用集体土地的企业，如果遇到集体土地征收，也可能导致拆迁。

其次，企业要了解企业所在地的情况。不同特点的土地会导致征收程序以及补偿安置的不同，所以被征收企业要知道企业所处地块的特点：（1）要了解土地的性质，是集体土地还是国有土地，这两类土地的征收程序是不同的；（2）要了解企业对该土地享有的权利，是享有土地使用权还是只承租该场地，不同的情况所能获得的补偿是不同的；（3）要清楚土地的用途，如果是集体土地，就要看土地是农业用地还是工业用地；如果是农业用地，要看企业是否办理了农用地转用审批手续，进而查看是否属于合法建筑。

最后，被征收企业要估算自身应当获得的补偿。企业拆迁的补偿费用通常包括以下四大类：（1）拆迁资产的补偿费用，这部分费用包括企业所占土地、房屋、建筑物和地上附着物，以及因搬迁而发生损失的机器设备的补偿；（2）停产停业损失，一般指被拆迁企业的实际经营损失；（3）拆迁补偿费用，包括搬迁前期费用和搬迁过程中发生的停工费用、机器设备调试修复费用以及物资的拆卸、包装和运输、解聘与员工补偿费用等；（4）基于拆迁发生的奖励费用，包括速迁费、拆迁奖励费等，这需要看地方的具体政策。

面对拆迁或征收，企业先要了解拆迁的原因，无论地方政府基于何种原因对企业进行拆迁，都应履行法定程序，聘请有资质的评估机构对被拆迁企业进行评估，在评估价格的基础上与被拆迁人协商安置和补偿的具体方式，双方签订协议给予被拆迁人合法合理的拆迁补偿。

二、企业征收补偿的法律依据

《征补条例》是企业征收补偿的基本法律依据，该条例第十七条规定："作出房屋征收决定的市、县级人民政府对被征收人给予的补偿包括：（一）被征收房屋价值的补偿；（二）因征收房屋造成的搬迁、临时安置的补偿；（三）因征收房屋造成的停产停业损失的补偿。市、县级人民政府应当制定补助和奖励办法，对被征收人给予补助和奖励。"在理解该条时，需要特别注意以下三点。

（一）被征收房屋价值的补偿

各地在征收中通常将对土地的补偿与房屋、建筑物补偿计算在一起，统一计算到对房屋价值的补偿中。但在实际征收中，企业除去房屋所占土地，仍存在大面积的土地，对此应参照土地的价值进行补偿；如果该宗土地是企业租赁的，则征收部门至少应补偿其租赁费用；如果企业的土地租赁期限剩余较长，企业重新租赁类似土地费用上涨的，则征收部门应额外补偿其差价。

虽然《征补条例》并未明确指出对土地使用权进行补偿，但其他相关法律可以作为依据。《土地增值税暂行条例》第二条规定，转让国有土地使用权、地上的建筑物及其附着物（以下简称转让房地产）并取得收入的单位和个人，为土地增值税的纳税义务人（以下简称纳税人），应当依照本条例缴纳土地增值税。《土地增值税暂行条例实施细则》第十一条第四款和第五款规定，因城市实施规划、国家建设的需要而被政府批准征用的房产或收回土地使用权的单位和个人，须向房地产所在地税务机关提出免税申请，经税务机关审核后，免予征收土地增值税。既然被征收企业存在缴纳土地增值税的义务，就意味着被征收企业可以取得土地使用权方面的补偿，否则何来缴纳土地增值税的义务。

（二）搬迁和安置费用的补偿

企业的搬迁和安置往往伴随着大量生产设备的拆卸、安装、损坏和灭失等，相比个人家庭物品的搬迁安置，这类补偿费用应有细致的划分和计算。设备搬迁安装费用应当按国家和当地规定的货物运输价格、设备安装价格计算。可搬迁设备的损失费可分为实物损失费和功能损失费。实物损失费包括拆卸费用、运输费用、安装费用、调试费用等；功能损失费用包括搬迁引起的机器精度下降、不合格产品的增多。对于不可搬迁的设备，拆迁会导致该设备的废弃，应结合其成新和重置价，计算设备重置成新价，从而进行补偿。

（三）停产停业损失的补偿

《征补条例》第二十三条规定，"对因征收房屋造成停产停业损失的补偿，根据房屋被征收前的效益、停产停业期限等因素确定"。依据该条，这类补偿不仅包括对企业原料和半成品等造成的损失，还包括企业的预期利益。对预期利益的计算，应根据企业之前的收益情况和停产停业的时间综合进行。

三、企业征收补偿的辅助依据

财政部《关于企业收到政府拨给的搬迁补偿款有关财务处理问题的通知》（以下简称《通知》）明确规定企业在收到政府拨给的补偿款后应按照法定方式予以使用。该《通知》指出企业收到的政府拨给的搬迁补偿款，应作为专项应付款核算。企业在搬迁和重建过程中发生的损失或费用，应当核销该专项应付款。其中包括：（1）因搬迁出售、报废或毁损的固定资产，作为固定资产清理业务核算，其净损失核销专项应付款；（2）机器设备因拆卸、运输、重新安装、调试等原因发生的费用，直接核销专项应付款；（3）企业因搬迁而灭失的、原已作为资产单独入账的土地使用权，直接核销专项应付款；（4）用于安置职工的费用支出，直接核销专项应付款。

该《通知》可以作为征收部门依据《征补条例》对征收企业进行补偿时的一个补充，其中第（1）、（2）项和第（4）项为企业搬迁和安置费用的计算提供了重要的参考，第（3）项则为被征收企业获得土地使用权方面的补偿提供了间接依据。

对被征收企业来说，企业的搬迁和安置耗时耗力，损失的计算烦琐复杂，补偿数额的确定更是令人头疼。对此，企业应谨慎、冷静地应对，在统筹全局的基础上，落实好各项细节，依法维护自己的合法权益，这才是应对企业征收的上上之策。

四、企业拆迁补偿内容

企业拆迁对一个企业而言，是非常重要的。因为拆迁将会导致企业的停产停业，并产生一些设备的保护费和运输费等，不可避免地会带来一定的损失，因此企业拆迁是需要一定的补偿的。企业拆迁补偿包括四个方面：拆迁资产的补偿费用、停产停业损失补偿、拆迁补偿费用及基于拆迁政策发生的奖励费用。

（一）拆迁资产的补偿费用

拆迁资产的补偿费用包括对无法搬迁的土地、房屋、建筑物和地上附着物，以及确因搬迁而发生损失的机器设备的补偿等。

1. 实践中关于土地补偿费用存在的问题

企业的经营场地一般通过租赁得来。租赁土地分为租赁国有土地和租赁集体土地两种。企业拆迁必然会导致这种租赁关系的终止，那么如何保障企业在租赁合同中的期待利益呢？根据《征补条例》的规定，拆迁补偿对象是国有土地上的建筑物及附属物，对空地或净地的补偿，相关拆迁法规并没有作出统一的规定，对集体土地上的建筑物拆迁也没有规定，只有直接通过招拍挂或划拨的方式取得国有土地使用权的。但《土地管理法》中关于国有土地使用权收回方面，仅规定给予适当补偿，并没有详细的规定。全国各地的拆迁土地补偿，往往与房屋、建筑物补偿计算在一起，不明晰、不透明的情况大量存在，使权利人的权益无法获得相应的合理补偿。同时，这也是立法机关和行政机关在制定法律、法规和政策性文件的时候，应当着重加以保护的地方，希望有关部门能够引起重视。

2. 房屋、建筑物补偿费用确定问题

对于房屋、建筑物的补偿，应当以相关房产证明登记的建筑面积为计算标准。因为历史原因无法办理房产证明和土地证明的，可经实际丈量后确定。房屋、建筑物的价值一般应由拆迁人、被拆迁人共同委托评估公司评估，评估公司根据相关评估技术标准，确定房屋、建筑物的实际价值。

3. 设备补充费用按照重置成新价计算

设备搬迁安装费用应当按国家和当地规定的货物运输价格、设备安装价格计算。机器设备分为两类：

（1）可搬迁设备。可搬迁设备因拆迁而引起的损失费又可分为实物损失费和功能损失费。实物损失费包括拆卸费用、运输费用、安装费用、调试费用等；功能损失费包括因搬迁而引起的机器精度下降、不合格产品的增多。

（2）不可搬迁设备。对于不可搬迁设备，拆迁会导致该设备的废弃，故应结合其成新和重置价，计算设备重置成新价，对其所有人进行补偿。

在拆迁的实际操作中，拆迁非住宅房屋时，其设备搬迁和安装费用，每个地方应当有确定的标准；无法恢复使用的设备，应按照设备重置价结合成新给予补偿。

（二）停产停业损失补偿

视实际情况而定，停产停业损失补偿一般既包括实际经营损失，也可酌情包括预期经营损失。

该部分是法律实践中出现争议较多的部分，京平律师认为，停产停业费用不仅应当包括原材料、半成品等物品的实际损失，还应当包括按照往年同一时期的实际销售额或利润额来确定补偿数额。这部分费用，往往是直接影响企业赔偿总额的部分，因此，也是企业拆迁维权的重中之重。

《征补条例》第二十三条规定，对因征收房屋造成停产停业损失的补偿，根据房屋被征收前的效益、停产停业期限等因素确定。具体办法由省、自治区、直辖市制定。具体标准和计算方法在该条例中并没有统一规定，其他法律、行政法规也没有进行规定。在法律实践中，补偿的标准、依据常常由市一级地方政府以政策性文件规定，各地补偿标准不同，计算方法也不同。

（三）拆迁补偿费用

拆迁补偿费用包括搬迁前期费用和搬迁过程中发生的停工费用、机器设备调试修复费用以及物资的拆卸、包装和运输、解聘员工补偿费等费用。

1. 设备搬迁安装费

对于可搬迁的设备，应当本着继续利用的原则，进行异地搬迁安装，继续投入使用。据此产生的设备搬迁和安装费用是拆迁引起的必然损失，拆迁人应当予以补偿。

2. 解聘员工的安置补偿费用

因拆迁而解聘员工的安置补偿费用，在法律法规政策性文件中并没有详细规定，其属于拆迁当事人相互协商争取的项目。如果拆迁导致员工被解聘，那么，应当根据与员工签订的具体劳动合同，结合《劳动法》的有关规定给予补偿。

（四）基于拆迁政策发生的奖励费用

基于拆迁政策发生的奖励费用包括速迁费、拆迁奖励费等。

在拆迁的过程中，为了加快拆迁进度，拆迁人往往会采取速迁奖励的办法鼓励被拆迁人、承租人尽早签订拆迁安置补偿协议，搬出拆迁范围。奖励费用金额的大小，一般由拆迁人根据拆迁实际确定，也可由拆迁人、被拆迁人、实际承租人之间协商确定。应当注意的是，如果被拆迁厂房的所有人和使用人发生分离，那么奖励费用应当支付给实际使用被拆迁厂房的承租人，这已经由政策性文件进行规定，也是合情合理的做法。

五、承租企业应当如何拆迁维权

拆迁人与被拆迁人在协商补偿、订立补偿安置协议的企业拆迁过程中，承租企业没有权利参与其中。这样一来，一旦拆迁，作为承租人的企业想获取补偿就会陷入非常被动的局面。现实生活中，存在一些因历史上的改制原因，出现的国有企业改制不彻底、集体企业转型不成功，企业产权、厂房产权、土地使用权权属混乱不清等情况，导致企业以承租人的身份从事生产经营的情况非常之多。那么，承租企业面临拆迁问题时应当如何维护自己的合法利益呢？

（一）承租企业拆迁前的准备

许多被拆迁企业、承租企业在面临拆迁问题的时候，往往抱着"等""耗""拖"的态度。他们认为，只要"拖得住、撑得久"，拆迁人终会因为拆迁进度的压力而接受被拆迁人提出的补偿条件。事实上，这是一种错误的想法。

首先，法律上规定了"久拖不搬"的强制手段。《行政强制法》和《征补条例》均确立了申请法院强制执行的措施，面对被拆迁人、承租人"久拖不搬"的情况，拆迁人有权依照法律规定申请强制拆迁，因此被拆迁人、拆迁关系人意图通过"拖"的方式阻止拆迁人拆迁的想法是不现实的。

其次，在以前的拆迁案例中确实存在因时间拖得过久，拆迁人给予被拆迁人较高补偿的情况，但我们不能把给予较高补偿的原因简单地归于"等""耗""拖"。拆迁是一种依法而为之的法律行为，哪些项目应当补偿、基于何种标准补偿，都是由法律、法规、地方政策性文件所规范的，所有的拆迁补偿也都是要纳入法律、法规、政策性文件中的，而不是拆迁人可自主决定的事情。

最后，抱有"等""耗""拖"想法的被拆迁人往往把全部精力集中于补偿款的安置上，而忽视了补偿款分割的法律风险化解。律师在办案过程中，经常会遇到这种情况：在补偿款谈妥之前，被拆迁人、承租人往往能够达成一致，共进退，以期争取更多的利益。而一旦补偿款落实之后，被拆迁人、承租人以及拆迁关系人会因为之前的权属约定不明而再提起诉讼，请求法院依法为其进行动迁款的分割，拆迁之事本已麻烦甚多，再加上动迁款的分割，甚至因此出现亲朋关系破裂、子女关系紧张的情况。这些拆迁后的法律风险，其实都可以通过拆迁前的准备工作化解，如约定各方权利的方式。

（二）承租企业拆迁前的准备工作

1. 深度审查拆迁中的各方权利义务关系，确定因拆迁而发生关系的各方主体。与住宅房屋拆迁相比，非住宅房屋拆迁（企业拆迁）因为土地、房屋的权属关系复杂，在拆迁过程中会涉及更多的拆迁关系人。如果被拆迁房屋是自有产权办公用房，并享有完整的国有土地使用权，那么被拆迁人就是被拆迁房屋的产权人，拆迁关系主体就是拆迁人、被拆迁人；如果被拆迁房屋是租赁办公用房，拆迁关系则有拆迁人、被拆迁人和承租人三方主体。值得注意的是，集体土地上的私有企业拆迁以及国有改制不彻底的企业拆迁，因所有权归属不明，甚至会出现土地使用权转让合同无效等各种在法律规范之外的情况，使各方主体权利义务不清楚，获得拆迁补偿款后往往更容易发生纠纷。由此，对于产权归属不明确的企业，在拆迁实施后、拆迁补偿安置协议订立前的时间内，建议咨询或者聘请律师介入，通过合同约定或者其他法定形式就拆迁各方的权利、补偿款分割方案做好民事权利的约定，以有效化解可能发生的法律风险。

2. 积极准备对被拆迁房屋的产权关系证明、现有设备清单、劳动合同的备案核查、装修装潢费用支出等相关材料证明。有一些当事人并没有预估到准备相关材料证明是件很复杂的事情，往往临到限期，才匆匆估算企业内的设备数目，对因拆迁而引起的设备迁移费、哪些设备迁移是损害设备价值的没有进行精细的清点核查，导致被拆迁企业、承租企业在安置补偿时相当被动。常言道，"破家值万贯"，对企业资产设备的核查应当是一个细致、认真的工作，企业应当提前进行，以为后期的评估做好准备。被拆迁房屋的产权关系证明主要有房产证、土地证或者租赁合同、土地转让合同等文件；现有设备清单是指企业运营过程中实际使用的设备价格、规格、数量、使用年限、有无抵押等情况的清单。

劳动合同的备案核查是指企业与本企业实际用工之间订立的劳动合同，以证明本企业内在职员工数量，劳动期限如何等情况。有事实劳动情形的，建议尽快补充劳动合同，以证明双方的劳动关系。另外，社会保险缴纳情况、工资单等实际证明企业员工报酬情况的材料证明也应一并整理并列清单。装修装潢费用的支出也应当有相应的发票证据予以证明，如果是协商确定装修装潢费用的补偿，那么可依照装修装潢费用的原始支出、使用年限、现存状况等参数进行协商；如果是依照评估结果确定装修装潢费用的补偿，也应提交相应数据及证明材料，以便对装修装潢费用进行合理的评估。

3. 聘请律师介入，在专业律师的指导下制定拆迁策略。拆迁涉及范围广，补偿标准各有差异，而且拆迁人在拆迁中往往有着更优势的地位，这就使得很多被拆迁人、拆迁关系人"怕"拆迁。"怕"的原因无外乎两种：一是拆迁跨度时间长，事情烦琐，很多企业因初次接触拆迁，对此束手无策；二是缺乏相关的拆迁法律知识，在与拆迁人交涉的过程中怕吃亏。鉴于拆迁的复杂性和专业性，必要时可聘请专业的拆迁律师介入，帮助承租企业或被拆迁企业维护其自身的合法权益。

(三) 拆迁实施中，拆迁人应对承租企业补偿的项目

如前所述，在法律实践中，企业拆迁补偿主要分为四部分：拆迁资产的补偿费用、停产停业损失补偿、拆迁补偿费用以及基于拆迁政策发生的奖励费用。

1. 拆迁资产的补偿费用。包括无法搬迁的土地、房屋、建筑物和地上附着物，以及确因搬迁而发生损失的机器设备而生的补偿。

2. 停产停业损失补偿。视实际情况而定，一般既包括实际经营损失也可酌情包括预期经营损失。

3. 拆迁补偿费用。包括搬迁前期费用和搬迁过程中发生的停工费用，机器设备调试修复费用，物资的拆卸、包装和运输费用及解聘员工的补偿费等费用。

4. 基于拆迁政策产生的奖励费用。包括速迁费、拆迁奖励费等。

六、其他

(一) 企业拆迁中营业执照的作用

营业执照是企业法人营业执照的简称，是企业或组织合法经营权的凭证。其登记事项为：名称、地址、负责人、资金数额、经济成分、经营范围、经营方式、从业人数、经营期限等。在企业进行拆迁时，营业执照是企业行使其占有、使用、收益、处分权利的有效凭证。在拆迁活动中，拆迁人可依照营业执照上的

记载，确认被拆迁人的身份、房屋建筑面积、结构形式以及用途等情况，并据此对被拆迁房屋进行评估、对被拆迁人进行补偿安置，是合法原则在拆迁中的具体体现。

（二）企业在拆迁过程中的损失

1. 企业经营用房的市场价格赔偿。企业经营用房的补偿对象只能是房屋的产权人，如果企业是承租人，那么其只能在租赁期间对自建的地上物有权获得补偿。

2. 企业经营场地的土地使用权的市场价格赔偿。企业经营场地的土地使用的补偿对象是土地使用权人，补偿价格以证书或租赁合同为准。

3. 不可移动设备的损失补偿。对其补偿的标准应按照设备使用年限进行折旧或重置市场价格计算。

4. 可移动设备的搬迁费、安装费的补偿。具体补偿标准按照当地搬迁费标准或实际发生额计算，安装调试费应当由设备供应商出具报价和证明。

5. 人员遣散安置和停工留薪等费用补偿。异地迁建厂房的，需要支付停工期间的工资和社保费；对于停止经营的，需要依据《劳动合同法》的有关规定，支付解除劳动合同的经济补偿金。

6. 停产停业造成的订单违约损失补偿。订单损失应当出具正式法律文书证明，以判决书的形式确定解约损失的证明效力最高，被拆迁企业不能随便与客户约定中止订单的赔偿协议，否则拆迁人或征收人将不予认可。

7. 停产停业造成的预期利润损失补偿。被拆迁企业应当证明投资数额和近三年平均合理利润，以证明合理的投资收益回报，并结合剩余经营期限，计算预期的利润损失。

8. 其他与拆迁有关的损失补偿。例如，实验室、无菌车间、包装车间等特殊厂房的验证费，广告投入后尚未回收成本的损失，驻外机构停产期间的必需开支等。

（三）企业拆迁的主体

1. 有限责任公司，该企业就是被拆迁人，但是会有股东选出的有法定代表人资格的人行使代表权，代表本企业签订拆迁补偿安置协议。

2. 股份有限公司，由股东会会议形成决议，选出有法定代表人资格的人行使代表权，代表本企业签订拆迁补偿安置协议。

3. 合伙企业，被拆迁人应当为合伙企业。需要按照合伙协议的约定或者经全体合伙人协商决定，委托一个或者数个合伙人对外代表合伙企业，签订拆迁补偿安置协议。

4. 完全彻底改制的企业，应由改制企业的董事会形成决议，并委托具有企业法定代表人资格的人行使有效的民事代表权，签订本企业的房屋拆迁补偿安置协议书。

5. 对改制不彻底或是未能完全改制的企业，应由主管部门协调，并出具处置国有资产的领导小组负责人及原企业法定代表人共同签订本企业的房屋拆迁补偿安置协议书；对主管部门已公告宣布被拆迁企业停业清算解散的，应由主管部门设立的清算小组负责人签订本企业的房屋拆迁补偿安置协议书。

（四）企业拆迁流程

企业拆迁在流程上并无特别之处，最关键的是被拆迁的主体的不同。与自然人拆迁的不同之处主要在于，企业拆迁涉及停产停业损失，企业工作人员的安排，以及设备和原材料的特殊处理等。另外，还要注意企业用地的性质。如果是国有土地，则适用《征补条例》；如果是集体土地，则适用散见于《土地管理法》等诸多法律法规中的相关条文。

典型案例 15

某冷藏厂拆迁维权案

【案情简介】

某市某冷藏厂系个人经营的企业，该厂法定代表人取得了一定的土地使用证手续后进行了建设并持续经营。2019 年 6 月 3 日，区管委会向某冷藏厂作出《行政处罚决定书》，认为其有 1000 多平方米的二层楼房和平房等建筑没有办理规划手续，属于违章建筑。

在京平律师的指导下，某冷藏厂提起了行政诉讼，请求法院依法撤销区管委会作出的《行政处罚决定书》。

【办案经过】

关于对该冷藏厂 2001 年建设的用于办公的二层楼房及 2013 年 4 月建设的东、西两侧平房,以未取得规划许可擅自建设属于违法建筑的理由决定予以拆除是否合法。

本案中,虽然上述建筑面积之和已超过审批土地的建筑面积,但均属于在合法用地范围内的建设,且办公楼房在企业设立之初就已开始建设。虽然东、西两侧平房建设时间较晚,但其是为了满足职工宿舍和材料库用途的需要,在院内进行的必要配套设施建设,且已使用多年,行政主管部门亦未予以处罚或处理,因此可视其具有合理存在的理由。若是为了公共利益需要拆除房屋,则应当在征收时给予补偿。

【办案结果】

法院经过审理,支持京平律师的观点,作出如下判决:

撤销区管理委员会于 2019 年 6 月 3 日作出的《行政处罚决定书》中关于责令某冷藏厂拆除 2001 年建设的用于办公的二层楼房及 2013 年 4 月建设的将近 1000 平方米的东、西两侧平房的行政处罚决定。

【律师点评】

依据《行政强制法》第五条"行政强制的设定和实施,应当适当。采用非强制手段可以达到行政管理目的的,不得设定和实施行政强制"的规定,行政处罚要符合比例原则的三个方面,即合目的性、适当性、损害最小的要求。本案中,某冷藏厂大部分建筑属于合法建设,并非违法建筑。某冷藏厂依据招商引资项目而进行的必要建设属于合理合法补偿范畴,应该以侵害最小的方式进行处理,不能直接以违建问题处理。

第四节　房屋拆迁中的特殊问题

一、以"公共利益"为目的实施的拆迁

（一）正确认定房屋征收中"公共利益"的内涵与外延

公共利益作为判定房屋拆迁合法性的正当根据，既是对公民财产权的内在限制，也是国家依法行使财产征收权的界限。在拆迁过程中对公共利益进行明确界定，是杜绝公共权力滥用的必要条件，但是公共利益作为一个抽象法律概念，其内涵也会随时代的发展而不断变化。

那么，应如何判定什么是"公共利益"呢？这就需要考量程序性标准和实质性标准两个方面。在程序性标准方面，程序公开是实体公正的前提，其能使利益相关人充分参与决策、表达意见以达到公益与私益的平衡，也能够形成有效协调各方利益关系的机制，这是社会和谐的必然要求。在城市房屋拆迁之前，政府应公开举行听证会，听取拆迁各方意见并对项目决策作出充分合理的说明，使在正当程序下的决策行为能够最大限度地得到公众的支持。在实质性标准方面，要求从内容上判断这一利益是否为公共利益。首先，要遵循比例原则。公权力的行使要求必须在必要、适度的范围内正当行使自由裁量权，使所要实现的公共利益必须大于被侵害的公民基本权利，且符合最小侵害原则，选择侵害强度最小的手段实现公共利益。其次，公共利益应使不特定的大多数人受益，遵循"少数服从多数"原则。

公共利益的具体判断标准可以参考以下因素：

一是受益对象的数量。"公益"意味着超出个人范围，按照"少数服从多数"的原则，大多数人的共同利益即可认定为公共利益，但少数人的利益并非一定不能成为公共利益。因此，即使以"公共利益需要"为理由，也不能将个人权利完全淹没在公共利益之中。

二是是否以促进国家的经济、文化、国防等建设为目标。国家在每一个特定时期内都有特定的目标和规划，其中基础设施建设是非常重要的内容，它对于每一个社会成员都是不可或缺的。个人在追求私利的同时也可能会促进国家经济、

文化、国防等建设事业的发展，如果其实施结果符合公益目的，则也应将其归入公共利益的范围。

三是行动结果是否确实能使社会公众受益。实践中，有些行为虽然打着"公共利益"的旗号，但实际结果却是某些个人受益，而公共利益却未得到实现。例如，政府为解决当地居民住房紧张问题而征收土地，用于建造经济适用住房，这本属于公益目的，但存在普通居民很难买到新建住房，反而是少数不符合条件的非普通居民可以购买的情形，这就是有违公益目的。

(二)《征补条例》中"公共利益"的界定

1. 初步界定"公共利益"的概念

《征补条例》第八条明确规定了六种"公共利益"的情形，如国防和外交的需要，由政府组织实施的能源、交通、水利等基础设施建设的需要，政府组织实施的保障性安居工程建设的需要等。《征补条例》对公共利益有了一个初步的界定，即非因公共利益的事由不得强拆，只能由双方协商。这是符合《宪法》《土地管理法》等法律的规定的。

2. 国有土地房屋非因"公共利益"不得征收

《征补条例》将"国有土地房屋"和"公共利益"作为征收的两个"前提条件"。对于非因公共利益的房屋征收，若拆迁方想要取得房屋的所有权，只能通过平等协商的方式转移房屋所有权和土地使用权。也就是说，强制取得房屋所有权的行为，只能是出于公共利益的目的。在这样的情况下，政府若不是出于公共利益的目的就不得征收国有土地上的房屋。如果被拆迁人遇到这种情况，则建议咨询专业的拆迁律师寻求帮助，从而使其权益能够得到更好的维护。

3. 公益与私益是平等保护还是公益优先

房屋征收，最根本的目的不是完成房屋所有权的转移，而是在于实现城市经济社会和公共事业的发展。京平律师认为，为了保障《民法典》的实施和物权保护的实现，私人利益与公共利益应该受到同等对待。

对《征补条例》第二条规定的"为了公共利益的需要"的征收，不能简单地理解为公共利益优先于私人利益，也不能忽略公民个人在征收过程中获得公平补偿的基本权利。京平律师在实务操作中发现了存在随意扩大法定公共利益的概念，即把房地产开发变成旧村改造，把建设商业街的项目变成公路建设的情况。因此京平律师建议，在合法权益被侵害的情况下，除了依靠个人力量，也可以寻求专业拆迁律师的帮助。

（三）城市拆迁和公共利益

在现有的制度中是否有必要保留拆迁制度，需要以公共利益为判断依据，而不仅是私人利益。如果客观上不存在或不能证明有公共利益，那么政府既不应当征收，也不应当拆迁。在决定是否需要制定拆迁制度以及如何重建拆迁制度之前，基本前提是确认城市拆迁中是否有公共利益的存在。公共利益因具有不确定性、发展性、开放性、宽泛性、抽象性和模糊性的特点，故在理论上对其界定是一个困难的命题。但这并不妨碍我们将其置于城市拆迁这一特定范围内进行观察，以从中发现是否存在以及何谓公共利益。

1. 城市公共设施

公共设施也称"基础设施"，是指为经济和居民生活提供公共服务的工程设施，它既是整个社会经济和生活正常进行的公共服务系统，也是一个城市正常运转的基本物质条件，包括机场、交通、通信、供水、供电、供气、供热和消防等设施。

城市基础设施直接服务的对象是城市公众，因此也被称为公共设施。改善基础设施服务状况能够提高全社会的福利和个人福利，促进经济发展和提高经济效益；提供基础设施服务以满足企业、居民和其他服务对象的需要，是经济发展面临的主要挑战；基础设施建设具有重要的社会与经济意义，它与经济增长、减少贫困和保护环境密切相关；在经济衰退时期，基础设施建设与维修所花费的公共支出是刺激经济发展重要的政策工具。可见，基础设施具有多方面的意义。如果一个地区的基础设施供给不足，如道路拥堵、通信落后等，则该地区经济增长必然缓慢，居民生活质量也必然低下，人们生活水平提高幅度也必然不大。总之，不论是直接需要还是间接需要，城市基础设施与每个成员的利益密切相关，属于典型的公共利益。

一个城市的基础设施建设一般应当在地面建筑物形成之前先行完成，但是，由于历史原因导致政府必须在原有城市之上重建基础设施。因为传统旧城区在建城之初基本上没有对道路等基础设施进行开发，从而导致后来的交通不便，缺少地下供排水系统、缺乏垃圾处理和消防等公共设施。为使旧城区在保持原貌的基础上满足现代人们生活的需求，有必要进行适度改造，增建基础设施。

因为城市基础设施建设符合所有社会成员的需要，有利于促进经济发展和改善城市居民生活条件，符合公共利益的特点，所以，重建城市基础设施具有合理性和正当性。至于在实践中出现的某些形象工程和违法拆迁带来的个人财产问题，与基础设施建设属于两类不同性质的问题，不能因此否定基础设施的公益性。

2. 公益事业设施

广义的基础设施包括经济基础设施和社会基础设施，前者即前述的基础设施，后者则包括基础教育、医疗卫生、社会福利、环境保护、居民健身和重要体育设施等公共服务设施，通常被称为"公益事业设施"。由于经济发展水平的不同，各个国家和地区的公益事业的范围也就有所不同，但总体上都是随着社会发展而不断增多。与经济基础设施不同，社会基础设施的基本功能是为经济社会发展奠定社会基础、创造社会条件、营造社会环境，主要作用是消除经济市场的弊端和负面影响，确保经济社会协调持续发展，构建和谐社会。如果说经济基础设施体现为物质形态，使人们可以直观地感受到物质上的便利和享受，那么社会基础设施更多体现的是一种非物质方面的享受。两者构成了现代社会结构中的两个关键部分，分别回应着经济和社会两个方面的问题，并且相互促进、相互影响。社会基础设施的服务对象是全体市民，因而具有社会性和公共性。

与经济基础设施一样，社会基础设施应当与城市同步建设，同时投入使用。但是，如前所述，我国的城市发展历史悠久，早期城市建设同样缺少社会性基础设施。社会基础设施不仅需要政府在人力和资金方面的大力投入以及全社会的参与，而且需要一定的地域空间。虽然这些设施应当与城市建设同步，但客观情况决定了目前大多数城市必须在原有基础上进行重建。所以，在没有其他替代方案的前提下，征收、征用或者拆迁就可能成为其中的一种选择。

3. 土地集约利用

将土地与公共利益联系在一起，或者将其视为一种公共利益之物是由土地的特性、功能，特别是我国的国情所决定的。首先，作为一种自然资源和环境要素，土地具有承载万物、资源供给和养育人类的功能。土地的功能决定了它不仅要满足权利人的个人需要，而且要满足自然和社会公众的需要。其次，土地的数量固定且有限，不可能通过生产活动增加土地总量。最后，不同区位的土地在性能上存在差异，而且不能互相替代。另外，土地的自然用途一旦被改变，就很难再恢复。总之，土地的功能和自然属性决定了一个国家或地区必须保持一定数量的满足人类基本需求和自然环境需要的土地，必须合理利用土地资源。我国人多地少的国情决定了土地问题不仅是一个私人利益的问题，更是事关全国粮食安全和社会稳定等社会公共利益的问题。在工业化和城市化过程中，我国必须保护有限的土地资源，提高土地的使用效率。为使城市土地资源得到充分的利用，对现有城市土地进行适当整理，将有利于扩大城市容量，保护土地资源。例如，通过对城市棚户区等低层建筑的改造，既可以改善原有居民的居住条件，提高其生活质量，又能够提高土地使用效率，节约更多的土地。

4. 增加就业和财政收入

增加就业和财政收入是否属于公共利益范畴呢？

首先，从现代社会和公民对政府的要求来看，增加就业符合公共利益的要求。在农业经济时代，就业属于个人问题。但在现代社会，就业不仅仅是个人问题，因为随着社会分工的日益细化，绝大多数人只有通过劳动才能获得基本的生活资料。一个人如果长期不能就业，则将难以维持自身和家庭的生存；如果一个社会存在大量的失业人员，则可能会出现一系列社会问题。因而，充分就业不只具有个体的意义，更具有公共价值。因此，如果能创造更多的就业岗位，让更多的人就业，则既保障了诸多劳动者的个人利益，也符合社会发展的需要。

其次，对于增加财政收入是否属于公共利益，学界观点也不尽相同。笔者认为，无论是单纯地增加财政收入还是化解财政危机，都承认了财政收入的公益性，不同之处是前者将其归为政府利益，后者将其与公共福祉相区分。财政收入是否属于公共利益，应当根据其特性进行分析。第一，从财政收入的归属看，虽然政府负责征收、管理并具体支配财政资金，但其所有权应当属于公共或全民，而不是政府。政府只是作为代理人行使权利，并不是财政利益的享有者，因而，不能将其归为政府利益或国家利益的范畴。第二，现代政府不仅要满足自身需求，而且要提供国防、基础设施等公共物品以及向居民提供教育、医疗卫生等福利，甚至还要应对经济危机，恢复市场功能，这些都需要稳定和大量的财政收入。所以，公共财政用途具有公共性，符合公共利益的特性。第三，财政危机不仅是政府信用危机，也是社会危机，如果一个国家的财政出现危机，则可能会危及国家主权。如果是地方财政出现危机，则会造成地方政府与群众关系紧张和政府威信下降等问题。

不论是国家还是地方政府，一旦出现财政危机，如果不及时消除，将可能造成严重的社会后果。所以，必要数量的公共财政资源，是维持一个社会正常运行的基本物质条件，应当从公共利益而不是简单地以地方利益或政府利益的角度判断。当然，当前个别地方政府不仅存在片面追求财政收入增长的倾向，也存在着财政资金使用效率不高、被滥用等问题。但是，这些问题需要通过其他途径解决，而不能作为否定公共财政作为公共利益属性的理由。

除上述四种具体的公共利益形式外，还有诸如国防和环境保护等方面的利益需要。总之，公共利益有多种形式，既有物质形态的利益，如经济基础设施和社会基础设施，也有非物质形态的利益，如土地效用的最大化和充分就业等。特别是物质形态的公共利益，足以说明公共利益的客观性。在一个具体的城市拆迁中，所涉及的公共利益应当具体、明确，而不是空洞无物，它既能让城市的每一个居民得到真正的实惠，也能让被拆迁的居民因此获益。城市拆迁的终极目的是满足公共利益需要，其他诸如城市美观、项目的顺利进行和招商引资都必须服从于公共利益的需要，而不能成为征收及拆迁的噱头。公共利益以及个体权益是整个征收和拆迁制度所追求的共同价值，均不可偏废。

二、城市房地产抵押后的拆迁

因国家建设需要，将已设定抵押权的房地产列入拆迁范围的，抵押人应当及时书面通知抵押权人；抵押双方可以重新设定抵押房地产，也可以依法清理债权债务，解除抵押合同。《城市房地产抵押管理办法》第三十八条规定："因国家建设需要，将已设定抵押权的房地产列入拆迁范围的，抵押人应当及时书面通知抵押权人；抵押双方可以重新设定抵押房地产，也可以依法清理债权债务，解除抵押合同。"第五十一条规定："因国家建设需要，将已设定抵押权的房地产列入拆迁范围时，抵押人违反前述第三十八条的规定，不依法清理债务，也不重新设定抵押房地产的，抵押权人可以向人民法院提起诉讼。"对于城市房地产拆迁的处理，必须把握以下四点：

1. 抵押人应当负有及时书面通知的义务。抵押人未履行此项义务而给抵押权人造成损失的，抵押人应当承担赔偿责任。

2. 城市房地产拆迁，属于不可抗力，对此造成抵押权人的损失，抵押人无过错的，不应当承担责任。

3. 发生城市房地产拆迁时，抵押人重新为抵押权人提供抵押担保的，抵押权人不能要求提前清偿；抵押人不提供担保的，抵押权人有权要求提前清偿债权债务以防受到损失。

4. 抵押人既拒绝提供担保，也不清理债务的，抵押权人可以向人民法院提起诉讼。同时，根据抵押权的物上代位效力，抵押权可及于债务人所获得的补偿金。

三、涉及文物保护的规定

下面对在拆迁过程中涉及的文物保护的相关规定进行简要分析。

1. 存在《文物保护法》第六十四条第二项"故意或者过失损毁国家保护的珍贵文物的"与第八项"应当追究刑事责任的其他妨害文物管理行为"的情形，构成犯罪的，依法追究刑事责任。

根据《刑法》第三百二十四条第一款、第二款的规定："故意损毁国家保护的珍贵文物或者被确定为全国重点文物保护单位、省级文物保护单位的文物的，处三年以下有期徒刑或者拘役，并处或者单处罚金；情节严重的，处三年以上十年以下有期徒刑，并处罚金。故意损毁国家保护的名胜古迹，情节严重的，处五年以下有期徒刑或者拘役，并处或者单处罚金。"

关于公安机关管辖的刑事案件立案追诉标准，《最高人民检察院、公安部关于公安机关管辖的刑事案件立案追诉标准的规定（一）》第四十七条对涉嫌"故意损毁名胜古迹罪"的立案追诉标准作出了规定："故意损毁国家保护的名胜古迹，涉嫌下列情形之一的，应予立案追诉：（一）造成国家保护的名胜古迹严重损毁的；（二）损毁国家保护的名胜古迹三次以上或者三处以上，尚未造成严重损毁后果的；（三）损毁手段特别恶劣的；（四）其他情节严重的情形。"《刑法》第三十一条规定，"单位犯罪的，对单位判处罚金，并对其直接负责的主管人员和其他直接责任人员判处刑罚"。

2. 根据《文物保护法》第六十六条的规定，擅自迁移、拆除不可移动文物的，尚不构成犯罪的，由县级以上人民政府文物主管部门责令改正，造成严重后果的，处五万元以上五十万元以下的罚款；情节严重的，由原发证机关吊销资质证书。第七十七条规定，擅自迁移、拆除不可移动文物的，负有责任的主管人员和其他直接责任人员是国家工作人员的，依法给予行政处分。

依据以上规定可知，负有监管职责的文物保护部门、市场监管部门、城建部门可以吊销开发企业的相应开发资质和经营资格，主要责任人是国家工作人员的应当依法给予行政处分。

3. 依据《文物保护法》第六十五条第一款的规定："违反本法规定，造成文物灭失、损毁的，依法承担民事责任。"根据《民法典》的相关规定，给国家、他人的财产造成损害的，应当承担赔偿责任。

文物的价值不仅在于物，更关乎人，拆除的不仅是"文物"，更是我们自己的历史。

典型案例 16

拆迁前的补偿安置方案违法案

【案情简介】

李女士等三人均系某村村民，在该村有合法的土地使用权和房屋。现三人的房屋面临征迁，为核实征迁行为的合法性，三人申请了信息公开，要求区政府公开三人房屋所在区域地块的拆迁补偿安置方案（含报批文件）及补偿安置方案公告。后三人收到区政府作出的政府信息公开答复，区政府公开了某村拆迁安置指挥部制订的《棚户区（城中村）改造拆迁补偿安置方案》。

三人不服区政府作出的《棚户区（城中村）改造拆迁补偿安置方案》，认为某村拆迁安置指挥部系区政府设立，其作出的方案违法，侵害了三人的合法权益。在京平律师的指导下，三人提起了行政复议，请求撤销区政府作出的《棚户区（城中村）改造拆迁补偿安置方案》。

【办案经过】

根据相关规定，实施拆迁前，拆迁人与被拆迁人应按照村民（股东）会议或者村民会议授权的村民代表会议讨论通过的拆迁补偿安置方案正式签订拆迁补偿协议。

【办案结果】

由于涉案拆迁安置方案涉及改造区域范围较大，人数众多，且改造项目已经实施多年，撤销《棚户区（城中村）改造拆迁补偿安置方案》会给社会公共利益造成重大损害。复议机关最终作出如下决定：

确认被申请人作出的《棚户区（城中村）改造拆迁补偿安置方案》违法。

【律师点评】

本案中，现有证据不足以证明涉案拆迁安置方案经村民（股东）会议或者村民会议授权的村民代表会议讨论通过，并且该方案制订时间早于村民代表会议讨论的时间，程序倒置，明显不当。在农村拆迁中，由于拆迁安置方案的法律地位与城市国有土地上的征收补偿方案类似，也是可反复适用的征收补偿标准，事关被征收人的具体补偿数额，因此需要认真对待。

典型案例 17

棚户区改造项目未达成拆迁补偿协议违法拆除案

【案情简介】

谭女士等人在某村拥有合法的宅基地使用权并建有房屋。2018年某日，当地政府发布了该地区棚户区改造拆迁工作的通告，开始实施征收工作，当事人未与征收方达成安置拆迁补偿协议。2020年某日，征收方向当事人作出《拆迁补偿结果通知书》与《责令交出土地决定书》，两日后，案涉房屋被城中村改造办公室强制拆除，导致房屋及屋内财产损毁，造成了巨大的财产损失。为了维护自己的合法权益，谭女士等人决定委托京平律师代理其处理维权事宜。

【办案经过】

京平律师介入后，分析了案件的详细情况，发现城中村改造办公室拆除房屋的行为违法，严重侵害了当事人的合法权益。根据征收方出具的《情况说明》，律师确定了具有行政主体资格的适格被告为某市人民政府，并指导当事人向人民法院提起行政诉讼，请求依法确认某市人民政府强制拆除房屋的行为违法。

庭审过程中，某市人民政府辩称，案涉房屋所在的集体土地已被依法列入征收范围，且已依法对谭女士等人进行了补偿，谭女士等人负有向土地管理部门交出宅基地及地上房屋，配合征收部门完成相应的集体土地征收工作的义务。

京平律师提出：征收方对征收补偿款的存储不能满足专户储存的法律要求，且在涉案《拆迁补偿结果通知书》作出前，征收方未对涉案房屋进行评估，其作出的《责令交出土地决定书》中载明的行政复议和行政诉讼期限未届满。征收方在未向谭女士等人送达履行义务催告书、行政强制执行决定书，未告知谭女士等人有陈述、申辩的权利，未听取当事人意见的情况下，即拆除谭女士等人的房屋，该行为违反了《行政强制法》的相关规定，侵害了谭女士等人在行政强制程序中的合法权益。

【办案结果】

最终，法院支持了京平律师的观点，判决如下：
确认被告某市人民政府强制拆除谭女士等人的房屋的行为违法。

【律师点评】

城镇国有土地上房屋征收工作中有一道重要环节，即补偿决定，它可能是在双方迟迟达不成协议的情况下作出的决定。《征补条例》第二十六条第一款对此作出明确规定，并且名称也界定为较为严谨的"补偿决定"。而在农村拆迁工作中，《土地管理法实施条例》第三十二条规定的是"安置补偿决定"。但在全国各地的城乡拆迁工作中，这一环节的具体名称却并不统一，本案中的《拆迁补偿结果通知书》与《责令交出土地决定书》即是如此。只有对现行征迁法律法规予以透彻的理解，才能快速识别出这一环节的法律文书，并及时采取相关法律救济行动。

第五章
房地产评估

第一节 房屋的评估程序

房屋征收属于政府主导的行为,是中国城镇化改革及经济增长的必然产物,本应是一件惠及民生的工程,但在现实拆迁过程中却往往会衍生出一些社会问题。

一、选择评估机构

不少拆迁方在拆迁过程中都是自行指定评估机构,而指定的评估公司如果不能独立、客观地开展评估工作,那就可能导致房屋的评估价格低于房屋的实际价值。而一些被拆迁人由于法律意识不强,当出现此种情形时,往往不知所措,进而走上了不合理的拆迁维权之路。根据《征补条例》第二十条的规定,房地产价格评估机构由被征收人协商选定;协商不成的,通过多数决定、随机选定等方式确定,具体办法由省、自治区、直辖市制定。房地产价格评估机构应当独立、客观、公正地开展房屋征收评估工作,任何单位和个人不得干预。故被拆迁人在遇到拆迁补偿不合理的问题时应第一时间判断作出房屋评估价值的评估机构是否符合法定程序,即是否与被拆迁人进行过协商。若经过协商但没有成功,则需要判断是否通过多数决定或随机选定。例如,通过抽签、摇号等方式进行确定。若评估机构的选择违反以上规定,则被拆迁人应及时在法律规定的期限内行使复议、诉讼等权利。

二、确认评估报告

拿到评估报告之后,被拆迁人应当首先确认评估报告是否合法有效,而确定一份评估报告是否存在问题,应主要从以下三点进行分析:

1. 被征收房屋价值评估依据的时间点应为房屋征收决定公布之日，如房屋价值的补偿价格参照的是周边相似房屋的市场价格，则应为房屋征收决定公布当日的市场价格。

2. 整体评估报告和分户评估报告都应当加盖房地产价格评估机构的公章，并由两名以上负责房屋征收评估项目的注册房地产估价师签字确认，不得以印章代替签字。

3. 被征收房屋室内装饰装修价值、机器设备和物资搬迁费用以及停产停业损失等的补偿，应由征收当事双方共同协商确定；协商不成的，可以委托房地产价格评估机构予以测算和评定。

若发现评估报告存在问题，则应依法行使自己的权利。根据《国有土地上房屋征收评估办法》（以下简称《征收评估办法》）第二十条至第二十二条的规定，被征收人或者房屋征收部门对评估结果有异议的，应当自收到评估报告之日起10日内，向房地产价格评估机构申请复核评估。申请复核评估的，应当向原房地产价格评估机构提出书面复核评估申请，并指出评估报告存在的问题。原房地产价格评估机构应当自收到书面复核评估申请之日起10日内对评估结果进行复核。复核后，改变原评估结果的，应当重新出具评估报告；评估结果没有改变的，应当书面告知复核评估申请人。被征收人或者房屋征收部门对原房地产价格评估机构的复核结果有异议的，应当自收到复核结果之日起10日内，向被征收房屋所在地评估专家委员会申请鉴定。被征收人对补偿仍有异议的，按照《征补条例》第二十六条的规定处理。

典型案例 18

棚户改造依据往年房价出具《房屋征收补偿决定书》被撤销案

【案情简介】

张女士等6人的母亲在某市某县拥有一处房屋，现该房屋面临棚户区改造。2019年6月，该县人民政府对张女士等6人作出《房屋征收补偿决定书》（以下简称《征收补偿决定书》），但张女士等6人一致认为《征收补偿决定书》内约定的征收补偿方案不合理，不足以维持其棚户改造后的生活。后张女士等6人将某县人民政府诉至当地法院，一审判决驳回张女士等6人的诉讼请求。为了维护自己的合法权益，张女士等 6 人决定委托京平律师代理其确认《征收补偿决定书》违法等事宜。

【办案经过】

京平律师介入后，首先按照张女士等 6 人的要求，向二审法院提交了《行政上诉状》，请求依法撤销某县人民政府作出的《征收补偿决定书》。

二审法院受理并开庭审理了该案。庭审过程中，被上诉人某县人民政府辩称：其是在多次与张女士等 6 人的母亲沟通无果的前提下依法作出的《征收补偿决定书》。现该区棚户改造征迁工作已基本完成，仅有 4 户未达成协议。如撤销该决定书则会对社会公共利益造成损失。故请求驳回上诉人张女士等 6 人的上诉请求。

在庭审过程中，京平律师指出：该县在 2013 年作出棚户区改造决定，而 2019 年才对案涉房屋进行评估，且评估结果以 2013 年改造决定作出时的房屋面积及房屋价值为依据。某县人民政府以该评估结果作为出具《征收补偿决定书》的补偿标准，未考虑因时间迁延导致的房屋价值的上涨，且征收补偿方案无法维持张女士等 6 人棚户改造前的生活水平，故该《征收补偿决定书》侵害了张女士等 6 人的根本利益，应依法予以撤销。

【办案结果】

最终，二审法院支持了京平律师的观点，裁定如下：
撤销某县人民政府作出的《征收补偿决定书》。

【律师点评】

本案的特点在于，如果征迁工作拖延过久，就可能涉及房价上涨问题，这可能会给被征收人造成不利的影响。在这类补偿决定诉讼中，就应当把这一因素考虑进去，否则就会出现"越拆越穷"的现象，主要原因多为征收方依据往年拆迁房屋面积或当地房屋价值，对案涉房屋进行补偿。这种补偿决定从根本上侵害了被拆迁人的"公平补偿"权益。

第二节 估价工作实务分析

一、评估规则的演变

在补偿过程中，特别需要注意的是对房屋价值的评估。《征补条例》第十九条对房屋价值的评估进行了规定。其中第一款规定，对被征收房屋价值的补偿不得低于类似房屋的市场价格。因市场价格容易波动，所以第十九条第一款同时也规定了房屋市场价格的具体认定时间。房屋价格的认定时间是以房屋征收决定公告之日为参考标准的。房屋的最低价值不得低于以上标准确定的价格，允许政府和个人就房屋价格的认定进行协商，只要房屋最低价格不低于法律规定的标准就可以，也允许以高于市场价格的价值对房屋进行补偿。关于房屋价值的评估，第十九条第一款后半部分规定由房地产价格评估机构确定，并且要求评估机构按照房屋征收评估办法进行评估。随着《征补条例》的出台，《城市房屋拆迁管理条例》同时废止。相应地，住房和城乡建设部出台了《征收评估办法》，原建设部发布的《城市房屋拆迁估价指导意见》也同时废止，进一步保障了拆迁过程中拆迁房屋价值评估的公平性。《征收评估办法》规定了房屋评估流程：选定机构—签订合同—实地评估—公示解释—交付报告—申请复核—申请鉴定。《征收评估办法》第四条规定，地产价格评估机构由被征收人在规定时间内协商选定；在规定时间内协商不成的，由房屋征收部门通过组织被征收人按照少数服从多数的原则投票决定，或者采取摇号、抽签等随机方式确定。具体办法由省、自治区、直辖市制定。第六条规定了选择评估机构之后需要签订合同，并对合同的内容进行了规定。第十二条规定了对实地查勘记录、实地评估的要求。第十六条规定初步评估的结果要进行公示和解释。第二十条规定了被征收人对评估结果异议的复核申请权利。第二十三条至第二十六条是对鉴定程序的相关规定。综合以上各个阶段，《征收评估办法》充分展现了评估过程追求客观、公平的精神。

二、《征收评估办法》的亮点

《征收评估办法》对被征收房屋的价值进行了界定，排除了租赁因素。第十一条第二款规定，前款所述不考虑租赁因素的影响，是指评估被征收房屋无租约限制的价值；不考虑抵押、查封因素的影响，是指评估价值中不扣除被征收房屋已抵押担保的债权数额、拖欠的建设工程价款和其他法定优先受偿款。此规定去除了被拆迁人通过房屋获得的合法的租赁价值，使被征收人的期待利益很难得到保护。第十三条规定了房屋评估的办法，包括市场法、收益法、假设开发法等多种可以使用的方法。被征收房屋的类似房地产有交易的、有经济收益的、是在建工程的应该相应地选用市场评估法、收益法评估、假设开发法评估。第十四条规定了评估房屋时应考虑的基本因素，如区位、用途、建筑结构、建筑面积等；同时还规定了被征收房屋室内装修价值、机器设备等补偿数额由征收当事人协商，协商不成的由评估机构评估确定。《征收评估办法》有几大亮点：选定评估机构遵循了《征补条例》的规定，由被征收人确定；房屋的价值评估依据市场价值原则；在补偿方面涉及了更多、更具体的因素；考虑了土地价值；等等。

三、估价工作中可能存在的问题与建议

房屋的价格评估及其他需要考虑的因素确定之后需要签订补偿协议对补偿数额等内容作出详细规定。依据《征补条例》第二十五条的规定，双方需要就补偿方式、金额、支付期限等事项签订协议。第二十六条规定，补偿协议双方协商不成的，由房屋征收部门报请作出房屋征收决定的市、县级人民政府依照本条例的规定，按照征收补偿方案作出补偿决定，并予以公告。这一规定解决了补偿协议悬而未决的状态，提高了征收拆迁的效率。

第三节　评估机构的选择

在拆迁活动中，被拆迁的一方通常都是公民、法人或其他组织，拆迁律师经常接到的咨询电话是询问征收方的评估机构到底是怎么选的，以及怎么知道选定的评估机构合不合法？

一、评估机构的选择有什么法律规定

实践中，一些评估机构是由征收方直接指定的，但这样是违法的。《征收评估办法》第四条规定，房地产价格评估机构由被征收人在规定时间内协商选定；协商不成的，按照少数服从多数的原则投票决定或者采取摇号、抽签等随机方式确定。

二、评估机构及估价师的资质怎么查

被征收人可以通过国家企业信用信息公示系统官方网站查看该评估机构是否依法设立、有无营业执照和相应的评估资质。需要注意的是，评估报告中应附有评估机构及评估师的资格证书复印件，被征收人可以审查其是否符合《房地产估价机构管理办法》和《注册房地产估价师管理办法》的规定。

三、是否可以选择外地评估机构

评估机构在形式上都是具有独立地位的，很多被征收人都希望能够选择外地的，尤其是一些发达地区的评估机构，以期获得更客观、公正的评估结论。目前，并没有法律法规限制选择外地评估机构，但这在现实中一般难以实现，被征收人可以适当地运用学到的法律知识去尽力争取。

典型案例 19

评估机构选择权被剥夺确认违法案

【案情简介】

马女士二人是某市某县某村的村民，在该村拥有合法的房屋和土地。因高速公路征收项目，马女士二人的房屋和土地被纳入了征收范围，之后就收到了《房屋征收评估价格分户报告》。因马女士二人对评估机构的评选委托毫不知情，于是便向某县住房和城乡建设局申请了信息公开，要求该局公开其房屋和土地被征收评估的评选委托材料，后该局没有作出任何答复。于是在京平律师的帮助下，马女士二人向某县人民政府申请了行政复议。

【办案经过】

马女士二人称，自己向某县住房和城乡建设局申请书面公开评选委托材料，且邮递信息显示已经签收，因此，该局应该及时作出答复。

被申请人某县住房和城乡建设局称，马女士二人向自己和县政府均申请了信息公开，因此此次申请是重复申请，所以才未予答复，该评估公司是经过正常程序选择的，且在征收评估阶段也进行了公示。

根据《政府信息公开条例》的规定，行政机关收到政府信息公开申请，不能当场答复的，应当自收到申请之日起 20 个工作日内予以答复；需要延长答复期限的，应当经政府信息公开工作机构负责人同意并告知申请人，延长期限最长不得超过 20 个工作日。本案中，被申请人某县住房和城乡建设局对申请人马女士二人的信息公开申请未在法定期限内进行答复，是违法的。

【办案结果】

最终，复议机关支持了京平律师的观点，作出如下决定：

确认被申请人未就申请人的政府信息公开申请进行答复的行为违法，责令被申请人在法定期限内就申请人提出的公开信息的申请依法予以答复。

【律师点评】

评估报告是房屋征收过程中一个非常重要的环节，与最后获得的补偿数额密切相关。在实践中，有时直接向征收方索取可能难以获得理想结果，而需要通过正式的信息公开方式获取。当然，即使这种方式也可能会被拒绝，但可以依该方式提起行政诉讼，最终保障自己的知情权不被侵害。

第四节 房屋价值评估的标准

一般来说，房屋价值评估是国有土地上房屋征收的必经程序，目前在集体土地上房屋征收活动中也越来越多地被采用。当被拆迁人拿到一份评估报告时，以此为基础，其便可以有理有据地与征收方就征收补偿方案进行协商。那么，房屋价值评估的标准到底是什么？

对老百姓来说，房屋价值评估标准是一个非常专业的问题。在无法确定之前，可以先启动复核或鉴定程序，在这一过程中获得相关信息，也可以请专业人士介入。一般来说，首先，可以申请复核。根据《征收评估办法》第二十条的规定，被征收人或者房屋征收部门对评估结果有异议的，应该自收到评估报告之日起 10 日内，向房地产价格评估机构申请复核评估。其次，可以申请鉴定。根据《征收评估办法》第二十二条的规定，被征收人或者房屋征收部门对原房地产价格评估机构的复核结果有异议的，应当自收到复核结果之日起 10 日内，向被征收房屋所在地的评估专家委员会申请鉴定。

因此,至少有两种方法可以用于对不公平的评估报告寻求法律救济,这从程序方面在一定程度上维护了被征收人的合法利益。由于评估都是依据一定的标准来进行的,因此被征收人有必要了解关于房屋价值的实体规定。

拆迁补偿价格评估的法定依据一共有三种,分别为:市场评估价、商品房交易均价和重置价。

(一) 市场评估价

市场评估价,是指被拆迁房屋的房地产市场价格,由符合规定的专业估价机构,根据估价目的,遵循估价原则,按照估价程序,选用适宜的估价方法,在综合分析影响房地产价格因素的基础上,对房地产在估价时点的客观合理价格或价值进行估算和判定的活动。

(二) 商品房交易均价

商品房交易均价,是指同区域、同类型普通住宅商品房平均交易价格,由相关部门每季度定期汇总测定并公布。

(三) 重置价

重置价,是指由估价机构采用估价时点的建筑材料和建筑技术,按估价时点的价格水平,判定出重新建造与估价对象具有同等功能效用的全新状态的建筑物的正常价格。

以上三种不同的拆迁补偿价格评估的法定依据不同、用途不同、适用情形也不同。实践中,如果认为拆迁评估报告价格不合理,则可以向评估机构申请复核;如果对复核结果不满,则可以向被征收房屋所在地的房地产价格评估专家委员会申请鉴定。如果仍不满意,那么征收部门可能就会作出补偿决定,针对补偿决定,根据《征补条例》第二十六条第三款的规定,被征收人既可以向行政机关提起行政复议,也可以向当地的人民法院提起诉讼,以达到通过法律的手段维护自身合法权益的目的。

典型案例 20

基于半年前评估价值时间点出具的
《房地产征收估价分户报告》作出的补偿决定被撤销案

【案情简介】

某市王先生的父亲有一套自建房屋，房屋面积为 131 平方米，其父亲过世后，王先生继承了该套房屋。因再生水处理厂项目的需要，征收方拟征收该项目范围内的房屋。2019 年 1 月 29 日，受征收方委托，评估公司以 2018 年 11 月 5 日为评估价值时点，出具了《房地产征收估价分户报告》。

王先生认为估价过低，提出复核申请，但征收方答复称，如对征收方委托的第三方评估公司有异议，可自行委托评估公司进行评估。2019 年 5 月 22 日，征收方作出房屋征收决定，王先生的上述房屋被纳入征收范围。

因对征收补偿安置不满，王先生未签订征收补偿安置协议。随后，征收方作出《房屋征收补偿决定》并留置送达王先生。王先生对该征收补偿决定不服，委托律师向法院提起诉讼，请求法院依法撤销该征收补偿决定书。

【办案经过】

一审法院认为，本案中，评估公司的选定符合法律规定的程序，且征收方亦保障了王先生对评估复核的权利。虽然评估时点在征收方发布房屋征收决定公告日之前的半年内，在此期间，案涉房屋周边的市场价格存在客观上涨亦是不争的事实。但是，经审查，案涉征收补偿决定中无论是"货币补偿"还是"产权调换"，征收方都在评估价格的基础上增加了政府补助、异地安置补助等项目作为补偿，故案涉征收补偿决定所确定的补偿已经足够使王先生的房产权益得到保障。因此，一审判决驳回了王先生的诉讼请求。

王先生不服，认为一审法院没有认可其关于评估机构选定、评估时点、评估报告送达、复核评估、评估报告内容等方面的主张，事实认定错误，故提起上诉。

二审法院认为，征收方在征收决定作出之前选定评估机构，属程序违法。征收方并未履行多数决的选定程序，而是以补偿协议约定的形式代替此前应当事先进行的选定程序，顺序颠倒，有以结果代替过程、逃避法定程序的嫌疑，法院对此不予认可。征收方以征收决定下发之前半年左右的涉案房屋市场价作为评估依据，而实际上此段时间的房价客观上有所浮动，涉案的评估报告明显缺乏法律依据，因此法院对该报告不予认可。

【办案结果】

最终，二审法院作出如下判决：
撤销一审判决，撤销征收方作出的《房屋征收补偿决定》。

【律师点评】

房屋被征收，一般市民最关注的问题是能得到多少补偿，而房屋价值根据征收补偿条例的规定要由评估机构评估确定。如果评估结果低于正常预期怎么办呢？本案中，当事人通过向律师求助，经过一审、二审，最终撤销了该不合理的征收补偿决定。

就该案而言，对被征收房屋价值的补偿，不得低于房屋征收决定公告之日被征收房屋类似房地产的市场价格。被征收房屋的价值，由具有相应资质的房地产价格评估机构按照房屋征收评估办法评估确定。因此，评估机构的选定、评估时点的确定等问题直接关系到被拆迁人能否获得公平合理的补偿。

第五节 收到评估报告后该如何应对

无论是征收方听取了当事人的意见对评估机构依法公平公开地进行了选择，还是其自行指定的评估机构。在拆迁过程中，到了一定的时间节点被拆迁人都有可能收到评估报告，这时候该如何应对？

首先，审慎签收。在拆迁过程中，需要签字、按手印的文件基本上只有两种：第一种是拆迁补偿安置协议。对拆迁补偿安置条件不满意的，不要轻易在拆迁补偿安置协议上签字。一旦签字，即表示接受该协议中的拆迁补偿安置条件。第二种是拆迁补偿评估报告。在拆迁补偿评估报告上签字、按手印之前，应该认真查看该报告上的评估结果，如果对拆迁补偿评估价格不满意，那么根据有关法律规定，可以提出异议，申请评估审查，或请专业律师参与谈判或申请更换评估机构重新进行评估。

其次，看到评估报告后，如果对报告上的评估结果不满意，则可以拒绝签收。可以通过国家企业信用信息公示系统官方网站查看该评估机构的房地产评估师是否具有二级以上资质，且在有效期内，否则不能作为征收评估机构，确认其是否系与政府协商或按照法定程序选择的评估机构。如果不符合上述条件，则可以直接拒绝接受拆迁补偿评估报告。

再次，对拆迁补偿评估报告不满意，提出异议是有时间限制的。《征补条例》明确规定，被拆迁人有权发表异议、申请审查和评估。一般来说，在拆迁补偿评估报告结束时会列出特别说明，其中就包括评估机构指定的异议期限。如果当事人准备提出评估异议或申请审查，则需要在指定的期限内提出。

一般来说，对评估报告有异议最好以书面形式提出。提出书面评估异议比口头提出更有效、更正式，更有利于建立沟通，也可以为今后评估报告的调整提供依据。我们应该抓住关键的原则问题，让政府和评估机构在收到异议信时给予足够的关注。提出评估异议，需要以专业法律知识为基础，而不是以感觉为基础。被征用人收到评估报告后，对评估报告不满意的，应当通过相关渠道尽快提出异议。

最后，对拆迁补偿评估报告有异议的，应当及时申请审查，也可以请专业拆迁律师参与评估程序和谈判。被拆迁人应当在收到评估报告后10日内申请审查，对审查结果不满意的，可以咨询专业拆迁律师，采取适当的方式维护企业的合法权益。被拆迁人也可以要求专业的拆迁律师参与评估。拆迁双方与评估机构的评估人员协商评估细节、评估结果和补偿金额。凭借拆迁律师的专业知识、专业经验和谈判技能，可以为被拆迁人争取应得的拆迁补偿。

典型案例 21

农村拆迁房屋评估机构虚假委托案

【案情简介】

马女士二人系某县某村的村民，并拥有合法的房屋和承包地。后因高速公路项目建设的需要，该房屋和土地都被纳入了征收范围，某县人民政府是征收项目的具体组织实施单位。2020年某日，马女士二人收到了《房屋征收评估价格分户报告》，报告表明是应马女士二人委托，但实际上二人对评估委托毫不知情。

【办案经过】

在京平律师的帮助下，马女士二人向某县人民政府申请了信息公开，要求公开评估机构的评选委托材料。之后马女士二人收到了《政府信息部分公开告知书》，告知因申请事项属于商业秘密或者公开之后可能会泄露商业秘密，决定不予公开。为此，律师为当事人提起了行政复议。

【办案结果】

最终，复议机关支持了京平律师的观点，作出如下决定：

确认被申请人某县人民政府未就申请人的政府信息公开申请进行答复的行为违法，责令被申请人在法定期限内就申请人提出的公开信息申请依法予以答复。

【律师点评】

在拆迁工作中，选定评估机构及评估委托是非常重要的环节，其直接关系到具体的补偿数额的大小。本案中，当事人通过律师的维权程序，及时获知了评估机构虚假委托的事实，为最终争取到满意的补偿安置结果奠定了良好的基础。

第六章
强制拆除的程序及救济

第一节 合法强拆的法律程序

在具体的房屋拆迁中，从保护被拆迁人和防止拆迁权滥用的角度看，基于土地的国家所有权，被拆迁人可以通过各种形式取得国有土地的使用权，进而在土地上建造房屋取得房屋所有权。因此，拆迁行为必须按照这种权利与权力之间的递进关系进行才能保证拆迁行为的合法性和正当性，进而保证拆迁权的正当行使。在拆迁过程中，拆迁人只有先收回国有土地使用权，才能进行行政征收或者其他形式的房屋所有权的转移以及补偿等相关法律程序。

在房屋拆迁中，增加补偿行为的程序性控制是法治行政发展的必然选择。由于我国现行规范性法律文件没有对国有土地使用权的补偿作出明确规定，因此，在我国通常采取"两条腿走路"的方法确定被拆迁房屋的补偿标准，即通过规范性文件和评估机构来确定对房屋所有权的补偿，以及通过评估机构来确定对国有土地使用权的补偿标准。但是，无论采取哪一种确定标准，拆迁双方如果在行政程序中无法达成一致意见，则可以通过启动司法程序来保护被拆迁人的合法权益。

一、合法强拆程序的具体规定

《征补条例》第十三条第一款规定，市、县级人民政府作出房屋征收决定后应当及时公告。公告应当载明征收补偿方案和行政复议、行政诉讼权利等事项。

其第二十六条第一款规定，房屋征收部门与被征收人在征收补偿方案确定的签约期限内达不成补偿协议，或者被征收房屋所有权人不明确的，由房屋征收部门报请作出房屋征收决定的市、县级人民政府依照本条例的规定，按照征收补偿方案作出补偿决定，并在房屋征收范围内予以公告。

其第二十七条规定，实施房屋征收应当先补偿、后搬迁。作出房屋征收决定的市、县级人民政府对被征收人给予补偿后，被征收人应当在补偿协议约定或者补偿决定确定的搬迁期限内完成搬迁。任何单位和个人不得采取暴力、威胁或者违反规定中断供水、供热、供气、供电和道路通行等非法方式迫使被征收人搬迁。禁止建设单位参与搬迁活动。

其第二十八条规定，被征收人在法定期限内不申请行政复议或者不提起行政诉讼，在补偿决定规定的期限内又不搬迁的，由作出房屋征收决定的市、县级人民政府依法申请人民法院强制执行。强制执行申请书应当附具补偿金额和专户存储账号、产权调换房屋和周转用房的地点和面积等材料。

二、合法强拆程序的判断标准

（一）拆与不拆的标准

拆与不拆的争议焦点在于拆迁目的是否出于"公共利益的需要"。《宪法》第十三条第三款规定："国家为了公共利益的需要，可以依照法律规定对公民的私有财产实行征收或者征用并给予补偿。"原《物权法》第四十二条第一款规定："为了公共利益的需要，依照法律规定的权限和程序可以征收集体所有的土地和单位、个人的房屋及其他不动产。"现《民法典》第一百一十七条规定："为了公共利益的需要，依照法律规定的权限和程序征收、征用不动产或者动产的，应当给予公平、合理的补偿。"《城市房地产管理法》第六条规定："为了公共利益的需要，国家可以征收国有土地上单位和个人的房屋……"但是因为这些法律对什么是"公共利益的需要"都没有作出明确定义和概念解释，导致目前一些观点只是简单地把"公共利益的需要"理解为大众熟知的"公益事业项目"（如医院、学校属于，商场、商厦则不属于），这是对"公共利益的需要"理解上的偏差。在一定城市半径内我们需要去医院就医，学校读书，也同样需要到商场、商厦购物休闲。我们既要推进城市新区建设又要完成城市旧区改造（商场、商厦以营利为目的，私立医院、学校同样以营利为目的），但是对于城市应当建什么、怎么建，不是哪一个人、哪个部门说了算，它是根据城市规划建设实施的。而城市的总体规划、控制性详细规划是在充分考虑城市发展建设过程中社会公共利益需要的基础上进行编制的，按照这个规划建设就是在实现"公共利益的需要"。

（二）拆迁主体标准

《征补条例》第四条规定，市、县级人民政府负责本行政区域的房屋征收与补偿工作。市、县级人民政府确定的房屋征收部门组织实施本行政区域的房屋征收与补偿工作。由此可知，房屋征收与补偿的主体是市、县级人民政府，房屋征收与补偿工作由市、县级人民政府确定的房屋征收部门组织实施。

（三）关于先补偿后拆迁的问题

《征补条例》第二十七条第一款和第二款、第二十八条第一款规定，实施房屋征收应当先补偿、后搬迁。作出房屋征收决定的市、县级人民政府对被征收人给予补偿后，被征收人应当在补偿协议约定或者补偿决定确定的搬迁期限内完成搬迁。被征收人在法定期限内不申请行政复议或者不提起行政诉讼，在补偿决定规定的期限内又不搬迁的，由作出房屋征收决定的市、县级人民政府依法申请人民法院强制执行。

强制执行以补偿决定为前提。在实际操作中，被征收人不搬迁主要存在两种情况：一是达成了补偿协议，又反悔不搬迁的；二是作了补偿决定，在补偿决定规定的期限内未搬迁的。对于第一种情况，房屋征收部门可以按照违约向法院提起诉讼并申请执行；对于第二种情况，则可以根据相关规定向法院申请强制执行。

（四）关于是否允许强迁的问题

强制拆迁是任何人都不愿意看到，更是不愿意去做的事情。但如果没有强制拆迁，则可能就无法保证建设项目的顺利实施，无法保证拆迁政策的连续性，无法保证拆迁补偿的公平合理，无法保证更多群众的利益（如回迁楼无法按时建设，则无法按时回迁）。如果不允许强迁，那么就不会有《征补条例》，也就不会有拆迁。这是我们无法回避而且必须正视的问题。

三、行政强拆到司法强拆

《征补条例》的施行，取消了《城市房屋拆迁管理条例》中行政机关自行强制拆迁的权力。

(一) 行政强拆制度的弊端

我们平时听到的"强拆"通常是指"行政强拆"和"司法强拆"。

所谓"行政强拆",指的是在原《城市房屋拆迁管理条例》的规定下,由开发商或拆迁公司等主体执拆迁许可证进行的强制拆迁。

按照《城市房屋拆迁管理条例》的规定,如果拆迁人与被拆迁人达不成协议的,拆迁人可向拆迁行政管理机关申请行政裁决,行政机关作出裁决后,可以申请政府机关行政强拆,也可以申请法院强制拆迁,即行政强拆和司法强拆两种制度并行的方式。这种行政强拆制度的设立使部分被拆迁人丧失了话语权。在《征补条例》中,"行政强拆"已被取消。强制拆迁以后将全部由法院作出裁决,行政部门不再具有强拆决定权。

(二) 取消行政强拆制度

《征补条例》废止了存在争议的行政强拆,其第二十八条第一款规定,被征收人在法定期限内不申请行政复议或者不提起行政诉讼,在补偿决定规定的期限内又不搬迁的,由作出房屋征收决定的市、县级人民政府依法申请人民法院强制执行。该条规定将原来行政强拆和司法强拆并行的方式变成现在仅存司法强拆的方式。

(三) 法院强制执行的特点

《征补条例》明确法院为实施强制搬迁的唯一主体,这是一大进步,因为政府既然是征收主体,就不能实施强拆行为。在实际的操作过程中,法院强制执行的申请必须以被征收人在法定期间内不申请行政复议或者不提起行政诉讼,又不在补偿决定规定的期限内搬迁为前提。

而"司法强拆"是指《征补条例》第二十八条规定的被征收人在法定期限内不申请行政复议或者不提起行政诉讼,在补偿决定规定的期限内又不搬迁的,由作出房屋征收决定的市、县级人民政府依法申请人民法院强制执行。

过去往往是由行政机关委托相关机构来进行搬迁。《征补条例》实施后,行政机关只能到法院申请强制执行。此外,搬迁既需要行政机关、法院和评估机构三方合作执行,也需要被拆迁人配合,这也是《征补条例》的一个特色。

典型案例 22

当事人被强制拆除房屋违法案

【案情简介】

孙先生在某市某区某村拥有合法房屋一处，该房屋被列入征收范围，由于征收补偿不合理，一直未与征收部门签订征收拆迁补偿协议。2020年某日，某区人民政府在未向孙先生作出任何书面告知的情况下，组织带领多名工作人员将其房屋强制拆除。为了维护自己的合法权益，孙先生决定委托京平律师代理其维权事宜。

【办案经过】

京平律师介入后，分析了案件的详细情况，律师根据征收公告以及孙先生保留的强制拆除前和强制拆除现场的照片、视频，经过调查取证确认了强制拆除的主体，并指导孙先生向人民法院提起行政诉讼，请求确认某区人民政府强制拆除其房屋的行政行为违法。

庭审过程中，被告某区人民政府辩称其对案涉房屋没有作出任何行政行为，仅作出同意村委会收回宅基地使用权的批复，强制拆除的主体是村委会，故请求法院依法驳回原告诉讼请求。

京平律师提出：孙先生提交的拆除现场的照片、视频等证据足以证明被诉行政行为的存在。某区人民政府作出同意村委会收回宅基地使用权的批复上并未载明收回宅基地使用权人的具体村民名字，因此不能证明该批复是针对孙先生作出。批复内容只是表明对于拒不交回土地的村委会可以依法强制拆除，不能证明是村委会实施的强制拆除行为。由于某区人民政府是作出征收公告的主体，在征收范围内房屋被强制拆除，在没有证据证明强制拆除行为系其他主体实施的情况下，某区人民政府作为征收主体，应当对征收范围内房屋被违法强拆的行为承担责任。根据《行政诉讼法》的规定，被告某区人民政府对其作出的行政行为的合法性负有举证责任，其应在举证期限内提供作出被诉行为的全部证据和所依据的规范性文件。但在本案中，被告某区人民政府并未提交证据证明其强拆房屋的行为合法，故应依法确认某区人民政府强拆行为违法。

【办案结果】

最终，法院支持了京平律师的观点，判决如下：

确认被告某区人民政府强制拆除孙先生房屋的行为违法。

【律师点评】

近年来，在全国各地的征迁工作中，亦存在房屋在未获得补偿的情况下就被非法强拆的情况，此时，要在保障自身安全的同时，尽量保留照片、视频等证据，并及时咨询专业征地拆迁律师，在律师的帮助下通过法律程序维护自己的合法权益。

第二节　非法强拆的形态及救济

我们需要建立完备的法律制度，并严格予以执行和遵守，维护拆迁民众的利益。

一、善于运用法律武器

《征补条例》第二十七条第三款规定，任何单位和个人不得采取暴力、威胁或者违反规定中断供水、供热、供气、供电和道路通行等非法方式迫使被征收人搬迁。禁止建设单位参与搬迁活动。第三十一条规定，采取暴力、威胁或者违反规定中断供水、供热、供气、供电和道路通行等非法方式迫使被征收人搬迁，造成损失的，依法承担赔偿责任；对直接负责的主管人员和其他直接责任人员，构成犯罪的，依法追究刑事责任；尚不构成犯罪的，依法给予处分；构成违反治安管理行为的，依法给予治安管理处罚。

有些利益受损者不善于也不懂得运用法律来维护自己的合法权益。法律是维护我们正当权利的武器，只有充分运用法律，才能更好地保护我们的合法权益。具有法律意识是运用法律的前提，所以只有提升被拆迁人的法律意识，才能保护被拆迁人的合法权益，促进和谐社会的稳健发展。

二、强拆违建亦可能违反法律规定

未经过相关部门审批，私自建设的建筑等属于违法建筑。但是面对拆迁时，即使是违法建筑也不可以被执法机关任意拆除。执法机关必须取得合法手续，依照法定程序才能执法。所以，行政机关未经法定的手续而私自拆除他人违法建筑的行为也被认定是违法的。

三、法院不再受理违建非诉强拆

《最高人民法院关于违法的建筑物、构筑物、设施等强制拆除问题的批复》自2013年4月3日起施行。此文件是针对北京市高级人民法院的专项请示所作出的批复，该批复指出，根据行政强制法和城乡规划法有关规定精神，对涉及违反城乡规划法的违法建筑物、构筑物、设施等的强制拆除，法律已经授予行政机关强制执行权，人民法院不受理行政机关提出的非诉行政执行申请。所谓的"非诉行政执行申请"，是指当事人在法定期限内既不申请行政复议或者提起行政诉讼，经依法催告仍不履行行政决定的，没有行政强制执行权的行政机关可以自期限届满之日起三个月内，依法向人民法院提出的强制执行申请。

这里牵涉一个问题，即没有行政强制执行权的行政机关可作出非诉行政执行申请，此批复一经作出，是否剥夺了部分行政机关向法院申请强制执行的权利，对政府部门违拆、实施行政行为造成了阻碍？《行政强制法》第四十四条规定："对违法的建筑物、构筑物、设施等需要强制拆除的，应当由行政机关予以公告，限期当事人自行拆除。当事人在法定期限内不申请行政复议或者提起行政诉讼，又不拆除的，行政机关可以依法强制拆除。"结合《城乡规划法》第六十五条、第六十八条，以及《行政强制法》第三十四条的规定："行政机关依法作出行政决定后，当事人在行政机关决定的期限内不履行义务的，具有行政强制执行权的行政机关依照本章规定强制执行。"可以看出，《行政强制法》第四十四条为完全授权，即只要是"违法的建筑物、构筑物、设施等需要强制拆除的"，行政机关都可以依法强制拆除。

简单说来，《最高人民法院关于违法的建筑物、构筑物、设施等强制拆除问题的批复》的重要意义就是明确了《行政强制法》已经授予地方行政机关强制拆除的权利。

四、非法强拆是否构成犯罪

京平律师根据委托人提供的证据及陈述,发现有的强拆未履行任何司法程序,属于非法强拆。非法强拆是否构成犯罪?应该承担何种责任?

《征补条例》第三十条规定:"市、县级人民政府及房屋征收部门的工作人员在房屋征收与补偿工作中不履行本条例规定的职责,或者滥用职权、玩忽职守、徇私舞弊的,由上级人民政府或者本级人民政府责令改正,通报批评;造成损失的,依法承担赔偿责任;对直接负责的主管人员和其他直接责任人员,依法给予处分;构成犯罪的,依法追究刑事责任。"第三十一条规定:"采取暴力、威胁或者违反规定中断供水、供热、供气、供电和道路通行等非法方式迫使被征收人搬迁,造成损失的,依法承担赔偿责任;对直接负责的主管人员和其他直接责任人员,构成犯罪的,依法追究刑事责任;尚不构成犯罪的,依法给予处分;构成违反治安管理行为的,依法给予治安管理处罚。"结合《行政强制法》第六十八条的规定:"违反本法规定,给公民、法人或者其他组织造成损失的,依法给予赔偿。违反本法规定,构成犯罪的,依法追究刑事责任。"可见,如未履行法定征收程序给予强制执行的拆迁案件则均应进入司法审查程序,如构成犯罪则应予以刑事立案。

作为公民的居住用房或商业用房,不仅自身价值较高,还承担着多重社会属性,"居者有其屋"是社会稳定的有力保障。《最高人民检察院、公安部关于公安机关管辖的刑事案件立案追诉标准的规定(一)》第三十三条[故意毁坏财物案(《刑法》第二百七十五条)]规定,故意毁坏公私财物,涉嫌下列情形之一的,应予立案追诉:(1)造成公私财物损失五千元以上的;(2)毁坏公私财物三次以上的;(3)纠集三人以上公然毁坏公私财物的;(4)其他情节严重的情形。

通过以上简单分析不难得出,非法强拆完全可能构成犯罪行为。非法执行强拆者应以故意毁坏财物罪追究刑事责任,非法强拆的组织者应承担主要责任,若公务人员同时滥用职权、玩忽职守、徇私舞弊的,则应按其触犯的法律追究相应的刑事责任。

五、非法强拆中的正当防卫权

非法强拆,是指拆迁人或者征收人无合法拆迁手续,或未履行合法的拆迁、征收程序，而实施的强制拆迁行为。具体的表现形式是先限制房屋所有权人的人身自由，然后推平房屋，或者偷拆、黑拆、以拆违建的形式代替拆迁等。

正当防卫权的法律依据是《刑法》第二十条第一款的规定："为了使国家、公共利益、本人或者他人的人身、财产和其他权利免受正在进行的不法侵害，而采取的制止不法侵害的行为，对不法侵害人造成损害的，属于正当防卫，不负刑事责任。"其第三款规定："对正在进行行凶、杀人、抢劫、强奸、绑架以及其他严重危及人身安全的暴力犯罪，采取防卫行为，造成不法侵害人伤亡的，不属于防卫过当，不负刑事责任。"

非法强拆不仅会造成公民财产的巨大损失，往往也会给房屋所有权人甚至第三人造成人身伤害，且受害者多为被拆迁人，其中也不乏拆迁人。任何没有法律依据而实施的强制拆迁行为都等同于对公民房屋的非法入侵行为。如造成了房屋毁坏则应该按照故意毁坏财物罪追究刑事责任，同时造成人身伤害的应该视具体情节追究相应刑事责任。

对非法强拆实施正当防卫有如下要求：

（1）必须是为了使国家、公共利益、本人或者他人的人身、财产权利和其他权利免受不法侵害而实施的。也就是被拆迁人或者被征收人在遭遇非法强拆的时候，不仅房屋所有权人可以实施防卫权，第三者也可以给予救济。

（2）必须是在不法侵害实施时。这对非法强拆中的正当防卫给出了限制，防止正当防卫权的滥用，也就是说，在非法强拆实施前或者非法强拆实施完毕后，被侵权人的防卫权都受到了相应限制，应尽量以其他合法方式进行补救。

（3）必须是针对不法侵害者本人实行。在非法强拆中，京平律师认为"侵害者本人"不仅应包括实际拆迁的实施者，也应包括在现场组织、指挥拆迁的负责人。

（4）不能明显超过必要限度以免造成重大损害。在非法强拆中是否适用无限防卫权？京平律师认为，应该根据具体情况而定，如针对的是无组织的非法强拆人员，即无任何司法部门的授权，没有相关工作人员参与的黑拆、偷拆、半夜强拆等情况，达到《刑法》规定的严重程度的，则可以适用无限防卫权。

正当防卫权的运用是被拆迁（征收）户自力救济的维权方式，但因法律对正当防卫的规定相对严格，而且在实际处理中往往伴随着很大风险。京平律师认为，维权不违法应作为被拆迁（征收）户的底线。

六、被拆迁人如何应对强拆

一般来说，强拆可分为行政强拆和司法强拆。现如今，行政强拆已被废除，司法强拆依旧存在，因此我们还可能会面临强制拆迁。面对强制拆迁，当事人应该怎么办呢？

土地征收、房屋强制拆迁应由有关单位申请人民法院执行，也就是说只有司法强制拆迁才算合法。最高人民法院下发通知，各地法院不得以各种理由参与拆迁，[①] 法律并未授予行政机关强制拆迁的权力，因此行政诸机关对他人房屋的强制拆迁行为是没有任何法律依据的非法行政。

在面对司法强拆时，我们应据理力争，用手中的土地证、房产证和户口本等证件与拆迁部门协商，争取合理的补偿费。必要的时候，可以请律师帮助，寻找更多的证据或筹码，与政府或拆迁部门进行协商。

拆迁是一个极具专业性的复杂法律问题，涉及拆迁人、被拆迁人以及实际实施拆迁行为的第三方，并且在实践中还涉及许多政府部门。在拆迁安置补偿纠纷类的案件中，众多的被拆迁人由于法律知识的匮乏，不注重证据的收集整理，不了解诉讼途径与程序，甚至连行政诉讼的适格被告人也不能准确判断，往往会错失维权良机。所以，一旦强拆行为发生，被拆迁人就应在第一时间收集有力证据，并向专业律师咨询，而不是盲目地四处求告，不仅浪费了宝贵的维权时间，不利于后续维权事宜的进行，也会造成适得其反的后果。

当权益受到侵害时，被拆迁方更要拿起手中的法律武器武装自己，通过法律途径解决纠纷。

典型案例 23

合法商铺被违法强拆案

【案情简介】

曾女士于 2004 年通过拍卖的方式购得位于某市某区房屋的所有权及土地使用权，并一直用于合法经营。2019 年，曾女士的土地及房屋被列入征收范围内，

[①] 《最高法院：法院不得以任何借口参与拆迁》，载中国法院网，https://www.chinacourt.org/article/detail/2004/12/id/144256.shtml，最后访问时间：2024 年 6 月 26 日。

但双方就征收拆迁补偿安置问题一直未能达成一致，于是征收方对曾女士作出《国有土地上房屋征收补偿决定书》。在决定书作出15日后，某区人民政府在未申请人民法院强制执行的前提下，便直接拆除了涉案房屋。为了维护自己的合法权益，曾女士决定委托京平律师代理其维权事宜。

【办案经过】

京平律师介入后，分析了案件的详细情况，发现征收方在选择评估机构、安置等相关程序上存在违法行为，其剥夺了被征收人选择产权调换的权利，给予的停产停业损失补偿过低，且未支付临时安置费或提供周转用房，给予被征收人异地安置的做法也是错误的。在京平律师的帮助下，曾女士向人民法院提起行政诉讼，请求依法撤销某区人民政府作出的《国有土地上房屋征收补偿决定书》。

庭审过程中，被告某区人民政府辩称其作出的《国有土地上房屋征收补偿决定书》程序合法，并依法选定了评估机构进行评估，依法确定了原告被征收房屋的价值、因征收房屋造成的搬迁补偿金额等。

京平律师提出：被告作出的征收补偿决定中尽管在形式上给予了被征收人货币补偿与产权调换的选择权，但没有产权调换房屋面积、单价等具体内容，亦没有关于临时安置费或者周转用房等保障被征收人权益的法定基本内容。而且被告在实质上并未保障原告选择征收补偿的权利，原告曾提交了一份书面《申请书》，在原告明确表示其选择房屋产权调换的情况下，被告却直接将征收补偿款转账给原告，这实质上是剥夺了原告选择产权调换的权利。

【办案结果】

最终，法院支持了京平律师的观点，判决如下：
撤销被告对原告作出的《国有土地上房屋征收补偿决定书》。

【律师点评】

在国有土地上的房屋征收过程中，被征收人既可以选择货币补偿，也可以选择产权调换，征收方应当尊重被征收人的选择，即使双方未能达成征收补偿协议，征收方作出的《征收补偿决定书》的内容和程序也必须合法。

第三节 合法强拆与非法强拆的误区

对于拆迁，首先，不能无理取闹。对于合法有序、补偿标准又合理的拆迁，想要通过无理取闹多占便宜，是不可取的。作为被拆迁人，一定要依法维护自己的权利。否则一旦面临强拆，将是一个任何人也不愿看到的结果。因此，被拆迁人只有在补偿标准不合理或者拆迁违法的情况下才能够拒绝签订拆迁补偿协议。其次，对于违法拆迁，应当及时提起诉讼。一旦提起诉讼，由于拆迁的合法性还未被确认，就为被拆迁人赢得了宝贵时机。

一、非诉行政执行申请、违建行政强制拆除主体及其权限内容

1. 区分非诉行政执行申请与法院强制执行申请

对于非诉行政执行申请问题，其前提是非诉。所谓诉讼案件中的法院强制执行申请，根据《行政诉讼法》第九十五条和《最高人民法院关于适用〈中华人民共和国行政诉讼法〉的解释》第一百五十二条的规定，是指对发生法律效力的行政判决书、行政裁定书、行政赔偿判决书和行政赔偿调解书，负有义务的一方当事人拒绝履行的，对方当事人可以依法申请人民法院强制执行。而所谓非诉行政执行申请，根据《行政强制法》第五十三条、《行政诉讼法》第九十七条以及最高人民法院有关司法解释的规定，则是指当事人在法定期限内不申请行政复议或者提起行政诉讼，又不履行行政决定的，没有行政强制执行权的行政机关可以自期限届满之日起3个月内，依法向人民法院提出的强制执行申请。两者最主要的区别在于申请执行的依据不同，前者系发生法律效力的行政判决书、行政裁定书、行政赔偿判决书和行政赔偿调解书；而后者则系行政机关作出的生效行政决定。

2. 非诉执行案件中不能适用先予执行制度

在审理拆迁案件的过程中，特别是在审理拆迁人作为原告起诉的案件中，一些拆迁人为了尽快达到自身目的，向人民法院申请先予执行被诉行政行为，有的法院为了满足房屋拆迁管理部门或者拆迁人的要求而准许先予执行。在民事诉讼中，先予执行大都是针对申请人的基本生活保障。在拆迁征收领域，拆迁征收人希望通过先予执行达到尽快拆迁征收的目的显然有违该制度的立法精神。同时，

人民法院审判首先必须适用的是全国人大及其常委会制定的法律和最高人民法院的司法解释，对于行政法规、规章及其他规范性法律文件，法院虽无权否定，但对违反上位法的条款可不予适用。在最高人民法院于 2018 年 2 月 6 日发布的《最高人民法院关于适用〈中华人民共和国行政诉讼法〉的解释》中，已经对行政诉讼中的先予执行制度进行了修改。原司法解释中相应的条款已经被新的司法解释第一百五十九条所取代，即"行政机关或者行政行为确定的权利人申请人民法院强制执行前，有充分理由认为被执行人可能逃避执行的，可以申请人民法院采取财产保全措施。后者申请强制执行的，应当提供相应的财产担保"。因此，人民法院要慎用先予执行措施，原则上宜不用；必须使用时，应严格依照法定的紧急情况标准和立法精神去衡量。

那么，在非诉行政执行案件中，能否适用先予执行制度呢？京平律师认为，此种情况更应杜绝。理由如下：

(1) 没有任何法律依据

相关法律法规中并无关于行政诉讼中对行政相对人进行先予执行的法律授权。因此，在行政诉讼中对公民的房屋进行先予执行式的强制拆除，就没有相应的法律依据，如果硬性地如此操作，则显然是违法的。

(2) 无论是在实体上还是在程序上都将导致行政侵权

法院强制执行申请应当具备的条件之一即行政行为已经生效并具有可执行内容。在非诉行政执行案件中，如果适用先予执行而采取强制执行措施，则将会在程序上剥夺了行政相对人依法享有的复议权、诉讼权，同时亦会在实体上侵犯行政相对人的人身权和财产权。

(3) 有承担国家赔偿法律后果之虞

在非诉行政执行案件中，如果适用先予执行，则不仅会造成当事人对提起复议、起诉失去信心，而且不利于对行政相对人合法权益的充分保护；同时，人民法院在缺乏法律依据的情况下先予执行，一旦执行错误，就必然要承担国家赔偿的法律后果，这不仅会导致公权力为私益买单的尴尬情形，也损害了司法的权威与公正。

3. 违建行政强制拆除主体及其权限

从《最高人民法院关于违法的建筑物、构筑物、设施等强制拆除问题的批复》表述来看，对于涉及违反城乡规划法的违建强制拆除问题，强调人民法院不受理行政机关提出的有关限期拆除决定等的非诉行政执行申请。对此应作三方面的理解：一是根据《行政强制法》第十三条第一款规定，"行政强制执行由法律设定"，结合《城乡规划法》第六十五条、第六十八条及《行政强制法》第三十四条等规定，应该认为县级以上人民政府责成的有关部门或者乡、镇人民政府作为强制拆除违建主体已得到法律明确的特定授权；二是对于城市规划区内的增量违建，根据《城乡规划法》第六十四条的规定，县级以上地方人民政府城乡规划主管部门虽系作出拆除违建决定的法定部门，但未得到法律的明确授权，其本身并没有强制执行权，只能申请由县级以上人民政府责成有关部门依照《城乡规划法》第六十八条规定采取强制拆除措施，而不可以自己的名义向法院提出非诉行政执行申请；三是对于乡、村庄规划区内的增量违建，乡、镇人民政府既是作出拆除违建决定的法定部门，同时也是具体实施强制拆除活动的主体。

对于上述的"有关部门"，实践中有城市管理局、综合执法局、城建部门所属执法大队乃至少数地方公安部门等；对于"责成"程序，实践中也有多种情形，有的就个案作出责成决定，有的以规范性文件加以明确，有的表现为内部行政程序，有的同时产生外化效果，有的直接以政府名义催告当事人或者作出带有责成内容的强制执行决定等。

但是，基于《最高人民法院关于违法的建筑物、构筑物、设施等强制拆除问题的批复》规定的严格区分行政机关有无行政强制执行权情形，及法律明确规定的"县级以上地方人民政府可以责成有关部门采取查封施工现场、强制拆除等措施"，就一概认定"强制拆除"应当按照行政程序执行，并禁止县级以上地方人民政府城乡规划主管部门、县级以上人民政府责成的有关部门、县级以上人民政府以及乡、镇人民政府等主体启动非诉执行申请的司法程序，理由是不够充分的。在此需要指出的是，对于法律授予行政机关拆除违建的强制权限，应理解为《最高人民法院关于违法的建筑物、构筑物、设施等强制拆除问题的批复》适用范围下的特定授权，不能认为只要是"违法的建筑物、构筑物、设施等需要强制拆除的"，包括存量违建在内，行政机关就可以强制拆除。这点需要引起特别注意和高度重视。

二、行政强制拆除程序及救济途径

1. 行政强制拆除程序

对于行政强制拆除的程序，目前相关的配套性规定尚不健全，依据《城乡规划法》第六十五条、第六十八条，《行政强制法》第二十五条、第三十七条、第四十四条等法律规定，其必经程序总结如下：

（1）城市规划区内违建行政强制拆除程序：违建认定→县级以上人民政府责成程序→有关部门作出责令限期拆除处理决定→公告并送达→行政复议或诉讼→复议维持、诉讼败诉或者不提起复议或诉讼，又不自行拆除→县级以上人民政府或有关部门作出强制执行决定→送达→行政复议或诉讼→复议维持或诉讼败诉，催告（一般为10日）→强制拆除。

（2）乡、村庄规划区内违建行政强制拆除程序：违建认定→乡、镇政府作出责令限期拆除处理决定→公告并送达→行政复议或诉讼→复议维持、诉讼败诉或者不提起复议或诉讼，又不自行拆除→乡、镇政府作出强制执行决定→送达→行政复议或诉讼→复议维持或诉讼败诉，催告（一般为10日）→强制拆除。

2. 行政强制拆除的救济途径

对于行政强制拆除违建，违建者救济途径主要体现在如下三个环节中：

（1）行政机关以当事人违反《城乡规划法》为由作出责令停止建设、限期改正、限期拆除等决定后，当事人有权依法提起行政复议或者向人民法院提起行政诉讼。在此过程中，被申请人或者被告通常是作出上述决定的市、县人民政府城乡规划主管部门或乡、镇人民政府。对于增量违建的认定，法院应严格依照《城乡规划法》等法律规定进行合法性审查；对于处罚时效中存量违建的认定，应全面审查因当事人一方过错的行政、历史、实际建设和使用状况等因素，不能简单地以维持、判决而一拆了之。

（2）在限期改正、限期拆除等决定作出后，强制拆除活动进行前，行政机关若作出强制执行决定，则当事人有权依法提起行政复议或者向人民法院提起行政诉讼。在此过程中，被申请人或者被告通常是作出强制执行决定的有关部门、县级以上人民政府或乡、镇人民政府，或者以有关部门和作出责成行为的县级以上人民政府为共同被告。法院审查重点通常在于判断强制执行决定的定性及程序的合法性，如是否构成违建，是否依法经过责成、公告、送达、催告等程序。

（3）当事人针对行政机关实施的强制拆除行为本身也可以依法提起行政复议或者向人民法院提起行政诉讼。《行政强制法》第八条第一款规定："公民、法人或者其他组织对行政机关实施行政强制，享有陈述权、申辩权；有权依法申请行政复议或者提起行政诉讼；因行政机关违法实施行政强制受到损害的，有权依法要求赔偿。"强制拆除行为作为一种具有可复议性、可诉性的行政行为，即使对违建的行政处罚决定和强制执行决定本身合法有效，也可能存在实施主体不适格，执行对象错误，擅自扩大执行范围，没有采取适当的动产登记、封存、保管等措施，从而造成被执行人或其他人合法财产损失，以及违反《行政强制法》第四十三条规定的在夜间或法定节假日实施行政强制执行，或者对居民生活采取停止供水、供电、供热、供气等方式迫使当事人履行相关行政决定等情形，当事人对此可依法提起行政复议、行政诉讼或者行政赔偿诉讼。

典型案例 24

拆迁补偿协议未达成一致被强拆违法案

【案情简介】

杜先生系某市某县某村的村民，在本村拥有房产一处，后因该村被纳入城市棚户区改造项目，双方一直未能就拆迁补偿事宜达成协议。2017 年 11 月 8 日，杜先生的房屋被强制拆除，为了维护自己的合法权益，杜先生决定委托京平律师代理其维权事宜。

【办案经过】

京平律师介入后，分析了案件的详细情况，律师首先指导杜先生以某县政府和某街道办事处为被告提起了行政诉讼，请求法院确认某县政府和某街道办事处拆除其位于某村的房屋的行为违法。根据已生效的行政判决书，同村村民杨某的房屋已被确认是某街道办事处组织人员拆除，法院依据此判决，判断出杜先生房屋拆除的主体为某街道办事处。在此过程中律师也提出在没有就拆迁补偿问题与杜先生达成一致的情况下直接拆除房屋，违反了法定程序。该案件经过一审，一审法院支持杜先生的请求，确认某街道办事处的拆除行为违法，但是未认可某县政府实施了拆除行为。一审判决后，某街道办事处提起了上诉，后该案经过二审法院的审理，二审法院也支持被上诉人杜先生的请求。

京平律师提出：根据相关的法律规定，征收拆迁工作要严格按照法定程序进行，行政机关不能在拆迁补偿协商不成的情况下，直接强制拆除相对人的房屋，这是对相对人合法财产的侵害。本案中，某街道办事处直接强制拆除被上诉人杜先生的房屋属于违法行为。

【办案结果】

最终，二审法院支持了京平律师的观点，判决如下：
驳回上诉，维持原判。

【律师点评】

在征地拆迁过程中，有些拆迁人会不按照法定程序进行，在没有依法对被征收人予以合法补偿的情况下，直接违法强制拆除房屋。在法律性质上，它不但属于一种行政强制，而且属于非法的行政强制。如果它能够被人民法院确认违法，就可能打开接下来的行政赔偿大门，即使征收方没有作出补偿决定，依然可以通过行政赔偿的方式依法保障自己的补偿利益。

第七章
对被拆迁人的行政救济

第一节 政府信息公开制度

在拆迁维权过程中,对被拆迁人来说除了具体的补偿安置标准之外,最重要的就是确保自己的知情权不被侵犯,所谓"知己知彼才能百战不殆"。政府信息公开是被拆迁人获取信息的一种途径和维权方法,拆迁过程中如果存在不合理的行为,那么被拆迁人就要学会用法律手段来维护自己的合法权益,若想知道拆迁实施方对于房屋拆迁的行为是否合法,则需要申请信息公开。

一、信息公开制度概述

政府信息公开是指国家行政机关和法律、法规以及规章授权和委托的组织,在行使国家行政管理职权的过程中,通过法定形式和程序,主动将政府信息向社会公众或依申请而向特定的个人或组织公开的制度。对此,可以从广义与狭义两个方面来理解。

广义上的政府信息公开主要包括两个方面的内容:一是政务公开,二是信息公开。狭义上的政府信息公开主要是指政务公开。政务公开主要是指行政机关公开其行政事务,强调的是行政机关要公开其执法依据、执法程序和执法结果,属于对办事制度层面的公开。广义上的政府信息公开的内涵和外延要比政务公开广阔得多,它不仅要求将政府事务公开,而且要求政府公开其所掌握的其他信息。

二、政府信息公开制度在拆迁中的作用

《政府信息公开条例》的实施有利于保障公民的知情权,尤其是在拆迁维权案件中,政府信息公开直接关系到案件的进展和走向。但是由于种种原因,实践

中有些行政机构不愿意公开，或者不履行《政府信息公开条例》中规定的义务。政府在收到信息公开申请后，没有作出任何的回复，明显是违反了《政府信息公开条例》的规定。即便政府认为自己不是所申请公开信息的制定机关，没有必要对申请进行回复，但是其也没有履行《政府信息公开条例》第三十六条第五项规定的告知申请人公开义务机关的名称、联系方式的义务。

三、被拆迁人如何进行政府信息公开申请

根据《政府信息公开条例》第二十九条第一款的规定，"公民、法人或者其他组织申请获取政府信息的，应当向行政机关的政府信息公开工作机构提出，并采用包括信件、数据电文在内的书面形式；采用书面形式确有困难的，申请人可以口头提出，由受理该申请的政府信息公开工作机构代为填写政府信息公开申请"。从条文本身来看，申请人既可以书面申请，也可以口头申请。不过，在实际操作中，一般口头申请被受理的条件是比较严苛的，操作也比较棘手，所以通常都是以书面申请的方式进行。

从申请的具体内容来看，往往是在其他实体法中就已经有了相关规定。例如，《征补条例》第三条就明确规定，"房屋征收与补偿应当遵循决策民主、程序正当、结果公开的原则"。这就表明，它申明各级相关的行政机关都负有公告公示职责和义务，对各个阶段、各个环节中与拆迁相关的文件都可以申请公开，包括但不限于土地征收的批准与报批文件，各级发展改革部门的立项文件，各级生态环境主管部门的环评文件，各级自然资源和规划部门的审批文件，等等。

根据《政府信息公开条例》第二十九条第二款的规定，被拆迁人申请政府信息公开需要做到以下三点：一是注明申请人姓名或名称、身份证明、联系方式；二是注明申请公开的政府信息的名称、文号或便于行政机关查询的其他特征性描述；三是注明申请公开的政府信息的形式要求，包括获取信息的方式、途径。

由于被拆迁人往往不具备相应的法律知识，申请公开的形式或内容可能会有不完善的地方，这时候有关机关就会要求其补正。例如，根据《政府信息公开条例》第三十条规定，"政府信息公开申请内容不明确的，行政机关应当给予指导和释明，并自收到申请之日起7个工作日内一次性告知申请人作出补正，说明需要补正的事项和合理的补正期限。答复期限自行政机关收到补正的申请之日起计算。申请人无正当理由逾期不补正的，视为放弃申请，行政机关不再处理该政府

信息公开申请"。

根据《政府信息公开条例》第三十三条的规定，行政机关收到政府信息公开申请，能够当场答复的，应当当场予以答复。行政机关不能当场答复的，应当自收到申请之日起20个工作日内予以答复；需要延长答复期限的，应当经政府信息公开工作机构负责人同意并告知申请人，延长的期限最长不得超过20个工作日。值得注意的是：行政机关征求第三方和其他机关意见所需时间不计算在前款规定的期限内。

典型案例 25

旧城改造项目征收不履行信息公开职责违法案

【案情简介】

李先生与罗女士两人均在某市某区某街道拥有住房，属于国有土地上的房屋，现因当地旧城改造项目面临征收，但两人与征收方就拆迁补偿款未达成一致意见，因此，一直未签订征收拆迁补偿协议。2019年4月3日，为核实征收项目的合法性，他们通过邮寄的方式向某区征收办申请公开征收的相关信息。某区征收办自隔日签收快件后，直到法定期限届满都未作出任何答复，也未公开相关信息，李先生与罗女士均认为某区征收办作为政府信息公开义务机关，不履行信息公开职责的行为显然违法。

在京平律师的指导下，两人提起行政诉讼，请求法院判决确认某区征收办不履行政府信息公开职责的行政行为违法，并责令某区征收办限期依法作出答复公开相关申请信息。

【办案经过】

法院认为，根据2019年4月3日修订之前的《政府信息公开条例》的相关规定，行政机关收到政府信息公开申请后，应当根据是否属于公开内容、公开义务机关、信息是否存在等情形当场予以答复或者在收到申请之日起15个工作日内予以答复。

本案中，某区征收办辩称其没有收到李先生和罗女士的政府信息公开申请，因而没有作出公开及答复的义务。李先生与罗女士则向法院提交了中国邮政EMS

特快专递的邮寄底单、妥投证明，足以证明其向某区征收办提出了信息公开申请，且某区征收办也进行了签收。所以，某区征收办在法定期限内未答复的行为属于依法未履行法定职责。

【办案结果】

最终，法院支持了京平律师的观点，作出如下判决：

判令被告某区征收办于本判决生效之日起15个工作日内对原告于2019年4月3日提出的政府信息公开申请予以答复。

【律师点评】

"阳光征收"本是各项征收活动的应有之义，但在实际的征收工作中，某些征收部门出于种种原因未及时提供相关信息，这时只有启动法律程序，才能更好地保护自己的知情权。

第二节　行政复议制度

行政复议制度是指为了防止和纠正政府部门和行政机关违法的或者不当的行政行为，保护公民、法人和其他组织的合法权益，保障和监督行政机关依法行使职权根据法律规定而设立的一种制度。

国务院曾于1990年12月通过了《行政复议条例》，对行政复议作了比较系统的规定；1999年10月实施的《行政复议法》在总结1990年《行政复议条例》实施以来取得的实践经验的基础上，进一步完善了行政复议制度。可以说，《行政复议法》是继《行政诉讼法》《国家赔偿法》《行政处罚法》之后又一部规范政府部门及行政机关行为的重要法律文件。2007年5月，国务院颁布了《行政复议法实施条例》，再一次将行政复议制度纳入政府部门及行政机关依法行政、接受监督的必要工作中。2023年9月，《行政复议法》修订。据此来看，我国的行政复议制度不仅对保护公民、法人和其他组织的合法权益有益，而且对保障和监督行政机关依法行使职权，促进依法行政、提高工作效率、加强廉政建设、密切联系行政机关与人民群众的关系、维护社会稳定等方面都具有重大的意义。行政复议制度自确立之日起就发挥着不可替代的重要作用，无论是在化解社会矛盾、促进行政机关依法行政方面还是在弘扬依法治国、建立法治政府的执政理念方面都表现得可圈可点、令人称道。

一、我国建立行政复议制度的立法目的和依据

1. 立法目的

我国建立行政复议制度的立法目的有两个，分述如下：

（1）为了纠正行政机关违法和不当的行政行为，维护和监督行政机关依法行使职权。《行政复议法》第一条规定："为了防止和纠正违法的或者不当的行政行为，保护公民、法人和其他组织的合法权益，监督和保障行政机关依法行使职权，发挥行政复议化解行政争议的主渠道作用，推进法治政府建设，根据宪法，制定本法。"《行政复议法实施条例》第一条规定："为了进一步发挥行政复议制度在解决行政争议、建设法治政府、构建社会主义和谐社会中的作用，根据《中华人民共和国行政复议法》（以下简称行政复议法），制定本条例。"行政复议制度是针对行政机关的不当行为和违法行为而设立的根本制度，同时也是为了让行政机关能够尽早认识到自身不当的或者违法的行政行为，在尚未进入司法审查程序前通过自身的改正来调整和规范行政行为的制度。纠正不当的和违法的行政行为，维护和监督行政机关依法行政是行政复议制度设立的基本目的。

（2）保护公民、法人或其他组织的合法权益。这是我国设立行政复议制度最根本的目的所在，也是立法宗旨中最为重要的方面。任何一部法律的制定以及任何一种法律制度的建立都是为了保护公民、法人以及其他社会组织的合法权利不受任何形式的非法侵害，行政复议制度建立的根本目的更是如此。立法机关制定的《行政复议法》以及《行政复议法实施条例》在很大程度上确立了行政复议这一重要的行政救济渠道。行政复议制度的立法初衷是对公民、法人以及其他社会组织权益的保护以及对行政机关依法行使职权的维护和监督。

2. 立法依据

和其他法律制度的制定一样，行政复议制度的立法根据同样来自我国的根本法《宪法》。其第五条第三款至第五款规定，"一切法律、行政法规和地方性法规都不得同宪法相抵触；一切国家机关和武装力量、各政党和各社会团体、各企业事业组织都必须遵守宪法和法律，一切违反宪法和法律的行为，必须予以追究；任何组织或者个人都不得有超越宪法和法律的特权"。其第二章专章规定了公民受其保护的基本权利，这些权利不受任何组织或个人的侵害，当然也包括不

受行政机关权力行为的侵害。国家也有义务通过各种途径，包括立法途径加强对公民基本权利的保护；《宪法》第二章第四十一条同时作出规定："中华人民共和国公民对于任何国家机关和国家工作人员，有提出批评和建议的权利；对于任何国家机关和国家工作人员的违法失职行为，有向有关国家机关提出申诉、控告或者检举的权利，但是不得捏造或者歪曲事实进行诬告陷害。对于公民的申诉、控告或者检举，有关国家机关必须查清事实，负责处理。任何人不得压制和打击报复。由于国家机关和国家工作人员侵犯公民权利而受到损失的人，有依照法律规定取得赔偿的权利。"该条规定是我国建立行政复议制度最直接的立法依据和基础。

同时，行政复议制度的确立和《行政诉讼法》的制定实施也有着不可分割的关系。《行政诉讼法》第四十四条规定："对属于人民法院受案范围的行政案件，公民、法人或者其他组织可以先向行政机关申请复议，对复议决定不服的，再向人民法院提起诉讼；也可以直接向人民法院提起诉讼。法律、法规规定应当先向行政机关申请复议，对复议决定不服再向人民法院提起诉讼的，依照法律、法规的规定。"第四十五条规定："公民、法人或者其他组织不服复议决定的，可以在收到复议决定书之日起十五日内向人民法院提起诉讼。复议机关逾期不作决定的，申请人可以在复议期满之日起十五日内向人民法院提起诉讼。法律另有规定的除外。"可见，行政复议制度和行政诉讼制度存在一定程度的交叉和重合。

从法理上探讨，行政复议制度与行政诉讼制度的关系，无论是从属关系还是并列关系，行政复议制度的立法目的都不可能是对行政诉讼制度的简化和复制。否则，行政复议制度的存在就没有了意义。因此，行政复议制度的独立性和自主性决定了其拥有不可替代的地位和作用，其存在是必要且重要的。在我国行政法律体系领域中，行政复议制度是行政机关内部自我纠正错误的一种监督制度，这种制度在行政机关执法实践中有着广阔的实施空间，其作用不容低估且无可替代。

二、行政复议制度与行政诉讼制度的衔接问题

1. 受案范围的区别

《行政复议法》第十条规定："公民、法人或者其他组织对行政复议决定不服的，可以依照《中华人民共和国行政诉讼法》的规定向人民法院提起行政诉

讼，但是法律规定行政复议决定为最终裁决的除外。"第十三条规定："公民、法人或者其他组织认为行政机关的行政行为所依据的下列规范性文件不合法，在对行政行为申请行政复议时，可以一并向行政复议机关提出对该规范性文件的附带审查申请：（一）国务院部门的规范性文件；（二）县级以上地方各级人民政府及其工作部门的规范性文件；（三）乡、镇人民政府的规范性文件；（四）法律、法规、规章授权的组织的规范性文件。前款所列规范性文件不含规章。规章的审查依照法律、行政法规办理。"《行政诉讼法》第二条规定："公民、法人或者其他组织认为行政机关和行政机关工作人员的行政行为侵犯其合法权益，有权依照本法向人民法院提起诉讼。前款所称行政行为，包括法律、法规、规章授权的组织作出的行政行为。"第六条规定，"人民法院审理行政案件，对行政行为是否合法进行审查"。

2. 法律适用依据的异同

根据《行政复议法》第三十七条规定，行政复议机关依照法律、法规、规章审理行政复议案件。行政复议机关审理民族自治地方的行政复议案件，同时依照该民族自治地方的自治条例和单行条例。另据《行政诉讼法》第六十三条规定，人民法院审理行政案件，以法律和行政法规、地方性法规为依据。地方性法规适用于本行政区域内发生的行政案件。人民法院审理民族自治地方的行政案件，并以该民族自治地方的自治条例和单行条例为依据。人民法院审理行政案件，参照规章。因此，对比目前的《行政复议法》和《行政诉讼法》的相关规定，二者在法律适用方面的差异主要体现在规章这一层面。对复议机关来说，规章与法律和法规一样都是"依照"；对法院来说，规章则是"参照"适用。

典型案例 26

行政复议决定书被撤销案

【案情简介】

陈先生系某市某村村民，在该村拥有房屋，现房屋面临征收，为核实征收行为的合法性，陈先生于2019年10月25日向省自然资源厅邮寄了书面的政府信息公开申请，申请公开自己房屋所在地被征为国有的批准文件。一个月后，陈先生收到答复：省政府在陈先生房屋所占的集体土地范围内作出了《×××号批复》。

针对该批复，陈先生于2019年12月12日向省政府提出复议申请。2020年1月19日，陈先生收到了省政府作出的复议决定书，即维持《×××号批复》。2020年8月18日，陈先生又收到了省政府作出的第二份复议决定书，该复议决定书认定《×××号批复》不涉及陈先生的承包地、宅基地，以没有利害关系为由驳回了陈先生的复议申请。

陈先生认为，第二份复议决定书没有任何事实和法律依据表明自己的房屋所占的集体土地在《×××号批复》的范围内，这严重侵害了其合法权益。在京平律师的指导下，陈先生提起了行政诉讼，请求法院依法判决撤销省政府作出的第二份行政复议决定书，并责令其依法进行实体审理后作出复议决定。

【办案经过】

本案的争议焦点为陈先生是否具备就《×××号批复》申请行政复议的主体资格。根据查明的事实可知，陈先生是该集体组织的成员，其通过与同村村民互换承包地修建了房屋，省政府认可该房屋在上述《×××号批复》的范围内，所以，陈先生与省政府作出的《×××号批复》具有利害关系，具备行政复议申请人的主体资格。

省政府以陈先生置换土地没有办理土地流转手续否认其是对该地块房屋所占土地的实际使用人，进而以其与《×××号批复》没有利害关系为由驳回其复议申请明显不妥。

【办案结果】

最终，法院支持了京平律师的观点，作出如下判决：
一、撤销被告省政府于2020年8月18日作出的第二份行政复议决定书；
二、被告省政府就原告陈先生的行政复议申请依法重新作出行政行为。

【律师点评】

省级人民政府在农村征迁工作中的角色通常为作出相应的征地批复，在《土地管理法》于2019年修改之前，需要先有征地批复再有下级政府的征地行为。在《土地管理法》于2019年修改之后，通常需要先完成必要的征收前置程序，再向省级人民政府申请征地批准文件。但无论如何，省级人民政府的这一批准行为都是非常重要的，对于被征收人的权利义务有重大影响。在拆迁维权过程中，如果这一批准行为因种种错误或瑕疵受到质疑,那么后续一系列的征收行为都会比较被动。因此,本案中省政府径自以没有利害关系为由剥夺当事人的行政复议权利,显然是不妥当的,当事人有权依法拿起法律武器维护自己的这一重要程序权利。

第三节　土地监察制度

一、土地监察制度的现状

土地监察法律制度是随着我国加强土地管理工作特别是土地管理立法工作而建立和完善起来的,同时也随着我国行政监察工作的加强而不断加强。为了加强土地管理工作,1986 年颁布了《土地管理法》。国务院成立了专门的土地管理部门(国家土地管理局),土地监察工作也作为土地管理的一项重要内容,在我国的土地管理中确立了其应有的地位。1995 年 6 月,原国家土地管理局在总结土地监察实践经验的基础上,发布实施了《土地监察暂行规定》[①]。与此同时,不少地方政府也制定了适用于本辖区有关土地监察的地方性法规。这标志着全国性的土地监察制度已经建立。

1998 年修改的《土地管理法》设专章"监督检查"对土地监察作出专项规定,这是对原《土地管理法》内容的重大修改之一。这一修改使土地监察制度第一次明确地以国家法律形式固定下来,完善了我国关于土地监察的法律制度,对新形势下强化土地监察工作具有十分重要的现实意义和深远的历史意义。

《土地管理法》在 2004 年和 2019 年的修改中都保留了专章"监督检查",除因应土地管理部门改革而相应地变动了名称,即从土地管理部门变更为自然资源管理部门外,很多地方还把城乡规划的职能也整合了起来。随着国土空间规划制度的强化,监督检查的力度将会越来越大。

[①] 该文件已失效。

二、土地监察制度的完善

（一）增强公众的土地保护、依法用地意识

作为行政相对人的组织和个人，能否提高其保护土地和依法用地的意识，将对我国的土地监察产生重要影响，较强的土地保护意识将会减少国家在土地监督方面的成本和精力。我国土地监察机构在执行土地监察过程中应根据实际加大土地法律、法规的宣传，以提高公民保护土地、管理土地和依法用地的意识。

（二）多方监督

鉴于我国目前部分地区存在的土地监察查处难、执法难等现象，笔者认为，可以考虑在立法上给予土地监察机构更多的执行权而不仅限于建议权，如引进公安机制，制定严厉的处罚条款。同时，建立纪检监察机关和司法机关相互协调配合的执法监察机制。

（三）土地监察体制的完善

我们应意识到，切实加强我国土地资源执法监察职能是一项复杂而艰巨的任务。土地资源执法监察机构和职能上的集中化、监察对象的多元性，决定了我国土地资源执法监察任务之艰巨、职责之重大。

（四）发挥土地督察专员的作用

2006年7月13日发布的《国务院办公厅关于建立国家土地督察制度有关问题的通知》，要求建立国家土地督察制度，国土资源部向地方派驻国家土地督察局和国家土地督察专员。

根据《国务院办公厅关于建立国家土地督察制度有关问题的通知》，国务院授权国土资源部代表国务院对各省、自治区、直辖市，以及计划单列市人民政府土地利用和管理情况进行监督检查。设立国家土地总督察1名，由国土资源部部长兼任；兼职副总督察1名，由国土资源部1名副部长兼任；专职副总督察（副部长级）1名。国家土地总督察、副总督察负责组织实施国家土地督察制度。在国土资源部设立国家土地总督察办公室（正局级）。其主要职责是：拟定并组织实施国家土地督察工作的具体办法和管理制度；协调国家土地督察局工作人员的

派驻工作；指导和监督检查国家土地督察局的工作；协助国土资源部人事部门考核和管理国家土地督察局工作人员；负责与国家土地督察局的日常联系、情况沟通和信息反馈工作。由国土资源部向地方派驻9个国家土地督察局，分别是国家土地督察北京局，督察范围为北京市、天津市、河北省、山西省、内蒙古自治区；国家土地督察沈阳局，督察范围为辽宁省、吉林省、黑龙江省及大连市；国家土地督察上海局，督察范围为上海市、浙江省、福建省及宁波市、厦门市；国家土地督察南京局，督察范围为江苏省、安徽省、江西省；国家土地督察济南局，督察范围为山东省、河南省及青岛市；国家土地督察广州局，督察范围为广东省、广西壮族自治区、海南省及深圳市；国家土地督察武汉局，督察范围为湖北省、湖南省、贵州省；国家土地督察成都局，督察范围为重庆市、四川省、云南省、西藏自治区；国家土地督察西安局，督察范围为陕西省、甘肃省、青海省、宁夏回族自治区、新疆维吾尔自治区、新疆生产建设兵团。

2018年3月，第十三届全国人民代表大会第一次会议表决通过了关于国务院机构改革方案的决定，撤销原国土资源部，组建自然资源部。与之相对应的是，各级土地督查制度转换为自然资源督查制度。

第四节　行政查处制度在拆迁中的应用

一、认定查处违章建筑的法律程序

根据《城乡规划法》《行政处罚法》等法律法规的规定，认定查处违章建筑的法律程序主要为：

1. 经群众举报或规划部门、自然资源部门、城市管理行政执法部门等相关行政执法机关发现违章建筑的存在后，在各自管辖范围内对违章建筑进行调查取证。

2. 行政机关经调查取证，确认建筑物违章后，对违章搭建人作出责令停止违法行为通知书，责令其停止违法建设行为。

3. 搭建人拒不拆除违章建筑的，行政机关在作出行政处罚决定前，依法向其发出行政处罚告知书，告知拟处罚结果，并告知被处罚人享有陈述、申辩等权利。法律设定告知程序的主要目的是实现处罚公开，保护当事人陈述权、申辩权的充分行使。

4. 当事人不行使陈述权、申辩权或者行政机关在对当事人的申辩进行复核后，认为当事人提出的事实、理由或者证据不成立的，由行政机关作出行政处罚决定书，责令搭建人限期拆除违章建筑，或者没收违法建筑物、构筑物或者其他设施，可并处罚款。对于不严重影响城市规划且有条件补办手续的，可在处罚后按规定补办手续。当事人对行政处罚不服的，可在接到处罚决定书之日起60日内向同级人民政府或者上级行政机关申请复议，也可在接到行政处罚决定书之日起6个月内向人民法院提起诉讼。

5. 被处罚人在法定期限内既不履行处罚决定也不提起复议或诉讼，行政处罚决定即发生法律效力，行政机关依法向人民法院申请强制执行。

二、查处土地违法行为立案标准

根据《查处土地违法行为立案标准》的规定，违反《土地管理法》《城市房地产管理法》等土地管理法律、法规和规章的规定，有下列各类违法行为之一，依法应当给予行政处罚或行政处分的，应及时予以立案。但是违法行为轻微并及时纠正，没有造成危害后果的，或者法律、法规和规章未规定法律责任的，不予立案。

（一）非法转让土地类

1. 未经批准，非法转让、出租、抵押以划拨方式取得的国有土地使用权的；

2. 不符合法律规定的条件，非法转让以出让方式取得的国有土地使用权的；

3. 将农民集体所有的土地的使用权非法出让、转让或者出租用于非农业建设的；

4. 不符合法律规定的条件，擅自转让房地产开发项目的；

5. 以转让房屋（包括其他建筑物、构筑物），或者以土地与他人联建房屋分配实物、利润，或者以土地出资入股、联营或与他人共同进行经营活动，或者以置换土地等形式，非法转让土地使用权的；

6. 买卖或者以其他形式非法转让土地的。

（二）非法占地类

1. 未经批准或者采取欺骗手段骗取批准，非法占用土地的；

2. 农村村民未经批准或者采取欺骗手段骗取批准，非法占用土地建住宅的；

3. 超过批准的数量占用土地的；

4. 依法收回非法批准、使用的土地，有关当事人拒不归还的；

5. 依法收回国有土地使用权，当事人拒不交出土地的；

6. 临时使用土地期满，拒不归还土地的；

7. 不按照批准的用途使用土地的；

8. 不按照批准的用地位置和范围占用土地的；

9. 在土地利用总体规划确定的禁止开垦区内进行开垦，经责令限期改正，逾期不改正的；

10. 在临时使用的土地上修建永久性建筑物、构筑物的；

11. 在土地利用总体规划制订前已建的不符合土地利用总体规划确定的用途的建筑物、构筑物，重建、扩建的。

（三）破坏耕地类

1. 占用耕地建窑、建坟，破坏种植条件的；

2. 未经批准，擅自在耕地上建房、挖砂、采石、采矿、取土等，破坏种植条件的；

3. 非法占用基本农田建窑、建房、建坟、挖砂、采石、采矿、取土、堆放固体废弃物或者从事其他活动破坏基本农田，毁坏种植条件的；

4. 拒不履行土地复垦义务，经责令限期改正，逾期不改正的；

5. 建设项目施工和地质勘查临时占用耕地的土地使用者，自临时用地期满之日起1年以上未恢复种植条件的；

6. 因开发土地造成土地荒漠化、盐渍化的。

（四）非法批地类

1. 无权批准征收、使用土地的单位或者个人非法批准占用土地的；

2. 超越批准权限非法批准占用土地的；

3. 没有农用地转用计划指标或者超过农用地转用计划指标，擅自批准农用地转用的；

4. 规避法定审批权限，将单个建设项目用地拆分审批的；

5. 不按照土地利用总体规划确定的用途批准用地的；

6. 违反法律规定的程序批准占用、征收土地的；

7. 核准或者批准建设项目前，未经预审或者预审未通过，擅自批准农用地转用、土地征收或者办理供地手续的；

8. 非法批准不符合条件的临时用地的；

9. 应当以出让方式供地，而采用划拨方式供地的；

10. 应当以招标、拍卖、挂牌方式出让国有土地使用权，而采用协议方式出让的；

11. 在以招标、拍卖、挂牌方式出让国有土地使用权过程中，弄虚作假的；

12. 不按照法定的程序，出让国有土地使用权的；

13. 擅自批准出让或者擅自出让土地使用权用于房地产开发的；

14. 低于按国家规定的最低价，协议出让国有土地使用权的；

15. 依法应当给予土地违法行为行政处罚或者行政处分，而未依法给予行政处罚或者行政处分，补办建设用地手续的；

16. 对涉嫌违法使用的土地或者存在争议的土地，已经接到举报，或者正在调查，或者上级机关已经要求调查处理，仍予办理审批、登记或颁发土地证书等手续的；

17. 未按国家规定的标准足额缴纳新增建设用地土地有偿使用费，擅自下发农用地转用或土地征收批准文件的。

（五）其他类型的土地违法行为

1. 依法应当将耕地划入基本农田保护区而不划入，经责令限期改正而拒不改正的；

2. 破坏或者擅自改变基本农田保护区标志的；

3. 依法应当对土地违法行为给予行政处罚或者行政处分，而不予行政处罚或者行政处分、提出行政处分建议的；

4. 土地行政主管部门的工作人员，没有法律、法规的依据，擅自同意减少、免除、缓交土地使用权出让金等滥用职权的；

5. 土地行政主管部门的工作人员，不依照土地管理的规定，办理土地登记、颁发土地证书，或者在土地调查、建设用地报批中，虚报、瞒报、伪造数据以及擅自更改土地权属、地类和面积等滥用职权的。

（六）依法应当予以立案的其他土地违法行为

如遇上述情况，请及时拿起法律武器维护自己的合法权益。

典型案例 27

自然资源局对查处违法行为的申请不履职违法案

【案情简介】

刘女士等 23 人生活在某省某县，曾经在该地均拥有承包地。自 2010 年起，当地管委会陆续征收土地近 22326 亩。后经多方了解，管委会的征地行为存在少批多占的问题。2018 年 9 月，刘女士等 23 人联名向某县自然资源局邮寄了《土地违法查处申请书》及相关证据材料，但始终未得到某自然资源局的答复。为了维护自己的合法权益，刘女士等 23 人决定委托京平律师代理其认定行政机关行政不作为等事宜。

【办案经过】

京平律师介入后，为刘女士等 23 人制定了新的诉讼策略，并完善了证据材料。

在庭审过程中，某县自然资源局辩称：当地的征地行为是由当地各村民小组大会通过，村民自愿将土地流转给管委会，并得到了相应的土地流转费。因此，该行为属于民事行为，不属于行政征收行为。另根据相关规定，查处职责的前提为当地存在违反有关土地管理法律法规的行为，但当地并未出现违法行为，故某县自然资源局不存在不作为的违法行为。

【办案结果】

最终，法院支持了京平律师的观点，裁定如下：

被告某县自然资源局于本判决生效之日起 2 个月内对原告刘女士等 23 人提出的申请查处事项依法作出处理。

【律师点评】

根据《土地管理法》的相关规定，县级以上人民政府自然资源主管部门对违反土地管理法律、法规的行为进行监督检查。另根据《国土资源行政处罚办法》的规定，自然资源主管部门发现自然人、法人或其他组织涉嫌违法的，应当及时核查。故某县自然资源局作为当地的土地主管部门，应当负有查处当地违法行为的职责。在接收到刘女士等23人的查处申请后，某县自然资源局未依法定程序进行处理，属于未履行其法定职责。

典型案例 28

在被拆迁人合法宅基地周边修建围墙违法案

【案情简介】

何先生、于女士系夫妻，二人在某市合法拥有一处宅基地。2017年，该地涉及棚户区改造项目。2020年，有关单位和人员却在二人的宅基地周边违法施工修建围墙，将二人的宅基地封闭在围墙之内。二人决定委托京平律师维护自己的合法权益。

【办案经过】

京平律师了解案件情况后，第一时间指导二人向市某综合执法局申请查处该事件，后该局答复称，该宅基地属于集体土地，其不是查处职权的主体。于是，律师又指导二人向被申请人市某区管理委员会邮寄《申请查处申请书》，请求其对有关单位和人员在自家宅基地周边违法施工修建围墙的行为进行查处，并将查处结果书面告知。然而，自被申请人市某区管理委员会收到申请后，一直未予答复。最后，律师指导二人申请行政复议，在该复议期间被申请人市某区管理委员会才作出了《关于申请行政查处一事的回复》。

京平律师提出：根据相关的法律规定，对于相对人递交的行政查处申请，行政机关应及时作出答复。本案中，被申请人在收到申请后未及时作出答复，直至复议期间才作出答复，属于程序违法。

【办案结果】

最终，复议机关支持了京平律师的观点，决定如下：

确认市某区管理委员会对申请人的行政查处申请未及时作出处理的行为属于程序违法。

【律师点评】

除了存在明显的强制拆除这类违法行政强制行为之外，在征迁实践中还存在软性的"逼签"行为，如停水、停电、停气和围堵等。事实上，这些行为都属于性质比较恶劣的行政强制，对被征收人的权益侵犯同样应当受到重视。一旦遇到这种情况，就要依法维权。

典型案例 29

镇政府不履行查处村委会违法行为职责案

【案情简介】

本案当事人在某镇某村的土地被征收，因为征收补偿问题存在较大争议，双方未签订征收补偿协议，但当事人土地上的果树却被强行砍伐。

【办案经过】

京平律师介入案件后了解到，同村邻近村民的果树补偿标准明显高于当事人，为了调查取证，遂向村委会申请村务公开，要求其书面公开与其他村民征收补偿事宜，但村委会收到上述申请后未进行公开。

于是律师指导当事人向该镇政府提出申请，请求镇政府履行责令村委会公开上述事项的职责。镇政府收到申请后未进行处理，于是律师指导当事人向区政府提起行政复议。

京平律师认为，根据《村民委员会组织法》的相关规定，村委会不进行村务公开的，村民有权向镇政府进行反映，镇政府应当负责调查核实，并责令村委会依法公布。本案中，镇政府在接到村民反映的村委会存在不及时进行村务公开的情况后，应对村委会是否存在该情况进行调查核实，并根据调查结果进行相应处理。而上述法定职责与申请村务公开的事项是否属于村务公开范围不具有必然联系。

【办案结果】

最终，区政府支持了京平律师的观点，作出如下决定：

被申请人镇政府于法定期限内对申请人提出的村务公开的申请事项进行调查处理。

【律师点评】

除了直接的补偿程序以外，征收方在征收过程中还需要履行一系列的相应程序，它们事实上都与被征收人的权益密切相关。对于它们的违法点，同样也需要予以追究。本案中，镇政府对于侵犯村民合法的自治组织的行为具有查处的法定职责，如果不依法履行，那么同样也会对当事人的权益产生不利影响。因此，被征收人对此需要认真对待。

第五节　行政赔偿制度

在我国目前的国家赔偿制度中，行政赔偿是与司法赔偿并列的一种赔偿制度，并且在征地拆迁维权中行政赔偿制度占据主要地位。当然，因维权纠纷而导致的司法赔偿也可能出现，但其所占比例相对较少。就相关立法而言，框架性法律文件主要是第二次修正后并于2013年1月1日开始施行的《国家赔偿法》。但在具体的法律实务中，常用的却是更有针对性和可操作性的司法解释。2022年5月1日，《最高人民法院关于审理行政赔偿案件若干问题的规定》开始施行，该规定将以往多有争议的利息损失以及通过行政补偿程序依法应当获得的奖励、补贴等都纳入了《国家赔偿法》第三十六条第八项规定的"直接损失"范畴，有力地保护了广大被征收人的合法权益。下面主要就行政赔偿制度在拆迁维权中的运用作简要介绍。

一、拆迁维权中可以申请国家赔偿的情形

根据《国家赔偿法》第二条的规定，国家机关和国家机关工作人员行使职权，有本法规定的侵犯公民、法人和其他组织合法权益的情形，造成损害的，受害人有依照本法取得国家赔偿的权利。本法所规定的赔偿义务机关，应当依照本法及时履行赔偿义务。

因此，行政赔偿的一个根本前提是国家机关和工作人员在行使职权时侵犯了公民、法人等的合法权益。这种因行使职权而在征地拆迁中对公民、法人或其他

组织的合法权益进行侵犯的行为在现实中呈现多种形式，包括但不限于非法强拆、停水断电断路、违法征收等。

二、拆迁维权中行政赔偿的标准

《国家赔偿法》第一条规定："为保障公民、法人和其他组织享有依法取得国家赔偿的权利，促进国家机关依法行使职权，根据宪法，制定本法。"显然，这里的"促进国家机关依法行使职权"就是国家赔偿制度设立的基本宗旨之一，且带有某种惩戒性质。

这一点反映在拆迁维权中，就是在因土地房屋的征收或强制拆除而引发的行政赔偿案件中，当事人获得的赔偿数额应不低于其正常通过征地拆迁程序而可能获得的行政补偿数额。

从国有土地上房屋赔偿的情形来看，根据《征补条例》第十九条的规定，对被征收房屋价值的补偿，不得低于房屋征收决定公告之日被征收房屋类似房地产的市场价格。被征收房屋的价值，由具有相应资质的房地产价格评估机构按照房屋征收评估办法评估确定。对评估确定的被征收房屋价值有异议的，可以向房地产价格评估机构申请复核评估。对复核结果有异议的，可以向房地产价格评估专家委员会申请鉴定。房屋征收评估办法由国务院住房和城乡建设主管部门制定，制定过程中，应当向社会公开征求意见。

从集体土地及集体土地上房屋或其他附着物赔偿来看，根据《土地管理法》第四十八条的规定，征收土地应当给予公平、合理的补偿，保障被征地农民原有生活水平不降低、长远生计有保障。征收土地应当依法及时足额支付土地补偿费、安置补助费以及农村村民住宅、其他地上附着物和青苗等的补偿费用，并安排被征地农民的社会保障费用。征收农用地的土地补偿费、安置补助费标准由省、自治区、直辖市通过制定公布区片综合地价确定。制定区片综合地价应当综合考虑土地原用途、土地资源条件、土地产值、土地区位、土地供求关系、人口以及经济社会发展水平等因素，并至少每三年调整或者重新公布一次。征收农用地以外的其他土地、地上附着物和青苗等的补偿标准，由省、自治区、直辖市制定。对其中的农村村民住宅，应当按照先补偿后搬迁、居住条件有改善的原则，尊重农村村民意愿，采取重新安排宅基地建房、提供安置房或者货币补偿等方式给予公平、合理的补偿，并对因征收造成的搬迁、临时安置等费用予以补偿，保障农村村民居住的权利和合法的住房财产权益。县级以上地方人民政府应当将被征地农民纳入相应的养老等社会保障体系。被征地农民的社会保障费用主要用于符合条件的被征地农民的养老保险等社会保险缴费补贴。被征地农民社会保障费用的筹集、管理和使用办法，由省、自治区、直辖市制定。

三、申请行政赔偿的时效

根据《国家赔偿法》第三十九条第一款的规定，赔偿请求人请求国家赔偿的时效为两年，自其知道或者应当知道国家机关及其工作人员行使职权时的行为侵犯其人身权、财产权之日起计算。因此，一旦遭遇非法强拆，就要及时进行有效维权，以防超过法定时效。

四、申请行政赔偿的步骤

第一，提起行政赔偿的赔偿请求人为权利遭受侵害的公民、法人和其他组织。受害的公民死亡，其继承人和其他有扶养关系的亲属有权要求赔偿。受害的法人或者其他组织终止的，其权利承受人有权要求赔偿。

第二，行政赔偿的义务机关是在行使行政职权时侵犯公民、法人和其他组织的合法权益造成损害的相应机关。两个以上行政机关共同行使行政职权时侵犯公民、法人和其他组织的合法权益造成损害的，共同行使行政职权的行政机关为共同赔偿义务机关。法律、法规授权的组织在行使被授予的行政权力时侵犯公民、法人和其他组织的合法权益造成损害的，被授权的组织为赔偿义务机关。受行政机关委托的组织或者个人在行使受委托的行政权力时侵犯公民、法人和其他组织的合法权益造成损害的，委托的行政机关为赔偿义务机关。赔偿义务机关被撤销的，继续行使其职权的行政机关为赔偿义务机关；没有继续行使其职权的行政机关的，撤销该赔偿义务机关的行政机关为赔偿义务机关。

第三，提起行政赔偿的方式既可以单独提出，也可以在申请行政复议和提起行政诉讼时一并提出。

第四，提起行政赔偿的形式一般是递交申请书。申请书应当载明受害人的姓名、性别、年龄、工作单位和住所，法人或其他组织的名称、住所和法定代表人或者主要负责人的姓名、职务；具体的要求、事实根据和理由；申请的年、月、日。赔偿请求人书写申请书确有困难的，可以委托他人代书；也可以口头申请，由赔偿义务机关记入笔录。赔偿请求人不是受害人本人的，应当说明与受害人的关系，并提供相应证明。赔偿请求人当面递交申请书的，赔偿义务机关应当当场出具加盖本行政机关专用印章并注明收讫日期的书面凭证。申请材料不齐全的,赔偿义务机关应当当场或者在5日内一次性告知赔偿请求人需要补正的全部内容。

第五,赔偿义务机关应当自收到申请之日起2个月内作出是否赔偿的决定。赔偿义务机关在规定期限内未作出是否赔偿的决定,赔偿请求人可以自期限届满之日起3个月内,向人民法院提起诉讼。赔偿请求人对赔偿的方式、项目、数额有异议的,或者赔偿义务机关作出不予赔偿决定的,赔偿请求人可以自赔偿义务机关作出赔偿或者不予赔偿决定之日起3个月内,向人民法院提起诉讼。

总之,在拆迁维权过程中行政赔偿往往是最后一个环节。一旦此前遭遇强制征收或强制拆除等引发了行政赔偿的情形,当事人应当保持冷静的头脑,尽早在专业人员的引领下依法行使法律赋予的权利。

典型案例30

违法强推承包地上种植物案

【案情简介】

苏先生在某市某县拥有一处合法承包经营的土地,因县政府规划建设公园被纳入征收范围。由于苏先生对征地补偿有异议,故未与征收单位达成征收补偿协议,但某县政府却强推其承包土地上的种植物。为了维护自己的合法权益,苏先生决定委托京平律师代理其维权事宜。

【办案经过】

京平律师介入后,分析了案件的详细情况,指导苏先生向法院提起行政诉讼,要求确认被告某县政府强推承包地和地上种植物的行政行为违法,并请求被告向其拨付安置地,办理相关权属证书,以及支付被征地农民社会保险金。经审理,一审法院作出行政判决,确认该行政行为违法,但以苏先生的两项诉讼请求不宜在本案诉讼中合并审理和裁判为由,驳回了原告苏先生的起诉。苏先生不服一审法院作出的行政裁定,遂提起上诉,请求撤销一审法院作出的行政裁定,指定一审法院继续审理本案。

二审庭审过程中,被上诉人某县政府辩称其征收的行政行为符合法律规定,上诉人苏先生并未在公告规定的期限内到指定部门办理征地补偿手续。上诉人苏先生对政府的补偿标准有异议，应依法定程序由县级以上人民政府作出补偿决定或裁决，故请求二审法院依法驳回苏先生的上诉。

京平律师提出：本案中，被上诉人某县政府强推上诉人苏先生承包地的行为已被依法确认违法，被上诉人应对其违法行为给上诉人造成的损失承担赔偿责任。上诉人苏先生因违法行为受到的直接损失是其承包土地被征收而应当获得的征地补偿安置权利，包括土地补偿费、地上附着物的补偿及青苗补偿费。本案也没有证据能够证明上诉人苏先生的征地补偿安置已落实到位，其合法权益未得到保障。故一审裁定认定事实不清，适用法律错误。

【办案结果】

最终，二审法院支持了京平律师的观点，判决如下：
一、撤销一审法院的行政裁定；
二、指令一审法院继续审理本案。

【律师点评】

除了常见的房屋被非法强制拆除以外，对土地的强制推平或清表等也是行政强制的一种形式。事实上，征收方在征收中看中的是被征收人不动产所在的土地，而对依附于土地之上的附着物并无需求。本案中，承包地上有相应的种植物等附着物，它们的存在对于征收方推进后续征收程序造成了阻碍，因此在未完成合法的前置程序前就进行强制清表，显然是违法的，它实质上也与强制拆除房屋并无二致。一旦遇到这种情况，就要及时通过相应的法律救济程序，申请行政赔偿，否则就会陷入极其被动的局面。

典型案例 31

承包地树木因高速公路建设遭强拆行政赔偿案

【案情简介】

党先生在某市某县某村承包土地，地上种有树木。因高速公路建设项目的需要，该村土地被划入征收范围，但征收双方未能就土地上地面附着物的补偿问题达成一致。2017年某日，党先生承包地上的树木遭到某县政府强制清除，其中10棵国槐当场被毁坏，其他树木被移栽。为了维护自己的合法权益，党先生决定委托京平律师代理其维权事宜。

【办案经过】

京平律师介入后，分析了案件的详细情况，并指导当事人向人民法院提起行政诉讼，某县政府承认其对树木进行了移栽，法院作出行政判决书，判决认定某县政府强制清除党先生承包地上的树木的行为违法。随后，党先生通过邮寄方式向某县政府提交了《国家赔偿申请书》，请求其履行国家赔偿的职责。但2个月后，某县政府作出《关于被移栽树木不予赔偿的决定》。京平律师认为，某县政府针对党先生的国家赔偿申请作出不予赔偿决定严重违法，侵犯了党先生的合法权益。于是在律师的帮助下党先生依法提起了行政赔偿诉讼，请求撤销某县政府作出的《关于被移栽树木不予赔偿的决定》，判决某县政府赔偿被强制毁坏的10棵国槐的损失并返还被强制移栽的树木，如不能返还，则赔偿树木损失。

庭审过程中，被告某县政府辩称党先生的承包地已被征收为国有，其移栽国有土地上的树木合法，且党先生在基本农田上种树是违法行为。该土地上的树木已评估作价，党先生在拒绝领取树木补偿款的情况下，无权就评估价之外主张任何权利，请求法院依法驳回党先生的诉讼请求。

京平律师提出：党先生在自己承包土地上种植的是苗圃，而不是针对耕地具有破坏性的树木，发展的是农业，并未违反关于土地用途的规定，因此某县政府称党先生违法在基本农田上种植树木没有任何依据。如果认为其种植树木违法，则应当按行政处罚法的规定先进行立案调查，然后听取当事人的陈述辩解、告知听证，最后作出处罚决定。党先生提交的市国土局信息公开告知书可以证明党先生的承包地并未被征收为国有，而且评估时点不合法，该评估报告已经超过应用的有效期，两年前的评估结果不能适用于当下，有违公平补偿原则。

【办案结果】

最终，法院支持了京平律师的观点，判决如下：

一、撤销被告某县政府作出的《关于被移栽树木不予赔偿的决定》；

二、责令被告某县政府在本判决生效之日起60日内依法对原告被清除的树木予以评估，并在评估报告的基础上提出补偿意见，依法予以补偿。

【律师点评】

在近年来的拆迁工作中，征迁双方通常会达成合意并签订补偿协议，随后被征收人交出不动产，征收方进行拆除，进而推进下一阶段的工作，这是多数情形。但由于种种原因，如果双方迟迟达不成协议，征收方就可能会违法强拆，从而产生行政赔偿的问题。到了这个阶段，被征收人可供用来维护自己合法权益的法律环节已经不多了，行政赔偿可以说是最后的"守门人"，必须积极应对。本案中，征收方违法强制清除被征收土地上的地面附着物，必须依法评估，给出合理的拆迁补偿。当事人也要在法定期限内及时启动法律程序，以保护自己的合法权益。

第八章
征收拆迁常见纠纷专题

第一节　违法建筑问题

拆除违章建筑在拆迁中的情形很特殊，拆迁方可能会以此为据，违法拆迁，而不给当事人任何补偿。被拆迁人的权利，难以得到保障。法律上规定拆迁时对违章建筑的拆除是不予任何补偿的，但何为"违章建筑"，其认定标准还有待公开和透明化，被拆迁人也要注意维护自己的合法权益。另外，也可以监督对方是否存在违法行为，以依法维护自己的合法权益。

一、违法建筑的法律规定

按照我国土地及房地产管理法律、法规规定，要取得房屋产权证，必须三证齐全：一是土地使用权证，二是土地规划证，三是城市建筑规划许可证。没有这三证，任何一处建筑都是不合法的，都不能取得房屋产权证，但在城市房屋建筑过程中，由于各种各样的原因，城市房屋的产权形式表现各异，除三证齐全的房屋产权形式外，还有一些产权形式，对于这些产权形式的拆迁补偿安置工作应如何进行，它们能否成为拆迁补偿安置的法律依据呢？

（一）属于合法建筑，但未取得房屋产权证

前文已经提到房屋要取得房屋产权证，必须土地使用证、建筑规划许可证、土地规划证三证齐全，缺一不可。在办理房屋产权证书过程中，房屋所有人在取得了前述三证的情况下，但因为某些原因未办理房屋产权证。对于这种情况，笔者认为，该房屋所有权人应该享受法律规定的拆迁补偿安置待遇，因为他们（被拆迁人）所享有的拆迁补偿安置利益并未对抗任何其他人员、单位的合法利益。

在享受拆迁补偿安置待遇时，也不必责令其到房产部门补办房屋产权手续（因为该房屋三证齐全，房产部门必须予以办理）。但是对其缺失房屋产权证这一事实，也应适当予以处理。

（二）属于违章建筑

如果被拆除房屋没有任何建筑申报手续，或者虽有一定的手续但是三证不齐全，这些被拆迁房屋按法律规定都属违章建筑，则其不受法律保护，不能享受拆迁补偿安置待遇。但是这里面又有如下三种情况。

1. 建筑时属违章建筑，但经过城市土地管理部门、规划部门的罚款处理，责令其补办手续后，房屋所有人已补办了有关手续，仅因为房屋属拆迁范围，房屋产权证暂停办理而没有取得房屋产权证的（如果房屋产权证早已补办到手或使用欺骗手段取得房屋产权证的，则不属本文研究范围）。对于这种情况，京平律师认为，被拆迁人也应享受拆迁补偿安置待遇，因为他的违章建房这一违法行为，在根据城市规划部门的罚款处罚（应认定未严重违反城市规划），按照处罚规定，补办了有关手续后，该房屋就已经由违章建筑变为合法建筑了，其所有人理应享受合法待遇，即享受拆迁补偿安置待遇。

2. 建筑时属违章建筑，但经过城市土地管理部门、规划部门的罚款处理后，责令补办手续未补办有关手续的。因为被拆迁人的违章建筑显然不属严重违反城市规划范围，所以，相关部门才可以进行罚款处理，责令其补办手续，但其既未按照处罚规定缴纳罚款，补办手续，也未将违章建筑变为合法建筑，其法律后果理应由其自负，房屋所有人当然不能享受拆迁补偿安置待遇。但是对于该违章建筑材料，由于是用其合法收益购置的，应该酌情予以补偿。应该明确的是，对其建筑材料的补偿仅仅是补偿其残存价值，不能按照建筑物的实际价值进行补偿。

3. 建筑物属违章建筑，虽已按城市土地管理部门、规划部门处罚并补办了所有手续，但是在处罚决定上载明了附加条件的，要严格按照附加条件执行。如果附加条件不明确、难以理解的，则被拆迁人对房屋享有货币补偿待遇，但不能享有安置待遇。理由有三：一是房屋产权证是拆迁补偿安置的法律依据，但被拆迁人的房屋产权证是有瑕疵的，系按附加条件补办的，与一般的房屋产权证不可同日而语，被拆迁房屋由违章建筑变为合法建筑的，合法建筑当然享受按价补偿的待遇；二是被拆迁人建房时违反城市规划部门规定，未在城市规划内建筑房屋，现在要拆除，按照城市规划重新进行建筑，当然不可能对其予以安置；三是附加条件的契约性，因为处罚本身是一种行政行为，在处罚决定中载明一定的附加条件又体现出民事的特点。在违章建筑本来就应该被无条件拆除的情况下，处罚时，应考虑到由各种因素形成的附加条件其实是双方的一种合约行为。如果载明的附加条件是待城市规划建设时无条件拆除的话，则被拆迁人不能享受法律规定的任何拆迁补偿安置待遇，应无条件拆除。

二、无证房不能简单地等同于违法建筑

不办理产权证或超面积建房的现象在全国各地较为常见，该类建筑是否等同于违法建筑、面临拆迁时能否获得补偿关系到千家万户的现实利益。但是，无证房屋并非都是违法建筑。

《征补条例》第二十四条规定，房屋能否获得补偿须经相关部门认定：认定为合法建筑的，应当给予补偿；反之，不予补偿。据此，无证房屋涉拆时，能否获得补偿、补偿多少，取决于该建筑是否被认定为违法建筑。

违法建筑是指违反法律、法规的规定，在城市规划区内，没有取得或者违反建设工程规划许可证（规定）建设的建筑，以及通过欺骗手段获取批准而新建、扩建或改建的建筑。

拆迁实例中，拆迁人依据《城乡规划法》等规定，将无证房屋直接认定为违法建筑，显然是错误的。以浙江省杭州市为例，《杭州市人民政府关于贯彻实施〈杭州市国有土地上房屋征收与补偿条例〉的若干意见》第五条就规定对于未登记建筑，应遵循"尊重历史、实事求是、程序合法、结果公开"的原则。因此，未经产权登记的房屋并非均属违法建筑，也并非所有违法建筑都必须拆除。

涉拆房屋情况复杂，尤其是城中村或旧城区，因历史原因未办理产权证或未办理审批许可手续的建筑集中存在且数量巨大。针对此类建筑，政府应当组织有关部门依法进行调查、认定和处理。农村居民住宅，只要经乡（镇）政府审核、县级政府批准的，即使没有宅基地证，也不能被认定为违法建筑。"法不溯及既往"是我国法律制度的基本原则之一。结合其形成时的法律规定确定该建筑物的合法与否，更能维护公民利益、彰显法律尊严。如一些建成于20世纪70年代的建筑，彼时所需手续简约，该类建筑如果用现在的法律法规分析归纳为违法建筑，则显然不适用。

无证建筑是否系违法建筑，都应视具体情况而定，不能简单地"一刀切"。在拆迁实例中，很多无证建筑已成为房屋权利人赖以生产、生活的基础，更是其中部分低收入家庭居住和生活的唯一保障。但亦存在将无证建筑"认定为违法建筑，并进行强拆"的情况，使被拆迁方的利益遭受严重损害。因此，拆迁方应认真分析无证建筑形成原因的合理性，宽严相济，结合具体情况给予房屋权利人合理的补偿，保障其基本的居住权不因房屋拆除而丧失。

一旦发生无证建筑被错误地认定为违法建筑的情况，被拆迁方在通过法律途径争取自己的合法权益时，对其拆迁补偿的主张应当适用一般标准。拆迁补偿标准因地域而异，政府主管部门应按照当地的相关规定进行估算、补偿。涉拆方可自行查阅拆迁公告的具体规定，也可向当地主管部门咨询。

这类房屋的拆迁补偿一般也是包括房屋重置费和周转补偿费，补偿方式分为货币补偿、房屋产权调换或者二者相结合三种。补偿额度的多少，由房产评估部门根据建筑物的位置、用途、面积、结构、新旧程度等因素综合评估确定。

三、违法建筑的信赖保护利益问题

在京平律师承办的一个案件中，一位村民与村委会签订《土地承包合同》，约定承包村里空地30年，并在此建设养殖场。十几年后，规划和国土部门认定其为违法占地建设项目，理由是该养殖场无乡村建设规划许可证。当地政府作出《限期拆除通知书》《催告通知书》以及《强制拆除决定书》，并张贴在涉案建筑物上。该村民不服，提起行政诉讼，法院分别确认前述通知书和决定书违法。在此过程中，养殖场被全部拆除；该村民针对该政府的强拆行为，向法院提起行政诉讼。

法院经审理认为：被拆除的涉案建筑所在土地类别用途为农用地，其建设项目经过环保、国土部门的审批同意，规划部门未持异议，政府亦出具书面证明同意该建设项目。当事人对涉案建筑及利用该建筑进行养殖的合法性产生了合理的信赖，该信赖利益应受法律保护。政府在强拆涉案建筑之前，还应充分考量该建筑补办设施农用地相关手续的必要性，其直接认定涉案建筑为违法建筑并强制拆除，明显不当。

综上所述，是否取得规划许可证是行政机关对建筑物合法性认定的评判标准。当事人出于对国家机关的信赖而进行的建设行为，无论是因历史原因未取得规划审批手续，还是基于国家机关的违法审批行为，都不应该"一刀切"。应该杜绝将是否取得规划许可手续作为唯一评判标准，进而防止将涉案建筑直接认定为违法建筑现象的再次发生，避免其在影响政府公信力的同时，阻碍社会治理和经济发展。

四、上述建筑拆迁补偿

目前，国有土地拆迁适用的是《征补条例》，该条例就补偿安置所应遵循的程序、补偿的范围、补偿的标准、建筑的评估、补偿的选择形式、补偿协议及相应的救济等都作出了详尽规定，一般以市场价作为补偿的依据。所谓市场价，指的是房屋征收决定公告之日与被征收房屋类似房地产的平均价格。

目前，针对集体土地即农村土地的征地拆迁尚未有一部完整的法律规定，之前的操作一般都是以建筑成本价作为补偿的依据。但是也可以建筑成本价置换安置房，在地方制订的拆迁补偿安置方案中一般以户口数分配安置房，不过对原来房屋面积较大，但人口较少的家庭来说则是不公平的。例如，原来300平方米的房子，而其家里户口有三人，那也就是可以分配100多平方米的安置房，剩余的近200平方米安置房仅仅得到每平方米的补偿，这样是极其不公平的，也不符合"保障被征地农民原有生活水平不降低、长远生计有保障"的原则。根据《最高人民法院关于审理涉及农村集体土地行政案件若干问题的规定》第十二条第二款的规定，在符合特定条件的前提下，对已经列入城市规划区的集体土地拆迁也要按照市场价补偿，这是符合当前中国国情和公平原则的，且集体土地征地拆迁也有按照市场价补偿的发展趋势。

《征补条例》第二十四条规定，"对认定为合法建筑和未超过批准期限的临时建筑的，应当给予补偿；对认定为违法建筑和超过批准期限的临时建筑的，不予补偿"。因此，法律规定不对违法行为予以补偿，但是不能一概而论，正如上文所述。有些由于历史原因造成房屋手续不全且对公共利益无甚妨碍的，则可以通过补办程序而获得相应的补偿。在实际操作过程中，有的地方政府为了达到低成本、快速拆迁的目的，滥用行政处罚权，假借行政处罚实施拆迁，这种现象已经严重背离了行政处罚的立法精神，应该得到重视并予以纠正。

典型案例 32

承包养殖场地上的居住用房被违法拆除案

【案情简介】

2001年，黄先生向某市某村民委员会缴纳了养殖基地费，用作本人养殖使用，不得挪作他用或转让，养殖场地由村委会统一规划、统一施工，黄先生承包的养殖场地及场地上建设的居住房屋位于房屋征收范围内，因为未能与征收方就拆迁补偿安置问题达成一致意见，在没有收到任何通知的情况下房屋被强制拆除，黄先生的权利已经被严重侵害。虽然被告某区政府主张其房屋系违法建筑，但直至房屋被拆除前，黄先生的房屋未经任何有权部门作出关于违建的认定和处理，被告某区政府拆除其房屋是为达到拆迁目的，属于"以拆违代拆迁"的违法行为。

【办案经过】

京平律师介入后，通过全面的调查和分析，帮助当事人收集证据材料，提起行政诉讼。在庭审中，被告辩称自己实施的拆迁行为于法有据，并且经过了法律规定的程序。

结合原被告双方意见及相关证据，法院查明：本案中，某区政府在组织实施强制拆除原告房屋前，未经城乡规划主管部门作出限期拆除决定，违反了《行政强制法》规定的法定程序，构成程序违法。因此某区政府关于涉案房屋没有办理建设手续，强制拆除程序合法的抗辩理由不能成立。

【办案结果】

某区政府强制拆除黄先生房屋的行政行为违法，但不具有可撤销内容，根据《行政诉讼法》第七十四条第二款第一项的规定，判决如下：

确认被告某区政府于2019年5月15日强制拆除黄先生房屋的行政行为违法。

【律师点评】

遇到征地拆迁的，被征收人应当享有公平合理的征收补偿。但是实践中"以拆违促拆迁"的做法亦存在。事实上，并不是所有无证房都属于违建，而且即便是拆除违建房屋也应该严格遵守法定程序。

根据《行政强制法》第三十四条至第三十八条的规定，行政强制执行有严格的程序规定，包括依法作出行政决定，履行催告义务，保障当事人的陈述和申辩权，作出书面强制执行决定并依法送达等。在以上程序均完成后，当事人没有复议、诉讼且仍拒绝自行拆除的，才能依法拆除。无论是合法房屋拆除还是违建拆除，都有其严格的法定程序，任何违反程序的拆除行为均是违法行为，应该承担相应的法律责任。

第二节　临时建筑的拆迁补偿问题

一、拆除临时用地上的建筑物的补偿安置

《土地管理法》规定，在城区内因建设项目施工和地质勘查需要临时使用土地的，在城市规划行政主管部门同意后再由土地行政主管部门批准可临时使用土地，但不得在临时用地上修建永久性建筑物，临时用地期限一般不超过两年。因此在拆迁中遇到临时用地上的建筑物如何补偿安置的问题，京平律师认为应分以下三种情况区别处理。

1. 对在批准使用期限内的临时用地上的建筑物，享有补偿待遇，但不享有安置待遇。因为被拆迁人在临时用地上的建筑物是经过批准的，属于合法建筑，所以应享有拆迁补偿待遇。也因为它是临时性建筑，所以不享有安置待遇。

2. 对超过批准使用期限的临时用地上的建筑物，不享有拆迁补偿安置待遇。因为该临时建筑物虽经批准，但超过使用期限后就应认定为违法建筑，已不受法律保护，房屋拆迁管理部门可以责令被拆迁人限期自行拆除，在限期内拆除的，临时建筑物的建筑材料仍可归被拆迁人所有，超过期限的，则将建筑材料的残存价值充抵拆迁费用。

3. 对未经批准临时使用土地并建有建筑物的，完全不受法律保护，不享有任何拆迁待遇。因为这种违章建筑物，没有任何手续证明，被拆迁人应无条件拆除。拒拆迁的，拆迁人可以依照法律程序强制拆除，并由被拆迁人承担强制拆迁费用。

二、违章建筑与临时建筑的区别

(一) 产生原因不同

违章建筑,是指在城市规划区内,未取得建设工程规划许可证或违反建筑工程规划许可证的规定建设的,或采取欺骗手段骗取批准而占地的新建、扩建和改建的建筑物。违章建筑大体上可以分为两种:一是建筑人未取得土地使用权,因而也无法取得建筑许可证;二是在自己取得土地使用权的土地上建造违章建筑物,即虽有利用该建筑物占有范围内的土地建造房屋等建筑物的权利,但属于未取得建筑许可证而擅自建设的建筑。违章建筑主要包括:未申请或申请未获得批准,未取得建设用地规划许可证和未按建设工程规划许可证的规定建成的建筑;擅自改变建设工程规划许可证的规定建成的建筑;擅自改变使用性质建成的建筑;擅自将临时建筑建设成为永久性建筑的建筑物。临时建筑,是指必须限期拆除、结构简易、临时性的建筑物、构筑物和其他设施。临时设施必须有规划部门的许可并有规定的使用期限,超过了批准期限的临时建筑必须由建设者在限期内自行拆除。

(二) 特征不同

违章建筑最主要的特征就是不具有合法性,即违章建筑是不受法律保护的。由于其违反了法律的禁止性规定,所以原则上不赋予当事人所有权,其不能依法进行产权登记。而未超过批准期限的临时建筑则是合法建筑。

(三) 处理方式不同

《城乡规划法》第六十四条规定:"未取得建设工程规划许可证或者未按照建设工程规划许可证的规定进行建设的,由县级以上地方人民政府城乡规划主管部门责令停止建设;尚可采取改正措施消除对规划实施的影响的,限期改正,处建设工程造价百分之五以上百分之十以下的罚款;无法采取改正措施消除影响的,限期拆除,不能拆除的,没收实物或者违法收入,可以并处建设工程造价百分之十以下的罚款。"

第三节 "住改非"的拆迁补偿问题

"住改非"有时也称为"住改商",是指国有或集体所有的土地上的住宅利用其沿街的地理位置优势,改变自己的住宅为商铺进行经营。被拆迁房屋所有权证上标明的用途为"住宅",但依法取得了工商营业执照等经营手续、税务登记证并有纳税记录。由于在产业发展层面上具有低成本、便捷等优势,在城市中非常普遍,此类房屋在面临拆迁时的补偿标准必然是一个无法回避的问题。一般来说,对于该性质房屋的补偿主要有以下四种模式。

(一)按照住宅房屋与非住宅房屋的加权平均值确定

如湖北省《武汉市国有土地上房屋征收与补偿实施办法》第三十二条规定:"征收个人住宅,被征收人、公有房屋承租人自行改变房屋用途作为生产经营性用房使用的,应当按照住宅房屋给予征收补偿。但本办法公布前,住宅已作为商业门面使用,且以该住宅为注册地址办理了工商营业执照的,对其实际用于经营的部分可以给予适当补助,补助标准原则上不超过商业门面与住宅房屋市场评估价格差额的50%,具体标准由各区人民政府制定。"

(二)可以享受商业用房补偿政策

如浙江省丽水市《庆元县 E19-23 东门巷地块"住改非"认定规则》规定:"在拆迁公告公布前近二年以上在经营的,能提供工商营业执照、税务登记证、纳税发票等有效证件,并能按时签订拆迁补偿协议的,可以享受商业用房补偿政策。"也有地方表述为按照房屋的实际用途补偿。

(三)参照商业用房估价,并且根据是否沿街补偿标准有所不同

还有一些地方采用参照商业用房估价,并且根据是否沿街有不同的补偿标准。参照商业用房估价的前提一般相同,即取得工商营业执照、持续经营、持续纳税一定时间。对沿街的住改商房屋,其估价是根据营业年限取其营业用房性质和住宅用房性质权重的拆迁评估价格之和作为实际营业部分的拆迁补偿价格。对非沿街的"住改非"房屋,其实际营业部分的拆迁补偿采用住宅评估价加营业

补助的方法确定，其中营业补助的标准根据不同的经营年限确定。

（四）采用混合标准

如重庆市《城口县国有土地上房屋征收与补偿暂行办法》规定："（一）临街底层住改非房屋，以被征收房屋实际作为门市经营的面积，参照同地段门市进行补偿安置。并按规定给予停产停业损失补偿。（二）其他住改非房屋，选择产权调换的，以实际用于经营的面积按1∶1（征收面积∶还房面积）的比例实行住宅产权调换；选择货币补偿的，以实际用于经营的面积按同地段住宅评估价格的1∶2进行补偿。并按规定给予停产停业损失补偿。"

对于"住改非"的补偿一方面要根据各地关于此方面的规定，但另一方面由于这些规定的效力一般较低，多是以地方政府规范性文件的形式出现，只能作为行政审判的参照，亦可能存在不合理之处。故实践中，建议被拆迁人多咨询律师的建议。

实际上，大多数的"住改非"都采用第一种补偿方式——按照住宅房屋与非住宅房屋的加权平均值确定。

需要指出的是，通常情况下，房屋的用途由以下原则确定：房屋的用途以房屋所有权证书上标明的用途为准；房屋所有权证书上未标明用途的，以产权档案中记录的为准；产权档案中也未记录用途的，确定其实际用途是否经规划管理部门审批同意。住宅改成商业用途的，不但要有营业执照，还应当有规划管理部门同意变更的依据，否则只能按照住宅认定，因此擅自将住宅改为商业用途的不被视为住改商。

典型案例33

城市"住改非"房屋不予拆迁补偿案

【案情简介】

2018年1月，平先生和永先生与征收方就拆迁补偿久谈无果。平先生很是费解，未见登记调查结果公布，自家虽是住宅，但工商登记、纳税记录齐全，征收方却予以否认，且征收补偿费很低，大大拉低了其现有的生活居住水平。同样地，居住此地的永先生的房屋面积小，但院落大，因拆迁补偿过低，局面也陷入僵持。另外，永先生的营业执照、税务登记也齐全，但征收方同样对其经营行为不予认可，自然更谈不上停产停业损失等各项补偿了。

平先生与永先生两家人都疑问丛生，不远处就是县政府的办公大楼，周围的房价每平方米已超过 3500 元，因房子面积小，院落大，院落不予补偿，给出的拆迁补偿总额远远不能保障两家人原有的生活居住水平。2017 年 12 月 18 日，平先生与永先生各自收到了房屋征收补偿决定，也正是这时，两家人才得知房屋征收决定早在 2017 年 8 月 4 日已经作出。经过再三权衡，平先生与永先生不约而同地联系到京平律师团队，决定委托其代理维权事宜。

【办案经过】

鉴于两位当事人都已收到过房屋征收补偿决定，预示着司法强拆程序的启动，形势严峻、时间紧迫。三位律师向案涉房屋所在地的相关部门发送律师函，郑重表达了律师团的建议，强调了国有土地上房屋征收拆迁应该遵循合法、公平、公正的原则，各方应在此前提下积极协商，和谐解决补偿争议，同时严肃声明，将依法最大限度地维护当事人的合法权益，对于侵犯当事人合法权益，并违反法律规定的征收拆迁，必将履行代理拆迁律师的职责，追究相关部门的违法责任。希望征收方依法征收，合理补偿，保障被拆迁人合法权益。发函不久，征收方主动联系，提高了房屋拆迁补偿事宜。

经过代理拆迁律师的深入调查，发现了征收中存在的违法点，京平律师指导当事人针对征收决定、征收补偿决定提起诉讼，以下选取了征收方违法点中的两处供读者参考。

1. 未履行调查登记公布结果而启动征收

《某市国有土地上房屋征收与补偿办法》第十二条规定，房屋征收通告发布后，区房屋征收部门应当对征收范围内房屋的权属、区位、结构、用途、建筑面积以及家庭成员状况、住房保障资格、房屋使用情况等事项组织调查登记。属非住宅房屋的还应当对单位隶属关系、生产经营、设施设备、在岗职工、经济效益、征收安置意向等事项进行调查登记。被拆迁人应当对调查登记予以配合。房屋权属、用途、建筑面积等调查结果应当在征收范围内公布。

《某市国有土地上房屋征收与补偿办法》第十三条规定，区人民政府在作出房屋征收决定前，应当组织城乡建设、城乡规划、国土资源、住房保障和房产管理等行政管理部门，对征收范围内未经房屋登记的建筑进行认定。对认定为合法建筑的，应当给予补偿；对认定为违章建筑的，不予补偿并依法采取拆除等措施处理。

2. 补偿费用并未足额到位、专户存储、专款专用

《征补条例》第十二条规定，作出房屋征收决定前，征收补偿费用应当足额到位、专户存储、专款专用。《某市国有土地上房屋征收与补偿办法》第十六条规定，区人民政府应当按照征收补偿需要足额落实征收补偿费用，并存储到市房屋征收部门指定的银行专户。

【办案结果】

征收补偿决定之诉庭审后，委托人传来消息，征收方主动约谈，提高了房屋拆迁补偿（包括"住改非"房屋的经营补偿），最终达成协议，两位委托人都争取到了公平、合理的满意补偿。为表达对京平律师的感谢，2018年7月，两位委托人送来了锦旗，至此征收维权画上了圆满的句号。

【律师点评】

对于"住改非"房屋，作为被拆迁人要注意，其有权拒绝不合理补偿，一定要维护自身的合法权益。"住改非"房屋只要具备了经营行为（工商登记、纳税记录齐全），是有权主张停产停业损失的。房屋征收通告发布后，应当对涉及征收的房屋进行调查并公布结果。对于合法享有国有土地使用权的院落、空地面积应当纳入评估范围，按照征收时的房地产市场价格，一并予以征收补偿。

第四节 公租房的拆迁补偿问题

公租房是公共租赁住房的简称，是由政府或公共机构，用低于市场价或承租者能够承受的价格，向新就业职工和生活困难群体出租的房屋（包括新就业大学毕业生，退休老人及残疾人，迁移到城市的务工者等）。显然，公租房不归个人所有，在法律上也不同于颁发了产权证的房屋。该类房屋若遭遇征收，在以下两种情况下，可能获得补偿。

1. 已取得公租房的所有权

这是指承租人已经购买该房屋，取得所有权。该承租人可作为被征收方与征收方协商，签订补偿协议并获得合理补偿。

2. 未取得公租房所有权

此种情况下，承租人虽然不能被视为被征收人，但也可以获得合理补偿，具体可以参照各地政府的相关政策。至于补偿额度或方式，通常与居住期限长短挂钩。实施过程中，对于那些已居住公租房几十年且在本地没有其他住房的居住者，有时可以视同产权房进行补偿。

第五节　抵押房的拆迁补偿款归属问题

为了能够有充足的现金来进行买卖运作，很多人会通过抵押房屋进行融资以获取钱款。这类被抵押的房屋如果遭遇拆迁，那么拆迁补偿款应该归谁所有呢？抵押权人应当如何维护自己的合法利益呢？

一、抵押房屋的拆迁补偿款归谁所有

《征补条例》第二条规定，为了公共利益的需要，征收国有土地上单位、个人的房屋，应当对被征收房屋所有权人给予公平补偿。根据该条法律规定，即使把房屋抵押给银行了，被征收人也依然是房屋的所有权人，房屋征收补偿款仍然是补偿给被征收人的，也就是房屋的所有权人。

二、房屋被拆后，抵押关系如何处理

房屋被拆后，设立在原房产上的抵押权会随着房屋的拆除而消失吗？当然不会，如果抵押权会随拆迁而消失，也就没人再敢接受用房子作为抵押了。那么房屋被拆除后，原有的抵押关系该如何处理呢？

（一）债务人提前清偿，解除担保

抵押权人对于被征收方获得的补偿具有优先受偿权，根据《民法典》相关规定，在抵押期间，抵押财产毁损、灭失或者被征收等，抵押权人可以就获得的保险金、赔偿金或者补偿金等优先受偿。因此，抵押房屋被征收的，抵押权人可享有优先受偿权。

（二）重新设定担保财产

《城市房地产抵押管理办法》第三十八条规定，因国家建设需要，将已设定抵押权的房地产列入拆迁范围的，抵押双方可以重新设定抵押房地产。因此，为了继续履行原借款合同，抵押权人可以要求被拆迁人提供其他合适的担保物，且新担保物的价值需要足以保障主债权。

值得注意的是，如果被拆迁人选择的房屋拆迁补偿形式是产权调换，那么抵押权人需要和被拆迁人重新签署抵押协议。因为被拆迁房产和置换后的房产属于两个不同且独立的物，且在原房产上设立的抵押权的效力范围无法及于置换后的房产。为确保抵押权人可以对被拆迁人产权置换的房屋享有优先受偿权，抵押权人必须与被拆迁人就补偿所得房产为主债权重新设定抵押权且签订新的抵押协议。

京平律师在此提醒大家，当已设定抵押权的房地产被列入拆迁范围时，被拆迁人应依法清理债务或者重新设定抵押房地产，如果抵押权人遇到被拆迁人拒不还款也不配合重新设定担保财产的情况，则需及时咨询拆迁律师，向人民法院提起诉讼。

第六节　土地使用权的补偿问题

一、什么是土地使用权

土地使用权，是指国家机关、企事业单位、农民集体和公民个人，以及外商投资企业等，凡具备法定条件者，依照法定程序或依约定对国有土地或农民集体土地所享有的占有、使用、收益和有限处分的权利。土地使用权是一个外延比较大的概念，这里的土地包括农用地、建设用地、未利用地的使用权。

国有土地使用权，是指国有土地的使用人依法使用土地并取得收益的权利。国有土地使用权的取得方式有划拨、出让、出租、入股等。有偿取得的国有土地使用权可以依法转让、出租、抵押和继承。划拨土地使用权只有在补办出让手续、补缴或抵交土地使用权出让金之后，才可以转让、出租、抵押。

农民集体土地使用权，是指农民集体土地的使用人依法利用土地并取得收益的权利。农民集体土地使用权可分为农用地使用权、宅基地使用权和建设用地使用权。农用地使用权，是指农村集体经济组织的成员或者农村集体经济组织以外的单位和个人从事种植业、林业、畜牧业、渔业生产的土地使用权；宅基地使用权，是指农村村民住宅用地的使用权；建设用地使用权，是指农村集体经济组织兴办乡（镇）企业和乡（镇）村公共设施、公益事业建设用地的使用权。按照《土地管理法》的规定，农用地使用权通过发包方与承包方订立承包合同取得，宅基地使用权和建设用地使用权通过土地使用者申请，县级以上人民政府依法批准取得。

二、国家提前收回土地使用权如何进行补偿

根据《城市房地产管理法》第二十条的规定，国家提前收回土地使用权的，应"根据土地使用者使用土地的实际年限和开发土地的实际情况给予相应的补偿"。由于国家提前终止土地使用权出让合同，收回土地使用权，必然会给土地使用者造成损失，国家给予相应的补偿，符合合同法理。

提前收回使用权时，出让方应根据土地使用权的余期、土地的用途、土地使用者对土地进行投资开发的情况，出让时的地价和收回时的地价等因素，与土地使用者协商确定补偿费。补偿费的标准依土地使用者的损失情况而定，一般来说，要补偿的费用应包括土地使用者的直接损失和间接损失。

第七节 划拨土地的补偿问题

在拆迁实务中，经常有人会问起划拨土地本身是否可以获得补偿的问题。那么，通过划拨方式取得国有土地使用权的被征收人，究竟能否获得补偿？

获得国有土地使用权有两种方式：出让和划拨。出让，是指国家将国有土地使用权在一定年限内出让给土地使用者，由土地使用者向国家支付出让金的行为。划拨，是指经县级人民政府依法批准，在土地使用者缴纳补偿、安置等费用后将该幅土地交付其使用，或者将土地使用权无偿交付土地使用者的行为。在征收国有土地的过程中，以出让方式获得的土地，征收方会给予补偿；以划拨方式取得的土地，却是无偿征收。

《土地管理法》第五十八条规定，有关人民政府自然资源主管部门报经原批

准用地的人民政府或者有批准权的人民政府批准，可以收回国有土地使用权，为实施城市规划进行旧城区改建以及其他公共利益需要，确需使用土地的，对国有土地使用权人应当给予适当补偿。《城市房地产管理法》第二十条规定，国家对土地使用者依法取得的土地使用权，在出让合同约定的使用年限届满前不收回；在特殊情况下，根据社会公共利益的需要，可以依照法律程序提前收回，并根据土地使用者使用土地的实际年限和开发土地的实际情况给予相应的补偿。

通过前述规定可知：划拨土地使用权是土地使用者依法取得的土地使用权，应当给予公平合理的补偿。被拆迁方遭遇以"划拨方式"为由认定土地使用者无权获得补偿时，可以通过法律程序获得应有补偿。

划拨土地使用权也是土地使用者依法取得的土地使用权，也应当给予公平合理的补偿。有的征收方会以土地使用权系划拨方式取得为由认定土地使用者无权获得土地使用权补偿，如果被拆迁人遇到类似的情况，可以通过法律程序获得应有的补偿。

第八节　空院落的拆迁补偿问题

平房拆迁过程中，房子另带一个面积或大或小的院落，空院落能否获得拆迁补偿。要区分以下两种情形：

一、国有土地上的空院落

实践中，拆迁方对空院落一般不单独补偿，通常是将对国有土地使用权价值的补偿包含在对被征收房屋价值的补偿中。与拆迁方主张空院落的补偿前，要先确认这部分补偿是否已经涵盖在被征收房屋的拆迁补偿中；如果确定没有涵盖，被拆方可以出示国有土地使用权证或者"房地一体"的不动产权证，证明自己对涉案院落、空地享有合法的国有土地使用权，并主张该空院落面积的补偿。

二、农村集体土地上的空院落

此类空院落的补偿有两种情况：

第一种是集体土地已被征收。《土地管理法》第四十八条第四款明确规定，对农村村民住宅，应当按照先补偿后搬迁、居住条件有改善的原则，尊重农村村民意愿，采取重新安排宅基地建房、提供安置房或者货币补偿等方式给予公平、合理的补偿，并对因征收造成的搬迁、临时安置等费用予以补偿，保障农村村民居住的权利和合法的住房财产权益。院落空间作为农民住宅的组成部分，应当获得相应补偿，否则无法达到居住条件有改善的标准。

第二种是城中村或者新农村改造涉及并未被依法征收的宅基地。根据《土地管理法》第六十六条的规定，为乡（镇）村公共设施和公益事业建设，需要使用土地的，农村集体经济组织报经原批准用地的人民政府批准，可以收回土地使用权，对土地使用权人应当给予适当补偿。可以看出，无论是国家征收集体土地还是以旧村改造为目的收回村民的宅基地使用权，都应依法对村民的院落空地的土地使用权予以补偿。

第九节 "以租代征"问题

"以租代征"是违法违规用地行为，国家坚决制止。"以租代征"是指以规避法定的农用地转用和土地征收审批程序，同时逃避缴纳有关税费、履行耕地占补平衡的法定义务为目的，通过租用农民集体土地进行非农业建设，在规划的范围外擅自扩大建设用地规模的行为。

一、"以租代征"的表现形式

政府与农民签订合同，租用其土地建设工程，且租期长达十几年的现象依然存在。这就是典型的"以租代征"违法行为。此种现象不仅违反了国家土地管理的基本制度，影响了耕地保护，也严重侵害了农民的土地权益，"以租代征"在农村的表现形式如下：

1. 用地者与村委会签订租赁农村集体土地协议。用地者先直接与村委会进行交流，再由村委会动员农民出租集体土地，并以村委会的名义与用地者签订协议。

2. 地方政府租赁农村集体土地。个别地方政府为加快城市建设的实现，摆脱用地指标的限制，直接以政府名义与农民签订租赁协议，将租赁的土地用于工程建设。

3. 地方政府转租农村集体土地。个别地方政府在与农民签订租赁协议后，将土地转租给第三方。

4. 地方政府促成出租农村集体土地。个别地方政府以加快经济建设为目的，违法为用地者提供担保。

5. 村民自行出租自己的承包地。村民为了个人的一时利益将自己的土地出租给用地者进行非农业建设，很容易就土地破坏或租金问题发生纠纷。

6. 村委会租用农户的承包地搞非农建设。村委会在未办理农用地转用手续的情况下，擅自使用集体土地进行非农业建设。

二、被"以租代征"的土地能否收回

《农村土地承包法》第十八条明确规定，土地承包方必须维持土地的农业用途，未经依法批准不得用于非农建设；依法保护和合理利用土地，不得给土地造成永久性损害。"以租代征"未经批准擅自改变土地用途的行为均属于违法行为，承租合同无效，且不受法律保护。被占地农户可通过主张租地合同由于"违反法律法规强制性规定"而无效，进而收回被占土地。

《国务院关于加强土地调控有关问题的通知》第六条明确规定，禁止擅自将农用地转为建设用地。农用地转为建设用地，必须符合土地利用总体规划、城市总体规划、村庄和集镇规划，纳入年度土地利用计划，并依法办理农用地转用审批手续。禁止通过"以租代征"等方式使用农民集体所有农用地进行非农业建设，禁止擅自扩大建设用地规模。农民集体所有建设用地使用权流转，必须符合规划并严格限定在依法取得的建设用地范围内。未依法办理农用地转用审批，国家机关工作人员批准通过"以租代征"等方式占地建设的，属非法批地行为；单位和个人擅自通过"以租代征"等方式占地建设的，属非法占地行为，要依法追究有关人员的法律责任。

第十节 一户多宅问题

由于历史原因和习惯做法，很多农户未经审批就在自家宅基地上盖房，致使存在一户多宅现象。随着农村宅基地管理日趋严格，一户多宅是否会面临强制拆除？

一、为什么不允许一户多宅

顾名思义，一户多宅就是一家农户占用了村集体的多处宅基地并拥有多处房屋。这种现象曾经普遍存在：村民想盖房，直接就在自己的耕地上建造，未曾经过审批程序。此类做法在浪费土地资源的同时，也容易造成"空心村"现象，所以一户多宅是不被允许的。

二、征地拆迁范围内的一户多宅在四种情况下应予以补偿

（一）全部宅基地总面积未超过规定面积

如果一户村民在村里拥有两处以上的宅基地和房屋，而宅基地的总面积并没有超过当地规定的面积，则其房屋均合法，都可予以确认补偿。

（二）因继承而一户多宅

农户通过合法继承房屋继续使用宅基地的，该房屋即归其所有，此时，农户拥有两处宅基地，则两处房屋都是合法的。

（三）分户导致一户多宅

子女成家达到了分户和建房的条件，但还未分户就已经建房，且建造的房屋符合当地规划、村集体成员无异议的，该户各处房屋都应确认予以补偿。

（四）遗留下的一户多宅

由于历史原因形成的一户多宅，基于前期复杂的农村土地情况，应尊重历史实际情况，涉及拆迁时，应避免被认定为违法建筑、强制拆除的情况发生。

一户一宅的基本政策颁布实施以后，在征收拆迁的过程中，征收方不能以一户多宅不符合规定为由，实行强拆而不予补偿；必须结合实际情况对多余部分进行分析审查，并审慎合理补偿。

三、新建的一户多宅

新规下的土地管理更规范、更严格，对在征收拆迁范围内，违规建造的以及多建的房屋不予补偿。已经确定征收、已经丈量的土地和房屋面积，应避免再抢

建房屋；否则，多出的房子可能被认定为违建而不予补偿，业主反而会损失建房成本，造成不必要的浪费和损失。

第十一节　农村宅基地本身的拆迁补偿问题

目前，农村宅基地上的房屋因征收拆迁而必然获得补偿已经是众所周知的事情，但是，农村宅基地本身是否也有一定的拆迁补偿利益呢？

土地和房屋都是农民的重要财产，在房屋征收过程中，我们只知道房屋征收有补偿，但对宅基地应如何进行补偿却不清楚，有的人甚至不知道对宅基地的"地"也需要补偿。下面我们来具体看看这种情况，一般而言，宅基地上的房屋征收涉及三种补偿利益，分别是宅基地所有权、宅基地使用权和房屋所有权。在这些问题中，农村宅基地所有权归村集体所有，集体会将宅基地分配给农民使用，如建房等，因此宅基地使用权人享有宅基地使用的权益和宅基地上房屋的所有权。

因此，针对农村宅基地补偿，如果在房屋价值的补偿中已经包括宅基地的价值，则通常无须再对宅基地进行补偿。如果房屋补偿只有建造安装价或重置价，那么宅基地本身也有补偿的价值。主要包括以下三种方式：

1. 安置宅基地建房。在集体土地未被全部征收，村集体还有新的宅基地可以批给被拆迁人时，如果被拆迁人愿意，则可以选择重新审批。

2. 提供住房安置。按照原房屋的面积和价值，征收方需要向被拆迁人提供同等价值与面积的房屋产权进行置换，而且安置地点一般是就近安置。

3. 货币补偿。若被拆迁人选择用货币补偿的方式安置，则房屋的价值将根据房屋的重置新价予以补偿，农村房屋位于城市规划区的，也可以按照市场价予以补偿。但是，每个地区的宅基地区位价格都有差异，所以各地的房屋价值和各个被拆迁人的房屋重置成新价也不统一。当然，在与有关部门商议对房屋进行补偿时，不能忽略因征收而造成的搬迁、临时安置、室内装饰装修等费用，如果是商铺，则也有可能涉及停产停业损失等费用。

第十二节 "外嫁女"是否有权获得征地、拆迁补偿款问题

在一些农村地区，不让"外嫁女"享受娘家的任何福利，这是对女性相关权益的剥夺，让女性失去了很多保障。随着社会的发展，越来越多的农村女性开始重视并希望保护自身的合法权益。根据《农村集体经济组织法》第八条第三款的规定，妇女享有与男子平等的权利，不得以妇女未婚、结婚、离婚、丧偶、户无男性等为由，侵害妇女在农村集体经济组织中的各项权益。另据《妇女权益保障法》第五十五条的规定，妇女在农村集体经济组织成员身份确认、土地承包经营、集体经济组织收益分配、土地征收补偿安置或者征用补偿以及宅基地使用等方面，享有与男子平等的权利。申请农村土地承包经营权、宅基地使用权等不动产登记，应当在不动产登记簿和权属证书上将享有权利的妇女等家庭成员全部列明。征收补偿安置或者征用补偿协议应当将享有相关权益的妇女列入，并记载权益内容。

一、"外嫁女"权益受侵害的四种常见情形

1. 关于土地承包经营权。户口未迁出的"外嫁女"分不到承包地，已经分配过的，结婚之后又被强制收回。

2. 关于征地补偿款分配权。征地补偿款作为被征收土地农民的补偿，户口没有迁出的"外嫁女"，仍然属于村集体成员，应当得到和同村村民一样的补偿权利。

3. 关于宅基地分配权。对农民来说，宅基地是赖以生存的重要权益，又和征地补偿款紧密联系，有的家庭在宅基地分配问题上，以"姑娘迟早要嫁出去"为由，剥夺女性成员的权利。

4. 关于集体福利。有的村委会以村民自治和大多数村民的意见为由，剥夺或限制"外嫁女"享受村民待遇。

二、不同观点的交锋

第一种意见认为，"外嫁女"出嫁到其他村，已经丧失了出嫁前所在地集体

经济组织成员的资格。

第二种意见认为，土地征用补偿费的发放应当依照当地户籍人口为首要原则，同时兼顾土地的生活保障功能，对于特殊情况特殊处理。只要集体经济组织成员没有将户籍迁出，没有取得其他集体经济组织的成员资格并重新获得土地承包经营权或者被纳入社会保障体系，就应当享有原户籍所在地的土地征用补偿费用的请求权。

第三种意见认为，公安机关的户籍登记在认定是否具有集体经济组织成员身份上只具有参考作用，并不具有确定集体经济组织成员身份的作用，因为我国法律并没有赋予公安机关具有确定土地补偿费的分配主体的行政职权，所以不能以出嫁前的户籍登记来认定是否具有村集体经济组织的资格。

"外嫁女"在拆迁过程中是否享有宅基地使用权？根据《土地管理法》第九条的规定，农村和城市郊区的土地，除由法律规定属于国家所有的以外，属于农民集体所有。这规定了宅基地使用权只能归属于本村集体组织成员，实际上是属于农村集体成员的建房福利。同时该法第六十二条规定，农村村民一户只能拥有一处宅基地。这一条文有两层含义：一是宅基地实际上是以户为单位审批的；二是每户人家只能有一块宅基地。申请建房用地时是以户为单位，其中也包括"外嫁女"名字，而后其虽然出嫁，但是并未重新审批建房，事实上仍然对宅基地享有权利。所以在这种情况下，"外嫁女"应该享有宅基地份额。

三、"外嫁女"享受公平待遇的法律基础

土地是农村集体经济组织成员赖以生存的基本生产资料，农村集体经济组织成员是靠土地为生，没有了土地就失去了基本的生活保障。《最高人民法院关于审理涉及农村土地承包纠纷案件适用法律问题的解释》第二十二条规定，"农村集体经济组织或者村民委员会、村民小组，可以依照法律规定的民主议定程序，决定在本集体经济组织内部分配已经收到的土地补偿费。征地补偿安置方案确定时已经具有本集体经济组织成员资格的人，请求支付相应份额的，应予支持"。从该司法解释中可以看出，只要具有集体经济组织成员资格就可以请求获得相应份额的土地补偿费。而对于集体经济组织成员资格的确定并没有明确的法律规定，在民法解释学中称为"不确定概念"，也就是说虽然找到了法律或者司法解释的规定，但是该概念的适用条件或者范围不明确，需要根据公正、利益平衡的司法理念和个案的具体情况采用释法说理的方式进一步确定该概念的合理含义。

由于土地是依据当地户籍按人口进行分配的，那么土地征用补偿费的发放也应当依照当地户籍人口为首要原则，同时兼顾土地的生活保障功能，对于特殊情况特殊处理。只要集体经济组织成员没有将户籍迁出，没有取得其他集体经济组织的成员资格并重新获得土地承包经营权或者被纳入社会保障体系，就应当享有原户籍所在地的土地征用补偿费用的请求权。如果土地被征用而又不能获得相应的土地征用补偿费，那么作为农民的集体经济组织成员就失去了最基本的生活保障。

根据《农村土地承包法》第三十一条之规定，承包期内，妇女结婚，在新居住地未取得承包地的，发包方不得收回其原承包地。同时《民法典》第二百四十三条第二款规定，征收集体所有的土地，应当依法及时足额支付土地补偿费、安置补助费以及农村村民住宅、其他地上附着物和青苗等的补偿费用，并安排被征地农民的社会保障费用，保障被征地农民的生活，维护被征地农民的合法权益。

四、应当对"外嫁女"在拆迁中的补偿安置权利公平处理

在我国现有法律中，关于"外嫁女"是否享有农村集体经济组织成员资格以及能否享受与普通村民同等待遇的问题，并未作出不同于普通村民的特殊规定。根据最高人民法院处理类似案件的裁判情况，对涉及"外嫁女"的问题，一般从以下六个方面予以综合考量。

1. 户籍在征地拆迁完成前是否仍在原集体经济组织。这是确定"外嫁女"是否享有娘家村民安置补偿待遇必须具备的前提。

2. 是否在原集体经济组织实际生产生活。如果"外嫁女"不在娘家居住生活，则很难与娘家村集体形成固定的生产生活关系，但也要区分"外嫁女"是否存在外出务工的情形。对于户口仍在原籍的农村外出务工人员，政府制定了一系列的保障性政策和措施，其户籍所在地的村民委员会，在决定涉及其权益的重大事项时，应及时通知其本人，使其可以通过适当方式行使其民主权利。而对长期在外务工的"外嫁女"，则不能以非常住为由剥夺其应享有的村民待遇。

3. 是否以原集体经济组织的土地为基本生活保障。土地是农村集体经济组织成员的重要生产资源和基本生活保障，如果"外嫁女"在娘家村集体之外没有分得土地，则不能简单地以其在娘家有无土地作为认定其安置补偿待遇的因素。

4. 是否在其他集体经济组织中享受过村民待遇。如果"外嫁女"在娘家村集体之外没有享受过安置补偿待遇，则其安置补偿权利应予保障。

5. 原集体经济组织村民会议的讨论意见。如果村民会议涉及"外嫁女"的安置补偿问题，则应当就相关情况调查核实。

6. 是否履行在原集体经济组织所应履行的村民义务。这是判断"外嫁女"是否存在有别于其他村民而不应予以安置补偿的事实状态的依据。

五、"外嫁女"在拆迁中安置补偿权利受到侵犯如何维权

1. 要求乡镇人民政府责令改正。《村民委员会组织法》第二十七条第二款、第三款规定，村民自治章程、村规民约以及村民会议或者村民代表会议的决定不得与宪法、法律、法规和国家的政策相抵触，不得有侵犯村民的人身权利、民主权利和合法财产权利的内容。村民自治章程、村规民约以及村民会议或者村民代表会议的决定违反前款规定的，由乡、民族乡、镇的人民政府责令改正。如果"外嫁女"认为村民会议或村规民约的内容使自己的合法权益受到侵害，则其可以向当地人民政府申请责令改正，当地人民政府应当执行监督工作。

2. 向行政机关申请复议。《行政复议法》第十一条第十一项规定，行政机关有保护人身权利、财产权利、受教育权利等合法权益的法定职责，行政机关拒绝履行、未依法履行或者不予答复的，公民、法人或者其他组织可以申请行政复议。

3. 向人民法院提起诉讼。根据《行政诉讼法》第十二条第一款第六项的规定，申请行政机关履行保护人身权、财产权等合法权益的法定职责，行政机关拒绝履行或者不予答复的，公民、法人或者其他组织因此提起诉讼的，人民法院应当受理。所以，如果"外嫁女"的利益受到损害，则其可以通过法律途径来维护自己的合法权益。

4. 依法寻求公益诉讼。2022年11月25日，最高人民检察院会同中华全国妇女联合会联合发布《妇女权益保障检察公益诉讼典型案例》①，总结推广各地开展妇女权益保障检察公益诉讼的典型经验，充分发挥公益诉讼检察职能作用。其中，案例7是新疆维吾尔自治区博尔塔拉蒙古自治州人民检察院督促保护农村妇女土地承包经营权行政公益诉讼案，针对基层政府违法收回"外嫁女"土地、

---

① 《妇女权益保障检察公益诉讼典型案例》，载最高人民检察院网站，https://www.spp.gov.cn/xwfbh/dxal/202211/t20221125_593721.shtml，最后访问时间：2024年6月26日。

侵害农村妇女土地承包经营权的情形，检察机关通过公开听证、检察建议等方式，督促基层政府及相关业务主管部门履行主体责任，通过个案办理推动类案监督，切实解决侵犯妇女合法权益问题。

第十三节　未成年人（儿童）是否有权获得征地、拆迁补偿款问题

前面已经提及了"外嫁女"的权益问题，接下来将对未成年人，即儿童是否可以正常获得拆迁安置补偿予以介绍。

《最高人民法院关于审理涉及农村土地承包纠纷案件适用法律问题的解释》第二十二条规定，农村集体经济组织或者村民委员会、村民小组，可以依照法律规定的民主议定程序，决定在本集体经济组织内部分配已经收到的土地补偿费。征地补偿安置方案确定时已经具有本集体经济组织成员资格的人，请求支付相应份额的，应予支持。可见，分配土地补偿款的前提是具有集体经济组织成员资格。

如何获得集体经济组织成员资格？未成年人能否具有该资格？按照概念解释，农村集体经济组织成员资格是身份权和成员权，具体理解为农村集体经济组织的成员对集体经济组织所享有的权利。在集体土地征收中，该权利表现为获取征地补偿。成员资格的取得方式有两种：原始取得和继受取得。原始取得，是指在该村集体组织出生，且其父母双方或一方具有该集体经济组织成员资格的未成年人，原始取得该成员资格。继受取得，是指原本并非本集体经济组织成员，通过结婚等方式获得集体经济组织成员资格的方式。

此前，四川省高级人民法院审理了一起侵害未成年人权益纠纷案，[1]该案中村集体经济组织将未成年的王某以"空挂户"为由，不予分配土地征收补偿款，王某起诉，法院经审理认定原告王某户籍在本村，且居住在本村，其属于村集体经济组织成员，有权分配征收补偿款。

综上所述，对于集体土地征收的补偿款，只要具有集体经济组织成员资格的

---

[1] 参见四川省高级人民法院（2018）川民申 2403 号民事裁定书，载中国裁判文书网，https：//wenshu.court.gov.cn/website/wenshu/181107ANFZ0BXSK4/index.html?docId=qIJOWP4ZZeOPwfEqC2wtL4ouidjCy+chnecInpISkOSNd66VUVsITJO3qNaLMqsJz1WvBXN8mgFE3z3XhifmxiN05NRB6QgWvb77MR4zDn7zeanw5AGmyf49+0r0oO0a，最后访问时间：2023 年 5 月 6 日。

村民，就一律享有平等分配权。在征收拆迁过程中，遭遇类似案例的成员可通过法律途径维护自身的合法权益。

第十四节　现役军人是否有权获得征地、拆迁补偿款问题

一、公民因应征入伍注销户口是一种临时性措施

公民应征入伍后注销其户口，是由1958年1月全国人大常委会通过、现今仍有法律效力的《户口登记条例》所规定的。《户口登记条例》的规定，公民应当在经常居住的地方登记为常住人口，一个公民只能在一个地方登记为常住人口；现役军人的户口登记，由军事机关按照管理现役军人的有关规定办理；被征集服现役的公民在入伍前注销户口，复员、转业和退伍的军人凭县（市）兵役机关或者团以上军事机关发给的证件，到迁入地的户口登记机关申报迁入登记，以避免户口的重复登记和双重管理。可见，因服兵役注销户口只是一种临时性措施，与一般的公民户口迁移是有本质区别的。

二、农村籍军人服役期间土地权益受法律保护

为保证农村籍义务兵和军士服役期满退伍回乡后从事生产劳动的需要，法律明确规定保留他们的土地承包经营权。《军人抚恤优待条例》第四十二条规定，义务兵和军士入伍前依法取得的农村土地承包经营权，服现役期间应当保留。《农村土地承包法》第十七条规定，承包地被依法征收、征用、占用的，有权依法获得相应的补偿。因此，农村入伍的义务兵和军士户籍所在地土地被征用的，应当享受与当地公民同等的待遇。

三、地方征地拆迁补偿应将现役军人计入户数和人口

目前，虽然国家尚未对这一问题作出统一明确的规定，但为鼓励公民依法服兵役，解除现役军人的后顾之忧，很多地方进行了规范，明确把现役军人计入征地拆迁补偿的户数和人口，符合我国现行法律规定和优抚政策，对维护军人军属合法权益，具有重要的现实意义，值得肯定，也为其他地区处理现役军人分配、租、售住房和拆迁补偿安置问题，提供了参照依据。

第十五节　在校大中专学生户籍迁出农村后能否获得拆迁补偿安置问题

原户籍是农业户口的在校大中专学生，其户籍的迁出并不能表明其已经脱离了原集体经济组织，之所以会将户籍迁出原所在的村集体组织，是基于学校学籍管理规定的需要。在校读书的大中专学生虽然离开了原户籍所在地的村集体，但其离开户籍所在地的村集体并非去就业，而是到学校学习，是典型的消费者。他们在校的生活费、学费以及其他的花费基本上都是依靠在农村的父母或其他家庭成员的供给。如果排除原农业户口的在校大中专学生享受分配征地补偿费的权利，一方面会加重其父母或其他家庭成员的负担，另一方面也不利于国民素质的提高及农村的发展。因此，大中专学生在校学习期间，仍然应被看作其原村集体经济组织的成员。根据《村民委员会组织法》的相关规定，村民自治章程、村规民约以及村民会议或村民代表会议讨论决定的事项不得与宪法、法律、法规和国家的政策相抵触，不得有侵犯村民的人身权利、财产权利和合法财产的内容。因此，如果村集体经济组织通过召开村民大会等民主自治的方式进行表决，排除在校大中专学生享有的分配土地补偿的权利，这虽然符合村民自治原则，但因违反法律的规定而不能获得支持。以浙江省的地方实践为例，《浙江省村经济合作社组织条例》第十八条规定："因下列原因之一户籍关系迁出本村或者被注销的，应当保留社员资格……（二）全日制大、中专学校的在校学生……"因此，笔者认为，迁出村农业户口的在校大中专学生应当享有与其他村民同等的权利，可以参与征地补偿费的分配。需要说明的是，该问题目前在全国范围内还没有统一明确的规定。

第十六节　服刑人员是否可以获得补偿款问题

服刑人员被剥夺的是人身自由权利或者政治权利，国家并未剥夺其获得合法财产的权利。农村村民因为犯罪被判刑后，在服刑期间依然为村集体经济组织的成员，所以，服刑人员应当享有与其他村民同等的待遇，不应以其为正在服刑的罪犯为由拒绝分配其征地补偿款。

取得征地补偿款的前提之一为享有村民资格。服刑人员是否具有村民资格，是否有权分得土地补偿款？

对此问题，实践中存在两种不同的看法。第一种观点认为，服刑人员不具备村民资格。原因在于很多服刑人员的户口已经迁出原户籍所在地至服刑地。即使没有迁出原户籍所在地的人员，也因为在服刑人身自由受到限制而不能履行对集体经济组织应尽的义务，从而丧失了与集体经济组织的权利义务关系，不再具备村民资格。而第二种观点则认为，服刑人员并不因为人身自由受到限制而丧失村民资格，应该区分不同的情况具体办理。目前大多数采纳第二种观点，原因有以下两点。

一、服刑人员仍然具备民事权利主体资格

《民法典》第十三条规定，自然人从出生时起到死亡时止，具有民事权利能力，依法享有民事权利，承担民事义务。服刑人员因为实施刑事犯罪行为而受到国家法律的严惩，丧失了人身自由及政治权利。但刑法与民法是两个相互独立的法律部门，国家根据刑法剥夺服刑人员的人身自由并不意味着其民事权利能力也被依法剥夺。自然人的民事权利能力是自然人成为民事主体，享受民事权利和承担民事义务的资格。由此可见，服刑人员的民事权利能力并不因为其人身自由的暂时丧失而丧失。

二、服刑人员并未完全丧失与集体经济组织的权利义务关系

1. 在服刑人员被限制人身自由之前，其与集体经济组织之间的权利义务关系当然存在。

2. 服刑人员在被关押期间这种权利义务关系是否自然终止，要根据服刑人员户口是否迁出原户籍所在地的不同情况进行区分。在服刑人员户口迁出原户籍所在地的情况下，并不能以此为依据而否定服刑人员享有村民资格。因为服刑人员对集体经济组织应尽的义务多由其家属代为履行，而且其户口的迁出并不是出于服刑人员本身意愿，所以其未尽村民义务是出于法律规定的原因。在户口未迁出原户籍时，服刑人员从形式上还是该村村民，而实质上，实践中土地承包合同的期限一般都比较长，村民委员会一般不会因为某村民被判刑而收回他们的承包地。这样服刑人员与集体经济组织签订的土地承包合同一般不因其实施犯罪行为

而无效,至于其对集体经济组织的义务则由其家属代为履行。在这种情况下,服刑人员与农村集体经济组织彼此之间的权利义务关系通过这一特殊的形式得以存续,其可继续享有村民资格。

3. 在服刑期结束之后这类人员一般还是会返回原户籍所在地。原户籍所在地从本质上而言仍然是与服刑人员关系最为密切的地方。如果仅仅因为其户口迁出农村便一概否定服刑人员的村民资格,将会造成这类人员在刑满释放后的身份归属难以认定,失去经济来源,生活没有着落,成为社会的不稳定因素。

因此,服刑人员的村民资格并不因人身自由受到限制而丧失,其仍然享有被分配征地补偿款的权利。但是在具体数额分配上,鉴于这类人员的特殊性,还是应当区分对待,灵活处理。对于被判管制的服刑人员,由于其并未被实际关押,因而这类人员对集体经济组织的实际义务履行并未受到影响,他们在分配征地补偿款方面应当与其他村民相同。而对于被判拘役、有期徒刑或者无期徒刑的服刑人员,尤其是关押时间较长的服刑人员,尽管已由其亲属代为履行村民义务,但是出于权利义务相一致的原则,在不否定其村民资格、不剥夺其收益分配权的情况下,可经村民会议或者村民代表会议讨论,对其收益分配权给予一定的限制。

第十七节　承租人的拆迁补偿问题

一、承租人的拆迁权利

《征补条例》于 2011 年 1 月 21 日实施,2001 年 6 月 13 日国务院公布的《城市房屋拆迁管理条例》同时废止。《征补条例》实施的亮点颇多,最主要内容之一是行政强制拆迁从此退出了历史舞台,但其对于房屋拆迁中的承租人的权利如何维护未作规定,而《城市房屋拆迁管理条例》第二十七条、第三十一条对承租人的补偿安置有明确的规定。

实践中,无论是小本生意承租人,还是经营企业的承租人,都会遇到房屋拆迁的情况。那么,他们的权利如何得到保障是《征补条例》实施后所面临的一个难题。京平律师认为,虽然《征补条例》中没有关于承租人补偿安置的具体条文,但承租人也有权获得政府对他们的合理补偿。

《征补条例》第二条规定,为了公共利益的需要,征收国有土地上单位、个人的房屋，应当对被征收房屋所有权人给予公平补偿。根据以上法律的规定，虽然《征补条例》中明确规定了房屋所有权人是被征收人，但承租人也应当从政府获得合理的损失补偿，理由如下：

1. 对房屋所有权人补偿的性质应当认定为对其丧失物权的损失补偿，而物权的功能包括占有、使用、收益、处分。租赁合同实际上是所有权人将物的占有、使用、部分收益权能过渡给承租人的合同，承租人基于有效的合同受让物权的占有、使用、部分收益权能，其收益当属合法，应当与所有权人一道受到法律的保护。在租赁期内，因征收拆迁不能履行租赁合同的，征收拆迁的主体政府应当对承租人的损失予以补偿。

2. 事实上，根据《征补条例》第十七条的规定，作出房屋征收决定的市、县级人民政府对被征税人给予的补偿包括因征收房屋造成的搬迁、临时安置的补偿，因征收房屋造成的停产停业损失的补偿。当租赁事实不存在时，所有权人获得前述两项补偿并无异议，但存在租赁事实时，若都让所有权人获得则显失公平。

3. 即使所有权人获得拆迁补偿安置的全部补偿项目，承租人与所有权人也会因拆迁无法继续履行合同而发生争议，承租人有权依据租赁合同追究所有权人的违约责任，如此一来便会导致诉讼，最终由法院判令所有权人退还前述两个补偿项目的补偿，既浪费司法资源，又容易引起不必要的矛盾，甚至不利于社会的和谐。

因此，政府作为拆迁征收的主体应当对承租人发生的损失给予补偿，当然为了更好地解决承租人的实际拆迁补偿的问题，相关部门应当出台相应的规定以更明确地解决房屋征收承租人的补偿问题。

二、房屋拆迁面积计算

房屋拆迁通常以房屋建筑面积作为补偿与安置依据。房屋建筑面积，一般以房地产权证记载的建筑面积为准。无房地产权证的，以相关批准文件记载的建筑面积为准；实际建筑面积小于相关批准文件记载的建筑面积的，以实际建筑面积为准。以上海市为例，根据《关于贯彻执行〈上海市国有土地上房屋征收与补偿实施细则〉若干具体问题的意见》的规定，相关批准文件未记载建筑面积，或者虽无批准文件但有相关材料证明在1981年以前已经建造并用于居住的房屋，以房屋行政管理部门认定的房屋调查机构实地丈量的建筑面积为准。

承租的公有非居住房屋，以房屋租赁合同记载的建筑面积为准。承租的公有居住房屋，以租用公房凭证所记载的建筑面积为准。

有房屋所有权证的，以房屋所有权证书载明的建筑面积或房产管理部门确认的实际测量面积为准。房屋所有权证载明的建筑面积小于土地使用面积的，区位补偿面积应当按照土地使用面积计算。

对于临时建筑、阁楼以及实际建筑面积大于房屋所有权证所记载的面积的，视具体情况而定，违章建筑一律不予补偿安置。

三、有限产权房屋的拆迁补偿

有限产权，又称部分产权，是指职工以标准价购买的公有住房，对该房屋享有占有权、使用权、有限的收益权和处分权，并可以继承该房屋。

有限产权的有限性，主要体现在处分权和收益权。首先，在处分权方面，职工以标准价购买的公有住房，不能像其他购房人一样可自行处分其房屋，一般要住用5年后方可依法进入市场，并且在同等条件下，原售房单位有优先购买、租用权，原售房单位撤销的，当地人民政府房地产管理部门有优先购买、租用权。其次，在收益权方面，以标准价购买，职工拥有部分产权的已购公有住房出售、出租房屋的收入在补交土地使用权出让金或所含土地收益和按规定交纳有关税费后，单位和个人按各自的产权比例进行分配。原产权单位被撤销的，其应当所得的部分由房地产交易管理部门代收后，纳入地方住房基金专户管理。

对于有限产权房屋的拆迁补偿应当明确以下两点：

1. 有限产权房屋的所有人是职工个人而不是单位。即职工个人是唯一合法的被拆迁人，关于有限产权的性质，应界定为购房职工对住房的单独所有权，虽然从住房的建设投入资金来看，应该属于共有产权，但立足于我国的现实房改政策的价值取向，法律制度设计以及个人与社会利益的相互平衡来看，在实际操作中不宜将住房的有限产权界定为共有产权。

2. 对有限产权的拆迁补偿，购房职工个人是唯一受益主体。对于有限产权的住房拆迁，职工个人有权选择拆迁补偿方式，其收益应归个人所有。虽然对有限产权的处分权和受益权有所限制，但由于房屋拆迁也是为了适应国家建设的需要，且房屋一旦拆迁，将不复存在。再则，职工根据国家的房改政策所应当享有的购房优惠仅此一次，应当充分尊重职工个人的选择。并且，已购公房的拆迁补偿与已购公房的出售在性质上有本质的不同。基于以上几方面的考虑，对有限产权的房屋拆迁补偿，购房职工个人才是唯一受益主体，其所受补偿收益不再与原产权单位按比例分享。

典型案例 34

公房承租人获得合法补偿案

【案情简介】

齐女士在某省会城市承租了某公司的公房，装修后用于经营美发店，并办理了《国有房产非住宅房屋使用证》和经营手续，考虑到经营的需要，齐女士又从某公司购买了屋后楼梯间。因棚户区改造项目，齐女士的美发店被纳入拆迁范围。然而，当每家每户都"如火如荼"地开展拆迁谈判时，齐女士却被"晾在一旁"。齐女士决定通过法律手段解决这起拆迁纠纷，遂聘请了京平律师团队代理维权。

【办案经过】

京平律师介入后，迅速启动调查取证程序来全面掌握委托人美发店所在地的拆迁项目进展情况，同时，指导委托人对美发店的方位、外观内饰等进行拍照录像取证，做好充足准备。2017年9月，为了加快拆迁进度，区政府径行对委托人的美发店作出了《房屋征收补偿决定》。京平律师迅速起草起诉状，并指导委托人向法院提起诉讼，请求撤销区政府作出的《房屋征收补偿决定》。

【办案结果】

最终，法院判决如下：
撤销区政府作出的《房屋征收补偿决定》。

【律师点评】

在国有土地上房屋的征收工作中，如果当事人拥有俗称"大红本"的国有土地房屋所有权证书，那么相对来说就处于比较有利的地位，至少在权属方面不会受到征收方的质疑。但对属于历史遗留问题的公租房来说，情况就可能不太乐观。公租房多半属于历史遗留问题，在拆迁中由于产权证的缺失，在与征收方的谈判中往往处于弱势地位。

第十八节　村委会截留征地补偿款问题

在农村土地征收中，众多农民朋友就补偿款问题咨询律师，大致内容为：村里土地被征收，却没拿到补偿款，找征收方，征收方说款项已经转给村里，他们转而找村委会要，村委会却一直拖着不给。他们该怎么办？

一、征地补偿款分配权

根据相关法律法规的规定，农民集体所有的不动产和动产属于本集体经济组织成员集体所有，土地补偿款归农村集体经济组织所有。村集体有权依照法定程序经本集体成员决定土地补偿款等费用的使用和分配办法。村委会是基层群众性自治组织，征地补偿款的使用及分配方案，必须由村民会议或者经授权的村民代表会议讨论决定。村委会对村民会议的决定有执行权，但对征地补偿款的使用及分配无决定权。

应该强调的是，无论是村民会议还是村民代表会议的决定，都必须平等地保护本集体经济组织成员的权益，不得与宪法、法律、法规和国家政策相抵触，不得有侵犯村民的人身、合法财产和民主权利的内容。

二、村委会截留征地补偿款的应对

《土地管理法实施条例》第三十二条第二款规定，地上附着物及青苗补偿费归其所有人所有。通俗来讲，土地补偿款决定于土地的所有制性质，国家征收农民土地的，征收补偿款并非属于农民个人，而是属于村集体经济组织，由该组织在本集体经济组织成员中分配征收补偿款。

村委会可以预留土地补偿款的一部分，用于村内的公共建设或者公益用途，提留比例的高低、金额的多少，村委会不能随意决定。可参考《国务院关于深化改革严格土地管理的决定》第十五条的规定，省、自治区、直辖市人民政府应当根据土地补偿费主要用于被征地农户的原则，制订土地补偿费在农村集体经济组织内部的分配办法。对于土地补偿费，村委会可以提留多少，目前全国并没有统一的规定，而是由各省自行制订分配办法。实践中，集体经济组织提留比例为10%至30%。

具有集体经济组织成员资格的村民，如果其土地被征收，则有权获得属于自己被征土地补偿款的分配份额，如果村委会拒不分配补偿款或者提留比例过高，则可按《村民委员会组织法》第三十一条的规定，向乡/镇人民政府或者县级人民政府及主管有关部门反映，提请有关部门调查核实并责令村委会依法公开该项信息；查证发现确有违法行为的，相关人员依法承担相应责任。同时，该法第三十六条也规定，村民委员会或者村民委员会成员作出的决定侵害村民合法权益的，受侵害的村民可以申请人民法院予以撤销，责任人依法承担法律责任。村委会不履行法定义务的，由乡、民族乡、镇的人民政府责令改正。对上述村委会截留征收土地补偿款的行为，乡、镇政府有权实施监督。

前述补偿款的分配过程中，如果发生下列情况，那么村民应提高警惕，启动法律程序维权：（1）村委会未依法召开村民会议，直接作出决定；（2）召开村民会议的程序不合法；（3）会议作出的决定确实侵害了村民的权益。

第十九节　婚前房屋拆迁补偿款的归属问题

夫妻共同财产的归属，一直为大家所关心。婚前房屋被拆迁，这笔超过房屋本身价值的拆迁补偿款，是归属夫妻共同财产还是产权证所有人个人财产？

对此，主要有两种观点：（1）拆迁补偿款发生在夫妻关系存续期间，且政府补偿时以家庭为单位，应属夫妻共同财产。（2）既然是婚前财产，拆迁补偿款只是对该财产的形态转化，那就应属房屋所有人个人财产。

根据《征补条例》第十七条的规定，作出房屋征收决定的市、县级人民政府对被征收人给予的补偿包括：被征收房屋价值的补偿；因征收房屋造成的搬迁、临时安置的补偿；因征收房屋造成的停产停业损失的补偿。可见，政府的拆迁补偿款包括两部分：（1）对房屋价值的补偿；（2）对家庭成员的其余补偿，包括搬迁、临时安置补偿。因此对于拆迁补偿款的归属应区别对待。

《最高人民法院关于适用〈中华人民共和国民法典〉婚姻家庭编的解释（一）》第二十六条规定，夫妻一方个人财产在婚后产生的收益，除孳息和自然增值外，应认定为夫妻共同财产。房屋在婚姻存续期间的自然增值应当被认为是夫妻一方的个人财产。对被征收房屋价值的补偿既是对被拆迁房屋所有人给予的补偿，也是对土地使用权被征收、地上建筑物被拆除所受损失的补偿。拆迁补偿款中被征收房屋价值的补偿部分是对个人财产的形态转化，不因婚姻关系的存续而转变为夫妻共同财产，虽有增值，但亦为夫妻一方的个人财产。因此，对被征收房屋价值的补偿款，应属房屋所有人的个人财产。

房屋被拆迁，房屋所有人和居住其中的配偶都会受到影响，其余补偿款就是弥补家庭成员因搬迁、安置而产生的必要费用，是夫妻关系存续期间的所得收益。搬迁、临时安置补偿部分应属夫妻共同财产。

婚前房屋面临拆迁，当事人应该明确，拆迁补偿款中，搬迁、临时安置的补偿部分属于夫妻共同财产。

典型案例 35

离婚后夫妻共有房屋仅一人签订拆迁补偿协议违法案

【案情简介】

2009 年，某市某女士与本案第三人某先生结婚，婚后共同居住在该市某村，居住的房屋系某女士的公公所有，后为了生活，夫妻双方共同出资加盖了二层和三层。2014 年 1 月，某女士的公公立下遗嘱，其财产归儿子和儿媳共同所有。同年 8 月，某女士与某先生离婚，但未对夫妻共同财产进行划分。

2015 年 4 月，因当地某项目建设需要征收，该房屋在征收范围内。2015 年 8 月 20 日，该市自然资源和规划局某区分局与某先生签订了《房屋拆迁补偿补充协议》。2017 年 6 月，该房屋被拆除，某女士报了警，但一直未收到任何答复。

2018 年 1 月，某女士起诉该市公安局某分局不履行法定查处职责，该公安分局将市自然资源和规划局某区分局与某先生签订的《房屋拆迁补偿补充协议》作为证据提供，某女士才知晓该协议的存在。

某女士认为，市自然资源和规划局某区分局明知其是房屋的合法所有权人，明知某先生不是签订安置协议的适格主体，为了规避公平合理的补偿，故意与某先生签订拆迁补偿协议，损害了其合法权益。在京平律师的指导下，某女士提起行政诉讼，请求法院撤销市自然资源和规划局某区分局与某先生于 2015 年 8 月 20 日签订的《房屋拆迁补偿补充协议》。

【办案经过】

关于某女士的起诉期限是否超过法定期限的问题。市自然资源和规划局某区分局主张，据2015年某女士起诉某先生以及某先生的妹妹要求分割他们父亲的遗产的民事判决中，曾提及某先生签订了《房屋拆迁补偿补充协议》，推断某女士作为当事人已经知道该协议的内容。

关于这一问题，首先，该民事判决中提及的房屋拆迁补偿款与本案中的房屋拆迁补偿款金额不一致，并不能直接确定为系同一份协议。其次，根据相关法律规定，"行政机关作出行政行为时，未告知公民、法人或者其他组织起诉期限的，起诉期限从公民、法人或者其他组织知道或者应当知道起诉期限之日起计算，但从知道或者应当知道行政行为内容之日起最长不得超过一年"。本案中，市自然资源和规划局某区分局未举证证明某女士知道该协议内容的具体时间，而且上述提到的民事判决于2017年5月25日作出，某女士于2018年3月1日提起本诉，期间尚未超过一年。所以，某女士的起诉期限并未超过法定期限。

另外，市自然资源和规划局某区分局作为具有组织实施征地补偿相关工作的部门，应当对被拆迁房屋的权属情况及涉及的人员情况进行调查核实，就本案而言，无论涉案房屋二层、三层是属于公公的遗产还是夫妻共同财产，某女士对涉案房屋均享有一定的权益，而且某女士与某先生的户口均登记在涉案房屋之上，市自然资源和规划局某区分局在未对某女士就涉案房屋是否享有拆迁补偿权利进行调查认定的情况下，即按法定继承认定涉案房屋全部属于某先生所有，显然不合理。

【办案结果】

最终，法院支持京平律师的观点，判决如下：

撤销市自然资源和规划局某区分局与某先生于2015年8月20日签订的《房屋拆迁补偿补充协议》。

【律师点评】

对于那些在权属方面有共有关系的亲属之间，如果其中的成员之间意见不一致，则就可能发生愿意与征收方妥协的成员绕开其他相关人员与之签订协议，侵犯其他成员合法的征迁补偿利益的情形，这通常带有一定的隐蔽性，往往需要提起相关法律程序后才能发现，最终获得维护自己合法权益的机会。

第二十节　签协议后迟迟不分房问题

各地征地拆迁中，双方签订补偿协议并约定采取安置房形式予以补偿。但却时有发生被征房屋早已被拆除、征收方长期不交付安置房的情况。被征收人应该如何维权？

一、是否构成违约

该问题关键点在于：补偿协议中是否约定了安置房的交付时间？

1. 协议中已经明确约定了安置房的交付期限，征收方超出期限仍未履行安置房交付义务，即构成违约。

2. 补偿协议中未约定交付安置房的时间。根据《民法典》第五百一十条"合同生效后，当事人就质量、价款或者报酬、履行地点等内容没有约定或者约定不明确的，可以协议补充；不能达成补充协议的，按照合同相关条款或者交易习惯确定"和第五百一十一条第四项"履行期限不明确的，债务人可以随时履行，债权人也可以随时要求履行，但是应当给对方必要的准备时间"之规定，即使协议未约定交付时间，行政机关也应在合理期限内交付安置房，保障被拆迁方的居住权利。交付期限可根据临时过渡期的相关约定来确定，该期限就成为征收方是否逾期违约的判断条件。

二、违约处理

《行政诉讼法》第七十八条第一款规定："被告不依法履行、未按照约定履行或者违法变更、解除本法第十二条第一款第十一项规定的协议的，人民法院判决被告承担继续履行、采取补救措施或者赔偿损失等责任。"

在补偿协议合法有效的前提下，行政机关应当遵循诚实信用原则，按照协议约定履行义务。逾期交付安置房业已构成违约，行政机关应当承担继续履行、采取补救措施或者赔偿损失等责任。如果协议能够继续履行，那么人民法院可以判决行政机关按照就近安置的原则限期继续履行协议。

根据《民法典》第五百八十三条的规定，当事人一方不履行合同义务或者履行合同义务不符合约定的，在履行义务或者采取补救措施后，对方还有其他损失的,应当赔偿损失。故,如果涉案协议虽然未约定违约责任,但不能成为行政机关不承担违约赔偿责任的理由。人民法院在查明案件事实的基础上,应当依法判令行政机关承担逾期安置期间的违约赔偿责任。对于违约责任的具体承担方式,可以根据补偿协议约定或者因长期未被落实安置房而受到的实际损失酌情确定。

选择安置房补偿方式的涉拆方,在签订补偿协议时最好约定安置房的交付期限、过渡费的数额以及逾期未交房的违约责任,可以避免后期因长期未交付安置房而引发的争议和纠纷。

第二十一节　签协议后征收方毁约问题

政府作为房屋征收项目中的征收方,一些当事人对政府的行政决定是否合法、政府在拆迁征收中有哪些权力,往往知之甚少。现从(2018)最高法行申8980号行政裁定书载明的一则判例入手,分析征收项目中政府是否有权单方面变更房屋征收补偿协议。[①]

在2017年某县政府棚户区改造项目中,家住在某县某镇辖区的当事人唐某有一栋被划进征收范围的三层房屋。经某工程管理咨询公司认定,确认唐某的房屋为砖混结构,共354.23平方米,负一层及第一层用于便利店经营的面积共226.98平方米,并出具了测绘报告。某镇政府根据该报告计算出补偿唐某共计3411681.3元,并与唐某签订《房屋征收补偿协议》。唐某在收到全额补偿款后主动腾房并交征收部门拆除。

之后,某镇政府发现,某工程管理咨询公司误将唐某房屋的负一层面积认定为经营面积,导致补偿款多算了980678.5元。与唐某协商退款未果,某县政府作出《关于对被征收人唐某房屋征收补偿协议变更的行政决定书》(以下简称《行政决定书》),责令唐某退回多领款项。唐某不服,并向法院起诉撤销该决定书。本案经过一审、二审后,某县政府向最高人民法院申请再审。

本案的争议焦点是:某县政府是否有权单方面变更房屋征收补偿协议?换言

[①] 参见最高人民法院(2018)最高法行申8980号行政裁定书,载中国裁判文书网,https://wenshu.court.gov.cn/website/wenshu/181107ANFZ0BXSK4/index.html? docId = nQaEQdsLTgs7iquU8MEAtQOvePLXCLdaqHXE7yYRdUHlZaWUA8T2iZO3qNaLMqsJz1WvBXN8mgFE3z3XhifmxiN05NRB6QgWvb77MR4zDn43 + gTwff30YOsRI4OGU8DZ,最后访问时间:2023年5月5日。

之，政府单方面要求唐某退回征收补偿款，唐某是否必须退回？本案中房屋征收补偿协议系行政协议而非民事合同。根据法律规定，某县政府作为行政机关无法通过诉讼或仲裁的方式要求变更或撤销协议，故而通过作出行政决定的方式索回补偿款。

我国现有法律中，对行政机关单方行使变更、解除权的条件尚无明确规定。一般认为，行政机关只有基于行政优益权才可以行使单方变更协议的权利。换言之，在法律政策和协议基础事实变更的前提下，只有继续履行行政协议会给国家和社会带来重大利益损害的，才能单方面变更和解除行政协议。

具体到本案，最高人民法院认为，即使唐某的负一层房屋不属于经营面积，某县政府多支出一部分补偿款，某县政府也仍然缺少基于行政优益权而行使单方变更协议权的事实根据和法律依据，因此，某县政府作出的《行政决定书》应予撤销。理由如下：房屋地下一层的补偿款计算错误不可归责于当事人唐某，某县政府工作人员对征收文件中房屋用途的误判属于政府内部决策问题；当事人唐某在拆迁过程中积极配合，对于地下一层的房屋性质认定错误并无任何主观上的故意或过失，应当保护善意的唐某享有信赖利益。

从最高人民法院的判决来看，政府单方面变更房屋征收补偿协议的前提条件是：只有当行政相对人存在归责于其本人的欺诈、胁迫情形，或者权利义务存在极端无正当理由的显失公平而损害国家利益和社会公共利益等情形下，政府才可以基于行政优益权而行使单方面的变更权。

第二十二节　协议签订后是否可以反悔问题

实践中，可能会发生这样的情形：被拆迁人与拆迁方签订房屋拆迁协议后才发现补偿价格低了，想反悔多要些补偿。那么，签订拆迁协议之后还能不能反悔？

一、拆迁协议签字后，是否可以反悔

拆迁过程中签订的拆迁补偿协议，本质上是一种合同，应该受《民法典》或相关条款的约束，也就是说一般情况下双方签订完合同后，合同就生效了，任何一方在合同生效后都不能反悔。但根据《民法典》的规定，即使签订了合同，

也并不代表已签订的合同当然有效。如果被拆迁人能够证明签订的合同是无效的或者签订的合同是可撤销的，那就可以不履行合同。

根据《民法典》的规定，认定合同无效和可撤销时必须符合法定情况。

认定合同无效必须要符合法定的五种情况：（1）无民事行为能力人签订的合同无效；（2）合同双方以通谋虚伪意思表示签订的合同无效；（3）违反法律、行政法规的强制性规定的合同无效；（4）违背公序良俗的合同无效；（5）恶意串通，损害他人合法权益的合同无效。

认定合同可撤销必须符合法定的三种情况：（1）因重大误解订立；（2）在订立合同时显失公平；（3）一方以欺诈、胁迫的手段或乘人之危，使对方在违背真实意思的情况下订立合同，受损害方拥有撤销权。

二、在什么情况下可以对拆迁补偿协议提出异议

根据《民法典》关于合同无效和可撤销的相关规定，当拆迁补偿协议是因以下情形而签订的，当事人是可以反悔的：（1）签字的被拆迁人属于无民事行为能力人或限制行为能力人的。（2）拆迁方以欺诈、胁迫手段强行要求被拆迁人书面签字的，侵害了国家对土地、居民财产的合法管理权力。（3）违反法律、行政法规的强制性规定的补偿协议。（4）协议双方作为代理人签字的，超越代理权限或无代理权限签订的补偿协议。例如，在签署协议中，有些当事人不在家，只有年迈的父母在家，当遇到征地拆迁时，拆迁方让父母在补偿协议上代理子女签字，如果当事人不同意，签订的拆迁补偿协议是可以反悔的，可以通过法律途径再次争取合理补偿。（5）签订的协议是因重大误解签订的，或签订协议是显失公平的。

如果有以上五种情形发生，即使签订了拆迁补偿协议，也是可以反悔的，可以通过法院诉讼来撤销或者变更拆迁补偿协议。

已签署的拆迁补偿协议如果存在无效、可撤销事由，被拆迁人是可以不履行协议的，在协议签订过程中，被拆迁人应谨慎对待该协议，并在遭受不公平对待的情况下，做好相应的取证工作。拆迁关系到被征收人的利益，不要盲目地签署补偿协议。在签订补偿协议时，一定要反复确认协议中的补偿标准、安置房面积、交付安置房时间等事项。

第二十三节　如何通过诉讼撤销非自愿签订的协议问题

一、原告资格审查

（一）受案范围

《行政诉讼法》第十二条列举了十二项法院受理的行政诉讼案件范围，由于前十一项范围有限，法律又规定了第十二项"兜底条款"，即"其他人身权、财产权等合法权益"案件。只有属于受案范围的案件，法院才会受理。在审理征地拆迁案件中，其程序涉及多个行政行为，大多数都可依据第五项、第十二项被划入受案范围。在维权实践中，发生法院以不属于受案范围为由拒绝受案的情况相对较少。因此，即使签订了补偿协议，只要行政行为侵害了其人身权、财产权的，就属于法院的受案范围。

（二）行政诉讼的性质

行政法律关系的存在是行政诉讼的前提，它通常是一种监督和管理关系，该行为具有强制性产生增设或消减具体的权利和义务后果的性质，即对相对人的权利和义务产生影响的行为。这种影响是强制性的，如征收拆迁中的行政调解和拆迁补偿协议，因不具有行政强制性，通常不适用行政诉讼。

如果当事人认为签订的拆迁补偿协议不合理而提起诉讼的，通常适用民事诉讼程序审理，较之行政诉讼程序，适用民事诉讼程序加大了当事人的举证责任。因此在征收拆迁中，当事人签订补偿协议时，一定要慎重考虑。但对于签订补偿协议外具有强制性的行政行为，可以依法提起行政诉讼。

（三）权益受到侵害

《行政诉讼法》第二条规定："公民、法人或者其他组织认为行政机关和行政机关工作人员的行政行为侵犯其合法权益，有权依照本法向人民法院提起诉讼。前款所称行政行为，包括法律、法规、规章授权的组织作出的行政行为。"通说认为，只要行为对权益的侵害具有客观可能性，而不论这种可能性的大小就可以认为权益受到侵害。法院在对这种可能性进行判断时，应遵循保障起诉人权益的原则。在审理阶段，对公民、法人或者其他组织的合法权益受到侵害的认定，应有一定的证据作为依据，但该审查应是一种形式上的审查，即只需从表面上证明其权益受到侵害即可。

例外的情况是，在审理中原告提供的证据和事实虽然达到"形式证明标准"，但是有已经生效的法律文件和充分明确的证据可以否定的，法院可以裁定原告不适格。例如，已经生效的判决证明当事人不享有征地拆迁中的房屋所有权和土地使用权，或者由房产证和公证可以确定权利人的，当事人并不享有对因征收拆迁中的行政行为而受侵害的权益，即使应对该权益进行救济，当事人也不是适格原告。

需要注意的是，合法权益应指法律保护的全部权益，包括程序性权利，如知情权、申辩权等，因为这些权利也影响到公民对实体性权益的处分。在征地拆迁中，行政主体经常以未侵害当事人的房屋所有权和土地使用权为由，说明行政行为并未侵害当事人的合法权益，这是对合法权益做了一个错误的狭义解释。

（四）利害关系的存在

根据《最高人民法院关于适用〈中华人民共和国行政诉讼法〉的解释》第十二条的规定，有下列情形之一的，属于行政诉讼法第二十五条第一款规定的"与行政行为有利害关系"：（1）被诉的行政行为涉及其相邻权或者公平竞争权的；（2）在行政复议等行政程序中被追加为第三人的；（3）要求行政机关依法追究加害人法律责任的；（4）撤销或者变更行政行为涉及其合法权益的；（5）为维护自身合法权益向行政机关投诉，具有处理投诉职责的行政机关作出或者未作出处理的；（6）其他与行政行为有利害关系的情形。

依据此条，原告应与该行政行为有法律上的利害关系，这里的利害关系指该行为对公民的权利和义务已经或即将产生实际影响；实际影响是指取消和妨害权益的正常行使，包括权益的变更和权益状态的减弱。

（五）救济的必要性

民事诉讼领域有"诉之利益"的概念，有学者将其定位为当民事权益受到侵害或与他人发生民事纠纷时，需要运用民事诉讼予以救济的必要性，防止滥诉是它的一个重要职能，因此民事诉讼在原告资格审查时，需要考虑有无救济的必要性。但行政诉讼领域目前并不存在这个概念，原因在于行政诉讼的双重职能为维护公民权益和监督、管理行政行为。鉴于行政法的性质，在行政诉讼中，即使对当事人的救济已不能增加其实际受益的，法院在裁定时，也应偏向公益的角度，依法提供救济，防止类似的行为再次侵害公民的权益，维护行政的公正性。在实践中，即使补偿协议已经签订，当事人的房屋已经被拆除，但仍不能排除对其进行救济的必要性，如果在征收拆迁中行政行为违法的，则应依法予以纠正，这正是行政诉讼的监督管理的功能之一。

二、结语

京平律师在办理征地拆迁维权案件中，会碰到法院出于某种原因，裁定被拆迁人不属于适格原告，不予立案或驳回诉讼请求的情况。具体到实践中，对原告资格的审查应综合进行认定，只要当事人满足上诉条件，就应确认其原告资格。

典型案例36

无民事行为能力人签署拆迁补偿协议无效案

【案情简介】

原告某先生在某市某区某镇有一处房屋并居住于此。2018年10月，原告某先生与被告某镇政府签订拆迁补偿协议，同年11月，被告某镇政府将拆迁补偿款打入某先生的账户中，后拆除了案涉房屋。谢先生为某先生的哥哥且为其监护人，谢先生得知相关事件后表示某先生为智商一级残疾，其作为无民事行为能力人签署的相关拆迁补偿协议应视为无效，而谢先生作为监护人却没有收到任何通知，也未收到任何相关文件。为了维护自己的合法权益，某先生、谢先生决定委托京平律师代理其维权事宜。

【办案经过】

京平律师介入后，分析了案件的详细情况，并制定了完备的维权策略。

庭审过程中，被告某镇政府辩称："我方具有依法实施征地拆迁补偿安置的法定职权，土地征收拆迁项目的整体流程均依照国家及当地政府的相关法律法规办理。本案中我方与原告某先生签署拆迁补偿协议时，沟通顺畅并无任何障碍，且对方在签署协议书时并未表明自己存在任何残疾。我方认为即使某先生被认定为残疾但并不一定是无民事行为能力人，我方认为与某先生签署的拆迁补偿协议合法有效。"

京平律师提出：根据相关的法律规定及结合本案案情，2018年某镇政府为实施建筑项目，准备征收案涉土地及拆除案涉房屋，被告某镇政府于2018年8月在村中签订土地征收协议，10月支付了拆迁补偿款项，11月拆除征收土地上的房屋。但经原告方向政府相关部门申请信息公开后查明，直至2019年6月市政府才对涉案房屋所在土地征收作了批复，并在同一天委托某镇政府征收土地拆除房屋，所以2018年10月某镇政府并未依据相关法律法规拆除某先生的房屋，其拆除行为属于严重越权行为，应将补偿协议判决无效。

【办案结果】

最终，法院支持了京平律师的观点，判决如下：
确认原告某先生与被告某镇政府签订的《补偿协议》无效。

【律师点评】

在城乡征迁工作中，签订补偿协议是至关重要的环节之一，必须依法进行，否则，即使双方签订了补偿协议，也会因违法被确认无效或撤销。其中，作为协议乙方的被征收人必须主体适格，否则就没有资格签订相应的协议。本案中，拆迁时即使拆迁方要求您与其签署补偿协议，但依然可查询该拆迁行为是否具有合法审批手续，可向当地乡镇政府就该征收拆迁项目申请信息公开。如涉及本案中关于无民事行为能力人的认定问题，则一定要通过鉴定程序取得结果。

附　录

附录一　拆迁维权实用工具

一、国有土地上房屋征收补偿标准及计算公式

（1）房屋被征收后被征收人能够获得货币补偿的金额

房屋征收货币补偿金额=被征收房屋经由评估机构确定的市场价格（包括房屋装饰装修商定或者评估的补偿金额）+搬迁费用+临时安置费用+营业性房屋的停产停业损失（非营业性房屋无此项补偿）

（2）采取房屋置换方式补偿的差价金额

房屋征收调换产权补偿差价金额=被征收房屋的评估价格+房屋装饰装修商定或者评估的补偿金额−获得的调换产权的房屋的评估价格

（3）搬迁费用

搬迁费用=搬迁发生的实际费用或者双方约定的一定数额的搬迁补助费

（4）临时安置费用

临时安置费用=没有提供周转房情况下的临时安置费+超出过渡期限的临时安置费

（5）停产停业损失的计算方法

根据房屋被征收前的收益、停产停业的期限等因素确定，具体计算方法由各省、自治区、直辖市制定。主要有以下五种：

①根据被征收房屋的总体价值的一定比例计算，预先由双方协商约定；

②根据房屋的面积按照单位面积补偿一定金额来计算；

③根据营利性房屋前几年的年平均经营收入和利润等指标乘以停产停业的期限（年份）来计算；

④由评估机构对其进行评估确定；

⑤根据实际损失补偿计算，协商确定。

二、征收土地的补偿费用标准及查阅方法（2020年1月1日之后）

（征收其他土地可参照执行）

（1）征地补偿费用的宏观标准

"征收土地应当给予公平、合理的补偿，保障被征地农民原有生活水平不降低、长远生计有保障"。

（2）征地补偿费用类别

土地补偿费、安置补助费、农村村民住宅、其他地上附着物、青苗、被征地农民的社会保障费用。

（3）土地补偿费

标准由省、自治区、直辖市制定发表区的综合地价决定。制定区片综合地价应当综合考虑土地原用途、土地资源条件、土地产值、土地区位、土地供求关系、人口以及经济社会发展水平等因素，并至少每三年调整或者重新公布一次。（注：可在各地方政府或自然资源局网站查阅）

（4）安置补偿费

标准由省、自治区、直辖市制定发表区的综合地价决定。制定区片综合地价应当综合考虑土地原用途、土地资源条件、土地产值、土地区位、土地供求关系、人口以及经济社会发展水平等因素，并至少每三年调整或者重新公布一次。（注：可在各地方政府或自然资源局网站查阅）

（5）农村住宅

由征收方与被征收方双方协商一致选定的房地产评估机构进行评估，应按先补偿后搬迁、居住条件改善的原则，尊重农村村民意愿，重新安排住宅基地建设、提供住宅或货币补偿等方式给予公平合理的补偿，补偿征收引起的搬迁、临时配置等费用，保障农村村民居住权利和合法住宅产权。

（6）被征收土地上的附着物和青苗的补偿标准

地上附着物和青苗补助费=省、自治区、直辖市规定（一般按照市场价格补偿，青苗补助费最高按照一季产值计算；如果播种不久或者投入较少，可以按照一季产值的一定比例计算）。

（7）被征地农民的社会保障费用

被征地农民的社保缴费主要用于符合条件的被征地农民养老保险等社保缴费补贴。被征地农民社保费用的集资、管理和使用方法，由省、自治区、直辖市制定。

三、集体土地征收安置补偿协议（参考文本）

甲方（建设单位）：＿＿＿＿＿＿＿

乙方（村委会）：＿＿＿＿＿＿＿

甲、乙双方根据《中华人民共和国土地管理法》和＿＿＿＿＿＿＿省（自治区、直辖市）＿＿＿＿＿＿＿市（县）政府的有关规定，就＿＿＿＿＿＿＿省（自治区、直辖市）＿＿＿＿＿＿＿市（县）＿＿＿＿＿＿＿乡（镇）＿＿＿＿＿＿＿村征地补偿安置事宜达成如下协议：

一、征收土地面积及安置人数

甲方征收乙方集体所有、使用的土地，面积为＿＿＿＿＿＿＿平方米，具体见绘图，常住户口＿＿＿＿＿＿＿人（其中应安置＿＿＿＿＿＿＿人），由甲方依据＿＿＿＿＿＿＿确认。

二、手续的办理

乙方自签订本协议之日起＿＿＿日内办理＿＿＿＿＿＿＿手续，并将原所有、使用的＿＿＿＿＿＿＿所列项目完整地交给甲方，甲方应派员验收。验收中如发现与＿＿＿＿＿＿＿所列项目不符时，对意外情况，乙方应向甲方如实说明情况；对因乙方过错而造成的损失，乙方应负赔偿责任。

三、征地费用及其标准

征地费用包括＿＿＿＿＿＿＿费用，以《土地管理法》第40条第2款规定为基本标准（标准的数额应具体化）。

四、补偿、安置费的结算

土地补偿费和安置补助费的结算，按照财政部、国土资源部《新增建设用地土地有偿使用费收缴使用管理办法》和＿＿＿＿＿＿省（自治区、直辖市）＿＿＿＿＿＿＿市（县）政府的有关规定，在＿＿＿＿＿＿年＿＿＿月＿＿＿日前到甲方所在地办理。

五、违约责任

违反本协议规定的，由违约方向对方支付违约金＿＿＿＿＿＿＿元，并赔偿因此而造成的损失。

六、生效

本协议自甲、乙双方签字之日起生效。本协议一式_____份，甲乙双方各执_____份。

甲方：（签章）_____

乙方：（签章）_____

_____年___月___日

附件：

被征收土地有关证件_____件，其中土地所有权证，编号为_____；土地所有权证，编号为_____。

四、房屋征收补偿协议（参考文本）

房屋征收部门（以下简称甲方）：

法定代表人：

委托代理人：

被征收人（以下简称乙方）：

委托代理人：

经某人民政府批准，因某地区改造及建设某工程需要，根据《民法典》《城市房地产管理法》《国有土地上房屋征收与补偿条例》等有关法律法规的规定，甲、乙双方本着平等自愿的原则，就乙方所有的房屋的征收补偿事宜协商一致达成如下协议：

第一条 乙方已搬迁房屋、附属物情况

根据乙方提供的产权书证材料，结合相关法律、法规及《补偿方案》所确定的标准，经甲、乙双方核对，对乙方房屋、附属物情况确认如下：

（一）房屋所在地点：_____区（镇）_____街道（路）_____号，房屋的总楼层数_____，房屋所在的楼层数_____，房屋的朝向_____，被拆迁房屋的区位等级为_____，房屋产权性质_____，房屋结构类型_____。

（二）红线内占地面积_____平方米，总建筑面积_____平方米，其中产权证记载建筑面积_____平方米，无产权部分面积_____平方米，房屋产权证号_____。房屋的用途_____，其中合法建筑面积中住宅建筑面积_____平方米，营业性用房建筑面积_____平方米，办公用房建筑面积_____平方米，工业仓储类用房建筑面积_____平方米。

（三）房屋内部设施及装潢情况：_____。

（四）房屋的附属物及构筑物情况：（参详附件一）

（五）营业性用房系沿［主干道、次干道、小街巷］。

（六）被拆除房屋［有］［无］承租使用情况。被拆除房屋由_____承租使用。现房屋所有权人与承租人按以下方式解除房屋租赁关系：_____。

（七）被拆除房屋［有］［无］设置抵押权。被拆除房屋已被抵押给_____。现房屋所有权人与抵押权人按以下方式处理该房屋抵押权：_____。

（八）其他：_____。

第二条 房屋搬迁补偿安置方式

乙方自愿选择以下第_____种方式补偿安置方式：

1. 货币补偿；

2. 产权调换；

3. 货币补偿、产权调换相结合。

乙方可选择货币补偿，也可选择产权调换，或者两种方式相结合。乙方选择的补偿方式一经确定，不得随意变更。乙方选择产权调换的部分，由甲方提供安置房，双方就拟调换房屋的地点、户型、套数、面积等相关事宜签订《产权调换意见书》。

根据双方签字确认的【《某工程征收区域内住宅情况及补偿认定表》】【《某工程征收区域内店面情况及补偿认定表》】【《某工程征收区域内工业用房情况及补偿认定表》】（附件二）所认定的补偿安置面积，其中乙方自愿选择_____平方米的住宅作产权调换，_____平方米的店面作产权调换，_____平方米的工业用房作产权调换（异地安置）。

第三条 房屋征收补偿金额

协议双方协商同意选择下列第_____种方式确定已搬迁房屋的货币补偿金额：

第一种：经当事人充分协商，双方自愿按《补偿方案》及其附表所列的标准，确定已搬迁房屋的补偿金额，具体如下：

（一）住宅。根据双方签字确认的《某工程征收区域内住宅情况及补偿认定表》（附件二）

1. 合法建筑面积_____平方米，补偿金额小计_____元。

2. 违法、违章部分，其中：（1）手续不完整部分建筑面积_____平方米，补偿金额小计_____元；（2）无手续部分建筑面积_____平方米，补偿金额小计_____元。

3. 经有权机关批准的住宅用地，尚未基建的，土地面积_____平方米，补偿金额小计_____元。

以上1、2、3三项合计补偿金额_____元。

（二）店面。根据双方签字确认的《某工程征收区域内店面情况及补偿认定表》（附件二）

1. 合法建筑面积_____平方米，补偿金额小计_____元。

2. 违章建筑面积_____平方米，补偿金额小计_____元。

以上1、2两项合计补偿金额_____元。

（三）工业用房。根据双方签字确认的《某工程征收区域内工业用房情况及补偿认定表》（附件二）

1. 经批准合法使用的土地面积_____平方米，扣除未缴纳土地规划费_____元后，补偿金额小计_____元。

2. 未经批准的土地面积_____平方米，补偿金额小计_____元。

3. 合法建筑面积_____平方米，补偿金额小计_____元。

4. 使用未经批准土地违法基建房屋的建筑面积_____平方米，补偿金额小计_____元。

5. 土地已批但未经规划建设部门批准违章基建房屋的建筑面积_____平方米，补偿金额小计_____元。

6. 超层高部分的建筑面积_____平方米，补偿金额小计_____元。

以上1—6项合计工业用房的搬迁补偿金额_____元。

第二种：协议双方以_____房地产价格评估机构对房屋市场价格和安置房市场价格同时进行评估所出具的_____号《房地产估价报告》为依据，协商确定房屋的补偿金额，房屋的补偿金额（含房屋的装潢补偿、土地使用权补偿）具体如下：

（一）住宅补偿金额_____元（其中合法建筑面积_____平方米）；

（二）店面补偿金额_____元（其中合法建筑面积_____平方米）；

（三）工业用房补偿金额_____元（其中合法建筑面积_____平方米）。

特别说明：1. 以上补偿金额已含装潢补偿金额。

2. 【住宅】【店面】的补偿金额已含土地使用补偿金。

第四条　房屋附属物项目的补偿金额

房屋附属物项目实行货币补偿，不作产权调换，依据双方签字确认的《房屋附属物登记表》，乙方房屋附属物的补偿金额小计_____元（参详附件一）。

第五条　搬迁非住宅房屋停产、停业补偿费

1. 店面的停产、停业补偿费：根据认定的店面面积_____平方米，按_____元/平方米/月计算，甲方一次性给予乙方_____个月的补偿费，小计_____元。

2. 工业用房的停产、停业补偿费：根据认定的工业用房面积_____平方米，按_____元/平方米/月计算，甲方一次性给予乙方_____个月的补偿费，小计_____元。

3. 搬迁非住宅房屋为出租房的，按搬迁时房产租赁的租金标准_____元/月，甲方一次性给予乙方_____个月租金补偿，小计_____元，租赁关系由乙方与承租人自行协商解决。

上述乙方非住宅房屋的停产、停业经济补偿金额，共计_____元。

第六条　房屋搬迁补助费

（一）乙方选择货币补偿的部分

甲方根据《补偿方案》的标准，按经认定的补偿安置面积，一次性支付乙方搬迁补助费，具体面积及补偿金额如下：

1. 住宅面积_____平方米，按_____元/平方米/次乘以一次计算，小计_____元。

2. 店面面积_____平方米，按_____元/平方米/次乘以一次计算，小计_____元。

3. 工业用房面积_____平方米，按_____元/平方米/次乘以一次计算，小计_____元。

4. 大型机械设备_____台，按_____元/台计算，小计_____元。

（二）乙方选择产权调换的部分

甲方根据《补偿方案》的标准，按经认定的补偿安置面积，一次性支付乙方搬迁补助费，具体面积及补偿金额如下：

1. 住宅面积_____平方米，按_____元/平方米/次乘以两次计算，小计_____元。

2. 店面面积_____平方米，按_____元/平方米/次乘以两次计算，小计_____元。

3. 工业用房面积_____平方米，按_____元/平方米/次乘以两次计算，小计_____元。

　　4. 大型机械设备_____台，按_____元/台计算，小计_____元。

　　以上（一）、（二）两项搬迁补助费金额共计_____元。

第七条　搬迁奖励措施

　　根据乙方对甲方房屋搬迁工作的配合情况，依据《补偿方案》优惠、奖励办法的规定，按经认定的补偿安置面积，甲方给予乙方如下优惠奖励措施：

　　（一）乙方同意按《补偿方案》附表所列价格补偿、按期搬迁腾空并签订协议的，对选择产权调换的部分：

　　1. 甲乙双方确认的私人住宅的补差价减免率为_____%，减免基数按《补偿方案》相关规定计算，应补差价待选房后，在签订搬迁安置协议书时另行计算。

　　2. 甲乙双方确认的店面补差价减免率为_____%，减免基数按《补偿方案》相关规定计算，应补差价待选房后，在签订搬迁安置协议书时另行计算。

　　3. 工业用房面积_____平方米，按_____元/平方米奖励，小计_____元。

　　（二）乙方同意按《补偿方案》附表所列价格补偿、按期搬迁腾空并签订协议的，对选择货币补偿的部分：

　　1. 私人住宅面积_____平方米，按_____元/平方米奖励，小计_____元。

　　2. 店面按补偿金额_____元的_____%奖励，小计_____元。

　　3. 工业用房面积_____平方米，按_____元/平方米奖励，小计_____元。

　　以上（一）、（二）两项合计奖励的金额为_____元。

第八条　拆迁补偿费用的总和及结算方式

　　（一）乙方选择产权调换部分的拆迁补偿费用总计金额_____元整（大写：人民币_____仟_____佰_____拾_____万_____仟_____佰_____拾_____元整）。

　　（二）乙方选择货币补偿部分的拆迁补偿费用总计金额_____元整（大写：人民币_____仟_____佰_____拾_____万_____仟_____佰_____拾_____元整）。

　　（三）双方同意按以下第_____种方式进行结算：

　　1. 乙方全部选择产权调换，在本协议书签订后，此拆迁补偿费用暂不发放给乙方，待乙方选房安置签订拆迁安置协议书时，结算差价，多退少补。

　　2. 乙方全部选择货币补偿，在本协议书签订后，乙方提供相关材料配合办理发放手续，一周内由甲方一次性付清。

　　3. 乙方选择货币补偿、产权调换相结合方式，按双方确定的乙方选择货币补偿部分的补偿金额，扣除乙方选择产权调换部分所应补差价款后的剩余部分进行结算，多退少补。

属甲方应支付给乙方的部分，在本协议书签订，乙方提供相关材料配合办理发放手续后的一周内一次性付清；属乙方应支付给甲方的部分，待乙方选房安置签订拆迁安置协议书时一次性付清。

第九条　临时安置补助费

经充分协商，双方自愿选择以下第_____种方式发放临时安置补助费，并承担相关责任。

（一）自行过渡的。

1. 发放标准：经认定的住宅补偿安置面积_____平方米，按_____元/平方米/月计价，小计_____元/月。

2. 发放时间：自房屋搬迁腾空并经甲方验收合格之日起（_____年____月____日）开始计算，按季度发放，至甲方书面通知乙方入户安置时为止。例如，乙方在甲方发出书面选房通知_____内，按甲方要求办理入户安置手续的，按标准再发给乙方_____个月的临时安置补助费；乙方未按要求办理入户安置手续的，从甲方发出选房通知第二个月起，甲方不再支付乙方临时安置补助费。

3. 违约责任：因甲方的责任，造成过渡期限超出_____个月的，从逾期之月起，甲方应每月双倍向乙方支付临时安置补助费。因乙方的责任，未按要求办理入户安置手续的，从发出选房通知第二个月起，甲方不再付给乙方安置补助费。

（二）乙方使用甲方提供临时过渡周转用房的。

1. 乙方应与甲方就周转用房的管理使用另行签订协议。乙方使用的周转房的租金，应在临时安置补助费中扣除。

2. 违约责任。因甲方的责任，造成过渡期限超出_____个月的，从逾期之月起，乙方使用周转房不需支付租金，甲方应按标准向乙方支付临时安置补助费。因乙方的责任，未按要求办理入户安置手续的，从逾期之月起，乙方应按月向甲方支付周转用房的市场租金。

第十条　房屋搬迁期限

乙方应于_____年____月____日前将房屋腾空，经甲方验收合格，并交由甲方拆除。

已搬迁房屋的水费、电费、物业管理费、电信、电视等相关费用，均由乙方负责缴纳清楚，与甲方无关。

第十一条　房屋权属保证

乙方就已搬迁房屋向甲方提供的相关产权书证材料及其他相关证明材料，由甲方另行出具"收件收据"。乙方承诺保证：就已搬迁房屋而向甲方所提供的所有产权书证材料及其他相关证明材料，均属客观、真实，否则，乙方愿承担一切法律责任。例如，已搬迁房屋因转让、继承、分割（析产）、抵押等原因产生纠纷的，乙方自愿承担由此产生的一切法律责任。

第十二条　违约责任

（一）因甲方的原因未按期全额向乙方支付货币补偿款的，甲方应当承担逾期支付的民事责任，按应支付总金额每日万分之一支付违约金。

（二）乙方未按期向甲方交纳安置用房差价的，甲方有权暂缓向乙方交付安置用房，并停止向自行安排住处过渡的乙方支付临时安置补助费。

第十三条　争议处理

协议双方因履行本协议书发生争议的，应协商解决；如协商不成的，任何一方均有权向有管辖权的人民法院起诉。

第十四条　本协议书中所有选择条款，协议当事人均应作出明确选择。本协议书自甲、乙双方或授权代表签字盖章之日起生效，双方应共同遵守，如有一方违约造成对方损失者，必须承担赔偿责任。

第十五条　本协议书一式_____份，甲乙双方各持_____份，_____份具有同等法律效力。

第十六条　本协议书中所有选择条款，协议当事人均应作出明确选择。

第十七条　本协议未尽事项，可由双方约定后签订补充协议，补充协议与本协议具有同等法律效力。

第十八条　本协议附件与本协议具有同等法律效力。本协议及其附件内容，空格部分填写的文字与印刷文字具有同等效力。

甲方（签章）：_____　　　乙方（签章）：_____

委托代理人：_____　　　　委托代理人：_____

_____年___月___日　　　　　　_____年___月___日

附　件

附件一：《房屋附属物登记表》

附件二：《某工程征收区域内住宅情况及补偿认定表》《某工程征收区域内店面情况及补偿认定表》《某工程征收区域内工业用房情况及补偿认定表》

五、国有土地上房屋征收流程图

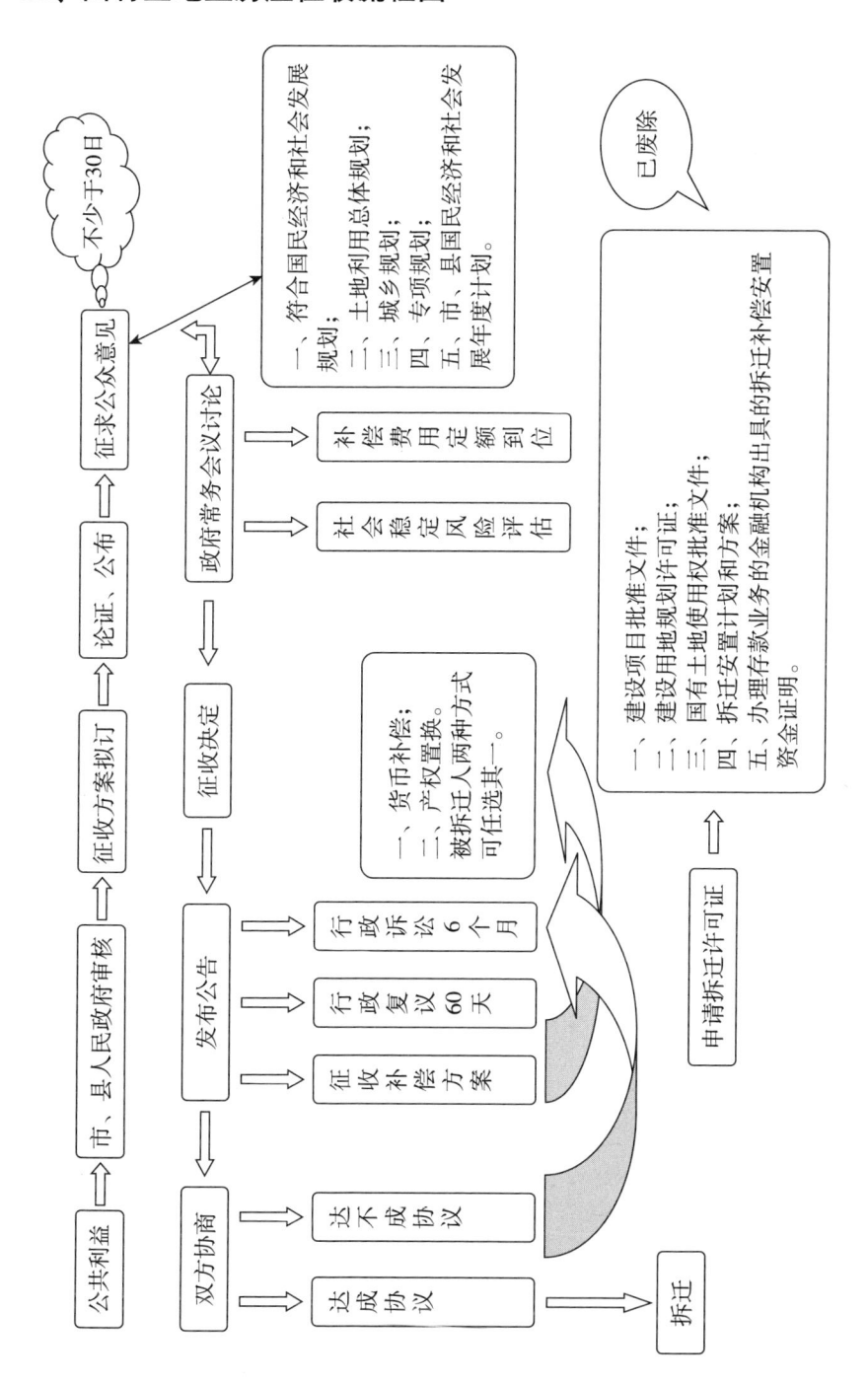

公共利益 → 市、县人民政府审核 → 征收方案拟订 → 论证、公布 → 征求公众意见（不少于30日）

征求公众意见 → 政府常务会议讨论
- 一、符合国民经济和社会发展规划；
- 二、土地利用总体规划；
- 三、城乡规划；
- 四、专项规划；
- 五、市、县国民经济和社会发展年度计划。

政府常务会议讨论 →
- 社会稳定风险评估
- 补偿费用足额到位

政府常务会议讨论 → 征收决定 → 发布公告

发布公告 →
- 征收补偿方案
- 行政复议60天
- 行政诉讼6个月

征收补偿方案说明：
一、货币补偿；
二、产权置换。
被拆迁人两种方式可任选其一。

双方协商 →
- 达成协议 → 拆迁
- 达不成协议

申请拆迁许可证（已废除）：
一、建设项目批准文件；
二、建设用地规划许可证；
三、国有土地使用权批准文件；
四、拆迁安置计划和方案；
五、办理存款业务的金融机构出具的拆迁补偿安置资金证明。

六、国有土地上房屋强制拆除流程图
（城市市区、国有林区、国有农场等）

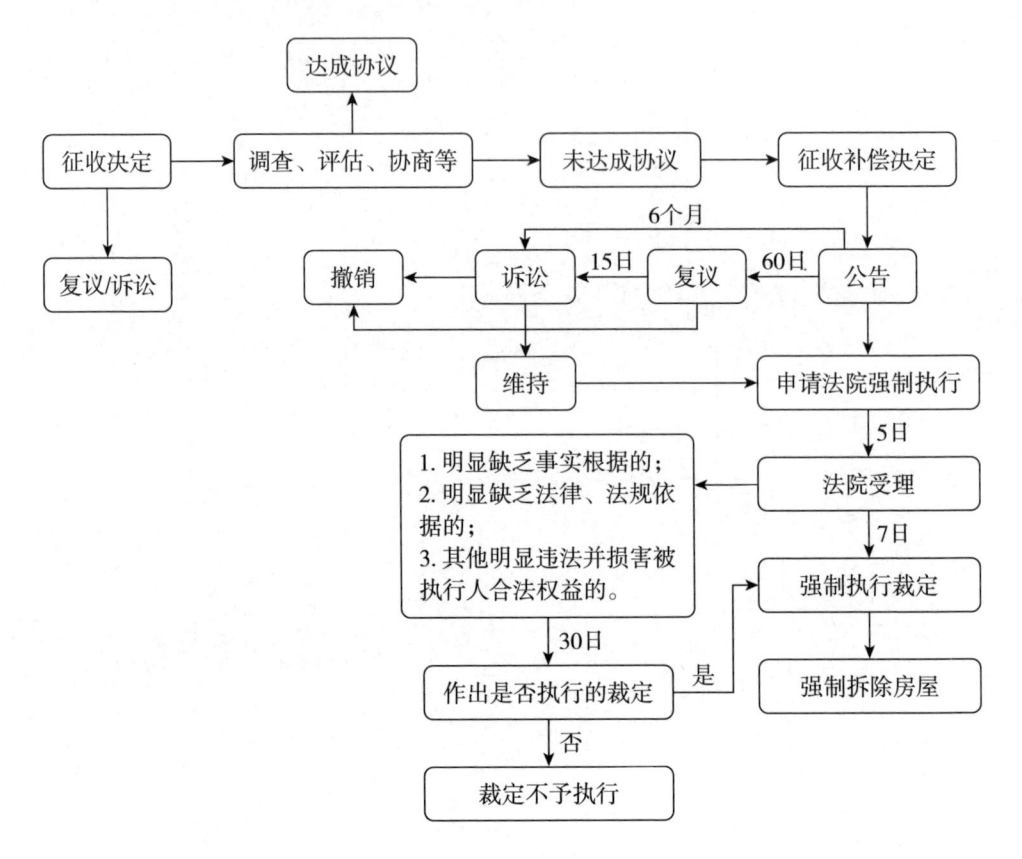

```
                          达成协议
                            ↑
  征收决定 → 调查、评估、协商等 → 未达成协议 → 征收补偿决定
      ↓                    6个月                    ↓
  复议/诉讼         ┌─────────────┐              公告
              撤销 ← 诉讼 ←15日─ 复议 ←60日─┘       ↓
                     ↓                      申请法院强制执行
                    维持                           ↓ 5日
                                              法院受理
   ┌─────────────────────┐                       ↓ 7日
   │1.明显缺乏事实根据的； │←─                强制执行裁定
   │2.明显缺乏法律、法规   │                       ↓
   │  依据的；            │                  强制拆除房屋
   │3.其他明显违法并损害被 │
   │  执行人合法权益的。   │
   └─────────────────────┘
            ↓ 30日         是
       作出是否执行的裁定 ──→
            ↓ 否
       裁定不予执行
```

七、集体土地征收程序简图（2020 年 1 月 1 日之前）

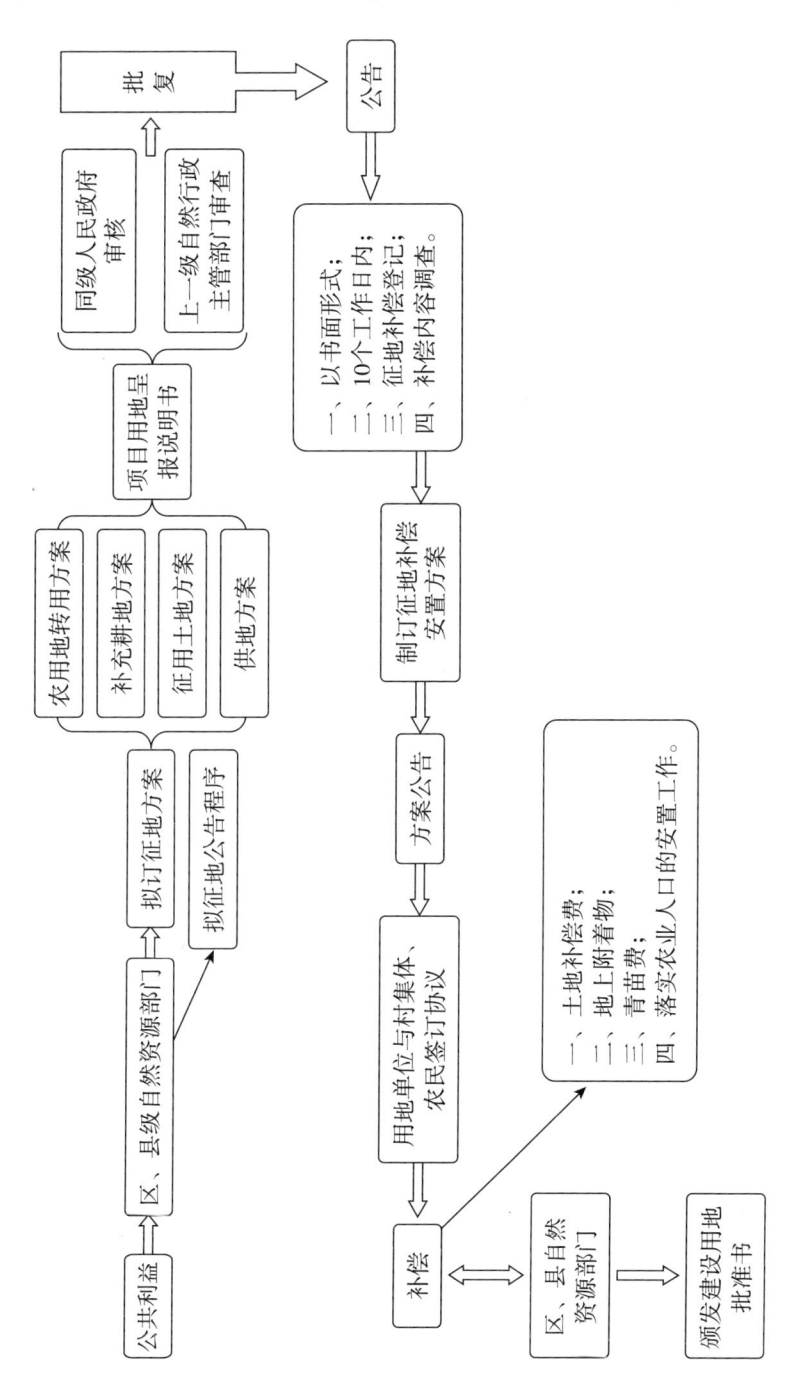

八、集体土地征收程序简图（2020年1月1日之后）

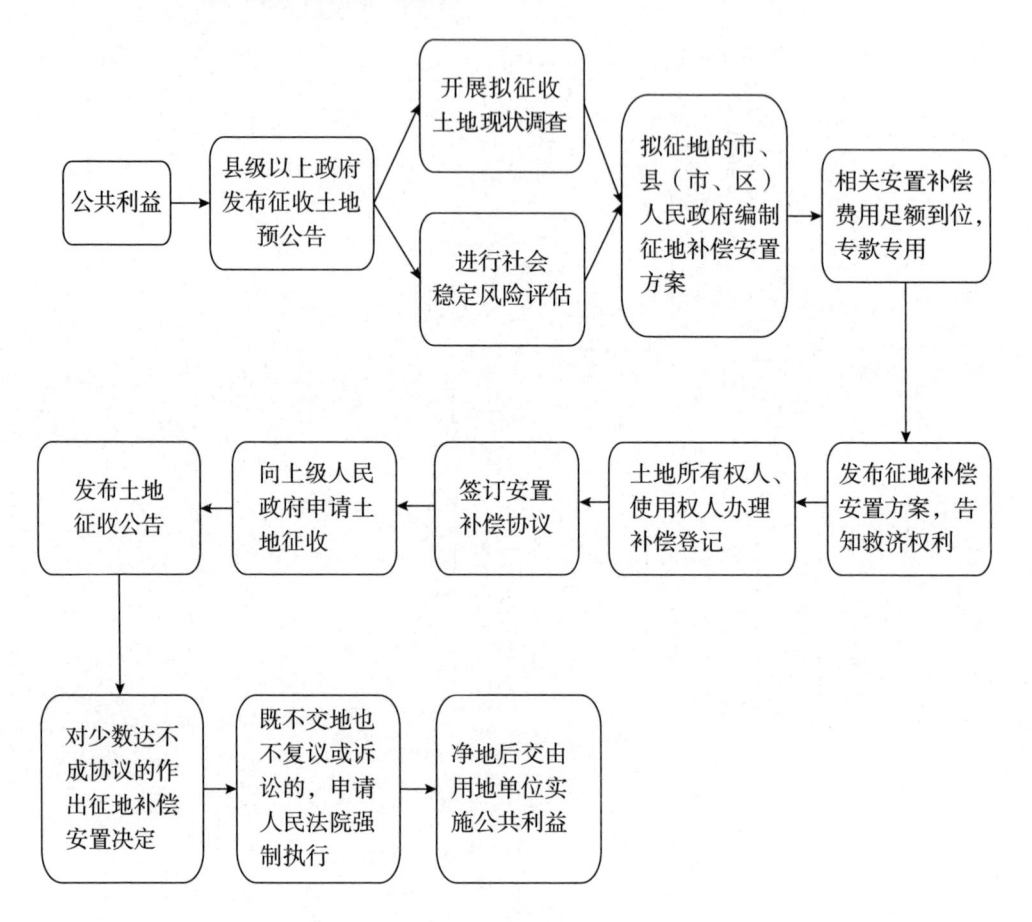

公共利益 → 县级以上政府发布征收土地预公告 → 开展拟征收土地现状调查 / 进行社会稳定风险评估 → 拟征地的市、县（市、区）人民政府编制征地补偿安置方案 → 相关安置补偿费用足额到位，专款专用 → 发布征地补偿安置方案，告知救济权利 → 土地所有权人、使用权人办理补偿登记 → 签订安置补偿协议 → 向上级人民政府申请土地征收 → 发布土地征收公告 → 对少数达不成协议的作出征地补偿安置决定 → 既不交地也不复议或诉讼的，申请人民法院强制执行 → 净地后交由用地单位实施公共利益

九、行政复议流程图

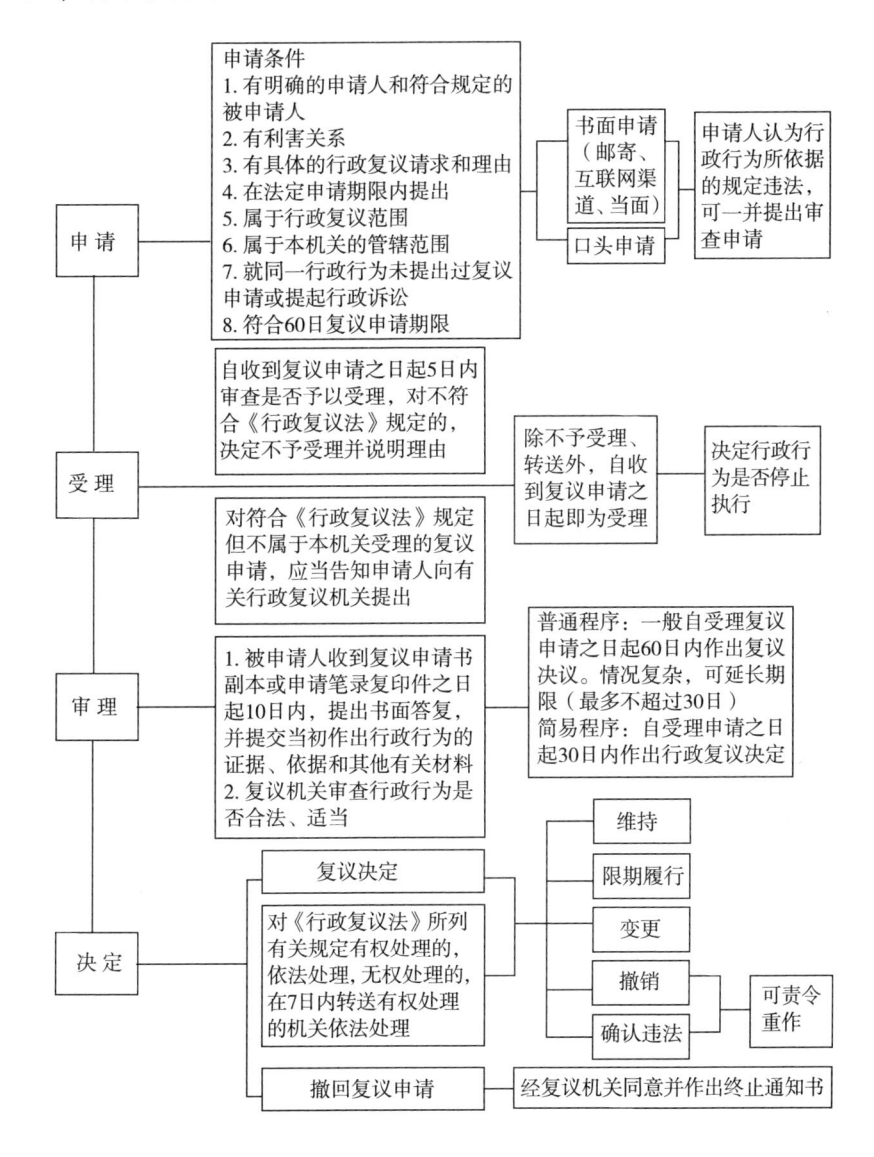

申请
申请条件
1. 有明确的申请人和符合规定的被申请人
2. 有利害关系
3. 有具体的行政复议请求和理由
4. 在法定申请期限内提出
5. 属于行政复议范围
6. 属于本机关的管辖范围
7. 就同一行政行为未提出过复议申请或提起行政诉讼
8. 符合60日复议申请期限

→ 书面申请（邮寄、互联网渠道、当面）
→ 口头申请

申请人认为行政行为所依据的规定违法，可一并提出审查申请

受理
自收到复议申请之日起5日内审查是否予以受理，对不符合《行政复议法》规定的，决定不予受理并说明理由

除不予受理、转送外，自收到复议申请之日起即为受理 → 决定行政行为是否停止执行

对符合《行政复议法》规定但不属于本机关受理的复议申请，应当告知申请人向有关行政复议机关提出

审理
1. 被申请人收到复议申请书副本或申请笔录复印件之日起10日内，提出书面答复，并提交当初作出行政行为的证据、依据和其他有关材料
2. 复议机关审查行政行为是否合法、适当

普通程序：一般自受理复议申请之日起60日内作出复议决议。情况复杂，可延长期限（最多不超过30日）
简易程序：自受理申请之日起30日内作出行政复议决定

决定
复议决定
→ 维持
→ 限期履行
→ 变更
→ 撤销 → 可责令重作
→ 确认违法 → 可责令重作

对《行政复议法》所列有关规定有权处理的，依法处理，无权处理的，在7日内转送有权处理的机关依法处理

撤回复议申请 → 经复议机关同意并作出终止通知书

十、行政诉讼流程图

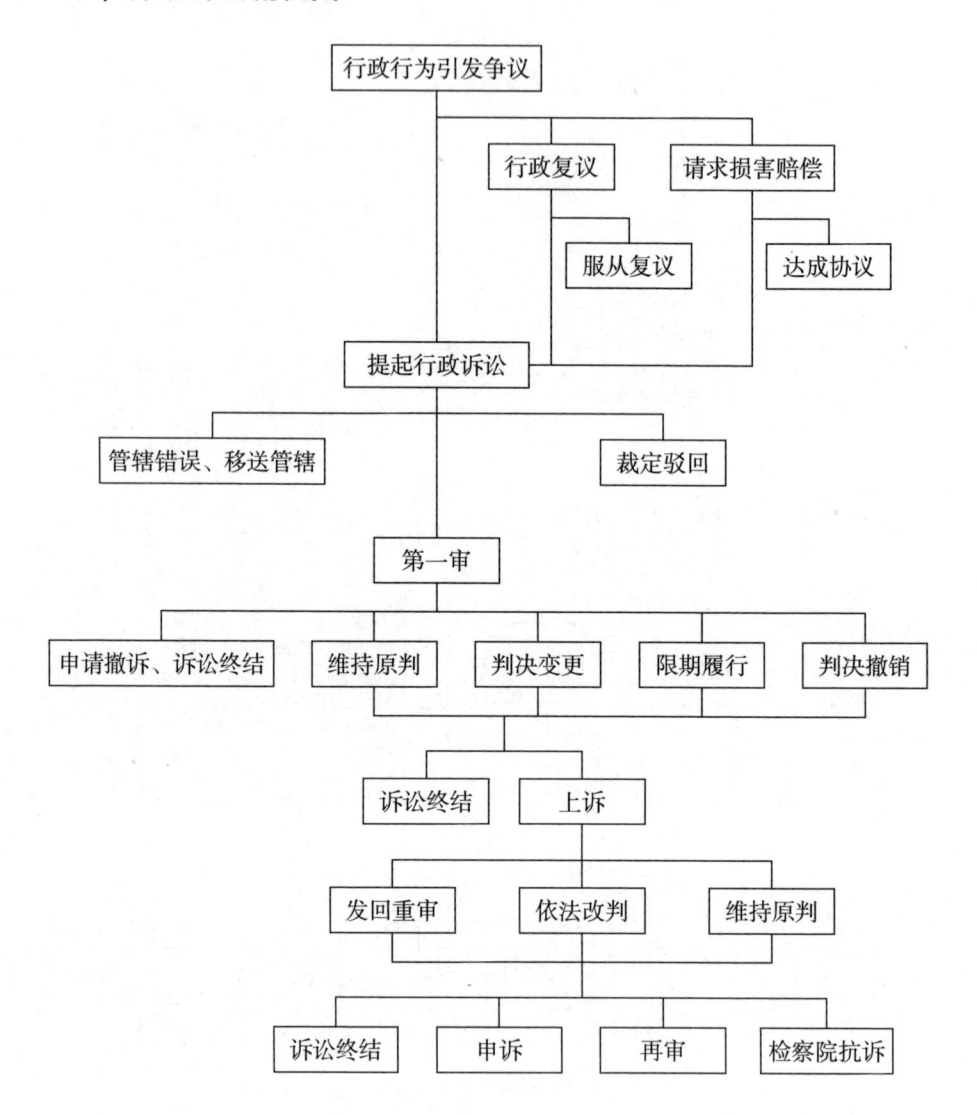

```
            行政行为引发争议
                  │
         ┌────────┴────────┐
         │                 │
       行政复议         请求损害赔偿
         │                 │
       服从复议           达成协议
         │
       提起行政诉讼
         │
    ┌────┴────────────┐
    │                 │
管辖错误、移送管辖   裁定驳回
    │
   第一审
    │
┌────────┬──────────┬──────────┬──────────┐
申请撤诉、  维持原判  判决变更  限期履行  判决撤销
诉讼终结
              │
         ┌────┴────┐
       诉讼终结   上诉
                   │
           ┌───────┼───────┐
         发回重审 依法改判 维持原判
                   │
        ┌──────┬───┴──┬────────┐
      诉讼终结 申诉   再审   检察院抗诉
```

附录一 拆迁维权实用工具

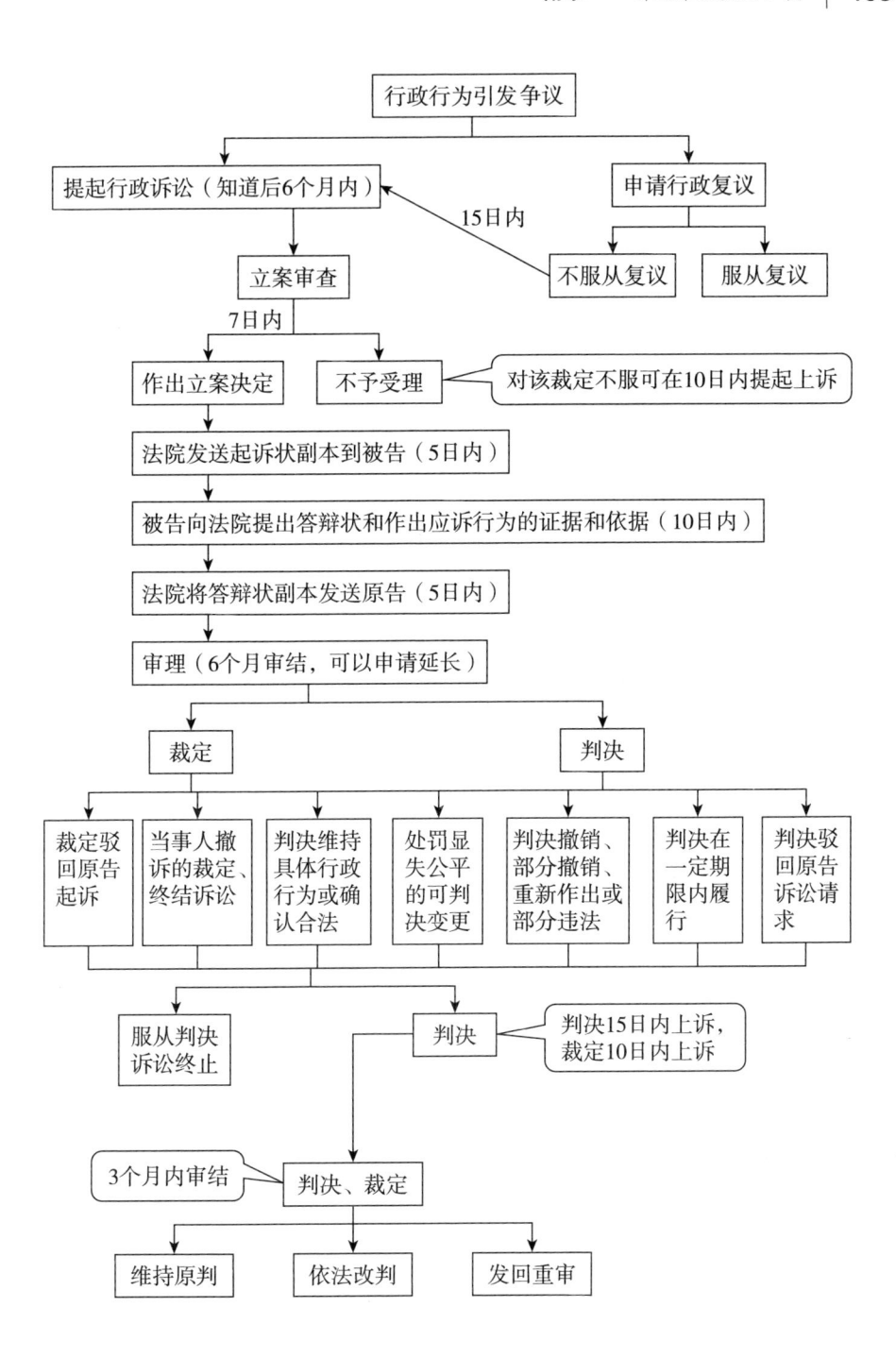

```
                    行政行为引发争议
                   ┌──────┴──────┐
          提起行政诉讼(知道后6个月内)←──15日内──  申请行政复议
                   │                           ┌────┴────┐
                立案审查                   不服从复议   服从复议
                   │7日内
          ┌────────┴────────┐
      作出立案决定         不予受理 ── 对该裁定不服可在10日内提起上诉
          │
   法院发送起诉状副本到被告(5日内)
          │
   被告向法院提出答辩状和作出应诉行为的证据和依据(10日内)
          │
   法院将答辩状副本发送原告(5日内)
          │
      审理(6个月审结,可以申请延长)
          │
   ┌──────┴──────┐
  裁定              判决
   │                │
┌──┼──┐      ┌─────┼─────┬─────┬─────┐
裁定  当事人  判决维持  处罚显  判决撤销、 判决在  判决驳
驳回  撤诉的  具体行政  失公平  部分撤销、 一定期  回原告
原告  裁定、  行为或确  的可判  重新作出或 限内履  诉讼请
起诉  终结诉讼 认合法    决变更  部分违法   行      求
   │              │
服从判决         判决 ── 判决15日内上诉,
诉讼终止                裁定10日内上诉
                  │
         3个月内审结 ── 判决、裁定
                  │
          ┌───────┼───────┐
       维持原判  依法改判  发回重审
```

一审案件流程图

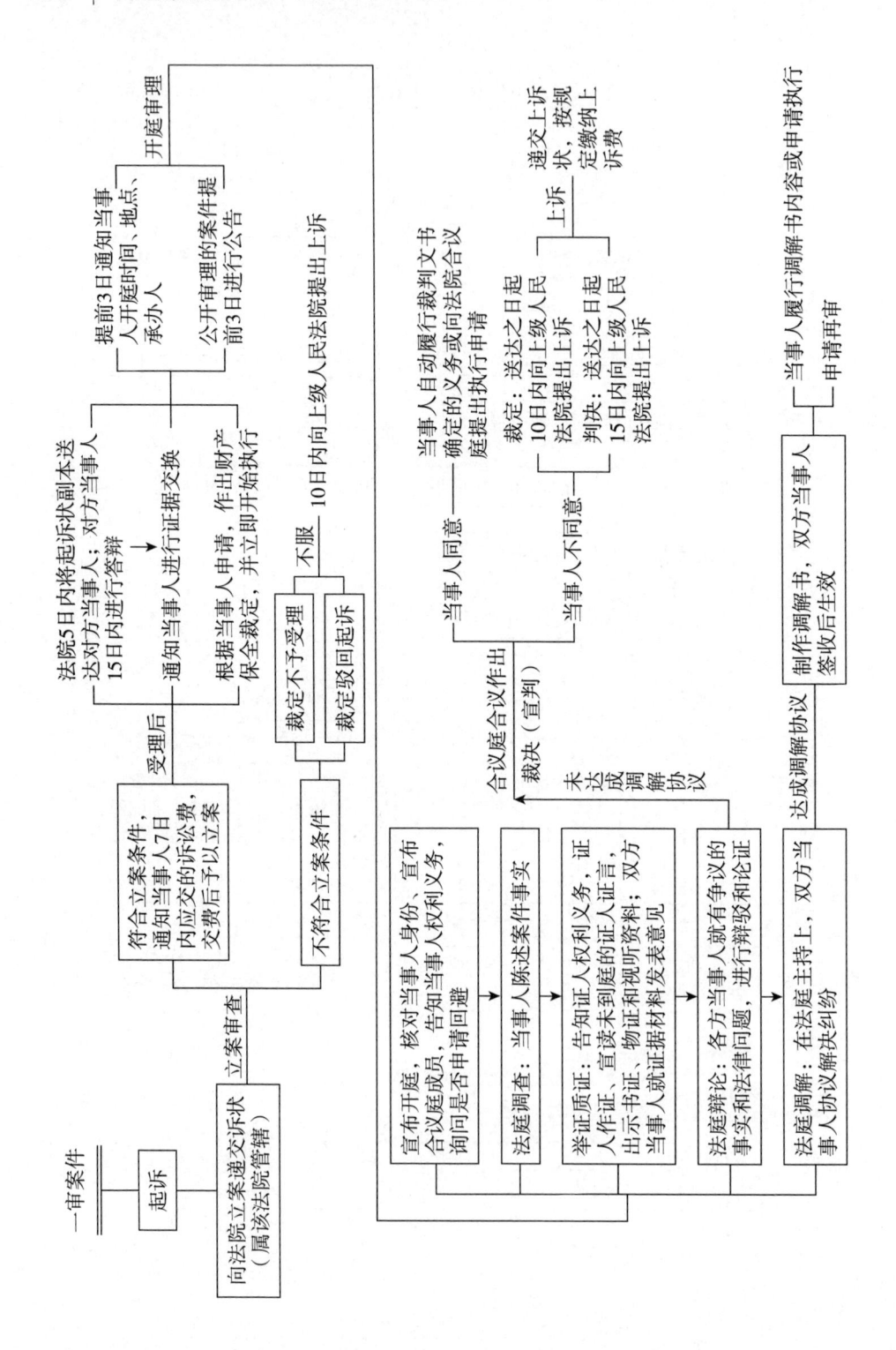

一审案件 → 起诉 → 向法院立案递交诉状（属该法院管辖）→ 立案审查

立案审查：
- 符合立案条件，通知当事人7日内应交纳诉讼费，交费后予以立案
- 不符合立案条件

受理后：
- 法院5日内将起诉状副本送达对方当事人；对方当事人15日内进行答辩
- 通知当事人进行证据交换
- 根据当事人申请，作出财产保全裁定，并立即开始执行
- 裁定不予受理
- 裁定驳回起诉

不服 → 10日内向上级人民法院提出上诉

开庭审理：
- 提前3日通知当事人开庭时间、地点、承办人
- 公开审理的案件提前3日进行公告

庭审程序：
- 宣布开庭，核对当事人身份，宣布合议庭成员，告知当事人权利义务，询问是否申请回避
- 法庭调查：当事人陈述案件事实
- 举证质证：告知证人权利义务，证人作证，宣读未到庭的证人证言，出示书证、物证和视听资料；双方当事人就证据材料发表意见
- 法庭辩论：各方当事人就有争议的事实和法律问题，进行辩驳和论证
- 法庭调解：在法庭主持上，双方当事人协议解决纠纷

合议庭合议作出（宣判）：
- 裁决
- 未达成调解协议

当事人自动履行裁判文书确定的义务或向法院合议庭提出执行申请：
- 当事人同意
- 当事人不同意
  - 裁定：送达之日起10日内向上级人民法院提出上诉
  - 判决：送达之日起15日内向上级人民法院提出上诉

上诉 → 递交上诉状，按规定缴纳上诉费

达成调解协议： 制作调解书，双方当事人签收后生效

当事人履行调解书内容或申请执行 → 申请再审

附录一 拆迁维权实用工具

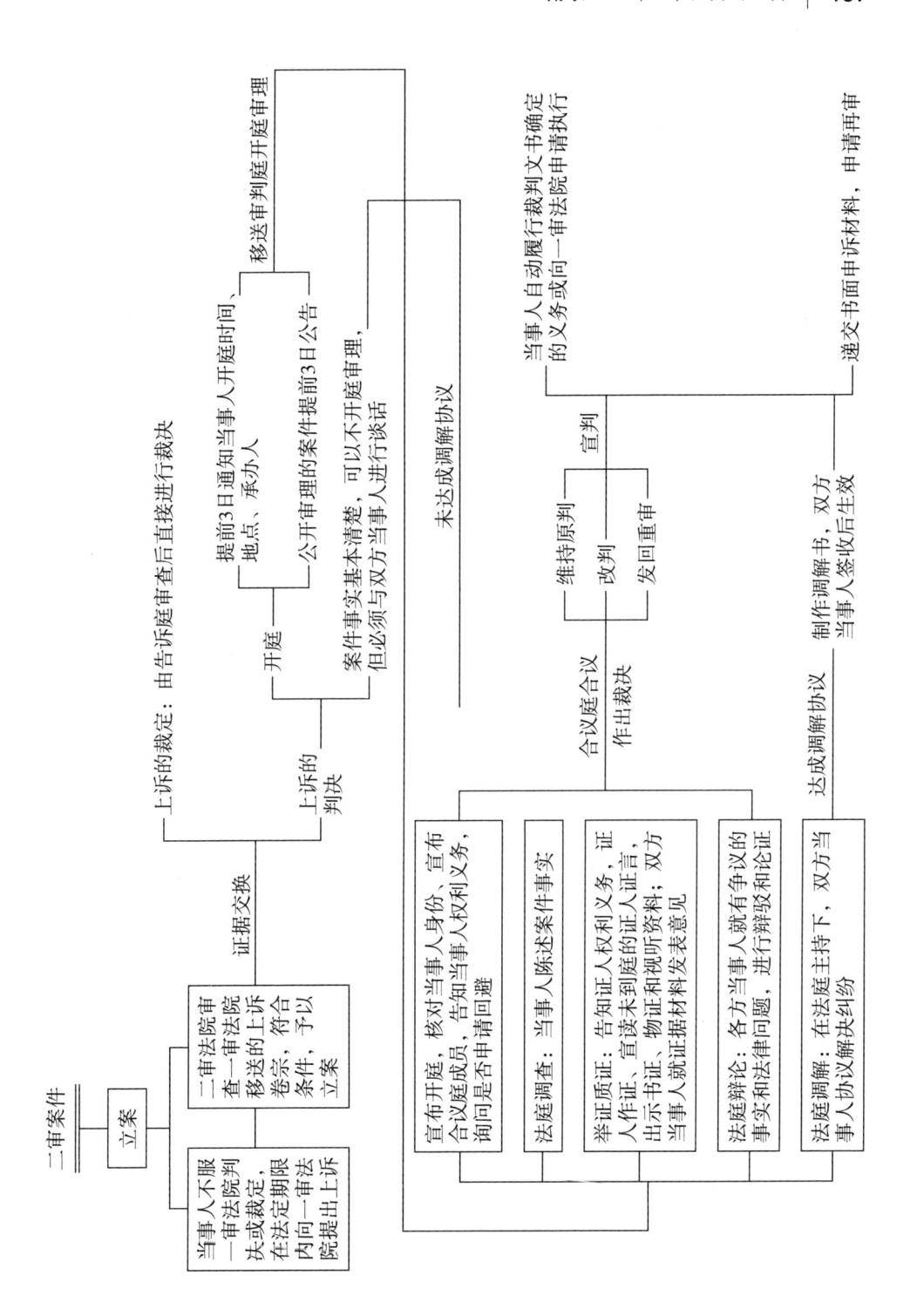

二审案件流程

立案

- 当事人不服一审法院判决或裁定，在法定期限内向一审法院提出上诉
- 二审法院审查一审法院移送的上诉卷宗，符合条件，予以立案

证据交换

上诉的裁定：由告诉庭审查后直接进行裁决

上诉的判决：
- 提前3日通知当事人开庭时间、地点、承办人
- 移送审判庭开庭审理
- 公开审理的案件提前3日公告
- 案件事实基本清楚，可以不开庭审理，但必须与双方当事人进行谈话

开庭：
- 宣布开庭，核对当事人身份，宣布合议庭成员，告知当事人权利义务，询问是否申请回避
- 法庭调查：当事人陈述案件事实
- 举证质证：告知证人权利义务，证人作证，宣读未到庭的证人证言；出示书证、物证和视听资料，当事人就证据材料发表意见
- 法庭辩论：事实和法律问题，进行辩驳和论证
- 法庭调解：在法庭主持下，双方当事人协议解决纠纷

合议庭合议，作出裁决

- 未达成调解协议 → 宣判
  - 维持原判
  - 改判
  - 发回重审
- 达成调解协议 → 制作调解书，双方当事人签收后生效

当事人自动履行裁判文书确定的义务或向一审法院申请执行

递交书面申诉材料，申请再审

附录二　拆迁维权常用法律文件

一、拆迁维权相关法律文件[①]

1. 中华人民共和国农村集体经济组织法（2024.6.28）
2. 中华人民共和国行政复议法（2023.9.1）
3. 中华人民共和国民事诉讼法（2023.9.1）
4. 中华人民共和国民法典（2021.1.1）
5. 中华人民共和国土地管理法（2020.1.1）
6. 中华人民共和国土地管理法实施条例（2021.9.1）
7. 中华人民共和国城乡规划法（2019.4.23）
8. 中华人民共和国城市房地产管理法（2020.1.1）
9. 中华人民共和国建筑法（2019.4.23）
10. 中华人民共和国行政复议法实施条例（2007.8.1）
11. 中华人民共和国行政诉讼法（2017.7.1）
12. 中华人民共和国国家赔偿法（2013.1.1）
13. 最高人民法院关于适用《中华人民共和国民法典》物权编的解释（一）（2021.1.1）
14. 最高人民法院关于适用《中华人民共和国行政诉讼法》的解释（2018.2.8）
15. 最高人民法院关于适用《中华人民共和国国家赔偿法》若干问题的解释（一）（2011.3.18）
16. 最高人民法院关于国家赔偿监督程序若干问题的规定（2017.5.1）
17. 最高人民法院关于行政诉讼证据若干问题的规定（2002.10.1）
18. 最高人民法院关于审理行政协议案件若干问题的规定（2020.1.1）
19. 关于行政案件案由的暂行规定（2021.1.1）
20. 最高人民法院关于正确确定县级以上地方人民政府行政诉讼被告资格若干问题的规定（2021.4.1）

[①] 所标法律文件的日期为该文件的通过、发布、修订后公布、实施日期之一，以下不再标注。

21. 最高人民法院关于办理行政申请再审案件若干问题的规定（2021.4.1）
22. 土地调查条例（2018.3.19）
23. 土地调查条例实施办法（2019.7.24）
24. 最高人民法院关于审理行政赔偿案件若干问题的规定（2022.5.1）
25. 农村土地承包合同管理办法（2023.5.1）
26. 建设项目用地预审管理办法（2017.1.1）
27. 建设用地审查报批管理办法（2017.1.1）
28. 不动产登记暂行条例（2024.3.10）
29. 不动产登记暂行条例实施细则（2024.5.21）
30. 中华人民共和国政府信息公开条例（2019.5.15）
31. 国土资源听证规定（2020.3.20）
32. 中华人民共和国行政强制法（2012.1.1）
33. 中华人民共和国村民委员会组织法（2018.12.29）

二、有关拆迁补偿纠纷

1. 国有土地上房屋征收与补偿条例（2011.1.21）
2. 城市房地产开发经营管理条例（2020.11.29）
3. 房地产估价机构管理办法（2015.5.4）
4. 住房和城乡建设部关于发布国家标准《房地产估价规范》的公告（2015.12.1）
5. 国务院办公厅关于进一步加强棚户区改造工作的通知（2014.7.21）
6. 国务院关于加快棚户区改造工作的意见（2013.7.4）
7. 最高人民法院关于办理申请人民法院强制执行国有土地上房屋征收补偿决定案件若干问题的规定（2012.4.10）
8. 国有土地上房屋征收评估办法（2011.6.3）
9. 最高人民法院关于审理房屋登记案件若干问题的规定（2010.11.18）

三、有关征地补偿纠纷

1. 利用集体建设用地建设租赁住房试点方案（2017.8.21）
2. 大中型水利水电工程建设征地补偿和移民安置条例（2017.6.1）
3. 农业部关于加快推进农村承包地确权登记颁证工作的通知（2017.3.2）
4. 国土资源部、财政部、住房和城乡建设部、农业部、国家林业局关于进一

步加快推进宅基地和集体建设用地使用权确权登记发证工作的通知（2014.8.1）

5. 国务院办公厅关于引导农村产权流转交易市场健康发展的意见（2014.12.30）

6. 最高人民法院关于审理涉及农村集体土地行政案件若干问题的规定（2011.9.5）

7. 关于调整完善土地出让收入使用范围优先支持乡村振兴的意见（2020.9.23）

8. 国务院办公厅关于完善建设用地使用权转让、出租、抵押二级市场的指导意见（2019.7.16）

9. 中华人民共和国农村土地承包法（2019.1.1）

10. 劳动和社会保障部、民政部、审计署关于做好农村社会养老保险和被征地农民社会保障工作有关问题的通知（2007.8.17）

11. 劳动和社会保障部、国土资源部关于切实做好被征地农民社会保障工作有关问题的通知（2007.4.28）

12. 国务院办公厅关于规范国有土地使用权出让收支管理的通知（2006.12.17）

13. 国务院关于加强土地调控有关问题的通知（2006.8.31）

14. 最高人民法院关于审理涉及农村土地承包纠纷案件适用法律问题的解释（2021.1.1）

15. 国务院关于深化改革严格土地管理的决定（2004.10.21）

16. 确定土地所有权和使用权的若干规定（2010.12.3）

中华人民共和国农村集体经济组织法

（2024年6月28日第十四届全国人民代表大会常务委员会第十次会议通过　2024年6月28日中华人民共和国主席令第26号公布　自2025年5月1日起施行）

第一章　总　　则

第一条　为了维护农村集体经济组织及其成员的合法权益，规范农村集体经济组织及其运行管理，促进新型农村集体经济高质量发展，巩固和完善农村基本经营制度和社会主义基本经济制度，推进乡村全面振兴，加快建设农业强国，促进共同富裕，根据宪法，制定本法。

第二条　本法所称农村集体经济组织，是指以土地集体所有为基础，依法代表成员集体行使所有权，实行家庭承包经营为基础、统分结合双层经营体制的区域性经济组织，包括乡镇级农村集体经济组织、村级农村集体经济组织、组级农村集体经济组织。

第三条　农村集体经济组织是发展壮大新型农村集体经济、巩固社会主义公有制、促进共同富裕的重要主体，是健全乡村治理体系、实现乡村善治的重要力量，是提升中国共产党农村基层组织凝聚力、巩固党在农村执政根基的重要保障。

第四条　农村集体经济组织应当坚持以下原则：

（一）坚持中国共产党的领导，在乡镇党委、街道党工委和村党组织的领导下依法履职；

（二）坚持社会主义集体所有制，维护集体及其成员的合法权益；

（三）坚持民主管理，农村集体经济组织成员依照法律法规和农村集体经济组织章程平等享有权利、承担义务；

（四）坚持按劳分配为主体、多种分配方式并存，促进农村共同富裕。

第五条　农村集体经济组织依法代表成员集体行使所有权，履行下列职能：

（一）发包农村土地；

（二）办理农村宅基地申请、使用事项；

（三）合理开发利用和保护耕地、林地、草地等土地资源并进行监督；

（四）使用集体经营性建设用地或者通过出让、出租等方式交由单位、个人使用；

（五）组织开展集体财产经营、管理；

（六）决定集体出资的企业所有权变动；

（七）分配、使用集体收益；

（八）分配、使用集体土地被征收征用的土地补偿费等；

（九）为成员的生产经营提供技术、信息等服务；

（十）支持和配合村民委员会在村党组织领导下开展村民自治；

（十一）支持农村其他经济组织、社会组织依法发挥作用；

（十二）法律法规和农村集体经济组织章程规定的其他职能。

第六条 农村集体经济组织依照本法登记，取得特别法人资格，依法从事与其履行职能相适应的民事活动。

农村集体经济组织不适用有关破产法律的规定。

农村集体经济组织可以依法出资设立或者参与设立公司、农民专业合作社等市场主体，以其出资为限对其设立或者参与设立的市场主体的债务承担责任。

第七条 农村集体经济组织从事经营管理和服务活动，应当遵守法律法规，遵守社会公德、商业道德，诚实守信，承担社会责任。

第八条 国家保护农村集体经济组织及其成员的合法权益，任何组织和个人不得侵犯。

农村集体经济组织成员集体所有的财产受法律保护，任何组织和个人不得侵占、挪用、截留、哄抢、私分、破坏。

妇女享有与男子平等的权利，不得以妇女未婚、结婚、离婚、丧偶、户无男性等为由，侵害妇女在农村集体经济组织中的各项权益。

第九条 国家通过财政、税收、金融、土地、人才以及产业政策等扶持措施，促进农村集体经济组织发展，壮大新型农村集体经济。

国家鼓励和支持机关、企事业单位、社会团体等组织和个人为农村集体经济组织提供帮助和服务。

对发展农村集体经济组织事业做出突出贡献的组织和个人，按照国家规定给予表彰和奖励。

第十条 国务院农业农村主管部门负责指导全国农村集体经济组织的建设和

发展。国务院其他有关部门在各自职责范围内负责有关的工作。

县级以上地方人民政府农业农村主管部门负责本行政区域内农村集体经济组织的登记管理、运行监督指导以及承包地、宅基地等集体财产管理和产权流转交易等的监督指导。县级以上地方人民政府其他有关部门在各自职责范围内负责有关的工作。

乡镇人民政府、街道办事处负责本行政区域内农村集体经济组织的监督管理等。

县级以上人民政府农业农村主管部门应当会同有关部门加强对农村集体经济组织工作的综合协调，指导、协调、扶持、推动农村集体经济组织的建设和发展。

地方各级人民政府和县级以上人民政府农业农村主管部门应当采取措施，建立健全集体财产监督管理服务体系，加强基层队伍建设，配备与集体财产监督管理工作相适应的专业人员。

第二章　成　　员

第十一条　户籍在或者曾经在农村集体经济组织并与农村集体经济组织形成稳定的权利义务关系，以农村集体经济组织成员集体所有的土地等财产为基本生活保障的居民，为农村集体经济组织成员。

第十二条　农村集体经济组织通过成员大会，依据前条规定确认农村集体经济组织成员。

对因成员生育而增加的人员，农村集体经济组织应当确认为农村集体经济组织成员。对因成员结婚、收养或者因政策性移民而增加的人员，农村集体经济组织一般应当确认为农村集体经济组织成员。

确认农村集体经济组织成员，不得违反本法和其他法律法规的规定。

农村集体经济组织应当制作或者变更成员名册。成员名册应当报乡镇人民政府、街道办事处和县级人民政府农业农村主管部门备案。

省、自治区、直辖市人民代表大会及其常务委员会可以根据本法，结合本行政区域实际情况，对农村集体经济组织的成员确认作出具体规定。

第十三条　农村集体经济组织成员享有下列权利：

（一）依照法律法规和农村集体经济组织章程选举和被选举为成员代表、理事会成员、监事会成员或者监事；

（二）依照法律法规和农村集体经济组织章程参加成员大会、成员代表大会，参与表决决定农村集体经济组织重大事项和重要事务；

（三）查阅、复制农村集体经济组织财务会计报告、会议记录等资料，了解有关情况；

（四）监督农村集体经济组织的生产经营管理活动和集体收益的分配、使用，并提出意见和建议；

（五）依法承包农村集体经济组织发包的农村土地；

（六）依法申请取得宅基地使用权；

（七）参与分配集体收益；

（八）集体土地被征收征用时参与分配土地补偿费等；

（九）享受农村集体经济组织提供的服务和福利；

（十）法律法规和农村集体经济组织章程规定的其他权利。

第十四条　农村集体经济组织成员履行下列义务：

（一）遵守法律法规和农村集体经济组织章程；

（二）执行农村集体经济组织依照法律法规和农村集体经济组织章程作出的决定；

（三）维护农村集体经济组织合法权益；

（四）合理利用和保护集体土地等资源；

（五）参与、支持农村集体经济组织的生产经营管理活动和公益活动；

（六）法律法规和农村集体经济组织章程规定的其他义务。

第十五条　非农村集体经济组织成员长期在农村集体经济组织工作，对集体做出贡献的，经农村集体经济组织成员大会全体成员四分之三以上同意，可以享有本法第十三条第七项、第九项、第十项规定的权利。

第十六条　农村集体经济组织成员提出书面申请并经农村集体经济组织同意的，可以自愿退出农村集体经济组织。

农村集体经济组织成员自愿退出的，可以与农村集体经济组织协商获得适当补偿或者在一定期限内保留其已经享有的财产权益，但是不得要求分割集体财产。

第十七条　有下列情形之一的，丧失农村集体经济组织成员身份：

（一）死亡；

（二）丧失中华人民共和国国籍；

（三）已经取得其他农村集体经济组织成员身份；

（四）已经成为公务员，但是聘任制公务员除外；
（五）法律法规和农村集体经济组织章程规定的其他情形。

因前款第三项、第四项情形而丧失农村集体经济组织成员身份的，依照法律法规、国家有关规定和农村集体经济组织章程，经与农村集体经济组织协商，可以在一定期限内保留其已经享有的相关权益。

第十八条 农村集体经济组织成员不因就学、服役、务工、经商、离婚、丧偶、服刑等原因而丧失农村集体经济组织成员身份。

农村集体经济组织成员结婚，未取得其他农村集体经济组织成员身份的，原农村集体经济组织不得取消其成员身份。

第三章 组织登记

第十九条 农村集体经济组织应当具备下列条件：
（一）有符合本法规定的成员；
（二）有符合本法规定的集体财产；
（三）有符合本法规定的农村集体经济组织章程；
（四）有符合本法规定的名称和住所；
（五）有符合本法规定的组织机构。

符合前款规定条件的村一般应当设立农村集体经济组织，村民小组可以根据情况设立农村集体经济组织；乡镇确有需要的，可以设立农村集体经济组织。

设立农村集体经济组织不得改变集体土地所有权。

第二十条 农村集体经济组织章程应当载明下列事项：
（一）农村集体经济组织的名称、法定代表人、住所和财产范围；
（二）农村集体经济组织成员确认规则和程序；
（三）农村集体经济组织的机构；
（四）集体财产经营和财务管理；
（五）集体经营性财产收益权的量化与分配；
（六）农村集体经济组织的变更和注销；
（七）需要载明的其他事项。

农村集体经济组织章程应当报乡镇人民政府、街道办事处和县级人民政府农业农村主管部门备案。

国务院农业农村主管部门根据本法和其他有关法律法规制定农村集体经济组

织示范章程。

第二十一条 农村集体经济组织的名称中应当标明"集体经济组织"字样，以及所在县、不设区的市、市辖区、乡、民族乡、镇、村或者组的名称。

农村集体经济组织以其主要办事机构所在地为住所。

第二十二条 农村集体经济组织成员大会表决通过本农村集体经济组织章程、确认本农村集体经济组织成员、选举本农村集体经济组织理事会成员、监事会成员或者监事后，应当及时向县级以上地方人民政府农业农村主管部门申请登记，取得农村集体经济组织登记证书。

农村集体经济组织登记办法由国务院农业农村主管部门制定。

第二十三条 农村集体经济组织合并的，应当在清产核资的基础上编制资产负债表和财产清单。

农村集体经济组织合并的，应当由各自的成员大会形成决定，经乡镇人民政府、街道办事处审核后，报县级以上地方人民政府批准。

农村集体经济组织应当在获得批准合并之日起十日内通知债权人，债权人可以要求农村集体经济组织清偿债务或者提供相应担保。

合并各方的债权债务由合并后的农村集体经济组织承继。

第二十四条 农村集体经济组织分立的，应当在清产核资的基础上分配财产、分解债权债务。

农村集体经济组织分立的，应当由成员大会形成决定，经乡镇人民政府、街道办事处审核后，报县级以上地方人民政府批准。

农村集体经济组织应当在获得批准分立之日起十日内通知债权人。

农村集体经济组织分立前的债权债务，由分立后的农村集体经济组织享有连带债权，承担连带债务，但是农村集体经济组织分立时已经与债权人或者债务人达成清偿债务的书面协议的，从其约定。

第二十五条 农村集体经济组织合并、分立或者登记事项变动的，应当办理变更登记。

农村集体经济组织因合并、分立等原因需要解散的，依法办理注销登记后终止。

第四章 组织机构

第二十六条 农村集体经济组织成员大会由具有完全民事行为能力的全体成员组成，是本农村集体经济组织的权力机构，依法行使下列职权：

（一）制定、修改农村集体经济组织章程；

（二）制定、修改农村集体经济组织内部管理制度；

（三）确认农村集体经济组织成员；

（四）选举、罢免农村集体经济组织理事会成员、监事会成员或者监事；

（五）审议农村集体经济组织理事会、监事会或者监事的工作报告；

（六）决定农村集体经济组织理事会成员、监事会成员或者监事的报酬及主要经营管理人员的聘任、解聘和报酬；

（七）批准农村集体经济组织的集体经济发展规划、业务经营计划、年度财务预决算、收益分配方案；

（八）对农村土地承包、宅基地使用和集体经营性财产收益权份额量化方案等事项作出决定；

（九）对集体经营性建设用地使用、出让、出租方案等事项作出决定；

（十）决定土地补偿费等的分配、使用办法；

（十一）决定投资等重大事项；

（十二）决定农村集体经济组织合并、分立等重大事项；

（十三）法律法规和农村集体经济组织章程规定的其他职权。

需由成员大会审议决定的重要事项，应当先经乡镇党委、街道党工委或者村党组织研究讨论。

第二十七条 农村集体经济组织召开成员大会，应当将会议召开的时间、地点和审议的事项于会议召开十日前通知全体成员，有三分之二以上具有完全民事行为能力的成员参加。成员无法在现场参加会议的，可以通过即时通讯工具在线参加会议，或者书面委托本农村集体经济组织同一户内具有完全民事行为能力的其他家庭成员代为参加会议。

成员大会每年至少召开一次，并由理事会召集，由理事长、副理事长或者理事长指定的成员主持。

成员大会实行一人一票的表决方式。成员大会作出决定，应当经本农村集体经济组织成员大会全体成员三分之二以上同意，本法或者其他法律法规、农村集体经济组织章程有更严格规定的，从其规定。

第二十八条 农村集体经济组织成员较多的，可以按照农村集体经济组织章程规定设立成员代表大会。

设立成员代表大会的，一般每五户至十五户选举代表一人，代表人数应当多于二十人，并且有适当数量的妇女代表。

成员代表的任期为五年，可以连选连任。

成员代表大会按照农村集体经济组织章程规定行使本法第二十六条第一款规定的成员大会部分职权，但是第一项、第三项、第八项、第十项、第十二项规定的职权除外。

成员代表大会实行一人一票的表决方式。成员代表大会作出决定，应当经全体成员代表三分之二以上同意。

第二十九条 农村集体经济组织设理事会，一般由三至七名单数成员组成。理事会设理事长一名，可以设副理事长。理事长、副理事长、理事的产生办法由农村集体经济组织章程规定。理事会成员之间应当实行近亲属回避。理事会成员的任期为五年，可以连选连任。

理事长是农村集体经济组织的法定代表人。

乡镇党委、街道党工委或者村党组织可以提名推荐农村集体经济组织理事会成员候选人，党组织负责人可以通过法定程序担任农村集体经济组织理事长。

第三十条 理事会对成员大会、成员代表大会负责，行使下列职权：

（一）召集、主持成员大会、成员代表大会，并向其报告工作；

（二）执行成员大会、成员代表大会的决定；

（三）起草农村集体经济组织章程修改草案；

（四）起草集体经济发展规划、业务经营计划、内部管理制度等；

（五）起草农村土地承包、宅基地使用、集体经营性财产收益权份额量化，以及集体经营性建设用地使用、出让或者出租等方案；

（六）起草投资方案；

（七）起草年度财务预决算、收益分配方案等；

（八）提出聘任、解聘主要经营管理人员及决定其报酬的建议；

（九）依照法律法规和农村集体经济组织章程管理集体财产和财务，保障集体财产安全；

（十）代表农村集体经济组织签订承包、出租、入股等合同，监督、督促承包方、承租方、被投资方等履行合同；

（十一）接受、处理有关质询、建议并作出答复；

（十二）农村集体经济组织章程规定的其他职权。

第三十一条 理事会会议应当有三分之二以上的理事会成员出席。

理事会实行一人一票的表决方式。理事会作出决定，应当经全体理事的过半数同意。

理事会的议事方式和表决程序由农村集体经济组织章程具体规定。

第三十二条 农村集体经济组织设监事会，成员较少的可以设一至二名监事，行使监督理事会执行成员大会和成员代表大会决定、监督检查集体财产经营管理情况、审核监督本农村集体经济组织财务状况等内部监督职权。必要时，监事会或者监事可以组织对本农村集体经济组织的财务进行内部审计，审计结果应当向成员大会、成员代表大会报告。

监事会或者监事的产生办法、具体职权、议事方式和表决程序等，由农村集体经济组织章程规定。

第三十三条 农村集体经济组织成员大会、成员代表大会、理事会、监事会或者监事召开会议，应当按照规定制作、保存会议记录。

第三十四条 农村集体经济组织理事会成员、监事会成员或者监事与村党组织领导班子成员、村民委员会成员可以根据情况交叉任职。

农村集体经济组织理事会成员、财务人员、会计人员及其近亲属不得担任监事会成员或者监事。

第三十五条 农村集体经济组织理事会成员、监事会成员或者监事应当遵守法律法规和农村集体经济组织章程，履行诚实信用、勤勉谨慎的义务，为农村集体经济组织及其成员的利益管理集体财产，处理农村集体经济组织事务。

农村集体经济组织理事会成员、监事会成员或者监事、主要经营管理人员不得有下列行为：

（一）侵占、挪用、截留、哄抢、私分、破坏集体财产；

（二）直接或者间接向农村集体经济组织借款；

（三）以集体财产为本人或者他人债务提供担保；

（四）违反法律法规或者国家有关规定为地方政府举借债务；

（五）以农村集体经济组织名义开展非法集资等非法金融活动；

（六）将集体财产低价折股、转让、租赁；

（七）以集体财产加入合伙企业成为普通合伙人；

（八）接受他人与农村集体经济组织交易的佣金归为己有；

（九）泄露农村集体经济组织的商业秘密；

（十）其他损害农村集体经济组织合法权益的行为。

第五章 财产经营管理和收益分配

第三十六条 集体财产主要包括：

（一）集体所有的土地和森林、山岭、草原、荒地、滩涂；

（二）集体所有的建筑物、生产设施、农田水利设施；

（三）集体所有的教育、科技、文化、卫生、体育、交通等设施和农村人居环境基础设施；

（四）集体所有的资金；

（五）集体投资兴办的企业和集体持有的其他经济组织的股权及其他投资性权利；

（六）集体所有的无形资产；

（七）集体所有的接受国家扶持、社会捐赠、减免税费等形成的财产；

（八）集体所有的其他财产。

集体财产依法由农村集体经济组织成员集体所有，由农村集体经济组织依法代表成员集体行使所有权，不得分割到成员个人。

第三十七条 集体所有和国家所有依法由农民集体使用的耕地、林地、草地以及其他依法用于农业的土地，依照农村土地承包的法律实行承包经营。

集体所有的宅基地等建设用地，依照法律、行政法规和国家有关规定取得、使用、管理。

集体所有的建筑物、生产设施、农田水利设施，由农村集体经济组织按照国家有关规定和农村集体经济组织章程使用、管理。

集体所有的教育、科技、文化、卫生、体育、交通等设施和农村人居环境基础设施，依照法律法规、国家有关规定和农村集体经济组织章程使用、管理。

第三十八条 依法应当实行家庭承包的耕地、林地、草地以外的其他农村土地，农村集体经济组织可以直接组织经营或者依法实行承包经营，也可以依法采取土地经营权出租、入股等方式经营。

第三十九条 对符合国家规定的集体经营性建设用地，农村集体经济组织应当优先用于保障乡村产业发展和乡村建设，也可以依法通过出让、出租等方式交由单位或者个人有偿使用。

第四十条 农村集体经济组织可以将集体所有的经营性财产的收益权以份额形式量化到本农村集体经济组织成员，作为其参与集体收益分配的基本依据。

集体所有的经营性财产包括本法第三十六条第一款第一项中可以依法入市、流转的财产用益物权和第二项、第四项至第七项的财产。

国务院农业农村主管部门可以根据本法制定集体经营性财产收益权量化的具体办法。

第四十一条 农村集体经济组织可以探索通过资源发包、物业出租、居间服务、经营性财产参股等多样化途径发展新型农村集体经济。

第四十二条 农村集体经济组织当年收益应当按照农村集体经济组织章程规定提取公积公益金,用于弥补亏损、扩大生产经营等,剩余的可分配收益按照量化给农村集体经济组织成员的集体经营性财产收益权份额进行分配。

第四十三条 农村集体经济组织应当加强集体财产管理,建立集体财产清查、保管、使用、处置、公开等制度,促进集体财产保值增值。

省、自治区、直辖市可以根据实际情况,制定本行政区域农村集体财产管理具体办法,实现集体财产管理制度化、规范化和信息化。

第四十四条 农村集体经济组织应当按照国务院有关部门制定的农村集体经济组织财务会计制度进行财务管理和会计核算。

农村集体经济组织应当根据会计业务的需要,设置会计机构,或者设置会计人员并指定会计主管人员,也可以按照规定委托代理记账。

集体所有的资金不得存入以个人名义开立的账户。

第四十五条 农村集体经济组织应当定期将财务情况向农村集体经济组织成员公布。集体财产使用管理情况、涉及农村集体经济组织及其成员利益的重大事项应当及时公布。农村集体经济组织理事会应当保证所公布事项的真实性。

第四十六条 农村集体经济组织应当编制年度经营报告、年度财务会计报告和收益分配方案,并于成员大会、成员代表大会召开十日前,提供给农村集体经济组织成员查阅。

第四十七条 农村集体经济组织应当依法接受审计监督。

县级以上地方人民政府农业农村主管部门和乡镇人民政府、街道办事处根据情况对农村集体经济组织开展定期审计、专项审计。审计办法由国务院农业农村主管部门制定。

审计机关依法对农村集体经济组织接受、运用财政资金的真实、合法和效益情况进行审计监督。

第四十八条 农村集体经济组织应当自觉接受有关机关和组织对集体财产使用管理情况的监督。

第六章 扶持措施

第四十九条 县级以上人民政府应当合理安排资金，支持农村集体经济组织发展新型农村集体经济、服务集体成员。

各级财政支持的农业发展和农村建设项目，依法将适宜的项目优先交由符合条件的农村集体经济组织承担。国家对欠发达地区和革命老区、民族地区、边疆地区的农村集体经济组织给予优先扶助。

县级以上人民政府有关部门应当依法加强对财政补助资金使用情况的监督。

第五十条 农村集体经济组织依法履行纳税义务，依法享受税收优惠。

农村集体经济组织开展生产经营管理活动或者因开展农村集体产权制度改革办理土地、房屋权属变更，按照国家规定享受税收优惠。

第五十一条 农村集体经济组织用于集体公益和综合服务、保障村级组织和村务运转等支出，按照国家规定计入相应成本。

第五十二条 国家鼓励政策性金融机构立足职能定位，在业务范围内采取多种形式对农村集体经济组织发展新型农村集体经济提供多渠道资金支持。

国家鼓励商业性金融机构为农村集体经济组织及其成员提供多样化金融服务，优先支持符合条件的农村集体经济发展项目，支持农村集体经济组织开展集体经营性财产股权质押贷款；鼓励融资担保机构为农村集体经济组织提供融资担保服务；鼓励保险机构为农村集体经济组织提供保险服务。

第五十三条 乡镇人民政府编制村庄规划应当根据实际需要合理安排集体经济发展各项建设用地。

土地整理新增耕地形成土地指标交易的收益，应当保障农村集体经济组织和相关权利人的合法权益。

第五十四条 县级人民政府和乡镇人民政府、街道办事处应当加强农村集体经济组织经营管理队伍建设，制定农村集体经济组织人才培养计划，完善激励机制，支持和引导各类人才服务新型农村集体经济发展。

第五十五条 各级人民政府应当在用水、用电、用气以及网络、交通等公共设施和农村人居环境基础设施配置方面为农村集体经济组织建设发展提供支持。

第七章 争议的解决和法律责任

第五十六条 对确认农村集体经济组织成员身份有异议，或者农村集体经济组织因内部管理、运行、收益分配等发生纠纷的，当事人可以请求乡镇人民政府、街道办事处或者县级人民政府农业农村主管部门调解解决；不愿调解或者调解不成的，可以向农村土地承包仲裁机构申请仲裁，也可以直接向人民法院提起诉讼。

确认农村集体经济组织成员身份时侵害妇女合法权益，导致社会公共利益受损的，检察机关可以发出检察建议或者依法提起公益诉讼。

第五十七条 农村集体经济组织成员大会、成员代表大会、理事会或者农村集体经济组织负责人作出的决定侵害农村集体经济组织成员合法权益的，受侵害的农村集体经济组织成员可以请求人民法院予以撤销。但是，农村集体经济组织按照该决定与善意相对人形成的民事法律关系不受影响。

受侵害的农村集体经济组织成员自知道或者应当知道撤销事由之日起一年内或者自该决定作出之日起五年内未行使撤销权的，撤销权消灭。

第五十八条 农村集体经济组织理事会成员、监事会成员或者监事、主要经营管理人员有本法第三十五条第二款规定行为的，由乡镇人民政府、街道办事处或者县级人民政府农业农村主管部门责令限期改正；情节严重的，依法给予处分或者行政处罚；造成集体财产损失的，依法承担赔偿责任；构成犯罪的，依法追究刑事责任。

前款规定的人员违反本法规定，以集体财产为本人或者他人债务提供担保的，该担保无效。

第五十九条 对于侵害农村集体经济组织合法权益的行为，农村集体经济组织可以依法向人民法院提起诉讼。

第六十条 农村集体经济组织理事会成员、监事会成员或者监事、主要经营管理人员执行职务时违反法律法规或者农村集体经济组织章程的规定，给农村集体经济组织造成损失的，应当依法承担赔偿责任。

前款规定的人员有前款行为的，农村集体经济组织理事会、监事会或者监事应当向人民法院提起诉讼；未及时提起诉讼的，十名以上具有完全民事行为能力的农村集体经济组织成员可以书面请求监事会或者监事向人民法院提起诉讼。

监事会或者监事收到书面请求后拒绝提起诉讼或者自收到请求之日起十五日内未提起诉讼的，前款规定的提出书面请求的农村集体经济组织成员可以为农村集体经济组织的利益，以自己的名义向人民法院提起诉讼。

第六十一条　农村集体经济组织章程或者农村集体经济组织成员大会、成员代表大会所作的决定违反本法或者其他法律法规规定的，由乡镇人民政府、街道办事处或者县级人民政府农业农村主管部门责令限期改正。

第六十二条　地方人民政府及其有关部门非法干预农村集体经济组织经营管理和财产管理活动或者未依法履行相应监管职责的，由上级人民政府责令限期改正；情节严重的，依法追究相关责任人员的法律责任。

第六十三条　农村集体经济组织对行政机关的行政行为不服的，可以依法申请行政复议或者提起行政诉讼。

第八章　附　　则

第六十四条　未设立农村集体经济组织的，村民委员会、村民小组可以依法代行农村集体经济组织的职能。

村民委员会、村民小组依法代行农村集体经济组织职能的，讨论决定有关集体财产和成员权益的事项参照适用本法的相关规定。

第六十五条　本法施行前已经按照国家规定登记的农村集体经济组织及其名称，本法施行后在法人登记证书有效期限内继续有效。

第六十六条　本法施行前农村集体经济组织开展农村集体产权制度改革时已经被确认的成员，本法施行后不需要重新确认。

第六十七条　本法自2025年5月1日起施行。

中华人民共和国行政复议法

（1999年4月29日第九届全国人民代表大会常务委员会第九次会议通过　根据2009年8月27日第十一届全国人民代表大会常务委员会第十次会议《关于修改部分法律的决定》第一次修正　根据2017年9月1日第十二届全国人民代表大会常务委员会第二十九次会议《关于修改〈中华人民共和国法官法〉等八部法律的决定》第二次修正　2023年9月1日第十四届全国人民代表大会常务委员会第五次会议修订　2023年9月1日中华人民共和国主席令第9号公布　自2024年1月1日起施行）

第一章　总　　则

第一条　为了防止和纠正违法的或者不当的行政行为，保护公民、法人和其他组织的合法权益，监督和保障行政机关依法行使职权，发挥行政复议化解行政争议的主渠道作用，推进法治政府建设，根据宪法，制定本法。

第二条　公民、法人或者其他组织认为行政机关的行政行为侵犯其合法权益，向行政复议机关提出行政复议申请，行政复议机关办理行政复议案件，适用本法。

前款所称行政行为，包括法律、法规、规章授权的组织的行政行为。

第三条　行政复议工作坚持中国共产党的领导。

行政复议机关履行行政复议职责，应当遵循合法、公正、公开、高效、便民、为民的原则，坚持有错必纠，保障法律、法规的正确实施。

第四条　县级以上各级人民政府以及其他依照本法履行行政复议职责的行政机关是行政复议机关。

行政复议机关办理行政复议事项的机构是行政复议机构。行政复议机构同时组织办理行政复议机关的行政应诉事项。

行政复议机关应当加强行政复议工作，支持和保障行政复议机构依法履行职责。上级行政复议机构对下级行政复议机构的行政复议工作进行指导、监督。

国务院行政复议机构可以发布行政复议指导性案例。

第五条　行政复议机关办理行政复议案件，可以进行调解。

调解应当遵循合法、自愿的原则，不得损害国家利益、社会公共利益和他人合法权益，不得违反法律、法规的强制性规定。

第六条 国家建立专业化、职业化行政复议人员队伍。

行政复议机构中初次从事行政复议工作的人员，应当通过国家统一法律职业资格考试取得法律职业资格，并参加统一职前培训。

国务院行政复议机构应当会同有关部门制定行政复议人员工作规范，加强对行政复议人员的业务考核和管理。

第七条 行政复议机关应当确保行政复议机构的人员配备与所承担的工作任务相适应，提高行政复议人员专业素质，根据工作需要保障办案场所、装备等设施。县级以上各级人民政府应当将行政复议工作经费列入本级预算。

第八条 行政复议机关应当加强信息化建设，运用现代信息技术，方便公民、法人或者其他组织申请、参加行政复议，提高工作质量和效率。

第九条 对在行政复议工作中做出显著成绩的单位和个人，按照国家有关规定给予表彰和奖励。

第十条 公民、法人或者其他组织对行政复议决定不服的，可以依照《中华人民共和国行政诉讼法》的规定向人民法院提起行政诉讼，但是法律规定行政复议决定为最终裁决的除外。

第二章　行政复议申请

第一节　行政复议范围

第十一条 有下列情形之一的，公民、法人或者其他组织可以依照本法申请行政复议：

（一）对行政机关作出的行政处罚决定不服；

（二）对行政机关作出的行政强制措施、行政强制执行决定不服；

（三）申请行政许可，行政机关拒绝或者在法定期限内不予答复，或者对行政机关作出的有关行政许可的其他决定不服；

（四）对行政机关作出的确认自然资源的所有权或者使用权的决定不服；

（五）对行政机关作出的征收征用决定及其补偿决定不服；

（六）对行政机关作出的赔偿决定或者不予赔偿决定不服；

（七）对行政机关作出的不予受理工伤认定申请的决定或者工伤认定结论

不服；

（八）认为行政机关侵犯其经营自主权或者农村土地承包经营权、农村土地经营权；

（九）认为行政机关滥用行政权力排除或者限制竞争；

（十）认为行政机关违法集资、摊派费用或者违法要求履行其他义务；

（十一）申请行政机关履行保护人身权利、财产权利、受教育权利等合法权益的法定职责，行政机关拒绝履行、未依法履行或者不予答复；

（十二）申请行政机关依法给付抚恤金、社会保险待遇或者最低生活保障等社会保障，行政机关没有依法给付；

（十三）认为行政机关不依法订立、不依法履行、未按照约定履行或者违法变更、解除政府特许经营协议、土地房屋征收补偿协议等行政协议；

（十四）认为行政机关在政府信息公开工作中侵犯其合法权益；

（十五）认为行政机关的其他行政行为侵犯其合法权益。

第十二条 下列事项不属于行政复议范围：

（一）国防、外交等国家行为；

（二）行政法规、规章或者行政机关制定、发布的具有普遍约束力的决定、命令等规范性文件；

（三）行政机关对行政机关工作人员的奖惩、任免等决定；

（四）行政机关对民事纠纷作出的调解。

第十三条 公民、法人或者其他组织认为行政机关的行政行为所依据的下列规范性文件不合法，在对行政行为申请行政复议时，可以一并向行政复议机关提出对该规范性文件的附带审查申请：

（一）国务院部门的规范性文件；

（二）县级以上地方各级人民政府及其工作部门的规范性文件；

（三）乡、镇人民政府的规范性文件；

（四）法律、法规、规章授权的组织的规范性文件。

前款所列规范性文件不含规章。规章的审查依照法律、行政法规办理。

第二节 行政复议参加人

第十四条 依照本法申请行政复议的公民、法人或者其他组织是申请人。

有权申请行政复议的公民死亡的，其近亲属可以申请行政复议。有权申请行政复议的法人或者其他组织终止的,其权利义务承受人可以申请行政复议。

有权申请行政复议的公民为无民事行为能力人或者限制民事行为能力人的,其法定代理人可以代为申请行政复议。

第十五条 同一行政复议案件申请人人数众多的,可以由申请人推选代表人参加行政复议。

代表人参加行政复议的行为对其所代表的申请人发生效力,但是代表人变更行政复议请求、撤回行政复议申请、承认第三人请求的,应当经被代表的申请人同意。

第十六条 申请人以外的同被申请行政复议的行政行为或者行政复议案件处理结果有利害关系的公民、法人或者其他组织,可以作为第三人申请参加行政复议,或者由行政复议机构通知其作为第三人参加行政复议。

第三人不参加行政复议,不影响行政复议案件的审理。

第十七条 申请人、第三人可以委托一至二名律师、基层法律服务工作者或者其他代理人代为参加行政复议。

申请人、第三人委托代理人的,应当向行政复议机构提交授权委托书、委托人及被委托人的身份证明文件。授权委托书应当载明委托事项、权限和期限。申请人、第三人变更或者解除代理人权限的,应当书面告知行政复议机构。

第十八条 符合法律援助条件的行政复议申请人申请法律援助的,法律援助机构应当依法为其提供法律援助。

第十九条 公民、法人或者其他组织对行政行为不服申请行政复议的,作出行政行为的行政机关或者法律、法规、规章授权的组织是被申请人。

两个以上行政机关以共同的名义作出同一行政行为的,共同作出行政行为的行政机关是被申请人。

行政机关委托的组织作出行政行为的,委托的行政机关是被申请人。

作出行政行为的行政机关被撤销或者职权变更的,继续行使其职权的行政机关是被申请人。

第三节 申请的提出

第二十条 公民、法人或者其他组织认为行政行为侵犯其合法权益的,可以自知道或者应当知道该行政行为之日起六十日内提出行政复议申请;但是法律规定的申请期限超过六十日的除外。

因不可抗力或者其他正当理由耽误法定申请期限的，申请期限自障碍消除之日起继续计算。

行政机关作出行政行为时，未告知公民、法人或者其他组织申请行政复议的权利、行政复议机关和申请期限的，申请期限自公民、法人或者其他组织知道或者应当知道申请行政复议的权利、行政复议机关和申请期限之日起计算，但是自知道或者应当知道行政行为内容之日起最长不得超过一年。

第二十一条 因不动产提出的行政复议申请自行政行为作出之日起超过二十年，其他行政复议申请自行政行为作出之日起超过五年的，行政复议机关不予受理。

第二十二条 申请人申请行政复议，可以书面申请；书面申请有困难的，也可以口头申请。

书面申请的，可以通过邮寄或者行政复议机关指定的互联网渠道等方式提交行政复议申请书，也可以当面提交行政复议申请书。行政机关通过互联网渠道送达行政行为决定书的，应当同时提供提交行政复议申请书的互联网渠道。

口头申请的，行政复议机关应当当场记录申请人的基本情况、行政复议请求、申请行政复议的主要事实、理由和时间。

申请人对两个以上行政行为不服的，应当分别申请行政复议。

第二十三条 有下列情形之一的，申请人应当先向行政复议机关申请行政复议，对行政复议决定不服的，可以再依法向人民法院提起行政诉讼：

（一）对当场作出的行政处罚决定不服；

（二）对行政机关作出的侵犯其已经依法取得的自然资源的所有权或者使用权的决定不服；

（三）认为行政机关存在本法第十一条规定的未履行法定职责情形；

（四）申请政府信息公开，行政机关不予公开；

（五）法律、行政法规规定应当先向行政复议机关申请行政复议的其他情形。

对前款规定的情形，行政机关在作出行政行为时应当告知公民、法人或者其他组织先向行政复议机关申请行政复议。

第四节 行政复议管辖

第二十四条 县级以上地方各级人民政府管辖下列行政复议案件：

（一）对本级人民政府工作部门作出的行政行为不服的；

（二）对下一级人民政府作出的行政行为不服的；

（三）对本级人民政府依法设立的派出机关作出的行政行为不服的；

（四）对本级人民政府或者其工作部门管理的法律、法规、规章授权的组织作出的行政行为不服的。

除前款规定外，省、自治区、直辖市人民政府同时管辖对本机关作出的行政行为不服的行政复议案件。

省、自治区人民政府依法设立的派出机关参照设区的市级人民政府的职责权限，管辖相关行政复议案件。

对县级以上地方各级人民政府工作部门依法设立的派出机构依照法律、法规、规章规定，以派出机构的名义作出的行政行为不服的行政复议案件，由本级人民政府管辖；其中，对直辖市、设区的市人民政府工作部门按照行政区划设立的派出机构作出的行政行为不服的，也可以由其所在地的人民政府管辖。

第二十五条　国务院部门管辖下列行政复议案件：

（一）对本部门作出的行政行为不服的；

（二）对本部门依法设立的派出机构依照法律、行政法规、部门规章规定，以派出机构的名义作出的行政行为不服的；

（三）对本部门管理的法律、行政法规、部门规章授权的组织作出的行政行为不服的。

第二十六条　对省、自治区、直辖市人民政府依照本法第二十四条第二款的规定、国务院部门依照本法第二十五条第一项的规定作出的行政复议决定不服的，可以向人民法院提起行政诉讼；也可以向国务院申请裁决，国务院依照本法的规定作出最终裁决。

第二十七条　对海关、金融、外汇管理等实行垂直领导的行政机关、税务和国家安全机关的行政行为不服的，向上一级主管部门申请行政复议。

第二十八条　对履行行政复议机构职责的地方人民政府司法行政部门的行政行为不服的，可以向本级人民政府申请行政复议，也可以向上一级司法行政部门申请行政复议。

第二十九条　公民、法人或者其他组织申请行政复议，行政复议机关已经依法受理的，在行政复议期间不得向人民法院提起行政诉讼。

公民、法人或者其他组织向人民法院提起行政诉讼，人民法院已经依法受理的，不得申请行政复议。

第三章 行政复议受理

第三十条 行政复议机关收到行政复议申请后，应当在五日内进行审查。对符合下列规定的，行政复议机关应当予以受理：

（一）有明确的申请人和符合本法规定的被申请人；

（二）申请人与被申请行政复议的行政行为有利害关系；

（三）有具体的行政复议请求和理由；

（四）在法定申请期限内提出；

（五）属于本法规定的行政复议范围；

（六）属于本机关的管辖范围；

（七）行政复议机关未受理过该申请人就同一行政行为提出的行政复议申请，并且人民法院未受理过该申请人就同一行政行为提起的行政诉讼。

对不符合前款规定的行政复议申请，行政复议机关应当在审查期限内决定不予受理并说明理由；不属于本机关管辖的，还应当在不予受理决定中告知申请人有管辖权的行政复议机关。

行政复议申请的审查期限届满，行政复议机关未作出不予受理决定的，审查期限届满之日起视为受理。

第三十一条 行政复议申请材料不齐全或者表述不清楚，无法判断行政复议申请是否符合本法第三十条第一款规定的，行政复议机关应当自收到申请之日起五日内书面通知申请人补正。补正通知应当一次性载明需要补正的事项。

申请人应当自收到补正通知之日起十日内提交补正材料。有正当理由不能按期补正的，行政复议机关可以延长合理的补正期限。无正当理由逾期不补正的，视为申请人放弃行政复议申请，并记录在案。

行政复议机关收到补正材料后，依照本法第三十条的规定处理。

第三十二条 对当场作出或者依据电子技术监控设备记录的违法事实作出的行政处罚决定不服申请行政复议的，可以通过作出行政处罚决定的行政机关提交行政复议申请。

行政机关收到行政复议申请后，应当及时处理；认为需要维持行政处罚决定的，应当自收到行政复议申请之日起五日内转送行政复议机关。

第三十三条 行政复议机关受理行政复议申请后，发现该行政复议申请不符合本法第三十条第一款规定的，应当决定驳回申请并说明理由。

第三十四条 法律、行政法规规定应当先向行政复议机关申请行政复议、对行政复议决定不服再向人民法院提起行政诉讼的，行政复议机关决定不予受理、驳回申请或者受理后超过行政复议期限不作答复的，公民、法人或者其他组织可以自收到决定书之日起或者行政复议期限届满之日起十五日内，依法向人民法院提起行政诉讼。

第三十五条 公民、法人或者其他组织依法提出行政复议申请，行政复议机关无正当理由不予受理、驳回申请或者受理后超过行政复议期限不作答复的，申请人有权向上级行政机关反映，上级行政机关应当责令其纠正；必要时，上级行政复议机关可以直接受理。

第四章　行政复议审理

第一节　一般规定

第三十六条 行政复议机关受理行政复议申请后，依照本法适用普通程序或者简易程序进行审理。行政复议机构应当指定行政复议人员负责办理行政复议案件。

行政复议人员对办理行政复议案件过程中知悉的国家秘密、商业秘密和个人隐私，应当予以保密。

第三十七条 行政复议机关依照法律、法规、规章审理行政复议案件。

行政复议机关审理民族自治地方的行政复议案件，同时依照该民族自治地方的自治条例和单行条例。

第三十八条 上级行政复议机关根据需要，可以审理下级行政复议机关管辖的行政复议案件。

下级行政复议机关对其管辖的行政复议案件，认为需要由上级行政复议机关审理的，可以报请上级行政复议机关决定。

第三十九条 行政复议期间有下列情形之一的，行政复议中止：

（一）作为申请人的公民死亡，其近亲属尚未确定是否参加行政复议；

（二）作为申请人的公民丧失参加行政复议的行为能力，尚未确定法定代理人参加行政复议；

（三）作为申请人的公民下落不明；

（四）作为申请人的法人或者其他组织终止，尚未确定权利义务承受人；

（五）申请人、被申请人因不可抗力或者其他正当理由，不能参加行政复议；

（六）依照本法规定进行调解、和解，申请人和被申请人同意中止；

（七）行政复议案件涉及的法律适用问题需要有权机关作出解释或者确认；

（八）行政复议案件审理需要以其他案件的审理结果为依据，而其他案件尚未审结；

（九）有本法第五十六条或者第五十七条规定的情形；

（十）需要中止行政复议的其他情形。

行政复议中止的原因消除后，应当及时恢复行政复议案件的审理。

行政复议机关中止、恢复行政复议案件的审理，应当书面告知当事人。

第四十条 行政复议期间，行政复议机关无正当理由中止行政复议的，上级行政机关应当责令其恢复审理。

第四十一条 行政复议期间有下列情形之一的，行政复议机关决定终止行政复议：

（一）申请人撤回行政复议申请，行政复议机构准予撤回；

（二）作为申请人的公民死亡，没有近亲属或者其近亲属放弃行政复议权利；

（三）作为申请人的法人或者其他组织终止，没有权利义务承受人或者其权利义务承受人放弃行政复议权利；

（四）申请人对行政拘留或者限制人身自由的行政强制措施不服申请行政复议后，因同一违法行为涉嫌犯罪，被采取刑事强制措施；

（五）依照本法第三十九条第一款第一项、第二项、第四项的规定中止行政复议满六十日，行政复议中止的原因仍未消除。

第四十二条 行政复议期间行政行为不停止执行；但是有下列情形之一的，应当停止执行：

（一）被申请人认为需要停止执行；

（二）行政复议机关认为需要停止执行；

（三）申请人、第三人申请停止执行，行政复议机关认为其要求合理，决定停止执行；

（四）法律、法规、规章规定停止执行的其他情形。

第二节 行政复议证据

第四十三条 行政复议证据包括：

（一）书证；

（二）物证；

（三）视听资料；

（四）电子数据；

（五）证人证言；

（六）当事人的陈述；

（七）鉴定意见；

（八）勘验笔录、现场笔录。

以上证据经行政复议机构审查属实，才能作为认定行政复议案件事实的根据。

第四十四条 被申请人对其作出的行政行为的合法性、适当性负有举证责任。

有下列情形之一的，申请人应当提供证据：

（一）认为被申请人不履行法定职责的，提供曾经要求被申请人履行法定职责的证据，但是被申请人应当依职权主动履行法定职责或者申请人因正当理由不能提供的除外；

（二）提出行政赔偿请求的，提供受行政行为侵害而造成损害的证据，但是因被申请人原因导致申请人无法举证的，由被申请人承担举证责任；

（三）法律、法规规定需要申请人提供证据的其他情形。

第四十五条 行政复议机关有权向有关单位和个人调查取证，查阅、复制、调取有关文件和资料，向有关人员进行询问。

调查取证时，行政复议人员不得少于两人，并应当出示行政复议工作证件。

被调查取证的单位和个人应当积极配合行政复议人员的工作，不得拒绝或者阻挠。

第四十六条 行政复议期间，被申请人不得自行向申请人和其他有关单位或者个人收集证据；自行收集的证据不作为认定行政行为合法性、适当性的依据。

行政复议期间，申请人或者第三人提出被申请行政复议的行政行为作出时没有提出的理由或者证据的，经行政复议机构同意，被申请人可以补充证据。

第四十七条 行政复议期间，申请人、第三人及其委托代理人可以按照规定查阅、复制被申请人提出的书面答复、作出行政行为的证据、依据和其他有关材料，除涉及国家秘密、商业秘密、个人隐私或者可能危及国家安全、公共安全、社会稳定的情形外，行政复议机构应当同意。

第三节 普通程序

第四十八条 行政复议机构应当自行政复议申请受理之日起七日内,将行政复议申请书副本或者行政复议申请笔录复印件发送被申请人。被申请人应当自收到行政复议申请书副本或者行政复议申请笔录复印件之日起十日内,提出书面答复,并提交作出行政行为的证据、依据和其他有关材料。

第四十九条 适用普通程序审理的行政复议案件,行政复议机构应当当面或者通过互联网、电话等方式听取当事人的意见,并将听取的意见记录在案。因当事人原因不能听取意见的,可以书面审理。

第五十条 审理重大、疑难、复杂的行政复议案件,行政复议机构应当组织听证。

行政复议机构认为有必要听证,或者申请人请求听证的,行政复议机构可以组织听证。

听证由一名行政复议人员任主持人,两名以上行政复议人员任听证员,一名记录员制作听证笔录。

第五十一条 行政复议机构组织听证的,应当于举行听证的五日前将听证的时间、地点和拟听证事项书面通知当事人。

申请人无正当理由拒不参加听证的,视为放弃听证权利。

被申请人的负责人应当参加听证。不能参加的,应当说明理由并委托相应的工作人员参加听证。

第五十二条 县级以上各级人民政府应当建立相关政府部门、专家、学者等参与的行政复议委员会,为办理行政复议案件提供咨询意见,并就行政复议工作中的重大事项和共性问题研究提出意见。行政复议委员会的组成和开展工作的具体办法,由国务院行政复议机构制定。

审理行政复议案件涉及下列情形之一的,行政复议机构应当提请行政复议委员会提出咨询意见:

(一)案情重大、疑难、复杂;

(二)专业性、技术性较强;

(三)本法第二十四条第二款规定的行政复议案件;

(四)行政复议机构认为有必要。

行政复议机构应当记录行政复议委员会的咨询意见。

第四节 简易程序

第五十三条 行政复议机关审理下列行政复议案件，认为事实清楚、权利义务关系明确、争议不大的，可以适用简易程序：

（一）被申请行政复议的行政行为是当场作出；

（二）被申请行政复议的行政行为是警告或者通报批评；

（三）案件涉及款额三千元以下；

（四）属于政府信息公开案件。

除前款规定以外的行政复议案件，当事人各方同意适用简易程序的，可以适用简易程序。

第五十四条 适用简易程序审理的行政复议案件，行政复议机构应当自受理行政复议申请之日起三日内，将行政复议申请书副本或者行政复议申请笔录复印件发送被申请人。被申请人应当自收到行政复议申请书副本或者行政复议申请笔录复印件之日起五日内，提出书面答复，并提交作出行政行为的证据、依据和其他有关材料。

适用简易程序审理的行政复议案件，可以书面审理。

第五十五条 适用简易程序审理的行政复议案件，行政复议机构认为不宜适用简易程序的，经行政复议机构的负责人批准，可以转为普通程序审理。

第五节 行政复议附带审查

第五十六条 申请人依照本法第十三条的规定提出对有关规范性文件的附带审查申请，行政复议机关有权处理的，应当在三十日内依法处理；无权处理的，应当在七日内转送有权处理的行政机关依法处理。

第五十七条 行政复议机关在对被申请人作出的行政行为进行审查时，认为其依据不合法，本机关有权处理的，应当在三十日内依法处理；无权处理的，应当在七日内转送有权处理的国家机关依法处理。

第五十八条 行政复议机关依照本法第五十六条、第五十七条的规定有权处理有关规范性文件或者依据的，行政复议机构应当自行政复议中止之日起三日内，书面通知规范性文件或者依据的制定机关就相关条款的合法性提出书面答复。制定机关应当自收到书面通知之日起十日内提交书面答复及相关材料。

行政复议机构认为必要时，可以要求规范性文件或者依据的制定机关当面说明理由，制定机关应当配合。

第五十九条 行政复议机关依照本法第五十六条、第五十七条的规定有权处理有关规范性文件或者依据，认为相关条款合法的，在行政复议决定书中一并告知；认为相关条款超越权限或者违反上位法的，决定停止该条款的执行，并责令制定机关予以纠正。

第六十条 依照本法第五十六条、第五十七条的规定接受转送的行政机关、国家机关应当自收到转送之日起六十日内，将处理意见回复转送的行政复议机关。

第五章 行政复议决定

第六十一条 行政复议机关依照本法审理行政复议案件，由行政复议机构对行政行为进行审查，提出意见，经行政复议机关的负责人同意或者集体讨论通过后，以行政复议机关的名义作出行政复议决定。

经过听证的行政复议案件，行政复议机关应当根据听证笔录、审查认定的事实和证据，依照本法作出行政复议决定。

提请行政复议委员会提出咨询意见的行政复议案件，行政复议机关应当将咨询意见作为作出行政复议决定的重要参考依据。

第六十二条 适用普通程序审理的行政复议案件，行政复议机关应当自受理申请之日起六十日内作出行政复议决定；但是法律规定的行政复议期限少于六十日的除外。情况复杂，不能在规定期限内作出行政复议决定的，经行政复议机构的负责人批准，可以适当延长，并书面告知当事人；但是延长期限最多不得超过三十日。

适用简易程序审理的行政复议案件，行政复议机关应当自受理申请之日起三十日内作出行政复议决定。

第六十三条 行政行为有下列情形之一的，行政复议机关决定变更该行政行为：

（一）事实清楚，证据确凿，适用依据正确，程序合法，但是内容不适当；

（二）事实清楚，证据确凿，程序合法，但是未正确适用依据；

（三）事实不清、证据不足，经行政复议机关查清事实和证据。

行政复议机关不得作出对申请人更为不利的变更决定，但是第三人提出相反请求的除外。

第六十四条　行政行为有下列情形之一的，行政复议机关决定撤销或者部分撤销该行政行为，并可以责令被申请人在一定期限内重新作出行政行为：

（一）主要事实不清、证据不足；

（二）违反法定程序；

（三）适用的依据不合法；

（四）超越职权或者滥用职权。

行政复议机关责令被申请人重新作出行政行为的，被申请人不得以同一事实和理由作出与被申请行政复议的行政行为相同或者基本相同的行政行为，但是行政复议机关以违反法定程序为由决定撤销或者部分撤销的除外。

第六十五条　行政行为有下列情形之一的，行政复议机关不撤销该行政行为，但是确认该行政行为违法：

（一）依法应予撤销，但是撤销会给国家利益、社会公共利益造成重大损害；

（二）程序轻微违法，但是对申请人权利不产生实际影响。

行政行为有下列情形之一，不需要撤销或者责令履行的，行政复议机关确认该行政行为违法：

（一）行政行为违法，但是不具有可撤销内容；

（二）被申请人改变原违法行政行为，申请人仍要求撤销或者确认该行政行为违法；

（三）被申请人不履行或者拖延履行法定职责，责令履行没有意义。

第六十六条　被申请人不履行法定职责的，行政复议机关决定被申请人在一定期限内履行。

第六十七条　行政行为有实施主体不具有行政主体资格或者没有依据等重大且明显违法情形，申请人申请确认行政行为无效的，行政复议机关确认该行政行为无效。

第六十八条　行政行为认定事实清楚，证据确凿，适用依据正确，程序合法，内容适当的，行政复议机关决定维持该行政行为。

第六十九条　行政复议机关受理申请人认为被申请人不履行法定职责的行政复议申请后，发现被申请人没有相应法定职责或者在受理前已经履行法定职责的，决定驳回申请人的行政复议请求。

第七十条　被申请人不按照本法第四十八条、第五十四条的规定提出书面答复、提交作出行政行为的证据、依据和其他有关材料的，视为该行政行为没有证据、依据，行政复议机关决定撤销、部分撤销该行政行为，确认该行政行为违法、无效或者决定被申请人在一定期限内履行，但是行政行为涉及第三人合法权益，第三人提供证据的除外。

第七十一条　被申请人不依法订立、不依法履行、未按照约定履行或者违法变更、解除行政协议的，行政复议机关决定被申请人承担依法订立、继续履行、采取补救措施或者赔偿损失等责任。

被申请人变更、解除行政协议合法，但是未依法给予补偿或者补偿不合理的，行政复议机关决定被申请人依法给予合理补偿。

第七十二条　申请人在申请行政复议时一并提出行政赔偿请求，行政复议机关对依照《中华人民共和国国家赔偿法》的有关规定应当不予赔偿的，在作出行政复议决定时，应当同时决定驳回行政赔偿请求；对符合《中华人民共和国国家赔偿法》的有关规定应当给予赔偿的，在决定撤销或者部分撤销、变更行政行为或者确认行政行为违法、无效时，应当同时决定被申请人依法给予赔偿；确认行政行为违法的，还可以同时责令被申请人采取补救措施。

申请人在申请行政复议时没有提出行政赔偿请求的，行政复议机关在依法决定撤销或者部分撤销、变更罚款，撤销或者部分撤销违法集资、没收财物、征收征用、摊派费用以及对财产的查封、扣押、冻结等行政行为时，应当同时责令被申请人返还财产，解除对财产的查封、扣押、冻结措施，或者赔偿相应的价款。

第七十三条　当事人经调解达成协议的，行政复议机关应当制作行政复议调解书，经各方当事人签字或者签章，并加盖行政复议机关印章，即具有法律效力。

调解未达成协议或者调解书生效前一方反悔的，行政复议机关应当依法审查或者及时作出行政复议决定。

第七十四条　当事人在行政复议决定作出前可以自愿达成和解，和解内容不得损害国家利益、社会公共利益和他人合法权益，不得违反法律、法规的强制性规定。

当事人达成和解后，由申请人向行政复议机构撤回行政复议申请。行政复议机构准予撤回行政复议申请、行政复议机关决定终止行政复议的，申请人不得再以同一事实和理由提出行政复议申请。但是，申请人能够证明撤回行政复议申请违背其真实意愿的除外。

第七十五条　行政复议机关作出行政复议决定，应当制作行政复议决定书，并加盖行政复议机关印章。

行政复议决定书一经送达，即发生法律效力。

第七十六条 行政复议机关在办理行政复议案件过程中，发现被申请人或者其他下级行政机关的有关行政行为违法或者不当的，可以向其制发行政复议意见书。有关机关应当自收到行政复议意见书之日起六十日内，将纠正相关违法或者不当行政行为的情况报送行政复议机关。

第七十七条 被申请人应当履行行政复议决定书、调解书、意见书。

被申请人不履行或者无正当理由拖延履行行政复议决定书、调解书、意见书的，行政复议机关或者有关上级行政机关应当责令其限期履行，并可以约谈被申请人的有关负责人或者予以通报批评。

第七十八条 申请人、第三人逾期不起诉又不履行行政复议决定书、调解书的，或者不履行最终裁决的行政复议决定的，按照下列规定分别处理：

（一）维持行政行为的行政复议决定书，由作出行政行为的行政机关依法强制执行，或者申请人民法院强制执行；

（二）变更行政行为的行政复议决定书，由行政复议机关依法强制执行，或者申请人民法院强制执行；

（三）行政复议调解书，由行政复议机关依法强制执行，或者申请人民法院强制执行。

第七十九条 行政复议机关根据被申请行政复议的行政行为的公开情况，按照国家有关规定将行政复议决定书向社会公开。

县级以上地方各级人民政府办理以本级人民政府工作部门为被申请人的行政复议案件，应当将发生法律效力的行政复议决定书、意见书同时抄告被申请人的上一级主管部门。

第六章 法 律 责 任

第八十条 行政复议机关不依照本法规定履行行政复议职责，对负有责任的领导人员和直接责任人员依法给予警告、记过、记大过的处分；经有权监督的机关督促仍不改正或者造成严重后果的，依法给予降级、撤职、开除的处分。

第八十一条 行政复议机关工作人员在行政复议活动中，徇私舞弊或者有其他渎职、失职行为的，依法给予警告、记过、记大过的处分；情节严重的，依法给予降级、撤职、开除的处分；构成犯罪的，依法追究刑事责任。

第八十二条　被申请人违反本法规定，不提出书面答复或者不提交作出行政行为的证据、依据和其他有关材料，或者阻挠、变相阻挠公民、法人或者其他组织依法申请行政复议的，对负有责任的领导人员和直接责任人员依法给予警告、记过、记大过的处分；进行报复陷害的，依法给予降级、撤职、开除的处分；构成犯罪的，依法追究刑事责任。

第八十三条　被申请人不履行或者无正当理由拖延履行行政复议决定书、调解书、意见书的，对负有责任的领导人员和直接责任人员依法给予警告、记过、记大过的处分；经责令履行仍拒不履行的，依法给予降级、撤职、开除的处分。

第八十四条　拒绝、阻挠行政复议人员调查取证，故意扰乱行政复议工作秩序的，依法给予处分、治安管理处罚；构成犯罪的，依法追究刑事责任。

第八十五条　行政机关及其工作人员违反本法规定的，行政复议机关可以向监察机关或者公职人员任免机关、单位移送有关人员违法的事实材料，接受移送的监察机关或者公职人员任免机关、单位应当依法处理。

第八十六条　行政复议机关在办理行政复议案件过程中，发现公职人员涉嫌贪污贿赂、失职渎职等职务违法或者职务犯罪的问题线索，应当依照有关规定移送监察机关，由监察机关依法调查处置。

第七章　附　　则

第八十七条　行政复议机关受理行政复议申请，不得向申请人收取任何费用。

第八十八条　行政复议期间的计算和行政复议文书的送达，本法没有规定的，依照《中华人民共和国民事诉讼法》关于期间、送达的规定执行。

本法关于行政复议期间有关"三日"、"五日"、"七日"、"十日"的规定是指工作日，不含法定休假日。

第八十九条　外国人、无国籍人、外国组织在中华人民共和国境内申请行政复议，适用本法。

第九十条　本法自 2024 年 1 月 1 日起施行。

中华人民共和国土地管理法

（1986年6月25日第六届全国人民代表大会常务委员会第十六次会议通过　根据1988年12月29日第七届全国人民代表大会常务委员会第五次会议《关于修改〈中华人民共和国土地管理法〉的决定》第一次修正　1998年8月29日第九届全国人民代表大会常务委员会第四次会议修订　根据2004年8月28日第十届全国人民代表大会常务委员会第十一次会议《关于修改〈中华人民共和国土地管理法〉的决定》第二次修正　根据2019年8月26日第十三届全国人民代表大会常务委员会第十二次会议《关于修改〈中华人民共和国土地管理法〉、〈中华人民共和国城市房地产管理法〉的决定》第三次修正）

第一章　总　　则

第一条　为了加强土地管理，维护土地的社会主义公有制，保护、开发土地资源，合理利用土地，切实保护耕地，促进社会经济的可持续发展，根据宪法，制定本法。

第二条　中华人民共和国实行土地的社会主义公有制，即全民所有制和劳动群众集体所有制。

全民所有，即国家所有土地的所有权由国务院代表国家行使。

任何单位和个人不得侵占、买卖或者以其他形式非法转让土地。土地使用权可以依法转让。

国家为了公共利益的需要，可以依法对土地实行征收或者征用并给予补偿。

国家依法实行国有土地有偿使用制度。但是，国家在法律规定的范围内划拨国有土地使用权的除外。

第三条　十分珍惜、合理利用土地和切实保护耕地是我国的基本国策。各级人民政府应当采取措施，全面规划，严格管理，保护、开发土地资源，制止非法占用土地的行为。

第四条　国家实行土地用途管制制度。

国家编制土地利用总体规划，规定土地用途，将土地分为农用地、建设用地和未利用地。严格限制农用地转为建设用地，控制建设用地总量，对耕地实行特殊保护。

前款所称农用地是指直接用于农业生产的土地，包括耕地、林地、草地、农田水利用地、养殖水面等；建设用地是指建造建筑物、构筑物的土地，包括城乡住宅和公共设施用地、工矿用地、交通水利设施用地、旅游用地、军事设施用地等；未利用地是指农用地和建设用地以外的土地。

使用土地的单位和个人必须严格按照土地利用总体规划确定的用途使用土地。

第五条 国务院自然资源主管部门统一负责全国土地的管理和监督工作。

县级以上地方人民政府自然资源主管部门的设置及其职责，由省、自治区、直辖市人民政府根据国务院有关规定确定。

第六条 国务院授权的机构对省、自治区、直辖市人民政府以及国务院确定的城市人民政府土地利用和土地管理情况进行督察。

第七条 任何单位和个人都有遵守土地管理法律、法规的义务，并有权对违反土地管理法律、法规的行为提出检举和控告。

第八条 在保护和开发土地资源、合理利用土地以及进行有关的科学研究等方面成绩显著的单位和个人，由人民政府给予奖励。

第二章 土地的所有权和使用权

第九条 城市市区的土地属于国家所有。

农村和城市郊区的土地，除由法律规定属于国家所有的以外，属于农民集体所有；宅基地和自留地、自留山，属于农民集体所有。

第十条 国有土地和农民集体所有的土地，可以依法确定给单位或者个人使用。使用土地的单位和个人，有保护、管理和合理利用土地的义务。

第十一条 农民集体所有的土地依法属于村农民集体所有的，由村集体经济组织或者村民委员会经营、管理；已经分别属于村内两个以上农村集体经济组织的农民集体所有的，由村内各该农村集体经济组织或者村民小组经营、管理；已经属于乡（镇）农民集体所有的，由乡（镇）农村集体经济组织经营、管理。

第十二条 土地的所有权和使用权的登记，依照有关不动产登记的法律、行政法规执行。

依法登记的土地的所有权和使用权受法律保护，任何单位和个人不得侵犯。

第十三条　农民集体所有和国家所有依法由农民集体使用的耕地、林地、草地，以及其他依法用于农业的土地，采取农村集体经济组织内部的家庭承包方式承包，不宜采取家庭承包方式的荒山、荒沟、荒丘、荒滩等，可以采取招标、拍卖、公开协商等方式承包，从事种植业、林业、畜牧业、渔业生产。家庭承包的耕地的承包期为三十年，草地的承包期为三十年至五十年，林地的承包期为三十年至七十年；耕地承包期届满后再延长三十年，草地、林地承包期届满后依法相应延长。

国家所有依法用于农业的土地可以由单位或者个人承包经营，从事种植业、林业、畜牧业、渔业生产。

发包方和承包方应当依法订立承包合同，约定双方的权利和义务。承包经营土地的单位和个人，有保护和按照承包合同约定的用途合理利用土地的义务。

第十四条　土地所有权和使用权争议，由当事人协商解决；协商不成的，由人民政府处理。

单位之间的争议，由县级以上人民政府处理；个人之间、个人与单位之间的争议，由乡级人民政府或者县级以上人民政府处理。

当事人对有关人民政府的处理决定不服的，可以自接到处理决定通知之日起三十日内，向人民法院起诉。

在土地所有权和使用权争议解决前，任何一方不得改变土地利用现状。

第三章　土地利用总体规划

第十五条　各级人民政府应当依据国民经济和社会发展规划、国土整治和资源环境保护的要求、土地供给能力以及各项建设对土地的需求，组织编制土地利用总体规划。

土地利用总体规划的规划期限由国务院规定。

第十六条　下级土地利用总体规划应当依据上一级土地利用总体规划编制。

地方各级人民政府编制的土地利用总体规划中的建设用地总量不得超过上一级土地利用总体规划确定的控制指标，耕地保有量不得低于上一级土地利用总体规划确定的控制指标。

省、自治区、直辖市人民政府编制的土地利用总体规划，应当确保本行政区域内耕地总量不减少。

第十七条　土地利用总体规划按照下列原则编制：

（一）落实国土空间开发保护要求，严格土地用途管制；

（二）严格保护永久基本农田，严格控制非农业建设占用农用地；

（三）提高土地节约集约利用水平；

（四）统筹安排城乡生产、生活、生态用地，满足乡村产业和基础设施用地合理需求，促进城乡融合发展；

（五）保护和改善生态环境，保障土地的可持续利用；

（六）占用耕地与开发复垦耕地数量平衡、质量相当。

第十八条 国家建立国土空间规划体系。编制国土空间规划应当坚持生态优先、绿色、可持续发展，科学有序统筹安排生态、农业、城镇等功能空间，优化国土空间结构和布局，提升国土空间开发、保护的质量和效率。

经依法批准的国土空间规划是各类开发、保护、建设活动的基本依据。已经编制国土空间规划的，不再编制土地利用总体规划和城乡规划。

第十九条 县级土地利用总体规划应当划分土地利用区，明确土地用途。

乡（镇）土地利用总体规划应当划分土地利用区，根据土地使用条件，确定每一块土地的用途，并予以公告。

第二十条 土地利用总体规划实行分级审批。

省、自治区、直辖市的土地利用总体规划，报国务院批准。

省、自治区人民政府所在地的市、人口在一百万以上的城市以及国务院指定的城市的土地利用总体规划，经省、自治区人民政府审查同意后，报国务院批准。

本条第二款、第三款规定以外的土地利用总体规划，逐级上报省、自治区、直辖市人民政府批准；其中，乡（镇）土地利用总体规划可以由省级人民政府授权的设区的市、自治州人民政府批准。

土地利用总体规划一经批准，必须严格执行。

第二十一条 城市建设用地规模应当符合国家规定的标准，充分利用现有建设用地，不占或者尽量少占农用地。

城市总体规划、村庄和集镇规划，应当与土地利用总体规划相衔接，城市总体规划、村庄和集镇规划中建设用地规模不得超过土地利用总体规划确定的城市和村庄、集镇建设用地规模。

在城市规划区内、村庄和集镇规划区内，城市和村庄、集镇建设用地应当符合城市规划、村庄和集镇规划。

第二十二条　江河、湖泊综合治理和开发利用规划，应当与土地利用总体规划相衔接。在江河、湖泊、水库的管理和保护范围以及蓄洪滞洪区内，土地利用应当符合江河、湖泊综合治理和开发利用规划，符合河道、湖泊行洪、蓄洪和输水的要求。

第二十三条　各级人民政府应当加强土地利用计划管理，实行建设用地总量控制。

土地利用年度计划，根据国民经济和社会发展计划、国家产业政策、土地利用总体规划以及建设用地和土地利用的实际状况编制。土地利用年度计划应当对本法第六十三条规定的集体经营性建设用地作出合理安排。土地利用年度计划的编制审批程序与土地利用总体规划的编制审批程序相同，一经审批下达，必须严格执行。

第二十四条　省、自治区、直辖市人民政府应当将土地利用年度计划的执行情况列为国民经济和社会发展计划执行情况的内容，向同级人民代表大会报告。

第二十五条　经批准的土地利用总体规划的修改，须经原批准机关批准；未经批准，不得改变土地利用总体规划确定的土地用途。

经国务院批准的大型能源、交通、水利等基础设施建设用地，需要改变土地利用总体规划的，根据国务院的批准文件修改土地利用总体规划。

经省、自治区、直辖市人民政府批准的能源、交通、水利等基础设施建设用地，需要改变土地利用总体规划的，属于省级人民政府土地利用总体规划批准权限内的，根据省级人民政府的批准文件修改土地利用总体规划。

第二十六条　国家建立土地调查制度。

县级以上人民政府自然资源主管部门会同同级有关部门进行土地调查。土地所有者或者使用者应当配合调查，并提供有关资料。

第二十七条　县级以上人民政府自然资源主管部门会同同级有关部门根据土地调查成果、规划土地用途和国家制定的统一标准，评定土地等级。

第二十八条　国家建立土地统计制度。

县级以上人民政府统计机构和自然资源主管部门依法进行土地统计调查，定期发布土地统计资料。土地所有者或者使用者应当提供有关资料，不得拒报、迟报，不得提供不真实、不完整的资料。

统计机构和自然资源主管部门共同发布的土地面积统计资料是各级人民政府编制土地利用总体规划的依据。

第二十九条 国家建立全国土地管理信息系统，对土地利用状况进行动态监测。

第四章 耕 地 保 护

第三十条 国家保护耕地，严格控制耕地转为非耕地。

国家实行占用耕地补偿制度。非农业建设经批准占用耕地的，按照"占多少，垦多少"的原则，由占用耕地的单位负责开垦与所占用耕地的数量和质量相当的耕地；没有条件开垦或者开垦的耕地不符合要求的，应当按照省、自治区、直辖市的规定缴纳耕地开垦费，专款用于开垦新的耕地。

省、自治区、直辖市人民政府应当制定开垦耕地计划，监督占用耕地的单位按照计划开垦耕地或者按照计划组织开垦耕地，并进行验收。

第三十一条 县级以上地方人民政府可以要求占用耕地的单位将所占用耕地耕作层的土壤用于新开垦耕地、劣质地或者其他耕地的土壤改良。

第三十二条 省、自治区、直辖市人民政府应当严格执行土地利用总体规划和土地利用年度计划，采取措施，确保本行政区域内耕地总量不减少、质量不降低。耕地总量减少的，由国务院责令在规定期限内组织开垦与所减少耕地的数量与质量相当的耕地；耕地质量降低的，由国务院责令在规定期限内组织整治。新开垦和整治的耕地由国务院自然资源主管部门会同农业农村主管部门验收。

个别省、直辖市确因土地后备资源匮乏，新增建设用地后，新开垦耕地的数量不足以补偿所占用耕地的数量的，必须报经国务院批准减免本行政区域内开垦耕地的数量，易地开垦数量和质量相当的耕地。

第三十三条 国家实行永久基本农田保护制度。下列耕地应当根据土地利用总体规划划为永久基本农田，实行严格保护：

（一）经国务院农业农村主管部门或者县级以上地方人民政府批准确定的粮、棉、油、糖等重要农产品生产基地内的耕地；

（二）有良好的水利与水土保持设施的耕地，正在实施改造计划以及可以改造的中、低产田和已建成的高标准农田；

（三）蔬菜生产基地；

（四）农业科研、教学试验田；

（五）国务院规定应当划为永久基本农田的其他耕地。

各省、自治区、直辖市划定的永久基本农田一般应当占本行政区域内耕地的百分之八十以上，具体比例由国务院根据各省、自治区、直辖市耕地实际情况规定。

第三十四条 永久基本农田划定以乡（镇）为单位进行，由县级人民政府自然资源主管部门会同同级农业农村主管部门组织实施。永久基本农田应当落实到地块，纳入国家永久基本农田数据库严格管理。

乡（镇）人民政府应当将永久基本农田的位置、范围向社会公告，并设立保护标志。

第三十五条 永久基本农田经依法划定后，任何单位和个人不得擅自占用或者改变其用途。国家能源、交通、水利、军事设施等重点建设项目选址确实难以避让永久基本农田，涉及农用地转用或者土地征收的，必须经国务院批准。

禁止通过擅自调整县级土地利用总体规划、乡（镇）土地利用总体规划等方式规避永久基本农田农用地转用或者土地征收的审批。

第三十六条 各级人民政府应当采取措施，引导因地制宜轮作休耕，改良土壤，提高地力，维护排灌工程设施，防止土地荒漠化、盐渍化、水土流失和土壤污染。

第三十七条 非农业建设必须节约使用土地，可以利用荒地的，不得占用耕地；可以利用劣地的，不得占用好地。

禁止占用耕地建窑、建坟或者擅自在耕地上建房、挖砂、采石、采矿、取土等。

禁止占用永久基本农田发展林果业和挖塘养鱼。

第三十八条 禁止任何单位和个人闲置、荒芜耕地。已经办理审批手续的非农业建设占用耕地，一年内不用而又可以耕种并收获的，应当由原耕种该幅耕地的集体或者个人恢复耕种，也可以由用地单位组织耕种；一年以上未动工建设的，应当按照省、自治区、直辖市的规定缴纳闲置费；连续二年未使用的，经原批准机关批准，由县级以上人民政府无偿收回用地单位的土地使用权；该幅土地原为农民集体所有的，应当交由原农村集体经济组织恢复耕种。

在城市规划区范围内，以出让方式取得土地使用权进行房地产开发的闲置土地，依照《中华人民共和国城市房地产管理法》的有关规定办理。

第三十九条 国家鼓励单位和个人按照土地利用总体规划，在保护和改善生态环境、防止水土流失和土地荒漠化的前提下，开发未利用的土地；适宜开发为农用地的，应当优先开发成农用地。

国家依法保护开发者的合法权益。

第四十条 开垦未利用的土地，必须经过科学论证和评估，在土地利用总体规划划定的可开垦的区域内，经依法批准后进行。禁止毁坏森林、草原开垦耕地，禁止围湖造田和侵占江河滩地。

根据土地利用总体规划，对破坏生态环境开垦、围垦的土地，有计划有步骤地退耕还林、还牧、还湖。

第四十一条 开发未确定使用权的国有荒山、荒地、荒滩从事种植业、林业、畜牧业、渔业生产的，经县级以上人民政府依法批准，可以确定给开发单位或者个人长期使用。

第四十二条 国家鼓励土地整理。县、乡（镇）人民政府应当组织农村集体经济组织，按照土地利用总体规划，对田、水、路、林、村综合整治，提高耕地质量，增加有效耕地面积，改善农业生产条件和生态环境。

地方各级人民政府应当采取措施，改造中、低产田，整治闲散地和废弃地。

第四十三条 因挖损、塌陷、压占等造成土地破坏，用地单位和个人应当按照国家有关规定负责复垦；没有条件复垦或者复垦不符合要求的，应当缴纳土地复垦费，专项用于土地复垦。复垦的土地应当优先用于农业。

第五章 建设用地

第四十四条 建设占用土地，涉及农用地转为建设用地的，应当办理农用地转用审批手续。

永久基本农田转为建设用地的，由国务院批准。

在土地利用总体规划确定的城市和村庄、集镇建设用地规模范围内，为实施该规划而将永久基本农田以外的农用地转为建设用地的，按土地利用年度计划分批次按照国务院规定由原批准土地利用总体规划的机关或者其授权的机关批准。在已批准的农用地转用范围内，具体建设项目用地可以由市、县人民政府批准。

在土地利用总体规划确定的城市和村庄、集镇建设用地规模范围外，将永久基本农田以外的农用地转为建设用地的，由国务院或者国务院授权的省、自治区、直辖市人民政府批准。

第四十五条 为了公共利益的需要，有下列情形之一，确需征收农民集体所有的土地的，可以依法实施征收：

（一）军事和外交需要用地的；

（二）由政府组织实施的能源、交通、水利、通信、邮政等基础设施建设需要用地的；

（三）由政府组织实施的科技、教育、文化、卫生、体育、生态环境和资源保护、防灾减灾、文物保护、社区综合服务、社会福利、市政公用、优抚安置、英烈保护等公共事业需要用地的；

（四）由政府组织实施的扶贫搬迁、保障性安居工程建设需要用地的；

（五）在土地利用总体规划确定的城镇建设用地范围内，经省级以上人民政府批准由县级以上地方人民政府组织实施的成片开发建设需要用地的；

（六）法律规定为公共利益需要可以征收农民集体所有的土地的其他情形。

前款规定的建设活动，应当符合国民经济和社会发展规划、土地利用总体规划、城乡规划和专项规划；第（四）项、第（五）项规定的建设活动，还应当纳入国民经济和社会发展年度计划；第（五）项规定的成片开发并应当符合国务院自然资源主管部门规定的标准。

第四十六条 征收下列土地的，由国务院批准：

（一）永久基本农田；

（二）永久基本农田以外的耕地超过三十五公顷的；

（三）其他土地超过七十公顷的。

征收前款规定以外的土地的，由省、自治区、直辖市人民政府批准。

征收农用地的，应当依照本法第四十四条的规定先行办理农用地转用审批。其中，经国务院批准农用地转用的，同时办理征地审批手续，不再另行办理征地审批；经省、自治区、直辖市人民政府在征地批准权限内批准农用地转用的，同时办理征地审批手续，不再另行办理征地审批，超过征地批准权限的，应当依照本条第一款的规定另行办理征地审批。

第四十七条 国家征收土地的，依照法定程序批准后，由县级以上地方人民政府予以公告并组织实施。

县级以上地方人民政府拟申请征收土地的，应当开展拟征收土地现状调查和社会稳定风险评估，并将征收范围、土地现状、征收目的、补偿标准、安置方式和社会保障等在拟征收土地所在的乡（镇）和村、村民小组范围内公告至少三十日，听取被征地的农村集体经济组织及其成员、村民委员会和其他利害关系人的意见。

多数被征地的农村集体经济组织成员认为征地补偿安置方案不符合法律、法规规定的，县级以上地方人民政府应当组织召开听证会，并根据法律、法规的规定和听证会情况修改方案。

拟征收土地的所有权人、使用权人应当在公告规定期限内，持不动产权属证明材料办理补偿登记。县级以上地方人民政府应当组织有关部门测算并落实有关费用，保证足额到位，与拟征收土地的所有权人、使用权人就补偿、安置等签订协议；个别确实难以达成协议的，应当在申请征收土地时如实说明。

相关前期工作完成后，县级以上地方人民政府方可申请征收土地。

第四十八条 征收土地应当给予公平、合理的补偿，保障被征地农民原有生活水平不降低、长远生计有保障。

征收土地应当依法及时足额支付土地补偿费、安置补助费以及农村村民住宅、其他地上附着物和青苗等的补偿费用，并安排被征地农民的社会保障费用。

征收农用地的土地补偿费、安置补助费标准由省、自治区、直辖市通过制定公布区片综合地价确定。制定区片综合地价应当综合考虑土地原用途、土地资源条件、土地产值、土地区位、土地供求关系、人口以及经济社会发展水平等因素，并至少每三年调整或者重新公布一次。

征收农用地以外的其他土地、地上附着物和青苗等的补偿标准，由省、自治区、直辖市制定。对其中的农村村民住宅，应当按照先补偿后搬迁、居住条件有改善的原则，尊重农村村民意愿，采取重新安排宅基地建房、提供安置房或者货币补偿等方式给予公平、合理的补偿，并对因征收造成的搬迁、临时安置等费用予以补偿，保障农村村民居住的权利和合法的住房财产权益。

县级以上地方人民政府应当将被征地农民纳入相应的养老等社会保障体系。被征地农民的社会保障费用主要用于符合条件的被征地农民的养老保险等社会保险缴费补贴。被征地农民社会保障费用的筹集、管理和使用办法，由省、自治区、直辖市制定。

第四十九条 被征地的农村集体经济组织应当将征收土地的补偿费用的收支状况向本集体经济组织的成员公布，接受监督。

禁止侵占、挪用被征收土地单位的征地补偿费用和其他有关费用。

第五十条 地方各级人民政府应当支持被征地的农村集体经济组织和农民从事开发经营，兴办企业。

第五十一条 大中型水利、水电工程建设征收土地的补偿费标准和移民安置办法，由国务院另行规定。

第五十二条　建设项目可行性研究论证时，自然资源主管部门可以根据土地利用总体规划、土地利用年度计划和建设用地标准，对建设用地有关事项进行审查，并提出意见。

第五十三条　经批准的建设项目需要使用国有建设用地的，建设单位应当持法律、行政法规规定的有关文件，向有批准权的县级以上人民政府自然资源主管部门提出建设用地申请，经自然资源主管部门审查，报本级人民政府批准。

第五十四条　建设单位使用国有土地，应当以出让等有偿使用方式取得；但是，下列建设用地，经县级以上人民政府依法批准，可以以划拨方式取得：

（一）国家机关用地和军事用地；

（二）城市基础设施用地和公益事业用地；

（三）国家重点扶持的能源、交通、水利等基础设施用地；

（四）法律、行政法规规定的其他用地。

第五十五条　以出让等有偿使用方式取得国有土地使用权的建设单位，按照国务院规定的标准和办法，缴纳土地使用权出让金等土地有偿使用费和其他费用后，方可使用土地。

自本法施行之日起，新增建设用地的土地有偿使用费，百分之三十上缴中央财政，百分之七十留给有关地方人民政府。具体使用管理办法由国务院财政部门会同有关部门制定，并报国务院批准。

第五十六条　建设单位使用国有土地的，应当按照土地使用权出让等有偿使用合同的约定或者土地使用权划拨批准文件的规定使用土地；确需改变该幅土地建设用途的，应当经有关人民政府自然资源主管部门同意，报原批准用地的人民政府批准。其中，在城市规划区内改变土地用途的，在报批前，应当先经有关城市规划行政主管部门同意。

第五十七条　建设项目施工和地质勘查需要临时使用国有土地或者农民集体所有的土地的，由县级以上人民政府自然资源主管部门批准。其中，在城市规划区内的临时用地，在报批前，应当先经有关城市规划行政主管部门同意。土地使用者应当根据土地权属，与有关自然资源主管部门或者农村集体经济组织、村民委员会签订临时使用土地合同，并按照合同的约定支付临时使用土地补偿费。

临时使用土地的使用者应当按照临时使用土地合同约定的用途使用土地，并不得修建永久性建筑物。

临时使用土地期限一般不超过二年。

第五十八条 有下列情形之一的，由有关人民政府自然资源主管部门报经原批准用地的人民政府或者有批准权的人民政府批准，可以收回国有土地使用权：

（一）为实施城市规划进行旧城区改建以及其他公共利益需要，确需使用土地的；

（二）土地出让等有偿使用合同约定的使用期限届满，土地使用者未申请续期或者申请续期未获批准的；

（三）因单位撤销、迁移等原因，停止使用原划拨的国有土地的；

（四）公路、铁路、机场、矿场等经核准报废的。

依照前款第（一）项的规定收回国有土地使用权的，对土地使用权人应当给予适当补偿。

第五十九条 乡镇企业、乡（镇）村公共设施、公益事业、农村村民住宅等乡（镇）村建设，应当按照村庄和集镇规划，合理布局，综合开发，配套建设；建设用地，应当符合乡（镇）土地利用总体规划和土地利用年度计划，并依照本法第四十四条、第六十条、第六十一条、第六十二条的规定办理审批手续。

第六十条 农村集体经济组织使用乡（镇）土地利用总体规划确定的建设用地兴办企业或者与其他单位、个人以土地使用权入股、联营等形式共同举办企业的，应当持有关批准文件，向县级以上地方人民政府自然资源主管部门提出申请，按照省、自治区、直辖市规定的批准权限，由县级以上地方人民政府批准；其中，涉及占用农用地的，依照本法第四十四条的规定办理审批手续。

按照前款规定兴办企业的建设用地，必须严格控制。省、自治区、直辖市可以按照乡镇企业的不同行业和经营规模，分别规定用地标准。

第六十一条 乡（镇）村公共设施、公益事业建设，需要使用土地的，经乡（镇）人民政府审核，向县级以上地方人民政府自然资源主管部门提出申请，按照省、自治区、直辖市规定的批准权限，由县级以上地方人民政府批准；其中，涉及占用农用地的，依照本法第四十四条的规定办理审批手续。

第六十二条 农村村民一户只能拥有一处宅基地，其宅基地的面积不得超过省、自治区、直辖市规定的标准。

人均土地少、不能保障一户拥有一处宅基地的地区，县级人民政府在充分尊重农村村民意愿的基础上，可以采取措施，按照省、自治区、直辖市规定的标准保障农村村民实现户有所居。

农村村民建住宅，应当符合乡（镇）土地利用总体规划、村庄规划，不得占用永久基本农田，并尽量使用原有的宅基地和村内空闲地。编制乡（镇）土地利用总体规划、村庄规划应当统筹并合理安排宅基地用地，改善农村村民居住环境和条件。

农村村民住宅用地，由乡（镇）人民政府审核批准；其中，涉及占用农用地的，依照本法第四十四条的规定办理审批手续。

农村村民出卖、出租、赠与住宅后，再申请宅基地的，不予批准。

国家允许进城落户的农村村民依法自愿有偿退出宅基地，鼓励农村集体经济组织及其成员盘活利用闲置宅基地和闲置住宅。

国务院农业农村主管部门负责全国农村宅基地改革和管理有关工作。

第六十三条 土地利用总体规划、城乡规划确定为工业、商业等经营性用途，并经依法登记的集体经营性建设用地，土地所有权人可以通过出让、出租等方式交由单位或者个人使用，并应当签订书面合同，载明土地界址、面积、动工期限、使用期限、土地用途、规划条件和双方其他权利义务。

前款规定的集体经营性建设用地出让、出租等，应当经本集体经济组织成员的村民会议三分之二以上成员或者三分之二以上村民代表的同意。

通过出让等方式取得的集体经营性建设用地使用权可以转让、互换、出资、赠与或者抵押，但法律、行政法规另有规定或者土地所有权人、土地使用权人签订的书面合同另有约定的除外。

集体经营性建设用地的出租，集体建设用地使用权的出让及其最高年限、转让、互换、出资、赠与、抵押等，参照同类用途的国有建设用地执行。具体办法由国务院制定。

第六十四条 集体建设用地的使用者应当严格按照土地利用总体规划、城乡规划确定的用途使用土地。

第六十五条 在土地利用总体规划制定前已建的不符合土地利用总体规划确定的用途的建筑物、构筑物，不得重建、扩建。

第六十六条 有下列情形之一的，农村集体经济组织报经原批准用地的人民政府批准，可以收回土地使用权：

（一）为乡（镇）村公共设施和公益事业建设，需要使用土地的；

（二）不按照批准的用途使用土地的；

（三）因撤销、迁移等原因而停止使用土地的。

依照前款第（一）项规定收回农民集体所有的土地的，对土地使用权人应当给予适当补偿。

收回集体经营性建设用地使用权，依照双方签订的书面合同办理，法律、行政法规另有规定的除外。

第六章 监督检查

第六十七条 县级以上人民政府自然资源主管部门对违反土地管理法律、法规的行为进行监督检查。

县级以上人民政府农业农村主管部门对违反农村宅基地管理法律、法规的行为进行监督检查的，适用本法关于自然资源主管部门监督检查的规定。

土地管理监督检查人员应当熟悉土地管理法律、法规，忠于职守、秉公执法。

第六十八条 县级以上人民政府自然资源主管部门履行监督检查职责时，有权采取下列措施：

（一）要求被检查的单位或者个人提供有关土地权利的文件和资料，进行查阅或者予以复制；

（二）要求被检查的单位或者个人就有关土地权利的问题作出说明；

（三）进入被检查单位或者个人非法占用的土地现场进行勘测；

（四）责令非法占用土地的单位或者个人停止违反土地管理法律、法规的行为。

第六十九条 土地管理监督检查人员履行职责，需要进入现场进行勘测、要求有关单位或者个人提供文件、资料和作出说明的，应当出示土地管理监督检查证件。

第七十条 有关单位和个人对县级以上人民政府自然资源主管部门就土地违法行为进行的监督检查应当支持与配合，并提供工作方便，不得拒绝与阻碍土地管理监督检查人员依法执行职务。

第七十一条 县级以上人民政府自然资源主管部门在监督检查工作中发现国家工作人员的违法行为，依法应当给予处分的，应当依法予以处理；自己无权处理的，应当依法移送监察机关或者有关机关处理。

第七十二条 县级以上人民政府自然资源主管部门在监督检查工作中发现土地违法行为构成犯罪的，应当将案件移送有关机关，依法追究刑事责任；尚不构成犯罪的，应当依法给予行政处罚。

第七十三条　依照本法规定应当给予行政处罚，而有关自然资源主管部门不给予行政处罚的，上级人民政府自然资源主管部门有权责令有关自然资源主管部门作出行政处罚决定或者直接给予行政处罚，并给予有关自然资源主管部门的负责人处分。

第七章　法律责任

第七十四条　买卖或者以其他形式非法转让土地的，由县级以上人民政府自然资源主管部门没收违法所得；对违反土地利用总体规划擅自将农用地改为建设用地的，限期拆除在非法转让的土地上新建的建筑物和其他设施，恢复土地原状，对符合土地利用总体规划的，没收在非法转让的土地上新建的建筑物和其他设施；可以并处罚款；对直接负责的主管人员和其他直接责任人员，依法给予处分；构成犯罪的，依法追究刑事责任。

第七十五条　违反本法规定，占用耕地建窑、建坟或者擅自在耕地上建房、挖砂、采石、采矿、取土等，破坏种植条件的，或者因开发土地造成土地荒漠化、盐渍化的，由县级以上人民政府自然资源主管部门、农业农村主管部门等按照职责责令限期改正或者治理，可以并处罚款；构成犯罪的，依法追究刑事责任。

第七十六条　违反本法规定，拒不履行土地复垦义务的，由县级以上人民政府自然资源主管部门责令限期改正；逾期不改正的，责令缴纳复垦费，专项用于土地复垦，可以处以罚款。

第七十七条　未经批准或者采取欺骗手段骗取批准，非法占用土地的，由县级以上人民政府自然资源主管部门责令退还非法占用的土地，对违反土地利用总体规划擅自将农用地改为建设用地的，限期拆除在非法占用的土地上新建的建筑物和其他设施，恢复土地原状，对符合土地利用总体规划的，没收在非法占用的土地上新建的建筑物和其他设施，可以并处罚款；对非法占用土地单位的直接负责的主管人员和其他直接责任人员，依法给予处分；构成犯罪的，依法追究刑事责任。

超过批准的数量占用土地，多占的土地以非法占用土地论处。

第七十八条　农村村民未经批准或者采取欺骗手段骗取批准，非法占用土地建住宅的，由县级以上人民政府农业农村主管部门责令退还非法占用的土地，限期拆除在非法占用的土地上新建的房屋。

超过省、自治区、直辖市规定的标准，多占的土地以非法占用土地论处。

第七十九条 无权批准征收、使用土地的单位或者个人非法批准占用土地的，超越批准权限非法批准占用土地的，不按照土地利用总体规划确定的用途批准用地的，或者违反法律规定的程序批准占用、征收土地的，其批准文件无效，对非法批准征收、使用土地的直接负责的主管人员和其他直接责任人员，依法给予处分；构成犯罪的，依法追究刑事责任。非法批准、使用的土地应当收回，有关当事人拒不归还的，以非法占用土地论处。

非法批准征收、使用土地，对当事人造成损失的，依法应当承担赔偿责任。

第八十条 侵占、挪用被征收土地单位的征地补偿费用和其他有关费用，构成犯罪的，依法追究刑事责任；尚不构成犯罪的，依法给予处分。

第八十一条 依法收回国有土地使用权当事人拒不交出土地的，临时使用土地期满拒不归还的，或者不按照批准的用途使用国有土地的，由县级以上人民政府自然资源主管部门责令交还土地，处以罚款。

第八十二条 擅自将农民集体所有的土地通过出让、转让使用权或者出租等方式用于非农业建设，或者违反本法规定，将集体经营性建设用地通过出让、出租等方式交由单位或者个人使用的，由县级以上人民政府自然资源主管部门责令限期改正，没收违法所得，并处罚款。

第八十三条 依照本法规定，责令限期拆除在非法占用的土地上新建的建筑物和其他设施的，建设单位或者个人必须立即停止施工，自行拆除；对继续施工的，作出处罚决定的机关有权制止。建设单位或者个人对责令限期拆除的行政处罚决定不服的，可以在接到责令限期拆除决定之日起十五日内，向人民法院起诉；期满不起诉又不自行拆除的，由作出处罚决定的机关依法申请人民法院强制执行，费用由违法者承担。

第八十四条 自然资源主管部门、农业农村主管部门的工作人员玩忽职守、滥用职权、徇私舞弊，构成犯罪的，依法追究刑事责任；尚不构成犯罪的，依法给予处分。

第八章 附 则

第八十五条 外商投资企业使用土地的，适用本法；法律另有规定的，从其规定。

第八十六条　在根据本法第十八条的规定编制国土空间规划前，经依法批准的土地利用总体规划和城乡规划继续执行。

第八十七条　本法自1999年1月1日起施行。

中华人民共和国城市房地产管理法

（1994年7月5日第八届全国人民代表大会常务委员会第八次会议通过　根据2007年8月30日第十届全国人民代表大会常务委员会第二十九次会议《关于修改〈中华人民共和国城市房地产管理法〉的决定》第一次修正　根据2009年8月27日第十一届全国人民代表大会常务委员会第十次会议《关于修改部分法律的决定》第二次修正　根据2019年8月26日第十三届全国人民代表大会常务委员会第十二次会议《关于修改〈中华人民共和国土地管理法〉、〈中华人民共和国城市房地产管理法〉的决定》第三次修正）

第一章　总　　则

第一条　为了加强对城市房地产的管理，维护房地产市场秩序，保障房地产权利人的合法权益，促进房地产业的健康发展，制定本法。

第二条　在中华人民共和国城市规划区国有土地（以下简称国有土地）范围内取得房地产开发用地的土地使用权，从事房地产开发、房地产交易，实施房地产管理，应当遵守本法。

本法所称房屋，是指土地上的房屋等建筑物及构筑物。

本法所称房地产开发，是指在依据本法取得国有土地使用权的土地上进行基础设施、房屋建设的行为。

本法所称房地产交易，包括房地产转让、房地产抵押和房屋租赁。

第三条　国家依法实行国有土地有偿、有限期使用制度。但是，国家在本法规定的范围内划拨国有土地使用权的除外。

第四条　国家根据社会、经济发展水平，扶持发展居民住宅建设，逐步改善居民的居住条件。

第五条　房地产权利人应当遵守法律和行政法规，依法纳税。房地产权利人的合法权益受法律保护，任何单位和个人不得侵犯。

第六条　为了公共利益的需要，国家可以征收国有土地上单位和个人的房屋，并依法给予拆迁补偿，维护被征收人的合法权益；征收个人住宅的，还应当保障被征收人的居住条件。具体办法由国务院规定。

第七条　国务院建设行政主管部门、土地管理部门依照国务院规定的职权划分，各司其职，密切配合，管理全国房地产工作。

县级以上地方人民政府房产管理、土地管理部门的机构设置及其职权由省、自治区、直辖市人民政府确定。

第二章　房地产开发用地

第一节　土地使用权出让

第八条　土地使用权出让，是指国家将国有土地使用权（以下简称土地使用权）在一定年限内出让给土地使用者，由土地使用者向国家支付土地使用权出让金的行为。

第九条　城市规划区内的集体所有的土地，经依法征收转为国有土地后，该幅国有土地的使用权方可有偿出让，但法律另有规定的除外。

第十条　土地使用权出让，必须符合土地利用总体规划、城市规划和年度建设用地计划。

第十一条　县级以上地方人民政府出让土地使用权用于房地产开发的，须根据省级以上人民政府下达的控制指标拟订年度出让土地使用权总面积方案，按照国务院规定，报国务院或者省级人民政府批准。

第十二条　土地使用权出让，由市、县人民政府有计划、有步骤地进行。出让的每幅地块、用途、年限和其他条件，由市、县人民政府土地管理部门会同城市规划、建设、房产管理部门共同拟定方案，按照国务院规定，报经有批准权的人民政府批准后，由市、县人民政府土地管理部门实施。

直辖市的县人民政府及其有关部门行使前款规定的权限，由直辖市人民政府规定。

第十三条　土地使用权出让，可以采取拍卖、招标或者双方协议的方式。

商业、旅游、娱乐和豪华住宅用地，有条件的，必须采取拍卖、招标方式；没有条件，不能采取拍卖、招标方式的，可以采取双方协议的方式。

采取双方协议方式出让土地使用权的出让金不得低于按国家规定所确定的最低价。

第十四条 土地使用权出让最高年限由国务院规定。

第十五条 土地使用权出让，应当签订书面出让合同。

土地使用权出让合同由市、县人民政府土地管理部门与土地使用者签订。

第十六条 土地使用者必须按照出让合同约定，支付土地使用权出让金；未按照出让合同约定支付土地使用权出让金的，土地管理部门有权解除合同，并可以请求违约赔偿。

第十七条 土地使用者按照出让合同约定支付土地使用权出让金的，市、县人民政府土地管理部门必须按照出让合同约定，提供出让的土地；未按照出让合同约定提供出让的土地的，土地使用者有权解除合同，由土地管理部门返还土地使用权出让金，土地使用者并可以请求违约赔偿。

第十八条 土地使用者需要改变土地使用权出让合同约定的土地用途的，必须取得出让方和市、县人民政府城市规划行政主管部门的同意，签订土地使用权出让合同变更协议或者重新签订土地使用权出让合同，相应调整土地使用权出让金。

第十九条 土地使用权出让金应当全部上缴财政，列入预算，用于城市基础设施建设和土地开发。土地使用权出让金上缴和使用的具体办法由国务院规定。

第二十条 国家对土地使用者依法取得的土地使用权，在出让合同约定的使用年限届满前不收回；在特殊情况下，根据社会公共利益的需要，可以依照法律程序提前收回，并根据土地使用者使用土地的实际年限和开发土地的实际情况给予相应的补偿。

第二十一条 土地使用权因土地灭失而终止。

第二十二条 土地使用权出让合同约定的使用年限届满，土地使用者需要继续使用土地的，应当至迟于届满前一年申请续期，除根据社会公共利益需要收回该幅土地的，应当予以批准。经批准准予续期的，应当重新签订土地使用权出让合同，依照规定支付土地使用权出让金。

土地使用权出让合同约定的使用年限届满，土地使用者未申请续期或者虽申请续期但依照前款规定未获批准的，土地使用权由国家无偿收回。

第二节 土地使用权划拨

第二十三条 土地使用权划拨，是指县级以上人民政府依法批准，在土地使用者缴纳补偿、安置等费用后将该幅土地交付其使用，或者将土地使用权无偿交付给土地使用者使用的行为。

依照本法规定以划拨方式取得土地使用权的，除法律、行政法规另有规定外，没有使用期限的限制。

第二十四条 下列建设用地的土地使用权，确属必需的，可以由县级以上人民政府依法批准划拨：

（一）国家机关用地和军事用地；

（二）城市基础设施用地和公益事业用地；

（三）国家重点扶持的能源、交通、水利等项目用地；

（四）法律、行政法规规定的其他用地。

第三章　房地产开发

第二十五条 房地产开发必须严格执行城市规划，按照经济效益、社会效益、环境效益相统一的原则，实行全面规划、合理布局、综合开发、配套建设。

第二十六条 以出让方式取得土地使用权进行房地产开发的，必须按照土地使用权出让合同约定的土地用途、动工开发期限开发土地。超过出让合同约定的动工开发日期满一年未动工开发的，可以征收相当于土地使用权出让金百分之二十以下的土地闲置费；满二年未动工开发的，可以无偿收回土地使用权；但是，因不可抗力或者政府、政府有关部门的行为或者动工开发必需的前期工作造成动工开发迟延的除外。

第二十七条 房地产开发项目的设计、施工，必须符合国家的有关标准和规范。房地产开发项目竣工，经验收合格后，方可交付使用。

第二十八条 依法取得的土地使用权，可以依照本法和有关法律、行政法规的规定，作价入股，合资、合作开发经营房地产。

第二十九条 国家采取税收等方面的优惠措施鼓励和扶持房地产开发企业开发建设居民住宅。

第三十条 房地产开发企业是以营利为目的，从事房地产开发和经营的企业。设立房地产开发企业，应当具备下列条件：

（一）有自己的名称和组织机构；

（二）有固定的经营场所；

（三）有符合国务院规定的注册资本；

（四）有足够的专业技术人员；

（五）法律、行政法规规定的其他条件。

设立房地产开发企业，应当向工商行政管理部门申请设立登记。工商行政管理部门对符合本法规定条件的，应当予以登记，发给营业执照；对不符合本法规定条件的，不予登记。

设立有限责任公司、股份有限公司，从事房地产开发经营的，还应当执行公司法的有关规定。

房地产开发企业在领取营业执照后的一个月内，应当到登记机关所在地的县级以上地方人民政府规定的部门备案。

第三十一条 房地产开发企业的注册资本与投资总额的比例应当符合国家有关规定。

房地产开发企业分期开发房地产的，分期投资额应当与项目规模相适应，并按照土地使用权出让合同的约定，按期投入资金，用于项目建设。

第四章 房地产交易

第一节 一般规定

第三十二条 房地产转让、抵押时，房屋的所有权和该房屋占用范围内的土地使用权同时转让、抵押。

第三十三条 基准地价、标定地价和各类房屋的重置价格应当定期确定并公布。具体办法由国务院规定。

第三十四条 国家实行房地产价格评估制度。

房地产价格评估，应当遵循公正、公平、公开的原则，按照国家规定的技术标准和评估程序，以基准地价、标定地价和各类房屋的重置价格为基础，参照当地的市场价格进行评估。

第三十五条 国家实行房地产成交价格申报制度。

房地产权利人转让房地产，应当向县级以上地方人民政府规定的部门如实申报成交价，不得瞒报或者作不实的申报。

第三十六条 房地产转让、抵押，当事人应当依照本法第五章的规定办理权属登记。

第二节 房地产转让

第三十七条 房地产转让，是指房地产权利人通过买卖、赠与或者其他合法方式将其房地产转移给他人的行为。

第三十八条　下列房地产，不得转让：

（一）以出让方式取得土地使用权的，不符合本法第三十九条规定的条件的；

（二）司法机关和行政机关依法裁定、决定查封或者以其他形式限制房地产权利的；

（三）依法收回土地使用权的；

（四）共有房地产，未经其他共有人书面同意的；

（五）权属有争议的；

（六）未依法登记领取权属证书的；

（七）法律、行政法规规定禁止转让的其他情形。

第三十九条　以出让方式取得土地使用权的，转让房地产时，应当符合下列条件：

（一）按照出让合同约定已经支付全部土地使用权出让金，并取得土地使用权证书；

（二）按照出让合同约定进行投资开发，属于房屋建设工程的，完成开发投资总额的百分之二十五以上，属于成片开发土地的，形成工业用地或者其他建设用地条件。

转让房地产时房屋已经建成的，还应当持有房屋所有权证书。

第四十条　以划拨方式取得土地使用权的，转让房地产时，应当按照国务院规定，报有批准权的人民政府审批。有批准权的人民政府准予转让的，应当由受让方办理土地使用权出让手续，并依照国家有关规定缴纳土地使用权出让金。

以划拨方式取得土地使用权的，转让房地产报批时，有批准权的人民政府按照国务院规定决定可以不办理土地使用权出让手续的，转让方应当按照国务院规定将转让房地产所获收益中的土地收益上缴国家或者作其他处理。

第四十一条　房地产转让，应当签订书面转让合同，合同中应当载明土地使用权取得的方式。

第四十二条　房地产转让时，土地使用权出让合同载明的权利、义务随之转移。

第四十三条　以出让方式取得土地使用权的，转让房地产后，其土地使用权的使用年限为原土地使用权出让合同约定的使用年限减去原土地使用者已经使用年限后的剩余年限。

第四十四条　以出让方式取得土地使用权的，转让房地产后，受让人改变原土地使用权出让合同约定的土地用途的，必须取得原出让方和市、县人民政府城市规划行政主管部门的同意，签订土地使用权出让合同变更协议或者重新签订土地使用权出让合同，相应调整土地使用权出让金。

第四十五条　商品房预售，应当符合下列条件：

（一）已交付全部土地使用权出让金，取得土地使用权证书；

（二）持有建设工程规划许可证；

（三）按提供预售的商品房计算，投入开发建设的资金达到工程建设总投资的百分之二十五以上，并已经确定施工进度和竣工交付日期；

（四）向县级以上人民政府房产管理部门办理预售登记，取得商品房预售许可证明。

商品房预售人应当按照国家有关规定将预售合同报县级以上人民政府房产管理部门和土地管理部门登记备案。

商品房预售所得款项，必须用于有关的工程建设。

第四十六条　商品房预售的，商品房预购人将购买的未竣工的预售商品房再行转让的问题，由国务院规定。

第三节　房地产抵押

第四十七条　房地产抵押，是指抵押人以其合法的房地产以不转移占有的方式向抵押权人提供债务履行担保的行为。债务人不履行债务时，抵押权人有权依法以抵押的房地产拍卖所得的价款优先受偿。

第四十八条　依法取得的房屋所有权连同该房屋占用范围内的土地使用权，可以设定抵押权。

以出让方式取得的土地使用权，可以设定抵押权。

第四十九条　房地产抵押，应当凭土地使用权证书、房屋所有权证书办理。

第五十条　房地产抵押，抵押人和抵押权人应当签订书面抵押合同。

第五十一条　设定房地产抵押权的土地使用权是以划拨方式取得的，依法拍卖该房地产后，应当从拍卖所得的价款中缴纳相当于应缴纳的土地使用权出让金的款额后，抵押权人方可优先受偿。

第五十二条　房地产抵押合同签订后，土地上新增的房屋不属于抵押财产。需要拍卖该抵押的房地产时，可以依法将土地上新增的房屋与抵押财产一同拍卖，但对拍卖新增房屋所得，抵押权人无权优先受偿。

第四节 房屋租赁

第五十三条 房屋租赁,是指房屋所有权人作为出租人将其房屋出租给承租人使用,由承租人向出租人支付租金的行为。

第五十四条 房屋租赁,出租人和承租人应当签订书面租赁合同,约定租赁期限、租赁用途、租赁价格、修缮责任等条款,以及双方的其他权利和义务,并向房产管理部门登记备案。

第五十五条 住宅用房的租赁,应当执行国家和房屋所在城市人民政府规定的租赁政策。租用房屋从事生产、经营活动的,由租赁双方协商议定租金和其他租赁条款。

第五十六条 以营利为目的,房屋所有权人将以划拨方式取得使用权的国有土地上建成的房屋出租的,应当将租金中所含土地收益上缴国家。具体办法由国务院规定。

第五节 中介服务机构

第五十七条 房地产中介服务机构包括房地产咨询机构、房地产价格评估机构、房地产经纪机构等。

第五十八条 房地产中介服务机构应当具备下列条件:
(一) 有自己的名称和组织机构;
(二) 有固定的服务场所;
(三) 有必要的财产和经费;
(四) 有足够数量的专业人员;
(五) 法律、行政法规规定的其他条件。

设立房地产中介服务机构,应当向工商行政管理部门申请设立登记,领取营业执照后,方可开业。

第五十九条 国家实行房地产价格评估人员资格认证制度。

第五章 房地产权属登记管理

第六十条 国家实行土地使用权和房屋所有权登记发证制度。

第六十一条 以出让或者划拨方式取得土地使用权,应当向县级以上地方人民政府土地管理部门申请登记,经县级以上地方人民政府土地管理部门核实,由同级人民政府颁发土地使用权证书。

在依法取得的房地产开发用地上建成房屋的，应当凭土地使用权证书向县级以上地方人民政府房产管理部门申请登记，由县级以上地方人民政府房产管理部门核实并颁发房屋所有权证书。

房地产转让或者变更时，应当向县级以上地方人民政府房产管理部门申请房产变更登记，并凭变更后的房屋所有权证书向同级人民政府土地管理部门申请土地使用权变更登记，经同级人民政府土地管理部门核实，由同级人民政府更换或者更改土地使用权证书。

法律另有规定的，依照有关法律的规定办理。

第六十二条　房地产抵押时，应当向县级以上地方人民政府规定的部门办理抵押登记。

因处分抵押房地产而取得土地使用权和房屋所有权的，应当依照本章规定办理过户登记。

第六十三条　经省、自治区、直辖市人民政府确定，县级以上地方人民政府由一个部门统一负责房产管理和土地管理工作的，可以制作、颁发统一的房地产权证书，依照本法第六十一条的规定，将房屋的所有权和该房屋占用范围内的土地使用权的确认和变更，分别载入房地产权证书。

第六章　法　律　责　任

第六十四条　违反本法第十一条、第十二条的规定，擅自批准出让或者擅自出让土地使用权用于房地产开发的，由上级机关或者所在单位给予有关责任人员行政处分。

第六十五条　违反本法第三十条的规定，未取得营业执照擅自从事房地产开发业务的，由县级以上人民政府工商行政管理部门责令停止房地产开发业务活动，没收违法所得，可以并处罚款。

第六十六条　违反本法第三十九条第一款的规定转让土地使用权的，由县级以上人民政府土地管理部门没收违法所得，可以并处罚款。

第六十七条　违反本法第四十条第一款的规定转让房地产的，由县级以上人民政府土地管理部门责令缴纳土地使用权出让金，没收违法所得，可以并处罚款。

第六十八条　违反本法第四十五条第一款的规定预售商品房的，由县级以上人民政府房产管理部门责令停止预售活动，没收违法所得，可以并处罚款。

第六十九条 违反本法第五十八条的规定，未取得营业执照擅自从事房地产中介服务业务的，由县级以上人民政府工商行政管理部门责令停止房地产中介服务业务活动，没收违法所得，可以并处罚款。

第七十条 没有法律、法规的依据，向房地产开发企业收费的，上级机关应当责令退回所收取的钱款；情节严重的，由上级机关或者所在单位给予直接责任人员行政处分。

第七十一条 房产管理部门、土地管理部门工作人员玩忽职守、滥用职权，构成犯罪的，依法追究刑事责任；不构成犯罪的，给予行政处分。

房产管理部门、土地管理部门工作人员利用职务上的便利，索取他人财物，或者非法收受他人财物为他人谋取利益，构成犯罪的，依法追究刑事责任；不构成犯罪的，给予行政处分。

第七章 附 则

第七十二条 在城市规划区外的国有土地范围内取得房地产开发用地的土地使用权，从事房地产开发、交易活动以及实施房地产管理，参照本法执行。

第七十三条 本法自 1995 年 1 月 1 日起施行。

中华人民共和国城乡规划法

（2007 年 10 月 28 日第十届全国人民代表大会常务委员会第三十次会议通过 根据 2015 年 4 月 24 日第十二届全国人民代表大会常务委员会第十四次会议《关于修改〈中华人民共和国港口法〉等七部法律的决定》第一次修正 根据 2019 年 4 月 23 日第十三届全国人民代表大会常务委员会第十次会议《关于修改〈中华人民共和国建筑法〉等八部法律的决定》第二次修正）

第一章 总 则

第一条 为了加强城乡规划管理，协调城乡空间布局，改善人居环境，促进城乡经济社会全面协调可持续发展，制定本法。

第二条 制定和实施城乡规划，在规划区内进行建设活动，必须遵守本法。
本法所称城乡规划，包括城镇体系规划、城市规划、镇规划、乡规划和村庄规划。城市规划、镇规划分为总体规划和详细规划。详细规划分为控制性详细规划和修建性详细规划。

本法所称规划区，是指城市、镇和村庄的建成区以及因城乡建设和发展需要，必须实行规划控制的区域。规划区的具体范围由有关人民政府在组织编制的城市总体规划、镇总体规划、乡规划和村庄规划中，根据城乡经济社会发展水平和统筹城乡发展的需要划定。

第三条 城市和镇应当依照本法制定城市规划和镇规划。城市、镇规划区内的建设活动应当符合规划要求。

县级以上地方人民政府根据本地农村经济社会发展水平，按照因地制宜、切实可行的原则，确定应当制定乡规划、村庄规划的区域。在确定区域内的乡、村庄，应当依照本法制定规划，规划区内的乡、村庄建设应当符合规划要求。

县级以上地方人民政府鼓励、指导前款规定以外的区域的乡、村庄制定和实施乡规划、村庄规划。

第四条 制定和实施城乡规划，应当遵循城乡统筹、合理布局、节约土地、集约发展和先规划后建设的原则，改善生态环境，促进资源、能源节约和综合利用，保护耕地等自然资源和历史文化遗产，保持地方特色、民族特色和传统风貌，防止污染和其他公害，并符合区域人口发展、国防建设、防灾减灾和公共卫生、公共安全的需要。

在规划区内进行建设活动，应当遵守土地管理、自然资源和环境保护等法律、法规的规定。

县级以上地方人民政府应当根据当地经济社会发展的实际，在城市总体规划、镇总体规划中合理确定城市、镇的发展规模、步骤和建设标准。

第五条 城市总体规划、镇总体规划以及乡规划和村庄规划的编制，应当依据国民经济和社会发展规划，并与土地利用总体规划相衔接。

第六条 各级人民政府应当将城乡规划的编制和管理经费纳入本级财政预算。

第七条 经依法批准的城乡规划，是城乡建设和规划管理的依据，未经法定程序不得修改。

第八条 城乡规划组织编制机关应当及时公布经依法批准的城乡规划。但是，法律、行政法规规定不得公开的内容除外。

第九条 任何单位和个人都应当遵守经依法批准并公布的城乡规划，服从规划管理，并有权就涉及其利害关系的建设活动是否符合规划的要求向城乡规划主管部门查询。

任何单位和个人都有权向城乡规划主管部门或者其他有关部门举报或者控告违反城乡规划的行为。城乡规划主管部门或者其他有关部门对举报或者控告，应当及时受理并组织核查、处理。

第十条 国家鼓励采用先进的科学技术，增强城乡规划的科学性，提高城乡规划实施及监督管理的效能。

第十一条 国务院城乡规划主管部门负责全国的城乡规划管理工作。

县级以上地方人民政府城乡规划主管部门负责本行政区域内的城乡规划管理工作。

第二章 城乡规划的制定

第十二条 国务院城乡规划主管部门会同国务院有关部门组织编制全国城镇体系规划，用于指导省域城镇体系规划、城市总体规划的编制。

全国城镇体系规划由国务院城乡规划主管部门报国务院审批。

第十三条 省、自治区人民政府组织编制省域城镇体系规划，报国务院审批。

省域城镇体系规划的内容应当包括：城镇空间布局和规模控制，重大基础设施的布局，为保护生态环境、资源等需要严格控制的区域。

第十四条 城市人民政府组织编制城市总体规划。

直辖市的城市总体规划由直辖市人民政府报国务院审批。省、自治区人民政府所在地的城市以及国务院确定的城市的总体规划，由省、自治区人民政府审查同意后，报国务院审批。其他城市的总体规划，由城市人民政府报省、自治区人民政府审批。

第十五条 县人民政府组织编制县人民政府所在地镇的总体规划，报上一级人民政府审批。其他镇的总体规划由镇人民政府组织编制，报上一级人民政府审批。

第十六条 省、自治区人民政府组织编制的省域城镇体系规划，城市、县人民政府组织编制的总体规划，在报上一级人民政府审批前，应当先经本级人民代表大会常务委员会审议，常务委员会组成人员的审议意见交由本级人民政府研究处理。

镇人民政府组织编制的镇总体规划，在报上一级人民政府审批前，应当先经镇人民代表大会审议，代表的审议意见交由本级人民政府研究处理。

规划的组织编制机关报送审批省域城镇体系规划、城市总体规划或者镇总体规划，应当将本级人民代表大会常务委员会组成人员或者镇人民代表大会代表的审议意见和根据审议意见修改规划的情况一并报送。

第十七条　城市总体规划、镇总体规划的内容应当包括：城市、镇的发展布局，功能分区，用地布局，综合交通体系，禁止、限制和适宜建设的地域范围，各类专项规划等。

规划区范围、规划区内建设用地规模、基础设施和公共服务设施用地、水源地和水系、基本农田和绿化用地、环境保护、自然与历史文化遗产保护以及防灾减灾等内容，应当作为城市总体规划、镇总体规划的强制性内容。

城市总体规划、镇总体规划的规划期限一般为二十年。城市总体规划还应当对城市更长远的发展作出预测性安排。

第十八条　乡规划、村庄规划应当从农村实际出发，尊重村民意愿，体现地方和农村特色。

乡规划、村庄规划的内容应当包括：规划区范围，住宅、道路、供水、排水、供电、垃圾收集、畜禽养殖场所等农村生产、生活服务设施、公益事业等各项建设的用地布局、建设要求，以及对耕地等自然资源和历史文化遗产保护、防灾减灾等的具体安排。乡规划还应当包括本行政区域内的村庄发展布局。

第十九条　城市人民政府城乡规划主管部门根据城市总体规划的要求，组织编制城市的控制性详细规划，经本级人民政府批准后，报本级人民代表大会常务委员会和上一级人民政府备案。

第二十条　镇人民政府根据镇总体规划的要求，组织编制镇的控制性详细规划，报上一级人民政府审批。县人民政府所在地镇的控制性详细规划，由县人民政府城乡规划主管部门根据镇总体规划的要求组织编制，经县人民政府批准后，报本级人民代表大会常务委员会和上一级人民政府备案。

第二十一条　城市、县人民政府城乡规划主管部门和镇人民政府可以组织编制重要地块的修建性详细规划。修建性详细规划应当符合控制性详细规划。

第二十二条　乡、镇人民政府组织编制乡规划、村庄规划，报上一级人民政府审批。村庄规划在报送审批前，应当经村民会议或者村民代表会议讨论同意。

第二十三条　首都的总体规划、详细规划应当统筹考虑中央国家机关用地布局和空间安排的需要。

第二十四条　城乡规划组织编制机关应当委托具有相应资质等级的单位承担城乡规划的具体编制工作。

从事城乡规划编制工作应当具备下列条件，并经国务院城乡规划主管部门或者省、自治区、直辖市人民政府城乡规划主管部门依法审查合格，取得相应等级的资质证书后，方可在资质等级许可的范围内从事城乡规划编制工作：

（一）有法人资格；
（二）有规定数量的经相关行业协会注册的规划师；
（三）有规定数量的相关专业技术人员；
（四）有相应的技术装备；
（五）有健全的技术、质量、财务管理制度。

编制城乡规划必须遵守国家有关标准。

第二十五条　编制城乡规划，应当具备国家规定的勘察、测绘、气象、地震、水文、环境等基础资料。

县级以上地方人民政府有关主管部门应当根据编制城乡规划的需要，及时提供有关基础资料。

第二十六条　城乡规划报送审批前，组织编制机关应当依法将城乡规划草案予以公告，并采取论证会、听证会或者其他方式征求专家和公众的意见。公告的时间不得少于三十日。

组织编制机关应当充分考虑专家和公众的意见，并在报送审批的材料中附具意见采纳情况及理由。

第二十七条　省域城镇体系规划、城市总体规划、镇总体规划批准前，审批机关应当组织专家和有关部门进行审查。

第三章　城乡规划的实施

第二十八条　地方各级人民政府应当根据当地经济社会发展水平，量力而行，尊重群众意愿，有计划、分步骤地组织实施城乡规划。

第二十九条　城市的建设和发展，应当优先安排基础设施以及公共服务设施的建设，妥善处理新区开发与旧区改建的关系，统筹兼顾进城务工人员生活和周边农村经济社会发展、村民生产与生活的需要。

镇的建设和发展，应当结合农村经济社会发展和产业结构调整，优先安排供水、排水、供电、供气、道路、通信、广播电视等基础设施和学校、卫生院、文化站、幼儿园、福利院等公共服务设施的建设，为周边农村提供服务。

乡、村庄的建设和发展，应当因地制宜、节约用地，发挥村民自治组织的作用，引导村民合理进行建设，改善农村生产、生活条件。

第三十条　城市新区的开发和建设，应当合理确定建设规模和时序，充分利用现有市政基础设施和公共服务设施，严格保护自然资源和生态环境，体现地方特色。

在城市总体规划、镇总体规划确定的建设用地范围以外，不得设立各类开发区和城市新区。

第三十一条　旧城区的改建，应当保护历史文化遗产和传统风貌，合理确定拆迁和建设规模，有计划地对危房集中、基础设施落后等地段进行改建。

历史文化名城、名镇、名村的保护以及受保护建筑物的维护和使用，应当遵守有关法律、行政法规和国务院的规定。

第三十二条　城乡建设和发展，应当依法保护和合理利用风景名胜资源，统筹安排风景名胜区及周边乡、镇、村庄的建设。

风景名胜区的规划、建设和管理，应当遵守有关法律、行政法规和国务院的规定。

第三十三条　城市地下空间的开发和利用，应当与经济和技术发展水平相适应，遵循统筹安排、综合开发、合理利用的原则，充分考虑防灾减灾、人民防空和通信等需要，并符合城市规划，履行规划审批手续。

第三十四条　城市、县、镇人民政府应当根据城市总体规划、镇总体规划、土地利用总体规划和年度计划以及国民经济和社会发展规划，制定近期建设规划，报总体规划审批机关备案。

近期建设规划应当以重要基础设施、公共服务设施和中低收入居民住房建设以及生态环境保护为重点内容，明确近期建设的时序、发展方向和空间布局。近期建设规划的规划期限为五年。

第三十五条　城乡规划确定的铁路、公路、港口、机场、道路、绿地、输配电设施及输电线路走廊、通信设施、广播电视设施、管道设施、河道、水库、水源地、自然保护区、防汛通道、消防通道、核电站、垃圾填埋场及焚烧厂、污水处理厂和公共服务设施的用地以及其他需要依法保护的用地，禁止擅自改变用途。

第三十六条　按照国家规定需要有关部门批准或者核准的建设项目，以划拨方式提供国有土地使用权的，建设单位在报送有关部门批准或者核准前，应当向城乡规划主管部门申请核发选址意见书。

前款规定以外的建设项目不需要申请选址意见书。

第三十七条 在城市、镇规划区内以划拨方式提供国有土地使用权的建设项目，经有关部门批准、核准、备案后，建设单位应当向城市、县人民政府城乡规划主管部门提出建设用地规划许可申请，由城市、县人民政府城乡规划主管部门依据控制性详细规划核定建设用地的位置、面积、允许建设的范围，核发建设用地规划许可证。

建设单位在取得建设用地规划许可证后，方可向县级以上地方人民政府土地主管部门申请用地，经县级以上人民政府审批后，由土地主管部门划拨土地。

第三十八条 在城市、镇规划区内以出让方式提供国有土地使用权的，在国有土地使用权出让前，城市、县人民政府城乡规划主管部门应当依据控制性详细规划，提出出让地块的位置、使用性质、开发强度等规划条件，作为国有土地使用权出让合同的组成部分。未确定规划条件的地块，不得出让国有土地使用权。

以出让方式取得国有土地使用权的建设项目，建设单位在取得建设项目的批准、核准、备案文件和签订国有土地使用权出让合同后，向城市、县人民政府城乡规划主管部门领取建设用地规划许可证。

城市、县人民政府城乡规划主管部门不得在建设用地规划许可证中，擅自改变作为国有土地使用权出让合同组成部分的规划条件。

第三十九条 规划条件未纳入国有土地使用权出让合同的，该国有土地使用权出让合同无效；对未取得建设用地规划许可证的建设单位批准用地的，由县级以上人民政府撤销有关批准文件；占用土地的，应当及时退回；给当事人造成损失的，应当依法给予赔偿。

第四十条 在城市、镇规划区内进行建筑物、构筑物、道路、管线和其他工程建设的，建设单位或者个人应当向城市、县人民政府城乡规划主管部门或者省、自治区、直辖市人民政府确定的镇人民政府申请办理建设工程规划许可证。

申请办理建设工程规划许可证，应当提交使用土地的有关证明文件、建设工程设计方案等材料。需要建设单位编制修建性详细规划的建设项目，还应当提交修建性详细规划。对符合控制性详细规划和规划条件的，由城市、县人民政府城乡规划主管部门或者省、自治区、直辖市人民政府确定的镇人民政府核发建设工程规划许可证。

城市、县人民政府城乡规划主管部门或者省、自治区、直辖市人民政府确定的镇人民政府应当依法将经审定的修建性详细规划、建设工程设计方案的总平面图予以公布。

第四十一条 在乡、村庄规划区内进行乡镇企业、乡村公共设施和公益事业建设的，建设单位或者个人应当向乡、镇人民政府提出申请，由乡、镇人民政府报城市、县人民政府城乡规划主管部门核发乡村建设规划许可证。

在乡、村庄规划区内使用原有宅基地进行农村村民住宅建设的规划管理办法，由省、自治区、直辖市制定。

在乡、村庄规划区内进行乡镇企业、乡村公共设施和公益事业建设以及农村村民住宅建设，不得占用农用地；确需占用农用地的，应当依照《中华人民共和国土地管理法》有关规定办理农用地转用审批手续后，由城市、县人民政府城乡规划主管部门核发乡村建设规划许可证。

建设单位或者个人在取得乡村建设规划许可证后，方可办理用地审批手续。

第四十二条 城乡规划主管部门不得在城乡规划确定的建设用地范围以外作出规划许可。

第四十三条 建设单位应当按照规划条件进行建设；确需变更的，必须向城市、县人民政府城乡规划主管部门提出申请。变更内容不符合控制性详细规划的，城乡规划主管部门不得批准。城市、县人民政府城乡规划主管部门应当及时将依法变更后的规划条件通报同级土地主管部门并公示。

建设单位应当及时将依法变更后的规划条件报有关人民政府土地主管部门备案。

第四十四条 在城市、镇规划区内进行临时建设的，应当经城市、县人民政府城乡规划主管部门批准。临时建设影响近期建设规划或者控制性详细规划的实施以及交通、市容、安全等的，不得批准。

临时建设应当在批准的使用期限内自行拆除。

临时建设和临时用地规划管理的具体办法，由省、自治区、直辖市人民政府制定。

第四十五条 县级以上地方人民政府城乡规划主管部门按照国务院规定对建设工程是否符合规划条件予以核实。未经核实或者经核实不符合规划条件的，建设单位不得组织竣工验收。

建设单位应当在竣工验收后六个月内向城乡规划主管部门报送有关竣工验收资料。

第四章　城乡规划的修改

第四十六条　省域城镇体系规划、城市总体规划、镇总体规划的组织编制机关，应当组织有关部门和专家定期对规划实施情况进行评估，并采取论证会、听证会或者其他方式征求公众意见。组织编制机关应当向本级人民代表大会常务委员会、镇人民代表大会和原审批机关提出评估报告并附具征求意见的情况。

第四十七条　有下列情形之一的，组织编制机关方可按照规定的权限和程序修改省域城镇体系规划、城市总体规划、镇总体规划：

（一）上级人民政府制定的城乡规划发生变更，提出修改规划要求的；

（二）行政区划调整确需修改规划的；

（三）因国务院批准重大建设工程确需修改规划的；

（四）经评估确需修改规划的；

（五）城乡规划的审批机关认为应当修改规划的其他情形。

修改省域城镇体系规划、城市总体规划、镇总体规划前，组织编制机关应当对原规划的实施情况进行总结，并向原审批机关报告；修改涉及城市总体规划、镇总体规划强制性内容的，应当先向原审批机关提出专题报告，经同意后，方可编制修改方案。

修改后的省域城镇体系规划、城市总体规划、镇总体规划，应当依照本法第十三条、第十四条、第十五条和第十六条规定的审批程序报批。

第四十八条　修改控制性详细规划的，组织编制机关应当对修改的必要性进行论证，征求规划地段内利害关系人的意见，并向原审批机关提出专题报告，经原审批机关同意后，方可编制修改方案。修改后的控制性详细规划，应当依照本法第十九条、第二十条规定的审批程序报批。控制性详细规划修改涉及城市总体规划、镇总体规划的强制性内容的，应当先修改总体规划。

修改乡规划、村庄规划的，应当依照本法第二十二条规定的审批程序报批。

第四十九条　城市、县、镇人民政府修改近期建设规划的，应当将修改后的近期建设规划报总体规划审批机关备案。

第五十条　在选址意见书、建设用地规划许可证、建设工程规划许可证或者乡村建设规划许可证发放后，因依法修改城乡规划给被许可人合法权益造成损失的，应当依法给予补偿。

经依法审定的修建性详细规划、建设工程设计方案的总平面图不得随意修改；确需修改的，城乡规划主管部门应当采取听证会等形式，听取利害关系人的意见；因修改给利害关系人合法权益造成损失的，应当依法给予补偿。

第五章 监督检查

第五十一条 县级以上人民政府及其城乡规划主管部门应当加强对城乡规划编制、审批、实施、修改的监督检查。

第五十二条 地方各级人民政府应当向本级人民代表大会常务委员会或者乡、镇人民代表大会报告城乡规划的实施情况，并接受监督。

第五十三条 县级以上人民政府城乡规划主管部门对城乡规划的实施情况进行监督检查，有权采取以下措施：

（一）要求有关单位和人员提供与监督事项有关的文件、资料，并进行复制；

（二）要求有关单位和人员就监督事项涉及的问题作出解释和说明，并根据需要进入现场进行勘测；

（三）责令有关单位和人员停止违反有关城乡规划的法律、法规的行为。

城乡规划主管部门的工作人员履行前款规定的监督检查职责，应当出示执法证件。被监督检查的单位和人员应当予以配合，不得妨碍和阻挠依法进行的监督检查活动。

第五十四条 监督检查情况和处理结果应当依法公开，供公众查阅和监督。

第五十五条 城乡规划主管部门在查处违反本法规定的行为时，发现国家机关工作人员依法应当给予行政处分的，应当向其任免机关或者监察机关提出处分建议。

第五十六条 依照本法规定应当给予行政处罚，而有关城乡规划主管部门不给予行政处罚的，上级人民政府城乡规划主管部门有权责令其作出行政处罚决定或者建议有关人民政府责令其给予行政处罚。

第五十七条 城乡规划主管部门违反本法规定作出行政许可的，上级人民政府城乡规划主管部门有权责令其撤销或者直接撤销该行政许可。因撤销行政许可给当事人合法权益造成损失的，应当依法给予赔偿。

第六章 法律责任

第五十八条 对依法应当编制城乡规划而未组织编制，或者未按法定程序编制、审批、修改城乡规划的，由上级人民政府责令改正，通报批评；对有关人民政府负责人和其他直接责任人员依法给予处分。

第五十九条 城乡规划组织编制机关委托不具有相应资质等级的单位编制城乡规划的，由上级人民政府责令改正，通报批评；对有关人民政府负责人和其他直接责任人员依法给予处分。

第六十条 镇人民政府或者县级以上人民政府城乡规划主管部门有下列行为之一的，由本级人民政府、上级人民政府城乡规划主管部门或者监察机关依据职权责令改正，通报批评；对直接负责的主管人员和其他直接责任人员依法给予处分：

（一）未依法组织编制城市的控制性详细规划、县人民政府所在地镇的控制性详细规划的；

（二）超越职权或者对不符合法定条件的申请人核发选址意见书、建设用地规划许可证、建设工程规划许可证、乡村建设规划许可证的；

（三）对符合法定条件的申请人未在法定期限内核发选址意见书、建设用地规划许可证、建设工程规划许可证、乡村建设规划许可证的；

（四）未依法对经审定的修建性详细规划、建设工程设计方案的总平面图予以公布的；

（五）同意修改修建性详细规划、建设工程设计方案的总平面图前未采取听证会等形式听取利害关系人的意见的；

（六）发现未依法取得规划许可或者违反规划许可的规定在规划区内进行建设的行为，而不予查处或者接到举报后不依法处理的。

第六十一条 县级以上人民政府有关部门有下列行为之一的，由本级人民政府或者上级人民政府有关部门责令改正，通报批评；对直接负责的主管人员和其他直接责任人员依法给予处分：

（一）对未依法取得选址意见书的建设项目核发建设项目批准文件的；

（二）未依法在国有土地使用权出让合同中确定规划条件或者改变国有土地使用权出让合同中依法确定的规划条件的；

（三）对未依法取得建设用地规划许可证的建设单位划拨国有土地使用权的。

第六十二条 城乡规划编制单位有下列行为之一的，由所在地城市、县人民政府城乡规划主管部门责令限期改正，处合同约定的规划编制费一倍以上二倍以下的罚款；情节严重的，责令停业整顿，由原发证机关降低资质等级或者吊销资质证书；造成损失的，依法承担赔偿责任：

（一）超越资质等级许可的范围承揽城乡规划编制工作的；

（二）违反国家有关标准编制城乡规划的。

未依法取得资质证书承揽城乡规划编制工作的，由县级以上地方人民政府城乡规划主管部门责令停止违法行为，依照前款规定处以罚款；造成损失的，依法承担赔偿责任。

以欺骗手段取得资质证书承揽城乡规划编制工作的，由原发证机关吊销资质证书，依照本条第一款规定处以罚款；造成损失的，依法承担赔偿责任。

第六十三条　城乡规划编制单位取得资质证书后，不再符合相应的资质条件的，由原发证机关责令限期改正；逾期不改正的，降低资质等级或者吊销资质证书。

第六十四条　未取得建设工程规划许可证或者未按照建设工程规划许可证的规定进行建设的，由县级以上地方人民政府城乡规划主管部门责令停止建设；尚可采取改正措施消除对规划实施的影响的，限期改正，处建设工程造价百分之五以上百分之十以下的罚款；无法采取改正措施消除影响的，限期拆除，不能拆除的，没收实物或者违法收入，可以并处建设工程造价百分之十以下的罚款。

第六十五条　在乡、村庄规划区内未依法取得乡村建设规划许可证或者未按照乡村建设规划许可证的规定进行建设的，由乡、镇人民政府责令停止建设、限期改正；逾期不改正的，可以拆除。

第六十六条　建设单位或者个人有下列行为之一的，由所在地城市、县人民政府城乡规划主管部门责令限期拆除，可以并处临时建设工程造价一倍以下的罚款：

（一）未经批准进行临时建设的；

（二）未按照批准内容进行临时建设的；

（三）临时建筑物、构筑物超过批准期限不拆除的。

第六十七条　建设单位未在建设工程竣工验收后六个月内向城乡规划主管部门报送有关竣工验收资料的，由所在地城市、县人民政府城乡规划主管部门责令限期补报；逾期不补报的，处一万元以上五万元以下的罚款。

第六十八条　城乡规划主管部门作出责令停止建设或者限期拆除的决定后，当事人不停止建设或者逾期不拆除的，建设工程所在地县级以上地方人民政府可以责成有关部门采取查封施工现场、强制拆除等措施。

第六十九条　违反本法规定，构成犯罪的，依法追究刑事责任。

第七章 附　　则

第七十条　本法自 2008 年 1 月 1 日起施行。《中华人民共和国城市规划法》同时废止。

中华人民共和国农村土地承包法

（2002 年 8 月 29 日第九届全国人民代表大会常务委员会第二十九次会议通过　2002 年 8 月 29 日中华人民共和国主席令第 73 号公布　根据 2009 年 8 月 27 日第十一届全国人民代表大会常务委员会第十次会议《关于修改部分法律的决定》第一次修正　根据 2018 年 12 月 29 日第十三届全国人民代表大会常务委员会第七次会议《关于修改〈中华人民共和国农村土地承包法〉的决定》第二次修正）

第一章　总　　则

第一条　为了巩固和完善以家庭承包经营为基础、统分结合的双层经营体制，保持农村土地承包关系稳定并长久不变，维护农村土地承包经营当事人的合法权益，促进农业、农村经济发展和农村社会和谐稳定，根据宪法，制定本法。

第二条　本法所称农村土地，是指农民集体所有和国家所有依法由农民集体使用的耕地、林地、草地，以及其他依法用于农业的土地。

第三条　国家实行农村土地承包经营制度。

农村土地承包采取农村集体经济组织内部的家庭承包方式，不宜采取家庭承包方式的荒山、荒沟、荒丘、荒滩等农村土地，可以采取招标、拍卖、公开协商等方式承包。

第四条　农村土地承包后，土地的所有权性质不变。承包地不得买卖。

第五条　农村集体经济组织成员有权依法承包由本集体经济组织发包的农村土地。

任何组织和个人不得剥夺和非法限制农村集体经济组织成员承包土地的权利。

第六条　农村土地承包，妇女与男子享有平等的权利。承包中应当保护妇女的合法权益，任何组织和个人不得剥夺、侵害妇女应当享有的土地承包经营权。

第七条 农村土地承包应当坚持公开、公平、公正的原则，正确处理国家、集体、个人三者的利益关系。

第八条 国家保护集体土地所有者的合法权益，保护承包方的土地承包经营权，任何组织和个人不得侵犯。

第九条 承包方承包土地后，享有土地承包经营权，可以自己经营，也可以保留土地承包权，流转其承包地的土地经营权，由他人经营。

第十条 国家保护承包方依法、自愿、有偿流转土地经营权，保护土地经营权人的合法权益，任何组织和个人不得侵犯。

第十一条 农村土地承包经营应当遵守法律、法规，保护土地资源的合理开发和可持续利用。未经依法批准不得将承包地用于非农建设。

国家鼓励增加对土地的投入，培肥地力，提高农业生产能力。

第十二条 国务院农业农村、林业和草原主管部门分别依照国务院规定的职责负责全国农村土地承包经营及承包经营合同管理的指导。

县级以上地方人民政府农业农村、林业和草原等主管部门分别依照各自职责，负责本行政区域内农村土地承包经营及承包经营合同管理。

乡（镇）人民政府负责本行政区域内农村土地承包经营及承包经营合同管理。

第二章　家庭承包

第一节　发包方和承包方的权利和义务

第十三条 农民集体所有的土地依法属于村农民集体所有的，由村集体经济组织或者村民委员会发包；已经分别属于村内两个以上农村集体经济组织的农民集体所有的，由村内各该农村集体经济组织或者村民小组发包。村集体经济组织或者村民委员会发包的，不得改变村内各集体经济组织农民集体所有的土地的所有权。

国家所有依法由农民集体使用的农村土地，由使用该土地的农村集体经济组织、村民委员会或者村民小组发包。

第十四条 发包方享有下列权利：

（一）发包本集体所有的或者国家所有依法由本集体使用的农村土地；

（二）监督承包方依照承包合同约定的用途合理利用和保护土地；

（三）制止承包方损害承包地和农业资源的行为；

（四）法律、行政法规规定的其他权利。

第十五条 发包方承担下列义务：

（一）维护承包方的土地承包经营权，不得非法变更、解除承包合同；

（二）尊重承包方的生产经营自主权，不得干涉承包方依法进行正常的生产经营活动；

（三）依照承包合同约定为承包方提供生产、技术、信息等服务；

（四）执行县、乡（镇）土地利用总体规划，组织本集体经济组织内的农业基础设施建设；

（五）法律、行政法规规定的其他义务。

第十六条 家庭承包的承包方是本集体经济组织的农户。

农户内家庭成员依法平等享有承包土地的各项权益。

第十七条 承包方享有下列权利：

（一）依法享有承包地使用、收益的权利，有权自主组织生产经营和处置产品；

（二）依法互换、转让土地承包经营权；

（三）依法流转土地经营权；

（四）承包地被依法征收、征用、占用的，有权依法获得相应的补偿；

（五）法律、行政法规规定的其他权利。

第十八条 承包方承担下列义务：

（一）维持土地的农业用途，未经依法批准不得用于非农建设；

（二）依法保护和合理利用土地，不得给土地造成永久性损害；

（三）法律、行政法规规定的其他义务。

第二节 承包的原则和程序

第十九条 土地承包应当遵循以下原则：

（一）按照规定统一组织承包时，本集体经济组织成员依法平等地行使承包土地的权利，也可以自愿放弃承包土地的权利；

（二）民主协商，公平合理；

（三）承包方案应当按照本法第十三条的规定，依法经本集体经济组织成员的村民会议三分之二以上成员或者三分之二以上村民代表的同意；

（四）承包程序合法。

第二十条 土地承包应当按照以下程序进行：

（一）本集体经济组织成员的村民会议选举产生承包工作小组；
（二）承包工作小组依照法律、法规的规定拟订并公布承包方案；
（三）依法召开本集体经济组织成员的村民会议，讨论通过承包方案；
（四）公开组织实施承包方案；
（五）签订承包合同。

第三节　承包期限和承包合同

第二十一条　耕地的承包期为三十年。草地的承包期为三十年至五十年。林地的承包期为三十年至七十年。

前款规定的耕地承包期届满后再延长三十年，草地、林地承包期届满后依照前款规定相应延长。

第二十二条　发包方应当与承包方签订书面承包合同。

承包合同一般包括以下条款：

（一）发包方、承包方的名称，发包方负责人和承包方代表的姓名、住所；
（二）承包土地的名称、坐落、面积、质量等级；
（三）承包期限和起止日期；
（四）承包土地的用途；
（五）发包方和承包方的权利和义务；
（六）违约责任。

第二十三条　承包合同自成立之日起生效。承包方自承包合同生效时取得土地承包经营权。

第二十四条　国家对耕地、林地和草地等实行统一登记，登记机构应当向承包方颁发土地承包经营权证或者林权证等证书，并登记造册，确认土地承包经营权。

土地承包经营权证或者林权证等证书应当将具有土地承包经营权的全部家庭成员列入。

登记机构除按规定收取证书工本费外，不得收取其他费用。

第二十五条　承包合同生效后，发包方不得因承办人或者负责人的变动而变更或者解除，也不得因集体经济组织的分立或者合并而变更或者解除。

第二十六条　国家机关及其工作人员不得利用职权干涉农村土地承包或者变更、解除承包合同。

第四节　土地承包经营权的保护和互换、转让

第二十七条　承包期内，发包方不得收回承包地。

国家保护进城农户的土地承包经营权。不得以退出土地承包经营权作为农户进城落户的条件。

承包期内，承包农户进城落户的，引导支持其按照自愿有偿原则依法在本集体经济组织内转让土地承包经营权或者将承包地交回发包方，也可以鼓励其流转土地经营权。

承包期内，承包方交回承包地或者发包方依法收回承包地时，承包方对其在承包地上投入而提高土地生产能力的，有权获得相应的补偿。

第二十八条　承包期内，发包方不得调整承包地。

承包期内，因自然灾害严重毁损承包地等特殊情形对个别农户之间承包的耕地和草地需要适当调整的，必须经本集体经济组织成员的村民会议三分之二以上成员或者三分之二以上村民代表的同意，并报乡（镇）人民政府和县级人民政府农业农村、林业和草原等主管部门批准。承包合同中约定不得调整的，按照其约定。

第二十九条　下列土地应当用于调整承包土地或者承包给新增人口：

（一）集体经济组织依法预留的机动地；

（二）通过依法开垦等方式增加的；

（三）发包方依法收回和承包方依法、自愿交回的。

第三十条　承包期内，承包方可以自愿将承包地交回发包方。承包方自愿交回承包地的，可以获得合理补偿，但是应当提前半年以书面形式通知发包方。承包方在承包期内交回承包地的，在承包期内不得再要求承包土地。

第三十一条　承包期内，妇女结婚，在新居住地未取得承包地的，发包方不得收回其原承包地；妇女离婚或者丧偶，仍在原居住地生活或者不在原居住地生活但在新居住地未取得承包地的，发包方不得收回其原承包地。

第三十二条　承包人应得的承包收益，依照继承法的规定继承。

林地承包的承包人死亡，其继承人可以在承包期内继续承包。

第三十三条　承包方之间为方便耕种或者各自需要，可以对属于同一集体经济组织的土地的土地承包经营权进行互换，并向发包方备案。

第三十四条　经发包方同意，承包方可以将全部或者部分的土地承包经营权

转让给本集体经济组织的其他农户，由该农户同发包方确立新的承包关系，原承包方与发包方在该土地上的承包关系即行终止。

第三十五条　土地承包经营权互换、转让的，当事人可以向登记机构申请登记。未经登记，不得对抗善意第三人。

第五节　土地经营权

第三十六条　承包方可以自主决定依法采取出租（转包）、入股或者其他方式向他人流转土地经营权，并向发包方备案。

第三十七条　土地经营权人有权在合同约定的期限内占有农村土地，自主开展农业生产经营并取得收益。

第三十八条　土地经营权流转应当遵循以下原则：

（一）依法、自愿、有偿，任何组织和个人不得强迫或者阻碍土地经营权流转；

（二）不得改变土地所有权的性质和土地的农业用途，不得破坏农业综合生产能力和农业生态环境；

（三）流转期限不得超过承包期的剩余期限；

（四）受让方须有农业经营能力或者资质；

（五）在同等条件下，本集体经济组织成员享有优先权。

第三十九条　土地经营权流转的价款，应当由当事人双方协商确定。流转的收益归承包方所有，任何组织和个人不得擅自截留、扣缴。

第四十条　土地经营权流转，当事人双方应当签订书面流转合同。

土地经营权流转合同一般包括以下条款：

（一）双方当事人的姓名、住所；

（二）流转土地的名称、坐落、面积、质量等级；

（三）流转期限和起止日期；

（四）流转土地的用途；

（五）双方当事人的权利和义务；

（六）流转价款及支付方式；

（七）土地被依法征收、征用、占用时有关补偿费的归属；

（八）违约责任。

承包方将土地交由他人代耕不超过一年的，可以不签订书面合同。

第四十一条　土地经营权流转期限为五年以上的，当事人可以向登记机构申请土地经营权登记。未经登记，不得对抗善意第三人。

第四十二条 承包方不得单方解除土地经营权流转合同，但受让方有下列情形之一的除外：

（一）擅自改变土地的农业用途；

（二）弃耕抛荒连续两年以上；

（三）给土地造成严重损害或者严重破坏土地生态环境；

（四）其他严重违约行为。

第四十三条 经承包方同意，受让方可以依法投资改良土壤，建设农业生产附属、配套设施，并按照合同约定对其投资部分获得合理补偿。

第四十四条 承包方流转土地经营权的，其与发包方的承包关系不变。

第四十五条 县级以上地方人民政府应当建立工商企业等社会资本通过流转取得土地经营权的资格审查、项目审核和风险防范制度。

工商企业等社会资本通过流转取得土地经营权的，本集体经济组织可以收取适量管理费用。

具体办法由国务院农业农村、林业和草原主管部门规定。

第四十六条 经承包方书面同意，并向本集体经济组织备案，受让方可以再流转土地经营权。

第四十七条 承包方可以用承包地的土地经营权向金融机构融资担保，并向发包方备案。受让方通过流转取得的土地经营权，经承包方书面同意并向发包方备案，可以向金融机构融资担保。

担保物权自融资担保合同生效时设立。当事人可以向登记机构申请登记；未经登记，不得对抗善意第三人。

实现担保物权时，担保物权人有权就土地经营权优先受偿。

土地经营权融资担保办法由国务院有关部门规定。

第三章 其他方式的承包

第四十八条 不宜采取家庭承包方式的荒山、荒沟、荒丘、荒滩等农村土地，通过招标、拍卖、公开协商等方式承包的，适用本章规定。

第四十九条 以其他方式承包农村土地的，应当签订承包合同，承包方取得土地经营权。当事人的权利和义务、承包期限等，由双方协商确定。以招标、拍卖方式承包的，承包费通过公开竞标、竞价确定；以公开协商等方式承包的，承包费由双方议定。

第五十条　荒山、荒沟、荒丘、荒滩等可以直接通过招标、拍卖、公开协商等方式实行承包经营，也可以将土地经营权折股分给本集体经济组织成员后，再实行承包经营或者股份合作经营。

承包荒山、荒沟、荒丘、荒滩的，应当遵守有关法律、行政法规的规定，防止水土流失，保护生态环境。

第五十一条　以其他方式承包农村土地，在同等条件下，本集体经济组织成员有权优先承包。

第五十二条　发包方将农村土地发包给本集体经济组织以外的单位或者个人承包，应当事先经本集体经济组织成员的村民会议三分之二以上成员或者三分之二以上村民代表的同意，并报乡（镇）人民政府批准。

由本集体经济组织以外的单位或者个人承包的，应当对承包方的资信情况和经营能力进行审查后，再签订承包合同。

第五十三条　通过招标、拍卖、公开协商等方式承包农村土地，经依法登记取得权属证书的，可以依法采取出租、入股、抵押或者其他方式流转土地经营权。

第五十四条　依照本章规定通过招标、拍卖、公开协商等方式取得土地经营权的，该承包人死亡，其应得的承包收益，依照继承法的规定继承；在承包期内，其继承人可以继续承包。

第四章　争议的解决和法律责任

第五十五条　因土地承包经营发生纠纷的，双方当事人可以通过协商解决，也可以请求村民委员会、乡（镇）人民政府等调解解决。

当事人不愿协商、调解或者协商、调解不成的，可以向农村土地承包仲裁机构申请仲裁，也可以直接向人民法院起诉。

第五十六条　任何组织和个人侵害土地承包经营权、土地经营权的，应当承担民事责任。

第五十七条　发包方有下列行为之一的，应当承担停止侵害、排除妨碍、消除危险、返还财产、恢复原状、赔偿损失等民事责任：

（一）干涉承包方依法享有的生产经营自主权；

（二）违反本法规定收回、调整承包地；

（三）强迫或者阻碍承包方进行土地承包经营权的互换、转让或者土地经营权流转；

（四）假借少数服从多数强迫承包方放弃或者变更土地承包经营权；

（五）以划分"口粮田"和"责任田"等为由收回承包地搞招标承包；

（六）将承包地收回抵顶欠款；

（七）剥夺、侵害妇女依法享有的土地承包经营权；

（八）其他侵害土地承包经营权的行为。

第五十八条 承包合同中违背承包方意愿或者违反法律、行政法规有关不得收回、调整承包地等强制性规定的约定无效。

第五十九条 当事人一方不履行合同义务或者履行义务不符合约定的，应当依法承担违约责任。

第六十条 任何组织和个人强迫进行土地承包经营权互换、转让或者土地经营权流转的，该互换、转让或者流转无效。

第六十一条 任何组织和个人擅自截留、扣缴土地承包经营权互换、转让或者土地经营权流转收益的，应当退还。

第六十二条 违反土地管理法规，非法征收、征用、占用土地或者贪污、挪用土地征收、征用补偿费用，构成犯罪的，依法追究刑事责任；造成他人损害的，应当承担损害赔偿等责任。

第六十三条 承包方、土地经营权人违法将承包地用于非农建设的，由县级以上地方人民政府有关主管部门依法予以处罚。

承包方给承包地造成永久性损害的，发包方有权制止，并有权要求赔偿由此造成的损失。

第六十四条 土地经营权人擅自改变土地的农业用途、弃耕抛荒连续两年以上、给土地造成严重损害或者严重破坏土地生态环境，承包方在合理期限内不解除土地经营权流转合同的，发包方有权要求终止土地经营权流转合同。土地经营权人对土地和土地生态环境造成的损害应当予以赔偿。

第六十五条 国家机关及其工作人员有利用职权干涉农村土地承包经营，变更、解除承包经营合同，干涉承包经营当事人依法享有的生产经营自主权，强迫、阻碍承包经营当事人进行土地承包经营权互换、转让或者土地经营权流转等侵害土地承包经营权、土地经营权的行为，给承包经营当事人造成损失的，应当承担损害赔偿等责任；情节严重的，由上级机关或者所在单位给予直接责任人员处分；构成犯罪的，依法追究刑事责任。

第五章 附 则

第六十六条 本法实施前已经按照国家有关农村土地承包的规定承包，包括承包期限长于本法规定的，本法实施后继续有效，不得重新承包土地。未向承包方颁发土地承包经营权证或者林权证等证书的，应当补发证书。

第六十七条 本法实施前已经预留机动地的，机动地面积不得超过本集体经济组织耕地总面积的百分之五。不足百分之五的，不得再增加机动地。

本法实施前未留机动地的，本法实施后不得再留机动地。

第六十八条 各省、自治区、直辖市人民代表大会常务委员会可以根据本法，结合本行政区域的实际情况，制定实施办法。

第六十九条 确认农村集体经济组织成员身份的原则、程序等，由法律、法规规定。

第七十条 本法自 2003 年 3 月 1 日起施行。

中华人民共和国行政诉讼法

（1989 年 4 月 4 日第七届全国人民代表大会第二次会议通过 根据 2014 年 11 月 1 日第十二届全国人民代表大会常务委员会第十一次会议《关于修改〈中华人民共和国行政诉讼法〉的决定》第一次修正 根据 2017 年 6 月 27 日第十二届全国人民代表大会常务委员会第二十八次会议《关于修改〈中华人民共和国民事诉讼法〉和〈中华人民共和国行政诉讼法〉的决定》第二次修正）

第一章 总 则

第一条 为保证人民法院公正、及时审理行政案件，解决行政争议，保护公民、法人和其他组织的合法权益，监督行政机关依法行使职权，根据宪法，制定本法。

第二条 公民、法人或者其他组织认为行政机关和行政机关工作人员的行政行为侵犯其合法权益，有权依照本法向人民法院提起诉讼。

前款所称行政行为，包括法律、法规、规章授权的组织作出的行政行为。

第三条 人民法院应当保障公民、法人和其他组织的起诉权利，对应当受理的行政案件依法受理。

行政机关及其工作人员不得干预、阻碍人民法院受理行政案件。

被诉行政机关负责人应当出庭应诉。不能出庭的，应当委托行政机关相应的工作人员出庭。

第四条 人民法院依法对行政案件独立行使审判权，不受行政机关、社会团体和个人的干涉。

人民法院设行政审判庭，审理行政案件。

第五条 人民法院审理行政案件，以事实为根据，以法律为准绳。

第六条 人民法院审理行政案件，对行政行为是否合法进行审查。

第七条 人民法院审理行政案件，依法实行合议、回避、公开审判和两审终审制度。

第八条 当事人在行政诉讼中的法律地位平等。

第九条 各民族公民都有用本民族语言、文字进行行政诉讼的权利。

在少数民族聚居或者多民族共同居住的地区，人民法院应当用当地民族通用的语言、文字进行审理和发布法律文书。

人民法院应当对不通晓当地民族通用的语言、文字的诉讼参与人提供翻译。

第十条 当事人在行政诉讼中有权进行辩论。

第十一条 人民检察院有权对行政诉讼实行法律监督。

第二章 受案范围

第十二条 人民法院受理公民、法人或者其他组织提起的下列诉讼：

（一）对行政拘留、暂扣或者吊销许可证和执照、责令停产停业、没收违法所得、没收非法财物、罚款、警告等行政处罚不服的；

（二）对限制人身自由或者对财产的查封、扣押、冻结等行政强制措施和行政强制执行不服的；

（三）申请行政许可，行政机关拒绝或者在法定期限内不予答复，或者对行政机关作出的有关行政许可的其他决定不服的；

（四）对行政机关作出的关于确认土地、矿藏、水流、森林、山岭、草原、荒地、滩涂、海域等自然资源的所有权或者使用权的决定不服的；

（五）对征收、征用决定及其补偿决定不服的；

（六）申请行政机关履行保护人身权、财产权等合法权益的法定职责，行政机关拒绝履行或者不予答复的；

（七）认为行政机关侵犯其经营自主权或者农村土地承包经营权、农村土地经营权的；

（八）认为行政机关滥用行政权力排除或者限制竞争的；

（九）认为行政机关违法集资、摊派费用或者违法要求履行其他义务的；

（十）认为行政机关没有依法支付抚恤金、最低生活保障待遇或者社会保险待遇的；

（十一）认为行政机关不依法履行、未按照约定履行或者违法变更、解除政府特许经营协议、土地房屋征收补偿协议等协议的；

（十二）认为行政机关侵犯其他人身权、财产权等合法权益的。

除前款规定外，人民法院受理法律、法规规定可以提起诉讼的其他行政案件。

第十三条 人民法院不受理公民、法人或者其他组织对下列事项提起的诉讼：

（一）国防、外交等国家行为；

（二）行政法规、规章或者行政机关制定、发布的具有普遍约束力的决定、命令；

（三）行政机关对行政机关工作人员的奖惩、任免等决定；

（四）法律规定由行政机关最终裁决的行政行为。

第三章 管 辖

第十四条 基层人民法院管辖第一审行政案件。

第十五条 中级人民法院管辖下列第一审行政案件：

（一）对国务院部门或者县级以上地方人民政府所作的行政行为提起诉讼的案件；

（二）海关处理的案件；

（三）本辖区内重大、复杂的案件；

（四）其他法律规定由中级人民法院管辖的案件。

第十六条 高级人民法院管辖本辖区内重大、复杂的第一审行政案件。

第十七条 最高人民法院管辖全国范围内重大、复杂的第一审行政案件。

第十八条 行政案件由最初作出行政行为的行政机关所在地人民法院管辖。经复议的案件，也可以由复议机关所在地人民法院管辖。

经最高人民法院批准，高级人民法院可以根据审判工作的实际情况，确定若干人民法院跨行政区域管辖行政案件。

第十九条　对限制人身自由的行政强制措施不服提起的诉讼，由被告所在地或者原告所在地人民法院管辖。

第二十条　因不动产提起的行政诉讼，由不动产所在地人民法院管辖。

第二十一条　两个以上人民法院都有管辖权的案件，原告可以选择其中一个人民法院提起诉讼。原告向两个以上有管辖权的人民法院提起诉讼的，由最先立案的人民法院管辖。

第二十二条　人民法院发现受理的案件不属于本院管辖的，应当移送有管辖权的人民法院，受移送的人民法院应当受理。受移送的人民法院认为受移送的案件按照规定不属于本院管辖的，应当报请上级人民法院指定管辖，不得再自行移送。

第二十三条　有管辖权的人民法院由于特殊原因不能行使管辖权的，由上级人民法院指定管辖。

人民法院对管辖权发生争议，由争议双方协商解决。协商不成的，报它们的共同上级人民法院指定管辖。

第二十四条　上级人民法院有权审理下级人民法院管辖的第一审行政案件。

下级人民法院对其管辖的第一审行政案件，认为需要由上级人民法院审理或者指定管辖的，可以报请上级人民法院决定。

第四章　诉讼参加人

第二十五条　行政行为的相对人以及其他与行政行为有利害关系的公民、法人或者其他组织，有权提起诉讼。

有权提起诉讼的公民死亡，其近亲属可以提起诉讼。

有权提起诉讼的法人或者其他组织终止，承受其权利的法人或者其他组织可以提起诉讼。

人民检察院在履行职责中发现生态环境和资源保护、食品药品安全、国有财产保护、国有土地使用权出让等领域负有监督管理职责的行政机关违法行使职权或者不作为，致使国家利益或者社会公共利益受到侵害的，应当向行政机关提出检察建议，督促其依法履行职责。行政机关不依法履行职责的，人民检察院依法向人民法院提起诉讼。

第二十六条 公民、法人或者其他组织直接向人民法院提起诉讼的,作出行政行为的行政机关是被告。

经复议的案件,复议机关决定维持原行政行为的,作出原行政行为的行政机关和复议机关是共同被告;复议机关改变原行政行为的,复议机关是被告。

复议机关在法定期限内未作出复议决定,公民、法人或者其他组织起诉原行政行为的,作出原行政行为的行政机关是被告;起诉复议机关不作为的,复议机关是被告。

两个以上行政机关作出同一行政行为的,共同作出行政行为的行政机关是共同被告。

行政机关委托的组织所作的行政行为,委托的行政机关是被告。

行政机关被撤销或者职权变更的,继续行使其职权的行政机关是被告。

第二十七条 当事人一方或者双方为二人以上,因同一行政行为发生的行政案件,或者因同类行政行为发生的行政案件、人民法院认为可以合并审理并经当事人同意的,为共同诉讼。

第二十八条 当事人一方人数众多的共同诉讼,可以由当事人推选代表人进行诉讼。代表人的诉讼行为对其所代表的当事人发生效力,但代表人变更、放弃诉讼请求或者承认对方当事人的诉讼请求,应当经被代表的当事人同意。

第二十九条 公民、法人或者其他组织同被诉行政行为有利害关系但没有提起诉讼,或者同案件处理结果有利害关系的,可以作为第三人申请参加诉讼,或者由人民法院通知参加诉讼。

人民法院判决第三人承担义务或者减损第三人权益的,第三人有权依法提起上诉。

第三十条 没有诉讼行为能力的公民,由其法定代理人代为诉讼。法定代理人互相推诿代理责任的,由人民法院指定其中一人代为诉讼。

第三十一条 当事人、法定代理人,可以委托一至二人作为诉讼代理人。

下列人员可以被委托为诉讼代理人:

(一)律师、基层法律服务工作者;

(二)当事人的近亲属或者工作人员;

(三)当事人所在社区、单位以及有关社会团体推荐的公民。

第三十二条 代理诉讼的律师,有权按照规定查阅、复制本案有关材料,有权向有关组织和公民调查,收集与本案有关的证据。对涉及国家秘密、商业秘密和个人隐私的材料，应当依照法律规定保密。

当事人和其他诉讼代理人有权按照规定查阅、复制本案庭审材料，但涉及国家秘密、商业秘密和个人隐私的内容除外。

第五章 证　　据

第三十三条　证据包括：

（一）书证；

（二）物证；

（三）视听资料；

（四）电子数据；

（五）证人证言；

（六）当事人的陈述；

（七）鉴定意见；

（八）勘验笔录、现场笔录。

以上证据经法庭审查属实，才能作为认定案件事实的根据。

第三十四条　被告对作出的行政行为负有举证责任，应当提供作出该行政行为的证据和所依据的规范性文件。

被告不提供或者无正当理由逾期提供证据，视为没有相应证据。但是，被诉行政行为涉及第三人合法权益，第三人提供证据的除外。

第三十五条　在诉讼过程中，被告及其诉讼代理人不得自行向原告、第三人和证人收集证据。

第三十六条　被告在作出行政行为时已经收集了证据，但因不可抗力等正当事由不能提供的，经人民法院准许，可以延期提供。

原告或者第三人提出了其在行政处理程序中没有提出的理由或者证据的，经人民法院准许，被告可以补充证据。

第三十七条　原告可以提供证明行政行为违法的证据。原告提供的证据不成立的，不免除被告的举证责任。

第三十八条　在起诉被告不履行法定职责的案件中，原告应当提供其向被告提出申请的证据。但有下列情形之一的除外：

（一）被告应当依职权主动履行法定职责的；

（二）原告因正当理由不能提供证据的。

在行政赔偿、补偿的案件中，原告应当对行政行为造成的损害提供证据。因被告的原因导致原告无法举证的，由被告承担举证责任。

第三十九条　人民法院有权要求当事人提供或者补充证据。

第四十条　人民法院有权向有关行政机关以及其他组织、公民调取证据。但是，不得为证明行政行为的合法性调取被告作出行政行为时未收集的证据。

第四十一条　与本案有关的下列证据，原告或者第三人不能自行收集的，可以申请人民法院调取：

（一）由国家机关保存而须由人民法院调取的证据；

（二）涉及国家秘密、商业秘密和个人隐私的证据；

（三）确因客观原因不能自行收集的其他证据。

第四十二条　在证据可能灭失或者以后难以取得的情况下，诉讼参加人可以向人民法院申请保全证据，人民法院也可以主动采取保全措施。

第四十三条　证据应当在法庭上出示，并由当事人互相质证。对涉及国家秘密、商业秘密和个人隐私的证据，不得在公开开庭时出示。

人民法院应当按照法定程序，全面、客观地审查核实证据。对未采纳的证据应当在裁判文书中说明理由。

以非法手段取得的证据，不得作为认定案件事实的根据。

第六章　起诉和受理

第四十四条　对属于人民法院受案范围的行政案件，公民、法人或者其他组织可以先向行政机关申请复议，对复议决定不服的，再向人民法院提起诉讼；也可以直接向人民法院提起诉讼。

法律、法规规定应当先向行政机关申请复议，对复议决定不服再向人民法院提起诉讼的，依照法律、法规的规定。

第四十五条　公民、法人或者其他组织不服复议决定的，可以在收到复议决定书之日起十五日内向人民法院提起诉讼。复议机关逾期不作决定的，申请人可以在复议期满之日起十五日内向人民法院提起诉讼。法律另有规定的除外。

第四十六条　公民、法人或者其他组织直接向人民法院提起诉讼的，应当自知道或者应当知道作出行政行为之日起六个月内提出。法律另有规定的除外。

因不动产提起诉讼的案件自行政行为作出之日起超过二十年，其他案件自行政行为作出之日起超过五年提起诉讼的，人民法院不予受理。

第四十七条 公民、法人或者其他组织申请行政机关履行保护其人身权、财产权等合法权益的法定职责，行政机关在接到申请之日起两个月内不履行的，公民、法人或者其他组织可以向人民法院提起诉讼。法律、法规对行政机关履行职责的期限另有规定的，从其规定。

公民、法人或者其他组织在紧急情况下请求行政机关履行保护其人身权、财产权等合法权益的法定职责，行政机关不履行的，提起诉讼不受前款规定期限的限制。

第四十八条 公民、法人或者其他组织因不可抗力或者其他不属于其自身的原因耽误起诉期限的，被耽误的时间不计算在起诉期限内。

公民、法人或者其他组织因前款规定以外的其他特殊情况耽误起诉期限的，在障碍消除后十日内，可以申请延长期限，是否准许由人民法院决定。

第四十九条 提起诉讼应当符合下列条件：

（一）原告是符合本法第二十五条规定的公民、法人或者其他组织；

（二）有明确的被告；

（三）有具体的诉讼请求和事实根据；

（四）属于人民法院受案范围和受诉人民法院管辖。

第五十条 起诉应当向人民法院递交起诉状，并按照被告人数提出副本。

书写起诉状确有困难的，可以口头起诉，由人民法院记入笔录，出具注明日期的书面凭证，并告知对方当事人。

第五十一条 人民法院在接到起诉状时对符合本法规定的起诉条件的，应当登记立案。

对当场不能判定是否符合本法规定的起诉条件的，应当接收起诉状，出具注明收到日期的书面凭证，并在七日内决定是否立案。不符合起诉条件的，作出不予立案的裁定。裁定书应当载明不予立案的理由。原告对裁定不服的，可以提起上诉。

起诉状内容欠缺或者有其他错误的，应当给予指导和释明，并一次性告知当事人需要补正的内容。不得未经指导和释明即以起诉不符合条件为由不接收起诉状。

对于不接收起诉状、接收起诉状后不出具书面凭证，以及不一次性告知当事人需要补正的起诉状内容的，当事人可以向上级人民法院投诉，上级人民法院应当责令改正，并对直接负责的主管人员和其他直接责任人员依法给予处分。

第五十二条　人民法院既不立案，又不作出不予立案裁定的，当事人可以向上一级人民法院起诉。上一级人民法院认为符合起诉条件的，应当立案、审理，也可以指定其他下级人民法院立案、审理。

第五十三条　公民、法人或者其他组织认为行政行为所依据的国务院部门和地方人民政府及其部门制定的规范性文件不合法，在对行政行为提起诉讼时，可以一并请求对该规范性文件进行审查。

前款规定的规范性文件不含规章。

第七章　审理和判决

第一节　一般规定

第五十四条　人民法院公开审理行政案件，但涉及国家秘密、个人隐私和法律另有规定的除外。

涉及商业秘密的案件，当事人申请不公开审理的，可以不公开审理。

第五十五条　当事人认为审判人员与本案有利害关系或者有其他关系可能影响公正审判，有权申请审判人员回避。

审判人员认为自己与本案有利害关系或者有其他关系，应当申请回避。

前两款规定，适用于书记员、翻译人员、鉴定人、勘验人。

院长担任审判长时的回避，由审判委员会决定；审判人员的回避，由院长决定；其他人员的回避，由审判长决定。当事人对决定不服的，可以申请复议一次。

第五十六条　诉讼期间，不停止行政行为的执行。但有下列情形之一的，裁定停止执行：

（一）被告认为需要停止执行的；

（二）原告或者利害关系人申请停止执行，人民法院认为该行政行为的执行会造成难以弥补的损失，并且停止执行不损害国家利益、社会公共利益的；

（三）人民法院认为该行政行为的执行会给国家利益、社会公共利益造成重大损害的；

（四）法律、法规规定停止执行的。

当事人对停止执行或者不停止执行的裁定不服，可以申请复议一次。

第五十七条　人民法院对起诉行政机关没有依法支付抚恤金、最低生活保障金和工伤、医疗社会保险金的案件，权利义务关系明确、不先予执行将严重影响原告生活的，可以根据原告的申请，裁定先予执行。

当事人对先予执行裁定不服的，可以申请复议一次。复议期间不停止裁定的执行。

第五十八条 经人民法院传票传唤，原告无正当理由拒不到庭，或者未经法庭许可中途退庭的，可以按照撤诉处理；被告无正当理由拒不到庭，或者未经法庭许可中途退庭的，可以缺席判决。

第五十九条 诉讼参与人或者其他人有下列行为之一的，人民法院可以根据情节轻重，予以训诫、责令具结悔过或者处一万元以下的罚款、十五日以下的拘留；构成犯罪的，依法追究刑事责任：

（一）有义务协助调查、执行的人，对人民法院的协助调查决定、协助执行通知书，无故推拖、拒绝或者妨碍调查、执行的；

（二）伪造、隐藏、毁灭证据或者提供虚假证明材料，妨碍人民法院审理案件的；

（三）指使、贿买、胁迫他人作伪证或者威胁、阻止证人作证的；

（四）隐藏、转移、变卖、毁损已被查封、扣押、冻结的财产的；

（五）以欺骗、胁迫等非法手段使原告撤诉的；

（六）以暴力、威胁或者其他方法阻碍人民法院工作人员执行职务，或者以哄闹、冲击法庭等方法扰乱人民法院工作秩序的；

（七）对人民法院审判人员或者其他工作人员、诉讼参与人、协助调查和执行的人员恐吓、侮辱、诽谤、诬陷、殴打、围攻或者打击报复的。

人民法院对有前款规定的行为之一的单位，可以对其主要负责人或者直接责任人员依照前款规定予以罚款、拘留；构成犯罪的，依法追究刑事责任。

罚款、拘留须经人民法院院长批准。当事人不服的，可以向上一级人民法院申请复议一次。复议期间不停止执行。

第六十条 人民法院审理行政案件，不适用调解。但是，行政赔偿、补偿以及行政机关行使法律、法规规定的自由裁量权的案件可以调解。

调解应当遵循自愿、合法原则，不得损害国家利益、社会公共利益和他人合法权益。

第六十一条 在涉及行政许可、登记、征收、征用和行政机关对民事争议所作的裁决的行政诉讼中，当事人申请一并解决相关民事争议的，人民法院可以一并审理。

在行政诉讼中，人民法院认为行政案件的审理需以民事诉讼的裁判为依据的，可以裁定中止行政诉讼。

第六十二条 人民法院对行政案件宣告判决或者裁定前，原告申请撤诉的，或者被告改变其所作的行政行为，原告同意并申请撤诉的，是否准许，由人民法院裁定。

第六十三条 人民法院审理行政案件，以法律和行政法规、地方性法规为依据。地方性法规适用于本行政区域内发生的行政案件。

人民法院审理民族自治地方的行政案件，并以该民族自治地方的自治条例和单行条例为依据。

人民法院审理行政案件，参照规章。

第六十四条 人民法院在审理行政案件中，经审查认为本法第五十三条规定的规范性文件不合法的，不作为认定行政行为合法的依据，并向制定机关提出处理建议。

第六十五条 人民法院应当公开发生法律效力的判决书、裁定书，供公众查阅，但涉及国家秘密、商业秘密和个人隐私的内容除外。

第六十六条 人民法院在审理行政案件中，认为行政机关的主管人员、直接责任人员违法违纪的，应当将有关材料移送监察机关、该行政机关或者其上一级行政机关；认为有犯罪行为的，应当将有关材料移送公安、检察机关。

人民法院对被告经传票传唤无正当理由拒不到庭，或者未经法庭许可中途退庭的，可以将被告拒不到庭或者中途退庭的情况予以公告，并可以向监察机关或者被告的上一级行政机关提出依法给予其主要负责人或者直接责任人员处分的司法建议。

第二节 第一审普通程序

第六十七条 人民法院应当在立案之日起五日内，将起诉状副本发送被告。被告应当在收到起诉状副本之日起十五日内向人民法院提交作出行政行为的证据和所依据的规范性文件，并提出答辩状。人民法院应当在收到答辩状之日起五日内，将答辩状副本发送原告。

被告不提出答辩状的，不影响人民法院审理。

第六十八条 人民法院审理行政案件，由审判员组成合议庭，或者由审判员、陪审员组成合议庭。合议庭的成员，应当是三人以上的单数。

第六十九条　行政行为证据确凿，适用法律、法规正确，符合法定程序的，或者原告申请被告履行法定职责或者给付义务理由不成立的，人民法院判决驳回原告的诉讼请求。

第七十条　行政行为有下列情形之一的，人民法院判决撤销或者部分撤销，并可以判决被告重新作出行政行为：

（一）主要证据不足的；

（二）适用法律、法规错误的；

（三）违反法定程序的；

（四）超越职权的；

（五）滥用职权的；

（六）明显不当的。

第七十一条　人民法院判决被告重新作出行政行为的，被告不得以同一的事实和理由作出与原行政行为基本相同的行政行为。

第七十二条　人民法院经过审理，查明被告不履行法定职责的，判决被告在一定期限内履行。

第七十三条　人民法院经过审理，查明被告依法负有给付义务的，判决被告履行给付义务。

第七十四条　行政行为有下列情形之一的，人民法院判决确认违法，但不撤销行政行为：

（一）行政行为依法应当撤销，但撤销会给国家利益、社会公共利益造成重大损害的；

（二）行政行为程序轻微违法，但对原告权利不产生实际影响的。

行政行为有下列情形之一，不需要撤销或者判决履行的，人民法院判决确认违法：

（一）行政行为违法，但不具有可撤销内容的；

（二）被告改变原违法行政行为，原告仍要求确认原行政行为违法的；

（三）被告不履行或者拖延履行法定职责，判决履行没有意义的。

第七十五条　行政行为有实施主体不具有行政主体资格或者没有依据等重大且明显违法情形，原告申请确认行政行为无效的，人民法院判决确认无效。

第七十六条　人民法院判决确认违法或者无效的，可以同时判决责令被告采取补救措施；给原告造成损失的，依法判决被告承担赔偿责任。

第七十七条　行政处罚明显不当，或者其他行政行为涉及对款额的确定、认定确有错误的，人民法院可以判决变更。

人民法院判决变更，不得加重原告的义务或者减损原告的权益。但利害关系人同为原告，且诉讼请求相反的除外。

第七十八条　被告不依法履行、未按照约定履行或者违法变更、解除本法第十二条第一款第十一项规定的协议的，人民法院判决被告承担继续履行、采取补救措施或者赔偿损失等责任。

被告变更、解除本法第十二条第一款第十一项规定的协议合法，但未依法给予补偿的，人民法院判决给予补偿。

第七十九条　复议机关与作出原行政行为的行政机关为共同被告的案件，人民法院应当对复议决定和原行政行为一并作出裁判。

第八十条　人民法院对公开审理和不公开审理的案件，一律公开宣告判决。

当庭宣判的，应当在十日内发送判决书；定期宣判的，宣判后立即发给判决书。

宣告判决时，必须告知当事人上诉权利、上诉期限和上诉的人民法院。

第八十一条　人民法院应当在立案之日起六个月内作出第一审判决。有特殊情况需要延长的，由高级人民法院批准，高级人民法院审理第一审案件需要延长的，由最高人民法院批准。

第三节　简易程序

第八十二条　人民法院审理下列第一审行政案件，认为事实清楚、权利义务关系明确、争议不大的，可以适用简易程序：

（一）被诉行政行为是依法当场作出的；

（二）案件涉及款额二千元以下的；

（三）属于政府信息公开案件的。

除前款规定以外的第一审行政案件，当事人各方同意适用简易程序的，可以适用简易程序。

发回重审、按照审判监督程序再审的案件不适用简易程序。

第八十三条　适用简易程序审理的行政案件，由审判员一人独任审理，并应当在立案之日起四十五日内审结。

第八十四条　人民法院在审理过程中，发现案件不宜适用简易程序的，裁定转为普通程序。

第四节　第二审程序

第八十五条　当事人不服人民法院第一审判决的，有权在判决书送达之日起十五日内向上一级人民法院提起上诉。当事人不服人民法院第一审裁定的，有权在裁定书送达之日起十日内向上一级人民法院提起上诉。逾期不提起上诉的，人民法院的第一审判决或者裁定发生法律效力。

第八十六条　人民法院对上诉案件，应当组成合议庭，开庭审理。经过阅卷、调查和询问当事人，对没有提出新的事实、证据或者理由，合议庭认为不需要开庭审理的，也可以不开庭审理。

第八十七条　人民法院审理上诉案件，应当对原审人民法院的判决、裁定和被诉行政行为进行全面审查。

第八十八条　人民法院审理上诉案件，应当在收到上诉状之日起三个月内作出终审判决。有特殊情况需要延长的，由高级人民法院批准，高级人民法院审理上诉案件需要延长的，由最高人民法院批准。

第八十九条　人民法院审理上诉案件，按照下列情形，分别处理：

（一）原判决、裁定认定事实清楚，适用法律、法规正确的，判决或者裁定驳回上诉，维持原判决、裁定；

（二）原判决、裁定认定事实错误或者适用法律、法规错误的，依法改判、撤销或者变更；

（三）原判决认定基本事实不清、证据不足的，发回原审人民法院重审，或者查清事实后改判；

（四）原判决遗漏当事人或者违法缺席判决等严重违反法定程序的，裁定撤销原判决，发回原审人民法院重审。

原审人民法院对发回重审的案件作出判决后，当事人提起上诉的，第二审人民法院不得再次发回重审。

人民法院审理上诉案件，需要改变原审判决的，应当同时对被诉行政行为作出判决。

第五节　审判监督程序

第九十条　当事人对已经发生法律效力的判决、裁定，认为确有错误的，可以向上一级人民法院申请再审，但判决、裁定不停止执行。

第九十一条 当事人的申请符合下列情形之一的，人民法院应当再审：

（一）不予立案或者驳回起诉确有错误的；

（二）有新的证据，足以推翻原判决、裁定的；

（三）原判决、裁定认定事实的主要证据不足、未经质证或者系伪造的；

（四）原判决、裁定适用法律、法规确有错误的；

（五）违反法律规定的诉讼程序，可能影响公正审判的；

（六）原判决、裁定遗漏诉讼请求的；

（七）据以作出原判决、裁定的法律文书被撤销或者变更的；

（八）审判人员在审理该案件时有贪污受贿、徇私舞弊、枉法裁判行为的。

第九十二条 各级人民法院院长对本院已经发生法律效力的判决、裁定，发现有本法第九十一条规定情形之一，或者发现调解违反自愿原则或者调解书内容违法，认为需要再审的，应当提交审判委员会讨论决定。

最高人民法院对地方各级人民法院已经发生法律效力的判决、裁定，上级人民法院对下级人民法院已经发生法律效力的判决、裁定，发现有本法第九十一条规定情形之一，或者发现调解违反自愿原则或者调解书内容违法的，有权提审或者指令下级人民法院再审。

第九十三条 最高人民检察院对各级人民法院已经发生法律效力的判决、裁定，上级人民检察院对下级人民法院已经发生法律效力的判决、裁定，发现有本法第九十一条规定情形之一，或者发现调解书损害国家利益、社会公共利益的，应当提出抗诉。

地方各级人民检察院对同级人民法院已经发生法律效力的判决、裁定，发现有本法第九十一条规定情形之一，或者发现调解书损害国家利益、社会公共利益的，可以向同级人民法院提出检察建议，并报上级人民检察院备案；也可以提请上级人民检察院向同级人民法院提出抗诉。

各级人民检察院对审判监督程序以外的其他审判程序中审判人员的违法行为，有权向同级人民法院提出检察建议。

第八章 执 行

第九十四条 当事人必须履行人民法院发生法律效力的判决、裁定、调解书。

第九十五条 公民、法人或者其他组织拒绝履行判决、裁定、调解书的，行政机关或者第三人可以向第一审人民法院申请强制执行，或者由行政机关依法强制执行。

第九十六条　行政机关拒绝履行判决、裁定、调解书的，第一审人民法院可以采取下列措施：

（一）对应当归还的罚款或者应当给付的款额，通知银行从该行政机关的账户内划拨；

（二）在规定期限内不履行的，从期满之日起，对该行政机关负责人按日处五十元至一百元的罚款；

（三）将行政机关拒绝履行的情况予以公告；

（四）向监察机关或者该行政机关的上一级行政机关提出司法建议。接受司法建议的机关，根据有关规定进行处理，并将处理情况告知人民法院；

（五）拒不履行判决、裁定、调解书，社会影响恶劣的，可以对该行政机关直接负责的主管人员和其他直接责任人员予以拘留；情节严重，构成犯罪的，依法追究刑事责任。

第九十七条　公民、法人或者其他组织对行政行为在法定期限内不提起诉讼又不履行的，行政机关可以申请人民法院强制执行，或者依法强制执行。

第九章　涉外行政诉讼

第九十八条　外国人、无国籍人、外国组织在中华人民共和国进行行政诉讼，适用本法。法律另有规定的除外。

第九十九条　外国人、无国籍人、外国组织在中华人民共和国进行行政诉讼，同中华人民共和国公民、组织有同等的诉讼权利和义务。

外国法院对中华人民共和国公民、组织的行政诉讼权利加以限制的，人民法院对该国公民、组织的行政诉讼权利，实行对等原则。

第一百条　外国人、无国籍人、外国组织在中华人民共和国进行行政诉讼，委托律师代理诉讼的，应当委托中华人民共和国律师机构的律师。

第十章　附　　则

第一百零一条　人民法院审理行政案件，关于期间、送达、财产保全、开庭审理、调解、中止诉讼、终结诉讼、简易程序、执行等，以及人民检察院对行政案件受理、审理、裁判、执行的监督，本法没有规定的，适用《中华人民共和国民事诉讼法》的相关规定。

第一百零二条 人民法院审理行政案件，应当收取诉讼费用。诉讼费用由败诉方承担，双方都有责任的由双方分担。收取诉讼费用的具体办法另行规定。

第一百零三条 本法自1990年10月1日起施行。

中华人民共和国国家赔偿法

（1994年5月12日第八届全国人民代表大会常务委员会第七次会议通过　根据2010年4月29日第十一届全国人民代表大会常务委员会第十四次会议《关于修改〈中华人民共和国国家赔偿法〉的决定》第一次修正　根据2012年10月26日第十一届全国人民代表大会常务委员会第二十九次会议《关于修改〈中华人民共和国国家赔偿法〉的决定》第二次修正）

第一章　总　　则

第一条　为保障公民、法人和其他组织享有依法取得国家赔偿的权利，促进国家机关依法行使职权，根据宪法，制定本法。

第二条　国家机关和国家机关工作人员行使职权，有本法规定的侵犯公民、法人和其他组织合法权益的情形，造成损害的，受害人有依照本法取得国家赔偿的权利。

本法规定的赔偿义务机关，应当依照本法及时履行赔偿义务。

第二章　行　政　赔　偿

第一节　赔　偿　范　围

第三条　行政机关及其工作人员在行使行政职权时有下列侵犯人身权情形之一的，受害人有取得赔偿的权利：

（一）违法拘留或者违法采取限制公民人身自由的行政强制措施的；

（二）非法拘禁或者以其他方法非法剥夺公民人身自由的；

（三）以殴打、虐待等行为或者唆使、放纵他人以殴打、虐待等行为造成公民身体伤害或者死亡的；

（四）违法使用武器、警械造成公民身体伤害或者死亡的；

（五）造成公民身体伤害或者死亡的其他违法行为。

第四条 行政机关及其工作人员在行使行政职权时有下列侵犯财产权情形之一的，受害人有取得赔偿的权利：

（一）违法实施罚款、吊销许可证和执照、责令停产停业、没收财物等行政处罚的；

（二）违法对财产采取查封、扣押、冻结等行政强制措施的；

（三）违法征收、征用财产的；

（四）造成财产损害的其他违法行为。

第五条 属于下列情形之一的，国家不承担赔偿责任：

（一）行政机关工作人员与行使职权无关的个人行为；

（二）因公民、法人和其他组织自己的行为致使损害发生的；

（三）法律规定的其他情形。

第二节　赔偿请求人和赔偿义务机关

第六条 受害的公民、法人和其他组织有权要求赔偿。

受害的公民死亡，其继承人和其他有扶养关系的亲属有权要求赔偿。

受害的法人或者其他组织终止的，其权利承受人有权要求赔偿。

第七条 行政机关及其工作人员行使行政职权侵犯公民、法人和其他组织的合法权益造成损害的，该行政机关为赔偿义务机关。

两个以上行政机关共同行使行政职权时侵犯公民、法人和其他组织的合法权益造成损害的，共同行使行政职权的行政机关为共同赔偿义务机关。

法律、法规授权的组织在行使授予的行政权力时侵犯公民、法人和其他组织的合法权益造成损害的，被授权的组织为赔偿义务机关。

受行政机关委托的组织或者个人在行使受委托的行政权力时侵犯公民、法人和其他组织的合法权益造成损害的，委托的行政机关为赔偿义务机关。

赔偿义务机关被撤销的，继续行使其职权的行政机关为赔偿义务机关；没有继续行使其职权的行政机关的，撤销该赔偿义务机关的行政机关为赔偿义务机关。

第八条 经复议机关复议的，最初造成侵权行为的行政机关为赔偿义务机关，但复议机关的复议决定加重损害的，复议机关对加重的部分履行赔偿义务。

第三节 赔偿程序

第九条 赔偿义务机关有本法第三条、第四条规定情形之一的,应当给予赔偿。

赔偿请求人要求赔偿,应当先向赔偿义务机关提出,也可以在申请行政复议或者提起行政诉讼时一并提出。

第十条 赔偿请求人可以向共同赔偿义务机关中的任何一个赔偿义务机关要求赔偿,该赔偿义务机关应当先予赔偿。

第十一条 赔偿请求人根据受到的不同损害,可以同时提出数项赔偿要求。

第十二条 要求赔偿应当递交申请书,申请书应当载明下列事项:

(一)受害人的姓名、性别、年龄、工作单位和住所,法人或者其他组织的名称、住所和法定代表人或者主要负责人的姓名、职务;

(二)具体的要求、事实根据和理由;

(三)申请的年、月、日。

赔偿请求人书写申请书确有困难的,可以委托他人代书;也可以口头申请,由赔偿义务机关记入笔录。

赔偿请求人不是受害人本人的,应当说明与受害人的关系,并提供相应证明。

赔偿请求人当面递交申请书的,赔偿义务机关应当当场出具加盖本行政机关专用印章并注明收讫日期的书面凭证。申请材料不齐全的,赔偿义务机关应当当场或者在五日内一次性告知赔偿请求人需要补正的全部内容。

第十三条 赔偿义务机关应当自收到申请之日起两个月内,作出是否赔偿的决定。赔偿义务机关作出赔偿决定,应当充分听取赔偿请求人的意见,并可以与赔偿请求人就赔偿方式、赔偿项目和赔偿数额依照本法第四章的规定进行协商。

赔偿义务机关决定赔偿的,应当制作赔偿决定书,并自作出决定之日起十日内送达赔偿请求人。

赔偿义务机关决定不予赔偿的,应当自作出决定之日起十日内书面通知赔偿请求人,并说明不予赔偿的理由。

第十四条 赔偿义务机关在规定期限内未作出是否赔偿的决定,赔偿请求人可以自期限届满之日起三个月内,向人民法院提起诉讼。

赔偿请求人对赔偿的方式、项目、数额有异议的,或者赔偿义务机关作出不予赔偿决定的，赔偿请求人可以自赔偿义务机关作出赔偿或者不予赔偿决定之日起三个月内，向人民法院提起诉讼。

第十五条 人民法院审理行政赔偿案件，赔偿请求人和赔偿义务机关对自己提出的主张，应当提供证据。

赔偿义务机关采取行政拘留或者限制人身自由的强制措施期间，被限制人身自由的人死亡或者丧失行为能力的，赔偿义务机关的行为与被限制人身自由的人的死亡或者丧失行为能力是否存在因果关系，赔偿义务机关应当提供证据。

第十六条 赔偿义务机关赔偿损失后，应当责令有故意或者重大过失的工作人员或者受委托的组织或者个人承担部分或者全部赔偿费用。

对有故意或者重大过失的责任人员，有关机关应当依法给予处分；构成犯罪的，应当依法追究刑事责任。

第三章 刑事赔偿

第一节 赔偿范围

第十七条 行使侦查、检察、审判职权的机关以及看守所、监狱管理机关及其工作人员在行使职权时有下列侵犯人身权情形之一的，受害人有取得赔偿的权利：

（一）违反刑事诉讼法的规定对公民采取拘留措施的，或者依照刑事诉讼法规定的条件和程序对公民采取拘留措施，但是拘留时间超过刑事诉讼法规定的时限，其后决定撤销案件、不起诉或者判决宣告无罪终止追究刑事责任的；

（二）对公民采取逮捕措施后，决定撤销案件、不起诉或者判决宣告无罪终止追究刑事责任的；

（三）依照审判监督程序再审改判无罪，原判刑罚已经执行的；

（四）刑讯逼供或者以殴打、虐待等行为或者唆使、放纵他人以殴打、虐待等行为造成公民身体伤害或者死亡的；

（五）违法使用武器、警械造成公民身体伤害或者死亡的。

第十八条 行使侦查、检察、审判职权的机关以及看守所、监狱管理机关及其工作人员在行使职权时有下列侵犯财产权情形之一的，受害人有取得赔偿的权利：

（一）违法对财产采取查封、扣押、冻结、追缴等措施的；

（二）依照审判监督程序再审改判无罪，原判罚金、没收财产已经执行的。

第十九条 属于下列情形之一的，国家不承担赔偿责任：

（一）因公民自己故意作虚伪供述，或者伪造其他有罪证据被羁押或者被判处刑罚的；

（二）依照刑法第十七条、第十八条规定不负刑事责任的人被羁押的；

（三）依照刑事诉讼法第十五条、第一百七十三条第二款、第二百七十三条第二款、第二百七十九条规定不追究刑事责任的人被羁押的；

（四）行使侦查、检察、审判职权的机关以及看守所、监狱管理机关的工作人员与行使职权无关的个人行为；

（五）因公民自伤、自残等故意行为致使损害发生的；

（六）法律规定的其他情形。

第二节 赔偿请求人和赔偿义务机关

第二十条 赔偿请求人的确定依照本法第六条的规定。

第二十一条 行使侦查、检察、审判职权的机关以及看守所、监狱管理机关及其工作人员在行使职权时侵犯公民、法人和其他组织的合法权益造成损害的，该机关为赔偿义务机关。

对公民采取拘留措施，依照本法的规定应当给予国家赔偿的，作出拘留决定的机关为赔偿义务机关。

对公民采取逮捕措施后决定撤销案件、不起诉或者判决宣告无罪的，作出逮捕决定的机关为赔偿义务机关。

再审改判无罪的，作出原生效判决的人民法院为赔偿义务机关。二审改判无罪，以及二审发回重审后作无罪处理的，作出一审有罪判决的人民法院为赔偿义务机关。

第三节 赔偿程序

第二十二条 赔偿义务机关有本法第十七条、第十八条规定情形之一的，应当给予赔偿。

赔偿请求人要求赔偿，应当先向赔偿义务机关提出。

赔偿请求人提出赔偿请求，适用本法第十一条、第十二条的规定。

第二十三条 赔偿义务机关应当自收到申请之日起两个月内，作出是否赔偿的决定。赔偿义务机关作出赔偿决定，应当充分听取赔偿请求人的意见，并可以与赔偿请求人就赔偿方式、赔偿项目和赔偿数额依照本法第四章的规定进行协商。

赔偿义务机关决定赔偿的，应当制作赔偿决定书，并自作出决定之日起十日内送达赔偿请求人。

赔偿义务机关决定不予赔偿的，应当自作出决定之日起十日内书面通知赔偿请求人，并说明不予赔偿的理由。

第二十四条　赔偿义务机关在规定期限内未作出是否赔偿的决定，赔偿请求人可以自期限届满之日起三十日内向赔偿义务机关的上一级机关申请复议。

赔偿请求人对赔偿的方式、项目、数额有异议的，或者赔偿义务机关作出不予赔偿决定的，赔偿请求人可以自赔偿义务机关作出赔偿或者不予赔偿决定之日起三十日内，向赔偿义务机关的上一级机关申请复议。

赔偿义务机关是人民法院的，赔偿请求人可以依照本条规定向其上一级人民法院赔偿委员会申请作出赔偿决定。

第二十五条　复议机关应当自收到申请之日起两个月内作出决定。

赔偿请求人不服复议决定的，可以在收到复议决定之日起三十日内向复议机关所在地的同级人民法院赔偿委员会申请作出赔偿决定；复议机关逾期不作决定的，赔偿请求人可以自期限届满之日起三十日内向复议机关所在地的同级人民法院赔偿委员会申请作出赔偿决定。

第二十六条　人民法院赔偿委员会处理赔偿请求，赔偿请求人和赔偿义务机关对自己提出的主张，应当提供证据。

被羁押人在羁押期间死亡或者丧失行为能力的，赔偿义务机关的行为与被羁押人的死亡或者丧失行为能力是否存在因果关系，赔偿义务机关应当提供证据。

第二十七条　人民法院赔偿委员会处理赔偿请求，采取书面审查的办法。必要时，可以向有关单位和人员调查情况、收集证据。赔偿请求人与赔偿义务机关对损害事实及因果关系有争议的，赔偿委员会可以听取赔偿请求人和赔偿义务机关的陈述和申辩，并可以进行质证。

第二十八条　人民法院赔偿委员会应当自收到赔偿申请之日起三个月内作出决定；属于疑难、复杂、重大案件的，经本院院长批准，可以延长三个月。

第二十九条　中级以上的人民法院设立赔偿委员会，由人民法院三名以上审判员组成，组成人员的人数应当为单数。

赔偿委员会作赔偿决定，实行少数服从多数的原则。

赔偿委员会作出的赔偿决定，是发生法律效力的决定，必须执行。

第三十条 赔偿请求人或者赔偿义务机关对赔偿委员会作出的决定，认为确有错误的，可以向上一级人民法院赔偿委员会提出申诉。

赔偿委员会作出的赔偿决定生效后，如发现赔偿决定违反本法规定的，经本院院长决定或者上级人民法院指令，赔偿委员会应当在两个月内重新审查并依法作出决定，上一级人民法院赔偿委员会也可以直接审查并作出决定。

最高人民检察院对各级人民法院赔偿委员会作出的决定，上级人民检察院对下级人民法院赔偿委员会作出的决定，发现违反本法规定的，应当向同级人民法院赔偿委员会提出意见，同级人民法院赔偿委员会应当在两个月内重新审查并依法作出决定。

第三十一条 赔偿义务机关赔偿后，应当向有下列情形之一的工作人员追偿部分或者全部赔偿费用：

（一）有本法第十七条第四项、第五项规定情形的；

（二）在处理案件中有贪污受贿，徇私舞弊，枉法裁判行为的。

对有前款规定情形的责任人员，有关机关应当依法给予处分；构成犯罪的，应当依法追究刑事责任。

第四章　赔偿方式和计算标准

第三十二条 国家赔偿以支付赔偿金为主要方式。

能够返还财产或者恢复原状的，予以返还财产或者恢复原状。

第三十三条 侵犯公民人身自由的，每日赔偿金按照国家上年度职工日平均工资计算。

第三十四条 侵犯公民生命健康权的，赔偿金按照下列规定计算：

（一）造成身体伤害的，应当支付医疗费、护理费，以及赔偿因误工减少的收入。减少的收入每日的赔偿金按照国家上年度职工日平均工资计算，最高额为国家上年度职工年平均工资的五倍；

（二）造成部分或者全部丧失劳动能力的，应当支付医疗费、护理费、残疾生活辅助具费、康复费等因残疾而增加的必要支出和继续治疗所必需的费用，以及残疾赔偿金。残疾赔偿金根据丧失劳动能力的程度，按照国家规定的伤残等级确定，最高不超过国家上年度职工年平均工资的二十倍。造成全部丧失劳动能力的，对其扶养的无劳动能力的人，还应当支付生活费；

（三）造成死亡的，应当支付死亡赔偿金、丧葬费，总额为国家上年度职工年平均工资的二十倍。对死者生前扶养的无劳动能力的人，还应当支付生活费。

前款第二项、第三项规定的生活费的发放标准，参照当地最低生活保障标准执行。被扶养的人是未成年人的，生活费给付至十八周岁止；其他无劳动能力的人，生活费给付至死亡时止。

第三十五条　有本法第三条或者第十七条规定情形之一，致人精神损害的，应当在侵权行为影响的范围内，为受害人消除影响，恢复名誉，赔礼道歉；造成严重后果的，应当支付相应的精神损害抚慰金。

第三十六条　侵犯公民、法人和其他组织的财产权造成损害的，按照下列规定处理：

（一）处罚款、罚金、追缴、没收财产或者违法征收、征用财产的，返还财产；

（二）查封、扣押、冻结财产的，解除对财产的查封、扣押、冻结，造成财产损坏或者灭失的，依照本条第三项、第四项的规定赔偿；

（三）应当返还的财产损坏的，能够恢复原状的恢复原状，不能恢复原状的，按照损害程度给付相应的赔偿金；

（四）应当返还的财产灭失的，给付相应的赔偿金；

（五）财产已经拍卖或者变卖的，给付拍卖或者变卖所得的价款；变卖的价款明显低于财产价值的，应当支付相应的赔偿金；

（六）吊销许可证和执照、责令停产停业的，赔偿停产停业期间必要的经常性费用开支；

（七）返还执行的罚款或者罚金、追缴或者没收的金钱，解除冻结的存款或者汇款的，应当支付银行同期存款利息；

（八）对财产权造成其他损害的，按照直接损失给予赔偿。

第三十七条　赔偿费用列入各级财政预算。

赔偿请求人凭生效的判决书、复议决定书、赔偿决定书或者调解书，向赔偿义务机关申请支付赔偿金。

赔偿义务机关应当自收到支付赔偿金申请之日起七日内，依照预算管理权限向有关的财政部门提出支付申请。财政部门应当自收到支付申请之日起十五日内支付赔偿金。

赔偿费用预算与支付管理的具体办法由国务院规定。

第五章 其 他 规 定

第三十八条 人民法院在民事诉讼、行政诉讼过程中，违法采取对妨害诉讼的强制措施、保全措施或者对判决、裁定及其他生效法律文书执行错误，造成损害的，赔偿请求人要求赔偿的程序，适用本法刑事赔偿程序的规定。

第三十九条 赔偿请求人请求国家赔偿的时效为两年，自其知道或者应当知道国家机关及其工作人员行使职权时的行为侵犯其人身权、财产权之日起计算，但被羁押等限制人身自由期间不计算在内。在申请行政复议或者提起行政诉讼时一并提出赔偿请求的，适用行政复议法、行政诉讼法有关时效的规定。

赔偿请求人在赔偿请求时效的最后六个月内，因不可抗力或者其他障碍不能行使请求权的，时效中止。从中止时效的原因消除之日起，赔偿请求时效期间继续计算。

第四十条 外国人、外国企业和组织在中华人民共和国领域内要求中华人民共和国国家赔偿的，适用本法。

外国人、外国企业和组织的所属国对中华人民共和国公民、法人和其他组织要求该国国家赔偿的权利不予保护或者限制的，中华人民共和国与该外国人、外国企业和组织的所属国实行对等原则。

第六章 附 则

第四十一条 赔偿请求人要求国家赔偿的，赔偿义务机关、复议机关和人民法院不得向赔偿请求人收取任何费用。

对赔偿请求人取得的赔偿金不予征税。

第四十二条 本法自1995年1月1日起施行。

中华人民共和国行政强制法

（2011年6月30日第十一届全国人民代表大会常务委员会第二十一次会议通过 2011年6月30日中华人民共和国主席令第49号公布 自2012年1月1日起施行）

第一章 总 则

第一条 为了规范行政强制的设定和实施，保障和监督行政机关依法履行职责，维护公共利益和社会秩序，保护公民、法人和其他组织的合法权益，根据宪法，制定本法。

第二条 本法所称行政强制，包括行政强制措施和行政强制执行。

行政强制措施，是指行政机关在行政管理过程中，为制止违法行为、防止证据损毁、避免危害发生、控制危险扩大等情形，依法对公民的人身自由实施暂时性限制，或者对公民、法人或者其他组织的财物实施暂时性控制的行为。

行政强制执行，是指行政机关或者行政机关申请人民法院，对不履行行政决定的公民、法人或者其他组织，依法强制履行义务的行为。

第三条 行政强制的设定和实施，适用本法。

发生或者即将发生自然灾害、事故灾难、公共卫生事件或者社会安全事件等突发事件，行政机关采取应急措施或者临时措施，依照有关法律、行政法规的规定执行。

行政机关采取金融业审慎监管措施、进出境货物强制性技术监控措施，依照有关法律、行政法规的规定执行。

第四条 行政强制的设定和实施，应当依照法定的权限、范围、条件和程序。

第五条 行政强制的设定和实施，应当适当。采用非强制手段可以达到行政管理目的的，不得设定和实施行政强制。

第六条 实施行政强制，应当坚持教育与强制相结合。

第七条 行政机关及其工作人员不得利用行政强制权为单位或者个人谋取利益。

第八条 公民、法人或者其他组织对行政机关实施行政强制，享有陈述权、申辩权；有权依法申请行政复议或者提起行政诉讼；因行政机关违法实施行政强制受到损害的，有权依法要求赔偿。

公民、法人或者其他组织因人民法院在强制执行中有违法行为或者扩大强制执行范围受到损害的，有权依法要求赔偿。

第二章 行政强制的种类和设定

第九条 行政强制措施的种类：

（一）限制公民人身自由；

（二）查封场所、设施或者财物；

（三）扣押财物；

（四）冻结存款、汇款；

（五）其他行政强制措施。

第十条 行政强制措施由法律设定。

尚未制定法律，且属于国务院行政管理职权事项的，行政法规可以设定除本法第九条第一项、第四项和应当由法律规定的行政强制措施以外的其他行政强制措施。

尚未制定法律、行政法规，且属于地方性事务的，地方性法规可以设定本法第九条第二项、第三项的行政强制措施。

法律、法规以外的其他规范性文件不得设定行政强制措施。

第十一条 法律对行政强制措施的对象、条件、种类作了规定的，行政法规、地方性法规不得作出扩大规定。

法律中未设定行政强制措施的，行政法规、地方性法规不得设定行政强制措施。但是，法律规定特定事项由行政法规规定具体管理措施的，行政法规可以设定除本法第九条第一项、第四项和应当由法律规定的行政强制措施以外的其他行政强制措施。

第十二条 行政强制执行的方式：

（一）加处罚款或者滞纳金；

（二）划拨存款、汇款；

（三）拍卖或者依法处理查封、扣押的场所、设施或者财物；

（四）排除妨碍、恢复原状；

（五）代履行；

（六）其他强制执行方式。

第十三条 行政强制执行由法律设定。

法律没有规定行政机关强制执行的，作出行政决定的行政机关应当申请人民法院强制执行。

第十四条 起草法律草案、法规草案，拟设定行政强制的，起草单位应当采取听证会、论证会等形式听取意见，并向制定机关说明设定该行政强制的必要性、可能产生的影响以及听取和采纳意见的情况。

第十五条 行政强制的设定机关应当定期对其设定的行政强制进行评价，并对不适当的行政强制及时予以修改或者废止。

行政强制的实施机关可以对已设定的行政强制的实施情况及存在的必要性适时进行评价，并将意见报告该行政强制的设定机关。

公民、法人或者其他组织可以向行政强制的设定机关和实施机关就行政强制的设定和实施提出意见和建议。有关机关应当认真研究论证，并以适当方式予以反馈。

第三章　行政强制措施实施程序

第一节　一般规定

第十六条　行政机关履行行政管理职责，依照法律、法规的规定，实施行政强制措施。

违法行为情节显著轻微或者没有明显社会危害的，可以不采取行政强制措施。

第十七条　行政强制措施由法律、法规规定的行政机关在法定职权范围内实施。行政强制措施权不得委托。

依据《中华人民共和国行政处罚法》的规定行使相对集中行政处罚权的行政机关，可以实施法律、法规规定的与行政处罚权有关的行政强制措施。

行政强制措施应当由行政机关具备资格的行政执法人员实施，其他人员不得实施。

第十八条　行政机关实施行政强制措施应当遵守下列规定：

（一）实施前须向行政机关负责人报告并经批准；

（二）由两名以上行政执法人员实施；

（三）出示执法身份证件；

（四）通知当事人到场；

（五）当场告知当事人采取行政强制措施的理由、依据以及当事人依法享有的权利、救济途径；

（六）听取当事人的陈述和申辩；

（七）制作现场笔录；

（八）现场笔录由当事人和行政执法人员签名或者盖章，当事人拒绝的，在笔录中予以注明；

（九）当事人不到场的，邀请见证人到场，由见证人和行政执法人员在现场笔录上签名或者盖章；

（十）法律、法规规定的其他程序。

第十九条 情况紧急，需要当场实施行政强制措施的，行政执法人员应当在二十四小时内向行政机关负责人报告，并补办批准手续。行政机关负责人认为不应当采取行政强制措施的，应当立即解除。

第二十条 依照法律规定实施限制公民人身自由的行政强制措施，除应当履行本法第十八条规定的程序外，还应当遵守下列规定：

（一）当场告知或者实施行政强制措施后立即通知当事人家属实施行政强制措施的行政机关、地点和期限；

（二）在紧急情况下当场实施行政强制措施的，在返回行政机关后，立即向行政机关负责人报告并补办批准手续；

（三）法律规定的其他程序。

实施限制人身自由的行政强制措施不得超过法定期限。实施行政强制措施的目的已经达到或者条件已经消失，应当立即解除。

第二十一条 违法行为涉嫌犯罪应当移送司法机关的，行政机关应当将查封、扣押、冻结的财物一并移送，并书面告知当事人。

第二节　查封、扣押

第二十二条 查封、扣押应当由法律、法规规定的行政机关实施，其他任何行政机关或者组织不得实施。

第二十三条 查封、扣押限于涉案的场所、设施或者财物，不得查封、扣押与违法行为无关的场所、设施或者财物；不得查封、扣押公民个人及其所扶养家属的生活必需品。

当事人的场所、设施或者财物已被其他国家机关依法查封的，不得重复查封。

第二十四条 行政机关决定实施查封、扣押的，应当履行本法第十八条规定的程序，制作并当场交付查封、扣押决定书和清单。

查封、扣押决定书应当载明下列事项：

（一）当事人的姓名或者名称、地址；

（二）查封、扣押的理由、依据和期限；

（三）查封、扣押场所、设施或者财物的名称、数量等；

（四）申请行政复议或者提起行政诉讼的途径和期限；

（五）行政机关的名称、印章和日期。

查封、扣押清单一式二份，由当事人和行政机关分别保存。

第二十五条 查封、扣押的期限不得超过三十日；情况复杂的，经行政机关负责人批准，可以延长，但是延长期限不得超过三十日。法律、行政法规另有规定的除外。

延长查封、扣押的决定应当及时书面告知当事人，并说明理由。

对物品需要进行检测、检验、检疫或者技术鉴定的，查封、扣押的期间不包括检测、检验、检疫或者技术鉴定的期间。检测、检验、检疫或者技术鉴定的期间应当明确，并书面告知当事人。检测、检验、检疫或者技术鉴定的费用由行政机关承担。

第二十六条 对查封、扣押的场所、设施或者财物，行政机关应当妥善保管，不得使用或者损毁；造成损失的，应当承担赔偿责任。

对查封的场所、设施或者财物，行政机关可以委托第三人保管，第三人不得损毁或者擅自转移、处置。因第三人的原因造成的损失，行政机关先行赔付后，有权向第三人追偿。

因查封、扣押发生的保管费用由行政机关承担。

第二十七条 行政机关采取查封、扣押措施后，应当及时查清事实，在本法第二十五条规定的期限内作出处理决定。对违法事实清楚，依法应当没收的非法财物予以没收；法律、行政法规规定应当销毁的，依法销毁；应当解除查封、扣押的，作出解除查封、扣押的决定。

第二十八条 有下列情形之一的，行政机关应当及时作出解除查封、扣押决定：

（一）当事人没有违法行为；

（二）查封、扣押的场所、设施或者财物与违法行为无关；

（三）行政机关对违法行为已经作出处理决定，不再需要查封、扣押；

（四）查封、扣押期限已经届满；

（五）其他不再需要采取查封、扣押措施的情形。

解除查封、扣押应当立即退还财物；已将鲜活物品或者其他不易保管的财物拍卖或者变卖的，退还拍卖或者变卖所得款项。变卖价格明显低于市场价格，给当事人造成损失的，应当给予补偿。

第三节 冻　　结

第二十九条　冻结存款、汇款应当由法律规定的行政机关实施，不得委托给其他行政机关或者组织；其他任何行政机关或者组织不得冻结存款、汇款。

冻结存款、汇款的数额应当与违法行为涉及的金额相当；已被其他国家机关依法冻结的，不得重复冻结。

第三十条　行政机关依照法律规定决定实施冻结存款、汇款的，应当履行本法第十八条第一项、第二项、第三项、第七项规定的程序，并向金融机构交付冻结通知书。

金融机构接到行政机关依法作出的冻结通知书后，应当立即予以冻结，不得拖延，不得在冻结前向当事人泄露信息。

法律规定以外的行政机关或者组织要求冻结当事人存款、汇款的，金融机构应当拒绝。

第三十一条　依照法律规定冻结存款、汇款的，作出决定的行政机关应当在三日内向当事人交付冻结决定书。冻结决定书应当载明下列事项：

（一）当事人的姓名或者名称、地址；

（二）冻结的理由、依据和期限；

（三）冻结的账号和数额；

（四）申请行政复议或者提起行政诉讼的途径和期限；

（五）行政机关的名称、印章和日期。

第三十二条　自冻结存款、汇款之日起三十日内，行政机关应当作出处理决定或者作出解除冻结决定；情况复杂的，经行政机关负责人批准，可以延长，但是延长期限不得超过三十日。法律另有规定的除外。

延长冻结的决定应当及时书面告知当事人，并说明理由。

第三十三条　有下列情形之一的，行政机关应当及时作出解除冻结决定：

（一）当事人没有违法行为；

（二）冻结的存款、汇款与违法行为无关；

（三）行政机关对违法行为已经作出处理决定，不再需要冻结；

（四）冻结期限已经届满；

（五）其他不再需要采取冻结措施的情形。

行政机关作出解除冻结决定的，应当及时通知金融机构和当事人。金融机构接到通知后，应当立即解除冻结。

行政机关逾期未作出处理决定或者解除冻结决定的，金融机构应当自冻结期满之日起解除冻结。

第四章 行政机关强制执行程序

第一节 一般规定

第三十四条 行政机关依法作出行政决定后，当事人在行政机关决定的期限内不履行义务的，具有行政强制执行权的行政机关依照本章规定强制执行。

第三十五条 行政机关作出强制执行决定前，应当事先催告当事人履行义务。催告应当以书面形式作出，并载明下列事项：

（一）履行义务的期限；

（二）履行义务的方式；

（三）涉及金钱给付的，应当有明确的金额和给付方式；

（四）当事人依法享有的陈述权和申辩权。

第三十六条 当事人收到催告书后有权进行陈述和申辩。行政机关应当充分听取当事人的意见，对当事人提出的事实、理由和证据，应当进行记录、复核。当事人提出的事实、理由或者证据成立的，行政机关应当采纳。

第三十七条 经催告，当事人逾期仍不履行行政决定，且无正当理由的，行政机关可以作出强制执行决定。

强制执行决定应当以书面形式作出，并载明下列事项：

（一）当事人的姓名或者名称、地址；

（二）强制执行的理由和依据；

（三）强制执行的方式和时间；

（四）申请行政复议或者提起行政诉讼的途径和期限；

（五）行政机关的名称、印章和日期。

在催告期间，对有证据证明有转移或者隐匿财物迹象的，行政机关可以作出立即强制执行决定。

第三十八条 催告书、行政强制执行决定书应当直接送达当事人。当事人拒绝接收或者无法直接送达当事人的，应当依照《中华人民共和国民事诉讼法》的有关规定送达。

第三十九条　有下列情形之一的，中止执行：

（一）当事人履行行政决定确有困难或者暂无履行能力的；

（二）第三人对执行标的主张权利，确有理由的；

（三）执行可能造成难以弥补的损失，且中止执行不损害公共利益的；

（四）行政机关认为需要中止执行的其他情形。

中止执行的情形消失后，行政机关应当恢复执行。对没有明显社会危害，当事人确无能力履行，中止执行满三年未恢复执行的，行政机关不再执行。

第四十条　有下列情形之一的，终结执行：

（一）公民死亡，无遗产可供执行，又无义务承受人的；

（二）法人或者其他组织终止，无财产可供执行，又无义务承受人的；

（三）执行标的灭失的；

（四）据以执行的行政决定被撤销的；

（五）行政机关认为需要终结执行的其他情形。

第四十一条　在执行中或者执行完毕后，据以执行的行政决定被撤销、变更，或者执行错误的，应当恢复原状或者退还财物；不能恢复原状或者退还财物的，依法给予赔偿。

第四十二条　实施行政强制执行，行政机关可以在不损害公共利益和他人合法权益的情况下，与当事人达成执行协议。执行协议可以约定分阶段履行；当事人采取补救措施的，可以减免加处的罚款或者滞纳金。

执行协议应当履行。当事人不履行执行协议的，行政机关应当恢复强制执行。

第四十三条　行政机关不得在夜间或者法定节假日实施行政强制执行。但是，情况紧急的除外。

行政机关不得对居民生活采取停止供水、供电、供热、供燃气等方式迫使当事人履行相关行政决定。

第四十四条　对违法的建筑物、构筑物、设施等需要强制拆除的，应当由行政机关予以公告，限期当事人自行拆除。当事人在法定期限内不申请行政复议或者提起行政诉讼，又不拆除的，行政机关可以依法强制拆除。

第二节　金钱给付义务的执行

第四十五条　行政机关依法作出金钱给付义务的行政决定，当事人逾期不履行的，行政机关可以依法加处罚款或者滞纳金。加处罚款或者滞纳金的标准应当告知当事人。

加处罚款或者滞纳金的数额不得超出金钱给付义务的数额。

第四十六条 行政机关依照本法第四十五条规定实施加处罚款或者滞纳金超过三十日，经催告当事人仍不履行的，具有行政强制执行权的行政机关可以强制执行。

行政机关实施强制执行前，需要采取查封、扣押、冻结措施的，依照本法第三章规定办理。

没有行政强制执行权的行政机关应当申请人民法院强制执行。但是，当事人在法定期限内不申请行政复议或者提起行政诉讼，经催告仍不履行的，在实施行政管理过程中已经采取查封、扣押措施的行政机关，可以将查封、扣押的财物依法拍卖抵缴罚款。

第四十七条 划拨存款、汇款应当由法律规定的行政机关决定，并书面通知金融机构。金融机构接到行政机关依法作出划拨存款、汇款的决定后，应当立即划拨。

法律规定以外的行政机关或者组织要求划拨当事人存款、汇款的，金融机构应当拒绝。

第四十八条 依法拍卖财物，由行政机关委托拍卖机构依照《中华人民共和国拍卖法》的规定办理。

第四十九条 划拨的存款、汇款以及拍卖和依法处理所得的款项应当上缴国库或者划入财政专户。任何行政机关或者个人不得以任何形式截留、私分或者变相私分。

第三节　代　履　行

第五十条 行政机关依法作出要求当事人履行排除妨碍、恢复原状等义务的行政决定，当事人逾期不履行，经催告仍不履行，其后果已经或者将危害交通安全、造成环境污染或者破坏自然资源的，行政机关可以代履行，或者委托没有利害关系的第三人代履行。

第五十一条 代履行应当遵守下列规定：

（一）代履行前送达决定书，代履行决定书应当载明当事人的姓名或者名称、地址，代履行的理由和依据、方式和时间、标的、费用预算以及代履行人；

（二）代履行三日前，催告当事人履行，当事人履行的，停止代履行；

（三）代履行时，作出决定的行政机关应当派员到场监督；

（四）代履行完毕，行政机关到场监督的工作人员、代履行人和当事人或者见证人应当在执行文书上签名或者盖章。

代履行的费用按照成本合理确定，由当事人承担。但是，法律另有规定的除外。

代履行不得采用暴力、胁迫以及其他非法方式。

第五十二条 需要立即清除道路、河道、航道或者公共场所的遗洒物、障碍物或者污染物，当事人不能清除的，行政机关可以决定立即实施代履行；当事人不在场，行政机关应当在事后立即通知当事人，并依法作出处理。

第五章　申请人民法院强制执行

第五十三条 当事人在法定期限内不申请行政复议或者提起行政诉讼，又不履行行政决定的，没有行政强制执行权的行政机关可以自期限届满之日起三个月内，依照本章规定申请人民法院强制执行。

第五十四条 行政机关申请人民法院强制执行前，应当催告当事人履行义务。催告书送达十日后当事人仍未履行义务的，行政机关可以向所在地有管辖权的人民法院申请强制执行；执行对象是不动产的，向不动产所在地有管辖权的人民法院申请强制执行。

第五十五条 行政机关向人民法院申请强制执行，应当提供下列材料：

（一）强制执行申请书；

（二）行政决定书及作出决定的事实、理由和依据；

（三）当事人的意见及行政机关催告情况；

（四）申请强制执行标的情况；

（五）法律、行政法规规定的其他材料。

强制执行申请书应当由行政机关负责人签名，加盖行政机关的印章，并注明日期。

第五十六条 人民法院接到行政机关强制执行的申请，应当在五日内受理。

行政机关对人民法院不予受理的裁定有异议的，可以在十五日内向上一级人民法院申请复议，上一级人民法院应当自收到复议申请之日起十五日内作出是否受理的裁定。

第五十七条 人民法院对行政机关强制执行的申请进行书面审查,对符合本法第五十五条规定,且行政决定具备法定执行效力的,除本法第五十八条规定的情形外,人民法院应当自受理之日起七日内作出执行裁定。

第五十八条 人民法院发现有下列情形之一的,在作出裁定前可以听取被执行人和行政机关的意见:

(一) 明显缺乏事实根据的;

(二) 明显缺乏法律、法规依据的;

(三) 其他明显违法并损害被执行人合法权益的。

人民法院应当自受理之日起三十日内作出是否执行的裁定。裁定不予执行的,应当说明理由,并在五日内将不予执行的裁定送达行政机关。

行政机关对人民法院不予执行的裁定有异议的,可以自收到裁定之日起十五日内向上一级人民法院申请复议,上一级人民法院应当自收到复议申请之日起三十日内作出是否执行的裁定。

第五十九条 因情况紧急,为保障公共安全,行政机关可以申请人民法院立即执行。经人民法院院长批准,人民法院应当自作出执行裁定之日起五日内执行。

第六十条 行政机关申请人民法院强制执行,不缴纳申请费。强制执行的费用由被执行人承担。

人民法院以划拨、拍卖方式强制执行的,可以在划拨、拍卖后将强制执行的费用扣除。

依法拍卖财物,由人民法院委托拍卖机构依照《中华人民共和国拍卖法》的规定办理。

划拨的存款、汇款以及拍卖和依法处理所得的款项应当上缴国库或者划入财政专户,不得以任何形式截留、私分或者变相私分。

第六章 法 律 责 任

第六十一条 行政机关实施行政强制,有下列情形之一的,由上级行政机关或者有关部门责令改正,对直接负责的主管人员和其他直接责任人员依法给予处分:

(一) 没有法律、法规依据的;

(二) 改变行政强制对象、条件、方式的;

(三) 违反法定程序实施行政强制的;

（四）违反本法规定，在夜间或者法定节假日实施行政强制执行的；

（五）对居民生活采取停止供水、供电、供热、供燃气等方式迫使当事人履行相关行政决定的；

（六）有其他违法实施行政强制情形的。

第六十二条　违反本法规定，行政机关有下列情形之一的，由上级行政机关或者有关部门责令改正，对直接负责的主管人员和其他直接责任人员依法给予处分：

（一）扩大查封、扣押、冻结范围的；

（二）使用或者损毁查封、扣押场所、设施或者财物的；

（三）在查封、扣押法定期间不作出处理决定或者未依法及时解除查封、扣押的；

（四）在冻结存款、汇款法定期间不作出处理决定或者未依法及时解除冻结的。

第六十三条　行政机关将查封、扣押的财物或者划拨的存款、汇款以及拍卖和依法处理所得的款项，截留、私分或者变相私分的，由财政部门或者有关部门予以追缴；对直接负责的主管人员和其他直接责任人员依法给予记大过、降级、撤职或者开除的处分。

行政机关工作人员利用职务上的便利，将查封、扣押的场所、设施或者财物据为己有的，由上级行政机关或者有关部门责令改正，依法给予记大过、降级、撤职或者开除的处分。

第六十四条　行政机关及其工作人员利用行政强制权为单位或者个人谋取利益的，由上级行政机关或者有关部门责令改正，对直接负责的主管人员和其他直接责任人员依法给予处分。

第六十五条　违反本法规定，金融机构有下列行为之一的，由金融业监督管理机构责令改正，对直接负责的主管人员和其他直接责任人员依法给予处分：

（一）在冻结前向当事人泄露信息的；

（二）对应当立即冻结、划拨的存款、汇款不冻结或者不划拨，致使存款、汇款转移的；

（三）将不应当冻结、划拨的存款、汇款予以冻结或者划拨的；

（四）未及时解除冻结存款、汇款的。

第六十六条　违反本法规定，金融机构将款项划入国库或者财政专户以外的其他账户的，由金融业监督管理机构责令改正，并处以违法划拨款项二倍的罚款；对直接负责的主管人员和其他直接责任人员依法给予处分。

违反本法规定，行政机关、人民法院指令金融机构将款项划入国库或者财政专户以外的其他账户的，对直接负责的主管人员和其他直接责任人员依法给予处分。

第六十七条 人民法院及其工作人员在强制执行中有违法行为或者扩大强制执行范围的，对直接负责的主管人员和其他直接责任人员依法给予处分。

第六十八条 违反本法规定，给公民、法人或者其他组织造成损失的，依法给予赔偿。

违反本法规定，构成犯罪的，依法追究刑事责任。

第七章 附 则

第六十九条 本法中十日以内期限的规定是指工作日，不含法定节假日。

第七十条 法律、行政法规授权的具有管理公共事务职能的组织在法定授权范围内，以自己的名义实施行政强制，适用本法有关行政机关的规定。

第七十一条 本法自 2012 年 1 月 1 日起施行。

中华人民共和国土地管理法实施条例

（1998 年 12 月 27 日中华人民共和国国务院令第 256 号发布 根据 2011 年 1 月 8 日《国务院关于废止和修改部分行政法规的决定》第一次修订 根据 2014 年 7 月 29 日《国务院关于修改部分行政法规的决定》第二次修订 2021 年 7 月 2 日中华人民共和国国务院令第 743 号第三次修订）

第一章 总 则

第一条 根据《中华人民共和国土地管理法》（以下简称《土地管理法》），制定本条例。

第二章 国土空间规划

第二条 国家建立国土空间规划体系。

土地开发、保护、建设活动应当坚持规划先行。经依法批准的国土空间规划是各类开发、保护、建设活动的基本依据。

已经编制国土空间规划的，不再编制土地利用总体规划和城乡规划。在编制国土空间规划前，经依法批准的土地利用总体规划和城乡规划继续执行。

第三条 国土空间规划应当细化落实国家发展规划提出的国土空间开发保护要求，统筹布局农业、生态、城镇等功能空间，划定落实永久基本农田、生态保护红线和城镇开发边界。

国土空间规划应当包括国土空间开发保护格局和规划用地布局、结构、用途管制要求等内容，明确耕地保有量、建设用地规模、禁止开垦的范围等要求，统筹基础设施和公共设施用地布局，综合利用地上地下空间，合理确定并严格控制新增建设用地规模，提高土地节约集约利用水平，保障土地的可持续利用。

第四条 土地调查应当包括下列内容：

（一）土地权属以及变化情况；

（二）土地利用现状以及变化情况；

（三）土地条件。

全国土地调查成果，报国务院批准后向社会公布。地方土地调查成果，经本级人民政府审核，报上一级人民政府批准后向社会公布。全国土地调查成果公布后，县级以上地方人民政府方可自上而下逐级依次公布本行政区域的土地调查成果。

土地调查成果是编制国土空间规划以及自然资源管理、保护和利用的重要依据。

土地调查技术规程由国务院自然资源主管部门会同有关部门制定。

第五条 国务院自然资源主管部门会同有关部门制定土地等级评定标准。

县级以上人民政府自然资源主管部门应当会同有关部门根据土地等级评定标准，对土地等级进行评定。地方土地等级评定结果经本级人民政府审核，报上一级人民政府自然资源主管部门批准后向社会公布。

根据国民经济和社会发展状况，土地等级每五年重新评定一次。

第六条 县级以上人民政府自然资源主管部门应当加强信息化建设，建立统一的国土空间基础信息平台，实行土地管理全流程信息化管理，对土地利用状况进行动态监测，与发展改革、住房和城乡建设等有关部门建立土地管理信息共享机制，依法公开土地管理信息。

第七条 县级以上人民政府自然资源主管部门应当加强地籍管理，建立健全地籍数据库。

第三章 耕地保护

第八条 国家实行占用耕地补偿制度。在国土空间规划确定的城市和村庄、集镇建设用地范围内经依法批准占用耕地，以及在国土空间规划确定的城市和村庄、集镇建设用地范围外的能源、交通、水利、矿山、军事设施等建设项目经依法批准占用耕地的，分别由县级人民政府、农村集体经济组织和建设单位负责开垦与所占用耕地的数量和质量相当的耕地；没有条件开垦或者开垦的耕地不符合要求的，应当按照省、自治区、直辖市的规定缴纳耕地开垦费，专款用于开垦新的耕地。

省、自治区、直辖市人民政府应当组织自然资源主管部门、农业农村主管部门对开垦的耕地进行验收，确保开垦的耕地落实到地块。划入永久基本农田的还应当纳入国家永久基本农田数据库严格管理。占用耕地补充情况应当按照国家有关规定向社会公布。

个别省、直辖市需要易地开垦耕地的，依照《土地管理法》第三十二条的规定执行。

第九条 禁止任何单位和个人在国土空间规划确定的禁止开垦的范围内从事土地开发活动。

按照国土空间规划，开发未确定土地使用权的国有荒山、荒地、荒滩从事种植业、林业、畜牧业、渔业生产的，应当向土地所在地的县级以上地方人民政府自然资源主管部门提出申请，按照省、自治区、直辖市规定的权限，由县级以上地方人民政府批准。

第十条 县级人民政府应当按照国土空间规划关于统筹布局农业、生态、城镇等功能空间的要求，制定土地整理方案，促进耕地保护和土地节约集约利用。

县、乡（镇）人民政府应当组织农村集体经济组织，实施土地整理方案，对闲散地和废弃地有计划地整治、改造。土地整理新增耕地，可以用作建设所占用耕地的补充。

鼓励社会主体依法参与土地整理。

第十一条 县级以上地方人民政府应当采取措施，预防和治理耕地土壤流失、污染，有计划地改造中低产田，建设高标准农田，提高耕地质量，保护黑土地等优质耕地，并依法对建设所占用耕地耕作层的土壤利用作出合理安排。

非农业建设依法占用永久基本农田的，建设单位应当按照省、自治区、直辖市的规定，将所占用耕地耕作层的土壤用于新开垦耕地、劣质地或者其他耕地的土壤改良。

县级以上地方人民政府应当加强对农业结构调整的引导和管理，防止破坏耕地耕作层；设施农业用地不再使用的，应当及时组织恢复种植条件。

第十二条　国家对耕地实行特殊保护，严守耕地保护红线，严格控制耕地转为林地、草地、园地等其他农用地，并建立耕地保护补偿制度，具体办法和耕地保护补偿实施步骤由国务院自然资源主管部门会同有关部门规定。

非农业建设必须节约使用土地，可以利用荒地的，不得占用耕地；可以利用劣地的，不得占用好地。禁止占用耕地建窑、建坟或者擅自在耕地上建房、挖砂、采石、采矿、取土等。禁止占用永久基本农田发展林果业和挖塘养鱼。

耕地应当优先用于粮食和棉、油、糖、蔬菜等农产品生产。按照国家有关规定需要将耕地转为林地、草地、园地等其他农用地的，应当优先使用难以长期稳定利用的耕地。

第十三条　省、自治区、直辖市人民政府对本行政区域耕地保护负总责，其主要负责人是本行政区域耕地保护的第一责任人。

省、自治区、直辖市人民政府应当将国务院确定的耕地保有量和永久基本农田保护任务分解下达，落实到具体地块。

国务院对省、自治区、直辖市人民政府耕地保护责任目标落实情况进行考核。

第四章　建设用地

第一节　一般规定

第十四条　建设项目需要使用土地的，应当符合国土空间规划、土地利用年度计划和用途管制以及节约资源、保护生态环境的要求，并严格执行建设用地标准，优先使用存量建设用地，提高建设用地使用效率。

从事土地开发利用活动，应当采取有效措施，防止、减少土壤污染，并确保建设用地符合土壤环境质量要求。

第十五条　各级人民政府应当依据国民经济和社会发展规划及年度计划、国土空间规划、国家产业政策以及城乡建设、土地利用的实际状况等，加强土地利用计划管理，实行建设用地总量控制，推动城乡存量建设用地开发利用，引导城镇低效用地再开发，落实建设用地标准控制制度，开展节约集约用地评价，推广应用节地技术和节地模式。

第十六条　县级以上地方人民政府自然资源主管部门应当将本级人民政府确定的年度建设用地供应总量、结构、时序、地块、用途等在政府网站上向社会公布，供社会公众查阅。

第十七条 建设单位使用国有土地，应当以有偿使用方式取得；但是，法律、行政法规规定可以以划拨方式取得的除外。

国有土地有偿使用的方式包括：

（一）国有土地使用权出让；

（二）国有土地租赁；

（三）国有土地使用权作价出资或者入股。

第十八条 国有土地使用权出让、国有土地租赁等应当依照国家有关规定通过公开的交易平台进行交易，并纳入统一的公共资源交易平台体系。除依法可以采取协议方式外，应当采取招标、拍卖、挂牌等竞争性方式确定土地使用者。

第十九条 《土地管理法》第五十五条规定的新增建设用地的土地有偿使用费，是指国家在新增建设用地中应取得的平均土地纯收益。

第二十条 建设项目施工、地质勘查需要临时使用土地的，应当尽量不占或者少占耕地。

临时用地由县级以上人民政府自然资源主管部门批准，期限一般不超过二年；建设周期较长的能源、交通、水利等基础设施建设使用的临时用地，期限不超过四年；法律、行政法规另有规定的除外。

土地使用者应当自临时用地期满之日起一年内完成土地复垦，使其达到可供利用状态，其中占用耕地的应当恢复种植条件。

第二十一条 抢险救灾、疫情防控等急需使用土地的，可以先行使用土地。其中，属于临时用地的，用后应当恢复原状并交还原土地使用者使用，不再办理用地审批手续；属于永久性建设用地的，建设单位应当在不晚于应急处置工作结束六个月内申请补办建设用地审批手续。

第二十二条 具有重要生态功能的未利用地应当依法划入生态保护红线，实施严格保护。

建设项目占用国土空间规划确定的未利用地的，按照省、自治区、直辖市的规定办理。

第二节 农用地转用

第二十三条 在国土空间规划确定的城市和村庄、集镇建设用地范围内，为实施该规划而将农用地转为建设用地的，由市、县人民政府组织自然资源等部门拟订农用地转用方案，分批次报有批准权的人民政府批准。

农用地转用方案应当重点对建设项目安排、是否符合国土空间规划和土地利用年度计划以及补充耕地情况作出说明。

农用地转用方案经批准后，由市、县人民政府组织实施。

第二十四条 建设项目确需占用国土空间规划确定的城市和村庄、集镇建设用地范围外的农用地，涉及占用永久基本农田的，由国务院批准；不涉及占用永久基本农田的，由国务院或者国务院授权的省、自治区、直辖市人民政府批准。具体按照下列规定办理：

（一）建设项目批准、核准前或者备案前后，由自然资源主管部门对建设项目用地事项进行审查，提出建设项目用地预审意见。建设项目需要申请核发选址意见书的，应当合并办理建设项目用地预审与选址意见书，核发建设项目用地预审与选址意见书。

（二）建设单位持建设项目的批准、核准或者备案文件，向市、县人民政府提出建设用地申请。市、县人民政府组织自然资源等部门拟订农用地转用方案，报有批准权的人民政府批准；依法应当由国务院批准的，由省、自治区、直辖市人民政府审核后上报。农用地转用方案应当重点对是否符合国土空间规划和土地利用年度计划以及补充耕地情况作出说明，涉及占用永久基本农田的，还应当对占用永久基本农田的必要性、合理性和补划可行性作出说明。

（三）农用地转用方案经批准后，由市、县人民政府组织实施。

第二十五条 建设项目需要使用土地的，建设单位原则上应当一次申请，办理建设用地审批手续，确需分期建设的项目，可以根据可行性研究报告确定的方案，分期申请建设用地，分期办理建设用地审批手续。建设过程中用地范围确需调整的，应当依法办理建设用地审批手续。

农用地转用涉及征收土地的，还应当依法办理征收土地手续。

第三节 土地征收

第二十六条 需要征收土地，县级以上地方人民政府认为符合《土地管理法》第四十五条规定的，应当发布征收土地预公告，并开展拟征收土地现状调查和社会稳定风险评估。

征收土地预公告应当包括征收范围、征收目的、开展土地现状调查的安排等内容。征收土地预公告应当采用有利于社会公众知晓的方式，在拟征收土地所在的乡（镇）和村、村民小组范围内发布，预公告时间不少于十个工作日。自征收土地预公告发布之日起，任何单位和个人不得在拟征收范围内抢栽抢建；违反规定抢栽抢建的，对抢栽抢建部分不予补偿。

土地现状调查应当查明土地的位置、权属、地类、面积，以及农村村民住宅、其他地上附着物和青苗等的权属、种类、数量等情况。

社会稳定风险评估应当对征收土地的社会稳定风险状况进行综合研判，确定风险点，提出风险防范措施和处置预案。社会稳定风险评估应当有被征地的农村集体经济组织及其成员、村民委员会和其他利害关系人参加，评估结果是申请征收土地的重要依据。

第二十七条 县级以上地方人民政府应当依据社会稳定风险评估结果，结合土地现状调查情况，组织自然资源、财政、农业农村、人力资源和社会保障等有关部门拟定征地补偿安置方案。

征地补偿安置方案应当包括征收范围、土地现状、征收目的、补偿方式和标准、安置对象、安置方式、社会保障等内容。

第二十八条 征地补偿安置方案拟定后，县级以上地方人民政府应当在拟征收土地所在的乡（镇）和村、村民小组范围内公告，公告时间不少于三十日。

征地补偿安置公告应当同时载明办理补偿登记的方式和期限、异议反馈渠道等内容。

多数被征地的农村集体经济组织成员认为拟定的征地补偿安置方案不符合法律、法规规定的，县级以上地方人民政府应当组织听证。

第二十九条 县级以上地方人民政府根据法律、法规规定和听证会等情况确定征地补偿安置方案后，应当组织有关部门与拟征收土地的所有权人、使用权人签订征地补偿安置协议。征地补偿安置协议示范文本由省、自治区、直辖市人民政府制定。

对个别确实难以达成征地补偿安置协议的，县级以上地方人民政府应当在申请征收土地时如实说明。

第三十条 县级以上地方人民政府完成本条例规定的征地前期工作后，方可提出征收土地申请，依照《土地管理法》第四十六条的规定报有批准权的人民政府批准。

有批准权的人民政府应当对征收土地的必要性、合理性、是否符合《土地管理法》第四十五条规定的为了公共利益确需征收土地的情形以及是否符合法定程序进行审查。

第三十一条　征收土地申请经依法批准后,县级以上地方人民政府应当自收到批准文件之日起十五个工作日内在拟征收土地所在的乡(镇)和村、村民小组范围内发布征收土地公告,公布征收范围、征收时间等具体工作安排,对个别未达成征地补偿安置协议的应当作出征地补偿安置决定,并依法组织实施。

第三十二条　省、自治区、直辖市应当制定公布区片综合地价,确定征收农用地的土地补偿费、安置补助费标准,并制定土地补偿费、安置补助费分配办法。

地上附着物和青苗等的补偿费用,归其所有权人所有。

社会保障费用主要用于符合条件的被征地农民的养老保险等社会保险缴费补贴,按照省、自治区、直辖市的规定单独列支。

申请征收土地的县级以上地方人民政府应当及时落实土地补偿费、安置补助费、农村村民住宅以及其他地上附着物和青苗等的补偿费用、社会保障费用等,并保证足额到位,专款专用。有关费用未足额到位的,不得批准征收土地。

第四节　宅基地管理

第三十三条　农村居民点布局和建设用地规模应当遵循节约集约、因地制宜的原则合理规划。县级以上地方人民政府应当按照国家规定安排建设用地指标,合理保障本行政区域农村村民宅基地需求。

乡(镇)、县、市国土空间规划和村庄规划应当统筹考虑农村村民生产、生活需求,突出节约集约用地导向,科学划定宅基地范围。

第三十四条　农村村民申请宅基地的,应当以户为单位向农村集体经济组织提出申请;没有设立农村集体经济组织的,应当向所在的村民小组或者村民委员会提出申请。宅基地申请依法经农村村民集体讨论通过并在本集体范围内公示后,报乡(镇)人民政府审核批准。

涉及占用农用地的,应当依法办理农用地转用审批手续。

第三十五条　国家允许进城落户的农村村民依法自愿有偿退出宅基地。乡(镇)人民政府和农村集体经济组织、村民委员会等应当将退出的宅基地优先用于保障该农村集体经济组织成员的宅基地需求。

第三十六条　依法取得的宅基地和宅基地上的农村村民住宅及其附属设施受法律保护。

禁止违背农村村民意愿强制流转宅基地,禁止违法收回农村村民依法取得的宅基地，禁止以退出宅基地作为农村村民进城落户的条件，禁止强迫农村村民搬迁退出宅基地。

第五节 集体经营性建设用地管理

第三十七条 国土空间规划应当统筹并合理安排集体经营性建设用地布局和用途，依法控制集体经营性建设用地规模，促进集体经营性建设用地的节约集约利用。

鼓励乡村重点产业和项目使用集体经营性建设用地。

第三十八条 国土空间规划确定为工业、商业等经营性用途，且已依法办理土地所有权登记的集体经营性建设用地，土地所有权人可以通过出让、出租等方式交由单位或者个人在一定年限内有偿使用。

第三十九条 土地所有权人拟出让、出租集体经营性建设用地的，市、县人民政府自然资源主管部门应当依据国土空间规划提出拟出让、出租的集体经营性建设用地的规划条件，明确土地界址、面积、用途和开发建设强度等。

市、县人民政府自然资源主管部门应当会同有关部门提出产业准入和生态环境保护要求。

第四十条 土地所有权人应当依据规划条件、产业准入和生态环境保护要求等，编制集体经营性建设用地出让、出租等方案，并依照《土地管理法》第六十三条的规定，由本集体经济组织形成书面意见，在出让、出租前不少于十个工作日报市、县人民政府。市、县人民政府认为该方案不符合规划条件或者产业准入和生态环境保护要求等的，应当在收到方案后五个工作日内提出修改意见。土地所有权人应当按照市、县人民政府的意见进行修改。

集体经营性建设用地出让、出租等方案应当载明宗地的土地界址、面积、用途、规划条件、产业准入和生态环境保护要求、使用期限、交易方式、入市价格、集体收益分配安排等内容。

第四十一条 土地所有权人应当依据集体经营性建设用地出让、出租等方案，以招标、拍卖、挂牌或者协议等方式确定土地使用者，双方应当签订书面合同，载明土地界址、面积、用途、规划条件、使用期限、交易价款支付、交地时间和开工竣工期限、产业准入和生态环境保护要求、约定提前收回的条件、补偿方式、土地使用权届满续期和地上建筑物、构筑物等附着物处理方式，以及违约责任和解决争议的方法等，并报市、县人民政府自然资源主管部门备案。未依法将规划条件、产业准入和生态环境保护要求纳入合同的，合同无效；造成损失的，依法承担民事责任。合同示范文本由国务院自然资源主管部门制定。

第四十二条 集体经营性建设用地使用者应当按照约定及时支付集体经营性建设用地价款，并依法缴纳相关税费，对集体经营性建设用地使用权以及依法利用集体经营性建设用地建造的建筑物、构筑物及其附属设施的所有权，依法申请办理不动产登记。

第四十三条 通过出让等方式取得的集体经营性建设用地使用权依法转让、互换、出资、赠与或者抵押的，双方应当签订书面合同，并书面通知土地所有权人。

集体经营性建设用地的出租，集体建设用地使用权的出让及其最高年限、转让、互换、出资、赠与、抵押等，参照同类用途的国有建设用地执行，法律、行政法规另有规定的除外。

第五章 监督检查

第四十四条 国家自然资源督察机构根据授权对省、自治区、直辖市人民政府以及国务院确定的城市人民政府下列土地利用和土地管理情况进行督察：

（一）耕地保护情况；

（二）土地节约集约利用情况；

（三）国土空间规划编制和实施情况；

（四）国家有关土地管理重大决策落实情况；

（五）土地管理法律、行政法规执行情况；

（六）其他土地利用和土地管理情况。

第四十五条 国家自然资源督察机构进行督察时，有权向有关单位和个人了解督察事项有关情况，有关单位和个人应当支持、协助督察机构工作，如实反映情况，并提供有关材料。

第四十六条 被督察的地方人民政府违反土地管理法律、行政法规，或者落实国家有关土地管理重大决策不力的，国家自然资源督察机构可以向被督察的地方人民政府下达督察意见书，地方人民政府应当认真组织整改，并及时报告整改情况；国家自然资源督察机构可以约谈被督察的地方人民政府有关负责人，并可以依法向监察机关、任免机关等有关机关提出追究相关责任人责任的建议。

第四十七条 土地管理监督检查人员应当经过培训，经考核合格，取得行政执法证件后，方可从事土地管理监督检查工作。

第四十八条　自然资源主管部门、农业农村主管部门按照职责分工进行监督检查时，可以采取下列措施：

（一）询问违法案件涉及的单位或者个人；

（二）进入被检查单位或者个人涉嫌土地违法的现场进行拍照、摄像；

（三）责令当事人停止正在进行的土地违法行为；

（四）对涉嫌土地违法的单位或者个人，在调查期间暂停办理与该违法案件相关的土地审批、登记等手续；

（五）对可能被转移、销毁、隐匿或者篡改的文件、资料予以封存，责令涉嫌土地违法的单位或者个人在调查期间不得变卖、转移与案件有关的财物；

（六）《土地管理法》第六十八条规定的其他监督检查措施。

第四十九条　依照《土地管理法》第七十三条的规定给予处分的，应当按照管理权限由责令作出行政处罚决定或者直接给予行政处罚的上级人民政府自然资源主管部门或者其他任免机关、单位作出。

第五十条　县级以上人民政府自然资源主管部门应当会同有关部门建立信用监管、动态巡查等机制，加强对建设用地供应交易和供后开发利用的监管，对建设用地市场重大失信行为依法实施惩戒，并依法公开相关信息。

第六章　法　律　责　任

第五十一条　违反《土地管理法》第三十七条的规定，非法占用永久基本农田发展林果业或者挖塘养鱼的，由县级以上人民政府自然资源主管部门责令限期改正；逾期不改正的，按占用面积处耕地开垦费2倍以上5倍以下的罚款；破坏种植条件的，依照《土地管理法》第七十五条的规定处罚。

第五十二条　违反《土地管理法》第五十七条的规定，在临时使用的土地上修建永久性建筑物的，由县级以上人民政府自然资源主管部门责令限期拆除，按占用面积处土地复垦费5倍以上10倍以下的罚款；逾期不拆除的，由作出行政决定的机关依法申请人民法院强制执行。

第五十三条　违反《土地管理法》第六十五条的规定，对建筑物、构筑物进行重建、扩建的，由县级以上人民政府自然资源主管部门责令限期拆除；逾期不拆除的，由作出行政决定的机关依法申请人民法院强制执行。

第五十四条　依照《土地管理法》第七十四条的规定处以罚款的，罚款额为违法所得的10%以上50%以下。

第五十五条 依照《土地管理法》第七十五条的规定处以罚款的，罚款额为耕地开垦费的 5 倍以上 10 倍以下；破坏黑土地等优质耕地的，从重处罚。

第五十六条 依照《土地管理法》第七十六条的规定处以罚款的，罚款额为土地复垦费的 2 倍以上 5 倍以下。

违反本条例规定，临时用地期满之日起一年内未完成复垦或者未恢复种植条件的，由县级以上人民政府自然资源主管部门责令限期改正，依照《土地管理法》第七十六条的规定处罚，并由县级以上人民政府自然资源主管部门会同农业农村主管部门代为完成复垦或者恢复种植条件。

第五十七条 依照《土地管理法》第七十七条的规定处以罚款的，罚款额为非法占用土地每平方米 100 元以上 1000 元以下。

违反本条例规定，在国土空间规划确定的禁止开垦的范围内从事土地开发活动的，由县级以上人民政府自然资源主管部门责令限期改正，并依照《土地管理法》第七十七条的规定处罚。

第五十八条 依照《土地管理法》第七十四条、第七十七条的规定，县级以上人民政府自然资源主管部门没收在非法转让或者非法占用的土地上新建的建筑物和其他设施的，应当于九十日内交由本级人民政府或者其指定的部门依法管理和处置。

第五十九条 依照《土地管理法》第八十一条的规定处以罚款的，罚款额为非法占用土地每平方米 100 元以上 500 元以下。

第六十条 依照《土地管理法》第八十二条的规定处以罚款的，罚款额为违法所得的 10% 以上 30% 以下。

第六十一条 阻碍自然资源主管部门、农业农村主管部门的工作人员依法执行职务，构成违反治安管理行为的，依法给予治安管理处罚。

第六十二条 违反土地管理法律、法规规定，阻挠国家建设征收土地的，由县级以上地方人民政府责令交出土地；拒不交出土地的，依法申请人民法院强制执行。

第六十三条 违反本条例规定，侵犯农村村民依法取得的宅基地权益的，责令限期改正，对有关责任单位通报批评、给予警告；造成损失的，依法承担赔偿责任；对直接负责的主管人员和其他直接责任人员，依法给予处分。

第六十四条 贪污、侵占、挪用、私分、截留、拖欠征地补偿安置费用和其他有关费用的，责令改正，追回有关款项，限期退还违法所得，对有关责任单位通报批评、给予警告；造成损失的，依法承担赔偿责任；对直接负责的主管人员和其他直接责任人员，依法给予处分。

第六十五条　各级人民政府及自然资源主管部门、农业农村主管部门工作人员玩忽职守、滥用职权、徇私舞弊的，依法给予处分。

第六十六条　违反本条例规定，构成犯罪的，依法追究刑事责任。

第七章　附　　则

第六十七条　本条例自 2021 年 9 月 1 日起施行。

中华人民共和国政府信息公开条例

（2007 年 4 月 5 日中华人民共和国国务院令第 492 号公布　2019 年 4 月 3 日中华人民共和国国务院令第 711 号修订　自 2019 年 5 月 15 日起施行）

第一章　总　　则

第一条　为了保障公民、法人和其他组织依法获取政府信息，提高政府工作的透明度，建设法治政府，充分发挥政府信息对人民群众生产、生活和经济社会活动的服务作用，制定本条例。

第二条　本条例所称政府信息，是指行政机关在履行行政管理职能过程中制作或者获取的，以一定形式记录、保存的信息。

第三条　各级人民政府应当加强对政府信息公开工作的组织领导。

国务院办公厅是全国政府信息公开工作的主管部门，负责推进、指导、协调、监督全国的政府信息公开工作。

县级以上地方人民政府办公厅（室）是本行政区域的政府信息公开工作主管部门，负责推进、指导、协调、监督本行政区域的政府信息公开工作。

实行垂直领导的部门的办公厅（室）主管本系统的政府信息公开工作。

第四条　各级人民政府及县级以上人民政府部门应当建立健全本行政机关的政府信息公开工作制度，并指定机构（以下统称政府信息公开工作机构）负责本行政机关政府信息公开的日常工作。

政府信息公开工作机构的具体职能是：

（一）办理本行政机关的政府信息公开事宜；

（二）维护和更新本行政机关公开的政府信息；

（三）组织编制本行政机关的政府信息公开指南、政府信息公开目录和政府信息公开工作年度报告；

（四）组织开展对拟公开政府信息的审查；

（五）本行政机关规定的与政府信息公开有关的其他职能。

第五条 行政机关公开政府信息，应当坚持以公开为常态、不公开为例外，遵循公正、公平、合法、便民的原则。

第六条 行政机关应当及时、准确地公开政府信息。

行政机关发现影响或者可能影响社会稳定、扰乱社会和经济管理秩序的虚假或者不完整信息的，应当发布准确的政府信息予以澄清。

第七条 各级人民政府应当积极推进政府信息公开工作，逐步增加政府信息公开的内容。

第八条 各级人民政府应当加强政府信息资源的规范化、标准化、信息化管理，加强互联网政府信息公开平台建设，推进政府信息公开平台与政务服务平台融合，提高政府信息公开在线办理水平。

第九条 公民、法人和其他组织有权对行政机关的政府信息公开工作进行监督，并提出批评和建议。

第二章　公开的主体和范围

第十条 行政机关制作的政府信息，由制作该政府信息的行政机关负责公开。行政机关从公民、法人和其他组织获取的政府信息，由保存该政府信息的行政机关负责公开；行政机关获取的其他行政机关的政府信息，由制作或者最初获取该政府信息的行政机关负责公开。法律、法规对政府信息公开的权限另有规定的，从其规定。

行政机关设立的派出机构、内设机构依照法律、法规对外以自己名义履行行政管理职能的，可以由该派出机构、内设机构负责与所履行行政管理职能有关的政府信息公开工作。

两个以上行政机关共同制作的政府信息，由牵头制作的行政机关负责公开。

第十一条 行政机关应当建立健全政府信息公开协调机制。行政机关公开政府信息涉及其他机关的，应当与有关机关协商、确认，保证行政机关公开的政府信息准确一致。

行政机关公开政府信息依照法律、行政法规和国家有关规定需要批准的，经批准予以公开。

第十二条　行政机关编制、公布的政府信息公开指南和政府信息公开目录应当及时更新。

政府信息公开指南包括政府信息的分类、编排体系、获取方式和政府信息公开工作机构的名称、办公地址、办公时间、联系电话、传真号码、互联网联系方式等内容。

政府信息公开目录包括政府信息的索引、名称、内容概述、生成日期等内容。

第十三条　除本条例第十四条、第十五条、第十六条规定的政府信息外，政府信息应当公开。

行政机关公开政府信息，采取主动公开和依申请公开的方式。

第十四条　依法确定为国家秘密的政府信息，法律、行政法规禁止公开的政府信息，以及公开后可能危及国家安全、公共安全、经济安全、社会稳定的政府信息，不予公开。

第十五条　涉及商业秘密、个人隐私等公开会对第三方合法权益造成损害的政府信息，行政机关不得公开。但是，第三方同意公开或者行政机关认为不公开会对公共利益造成重大影响的，予以公开。

第十六条　行政机关的内部事务信息，包括人事管理、后勤管理、内部工作流程等方面的信息，可以不予公开。

行政机关在履行行政管理职能过程中形成的讨论记录、过程稿、磋商信函、请示报告等过程性信息以及行政执法案卷信息，可以不予公开。法律、法规、规章规定上述信息应当公开的，从其规定。

第十七条　行政机关应当建立健全政府信息公开审查机制，明确审查的程序和责任。

行政机关应当依照《中华人民共和国保守国家秘密法》以及其他法律、法规和国家有关规定对拟公开的政府信息进行审查。

行政机关不能确定政府信息是否可以公开的，应当依照法律、法规和国家有关规定报有关主管部门或者保密行政管理部门确定。

第十八条　行政机关应当建立健全政府信息管理动态调整机制，对本行政机关不予公开的政府信息进行定期评估审查，对因情势变化可以公开的政府信息应当公开。

第三章 主动公开

第十九条 对涉及公众利益调整、需要公众广泛知晓或者需要公众参与决策的政府信息，行政机关应当主动公开。

第二十条 行政机关应当依照本条例第十九条的规定，主动公开本行政机关的下列政府信息：

（一）行政法规、规章和规范性文件；

（二）机关职能、机构设置、办公地址、办公时间、联系方式、负责人姓名；

（三）国民经济和社会发展规划、专项规划、区域规划及相关政策；

（四）国民经济和社会发展统计信息；

（五）办理行政许可和其他对外管理服务事项的依据、条件、程序以及办理结果；

（六）实施行政处罚、行政强制的依据、条件、程序以及本行政机关认为具有一定社会影响的行政处罚决定；

（七）财政预算、决算信息；

（八）行政事业性收费项目及其依据、标准；

（九）政府集中采购项目的目录、标准及实施情况；

（十）重大建设项目的批准和实施情况；

（十一）扶贫、教育、医疗、社会保障、促进就业等方面的政策、措施及其实施情况；

（十二）突发公共事件的应急预案、预警信息及应对情况；

（十三）环境保护、公共卫生、安全生产、食品药品、产品质量的监督检查情况；

（十四）公务员招考的职位、名额、报考条件等事项以及录用结果；

（十五）法律、法规、规章和国家有关规定规定应当主动公开的其他政府信息。

第二十一条 除本条例第二十条规定的政府信息外，设区的市级、县级人民政府及其部门还应当根据本地方的具体情况，主动公开涉及市政建设、公共服务、公益事业、土地征收、房屋征收、治安管理、社会救助等方面的政府信息；乡（镇）人民政府还应当根据本地方的具体情况，主动公开贯彻落实农业农村政策、农田水利工程建设运营、农村土地承包经营权流转、宅基地使用情况审核、土地征收、房屋征收、筹资筹劳、社会救助等方面的政府信息。

第二十二条　行政机关应当依照本条例第二十条、第二十一条的规定，确定主动公开政府信息的具体内容，并按照上级行政机关的部署，不断增加主动公开的内容。

第二十三条　行政机关应当建立健全政府信息发布机制，将主动公开的政府信息通过政府公报、政府网站或者其他互联网政务媒体、新闻发布会以及报刊、广播、电视等途径予以公开。

第二十四条　各级人民政府应当加强依托政府门户网站公开政府信息的工作，利用统一的政府信息公开平台集中发布主动公开的政府信息。政府信息公开平台应当具备信息检索、查阅、下载等功能。

第二十五条　各级人民政府应当在国家档案馆、公共图书馆、政务服务场所设置政府信息查阅场所，并配备相应的设施、设备，为公民、法人和其他组织获取政府信息提供便利。

行政机关可以根据需要设立公共查阅室、资料索取点、信息公告栏、电子信息屏等场所、设施，公开政府信息。

行政机关应当及时向国家档案馆、公共图书馆提供主动公开的政府信息。

第二十六条　属于主动公开范围的政府信息，应当自该政府信息形成或者变更之日起20个工作日内及时公开。法律、法规对政府信息公开的期限另有规定的，从其规定。

第四章　依申请公开

第二十七条　除行政机关主动公开的政府信息外，公民、法人或者其他组织可以向地方各级人民政府、对外以自己名义履行行政管理职能的县级以上人民政府部门（含本条例第十条第二款规定的派出机构、内设机构）申请获取相关政府信息。

第二十八条　本条例第二十七条规定的行政机关应当建立完善政府信息公开申请渠道，为申请人依法申请获取政府信息提供便利。

第二十九条　公民、法人或者其他组织申请获取政府信息的，应当向行政机关的政府信息公开工作机构提出，并采用包括信件、数据电文在内的书面形式；采用书面形式确有困难的，申请人可以口头提出，由受理该申请的政府信息公开工作机构代为填写政府信息公开申请。

政府信息公开申请应当包括下列内容：

（一）申请人的姓名或者名称、身份证明、联系方式；

（二）申请公开的政府信息的名称、文号或者便于行政机关查询的其他特征性描述；

（三）申请公开的政府信息的形式要求，包括获取信息的方式、途径。

第三十条 政府信息公开申请内容不明确的，行政机关应当给予指导和释明，并自收到申请之日起7个工作日内一次性告知申请人作出补正，说明需要补正的事项和合理的补正期限。答复期限自行政机关收到补正的申请之日起计算。申请人无正当理由逾期不补正的，视为放弃申请，行政机关不再处理该政府信息公开申请。

第三十一条 行政机关收到政府信息公开申请的时间，按照下列规定确定：

（一）申请人当面提交政府信息公开申请的，以提交之日为收到申请之日；

（二）申请人以邮寄方式提交政府信息公开申请的，以行政机关签收之日为收到申请之日；以平常信函等无需签收的邮寄方式提交政府信息公开申请的，政府信息公开工作机构应当于收到申请的当日与申请人确认，确认之日为收到申请之日；

（三）申请人通过互联网渠道或者政府信息公开工作机构的传真提交政府信息公开申请的，以双方确认之日为收到申请之日。

第三十二条 依申请公开的政府信息公开会损害第三方合法权益的，行政机关应当书面征求第三方的意见。第三方应当自收到征求意见书之日起15个工作日内提出意见。第三方逾期未提出意见的，由行政机关依照本条例的规定决定是否公开。第三方不同意公开且有合理理由的，行政机关不予公开。行政机关认为不公开可能对公共利益造成重大影响的，可以决定予以公开，并将决定公开的政府信息内容和理由书面告知第三方。

第三十三条 行政机关收到政府信息公开申请，能够当场答复的，应当当场予以答复。

行政机关不能当场答复的，应当自收到申请之日起20个工作日内予以答复；需要延长答复期限的，应当经政府信息公开工作机构负责人同意并告知申请人，延长的期限最长不得超过20个工作日。

行政机关征求第三方和其他机关意见所需时间不计算在前款规定的期限内。

第三十四条 申请公开的政府信息由两个以上行政机关共同制作的，牵头制作的行政机关收到政府信息公开申请后可以征求相关行政机关的意见,被征求意见机关应当自收到征求意见书之日起15个工作日内提出意见,逾期未提出意见的视为同意公开。

第三十五条　申请人申请公开政府信息的数量、频次明显超过合理范围,行政机关可以要求申请人说明理由。行政机关认为申请理由不合理的,告知申请人不予处理;行政机关认为申请理由合理,但是无法在本条例第三十三条规定的期限内答复申请人的,可以确定延迟答复的合理期限并告知申请人。

第三十六条　对政府信息公开申请,行政机关根据下列情况分别作出答复:

(一)所申请公开信息已经主动公开的,告知申请人获取该政府信息的方式、途径;

(二)所申请公开信息可以公开的,向申请人提供该政府信息,或者告知申请人获取该政府信息的方式、途径和时间;

(三)行政机关依据本条例的规定决定不予公开的,告知申请人不予公开并说明理由;

(四)经检索没有所申请公开信息的,告知申请人该政府信息不存在;

(五)所申请公开信息不属于本行政机关负责公开的,告知申请人并说明理由;能够确定负责公开该政府信息的行政机关的,告知申请人该行政机关的名称、联系方式;

(六)行政机关已就申请人提出的政府信息公开申请作出答复、申请人重复申请公开相同政府信息的,告知申请人不予重复处理;

(七)所申请公开信息属于工商、不动产登记资料等信息,有关法律、行政法规对信息的获取有特别规定的,告知申请人依照有关法律、行政法规的规定办理。

第三十七条　申请公开的信息中含有不应当公开或者不属于政府信息的内容,但是能够作区分处理的,行政机关应当向申请人提供可以公开的政府信息内容,并对不予公开的内容说明理由。

第三十八条　行政机关向申请人提供的信息,应当是已制作或者获取的政府信息。除依照本条例第三十七条的规定能够作区分处理的外,需要行政机关对现有政府信息进行加工、分析的,行政机关可以不予提供。

第三十九条　申请人以政府信息公开申请的形式进行信访、投诉、举报等活动,行政机关应当告知申请人不作为政府信息公开申请处理并可以告知通过相应渠道提出。

申请人提出的申请内容为要求行政机关提供政府公报、报刊、书籍等公开出版物的，行政机关可以告知获取的途径。

第四十条 行政机关依申请公开政府信息，应当根据申请人的要求及行政机关保存政府信息的实际情况，确定提供政府信息的具体形式；按照申请人要求的形式提供政府信息，可能危及政府信息载体安全或者公开成本过高的，可以通过电子数据以及其他适当形式提供，或者安排申请人查阅、抄录相关政府信息。

第四十一条 公民、法人或者其他组织有证据证明行政机关提供的与其自身相关的政府信息记录不准确的，可以要求行政机关更正。有权更正的行政机关审核属实的，应当予以更正并告知申请人；不属于本行政机关职能范围的，行政机关可以转送有权更正的行政机关处理并告知申请人，或者告知申请人向有权更正的行政机关提出。

第四十二条 行政机关依申请提供政府信息，不收取费用。但是，申请人申请公开政府信息的数量、频次明显超过合理范围的，行政机关可以收取信息处理费。

行政机关收取信息处理费的具体办法由国务院价格主管部门会同国务院财政部门、全国政府信息公开工作主管部门制定。

第四十三条 申请公开政府信息的公民存在阅读困难或者视听障碍的，行政机关应当为其提供必要的帮助。

第四十四条 多个申请人就相同政府信息向同一行政机关提出公开申请，且该政府信息属于可以公开的，行政机关可以纳入主动公开的范围。

对行政机关依申请公开的政府信息，申请人认为涉及公众利益调整、需要公众广泛知晓或者需要公众参与决策的，可以建议行政机关将该信息纳入主动公开的范围。行政机关经审核认为属于主动公开范围的，应当及时主动公开。

第四十五条 行政机关应当建立健全政府信息公开申请登记、审核、办理、答复、归档的工作制度，加强工作规范。

第五章 监督和保障

第四十六条 各级人民政府应当建立健全政府信息公开工作考核制度、社会评议制度和责任追究制度，定期对政府信息公开工作进行考核、评议。

第四十七条 政府信息公开工作主管部门应当加强对政府信息公开工作的日

常指导和监督检查，对行政机关未按照要求开展政府信息公开工作的，予以督促整改或者通报批评；需要对负有责任的领导人员和直接责任人员追究责任的，依法向有权机关提出处理建议。

公民、法人或者其他组织认为行政机关未按照要求主动公开政府信息或者对政府信息公开申请不依法答复处理的，可以向政府信息公开工作主管部门提出。政府信息公开工作主管部门查证属实的，应当予以督促整改或者通报批评。

第四十八条　政府信息公开工作主管部门应当对行政机关的政府信息公开工作人员定期进行培训。

第四十九条　县级以上人民政府部门应当在每年 1 月 31 日前向本级政府信息公开工作主管部门提交本行政机关上一年度政府信息公开工作年度报告并向社会公布。

县级以上地方人民政府的政府信息公开工作主管部门应当在每年 3 月 31 日前向社会公布本级政府上一年度政府信息公开工作年度报告。

第五十条　政府信息公开工作年度报告应当包括下列内容：

（一）行政机关主动公开政府信息的情况；

（二）行政机关收到和处理政府信息公开申请的情况；

（三）因政府信息公开工作被申请行政复议、提起行政诉讼的情况；

（四）政府信息公开工作存在的主要问题及改进情况，各级人民政府的政府信息公开工作年度报告还应当包括工作考核、社会评议和责任追究结果情况；

（五）其他需要报告的事项。

全国政府信息公开工作主管部门应当公布政府信息公开工作年度报告统一格式，并适时更新。

第五十一条　公民、法人或者其他组织认为行政机关在政府信息公开工作中侵犯其合法权益的，可以向上一级行政机关或者政府信息公开工作主管部门投诉、举报，也可以依法申请行政复议或者提起行政诉讼。

第五十二条　行政机关违反本条例的规定，未建立健全政府信息公开有关制度、机制的，由上一级行政机关责令改正；情节严重的，对负有责任的领导人员和直接责任人员依法给予处分。

第五十三条　行政机关违反本条例的规定，有下列情形之一的，由上一级行政机关责令改正；情节严重的，对负有责任的领导人员和直接责任人员依法给予处分；构成犯罪的，依法追究刑事责任：

（一）不依法履行政府信息公开职能；

（二）不及时更新公开的政府信息内容、政府信息公开指南和政府信息公开目录；

（三）违反本条例规定的其他情形。

第六章 附　　则

第五十四条　法律、法规授权的具有管理公共事务职能的组织公开政府信息的活动，适用本条例。

第五十五条　教育、卫生健康、供水、供电、供气、供热、环境保护、公共交通等与人民群众利益密切相关的公共企事业单位，公开在提供社会公共服务过程中制作、获取的信息，依照相关法律、法规和国务院有关主管部门或者机构的规定执行。全国政府信息公开工作主管部门根据实际需要可以制定专门的规定。

前款规定的公共企事业单位未依照相关法律、法规和国务院有关主管部门或者机构的规定公开在提供社会公共服务过程中制作、获取的信息，公民、法人或者其他组织可以向有关主管部门或者机构申诉，接受申诉的部门或者机构应当及时调查处理并将处理结果告知申诉人。

第五十六条　本条例自 2019 年 5 月 15 日起施行。

国有土地上房屋征收与补偿条例

（2011 年 1 月 19 日国务院第 141 次常务会议通过　2011 年 1 月 21 日中华人民共和国国务院令第 590 号公布　自公布之日起施行）

第一章 总　　则

第一条　为了规范国有土地上房屋征收与补偿活动，维护公共利益，保障被征收房屋所有权人的合法权益，制定本条例。

第二条　为了公共利益的需要，征收国有土地上单位、个人的房屋，应当对被征收房屋所有权人（以下称被征收人）给予公平补偿。

第三条　房屋征收与补偿应当遵循决策民主、程序正当、结果公开的原则。

第四条　市、县级人民政府负责本行政区域的房屋征收与补偿工作。

市、县级人民政府确定的房屋征收部门（以下称房屋征收部门）组织实施本行政区域的房屋征收与补偿工作。

市、县级人民政府有关部门应当依照本条例的规定和本级人民政府规定的职责分工，互相配合，保障房屋征收与补偿工作的顺利进行。

第五条 房屋征收部门可以委托房屋征收实施单位，承担房屋征收与补偿的具体工作。房屋征收实施单位不得以营利为目的。

房屋征收部门对房屋征收实施单位在委托范围内实施的房屋征收与补偿行为负责监督，并对其行为后果承担法律责任。

第六条 上级人民政府应当加强对下级人民政府房屋征收与补偿工作的监督。

国务院住房城乡建设主管部门和省、自治区、直辖市人民政府住房城乡建设主管部门应当会同同级财政、国土资源、发展改革等有关部门，加强对房屋征收与补偿实施工作的指导。

第七条 任何组织和个人对违反本条例规定的行为，都有权向有关人民政府、房屋征收部门和其他有关部门举报。接到举报的有关人民政府、房屋征收部门和其他有关部门对举报应当及时核实、处理。

监察机关应当加强对参与房屋征收与补偿工作的政府和有关部门或者单位及其工作人员的监察。

第二章 征收决定

第八条 为了保障国家安全、促进国民经济和社会发展等公共利益的需要，有下列情形之一，确需征收房屋的，由市、县级人民政府作出房屋征收决定：

（一）国防和外交的需要；

（二）由政府组织实施的能源、交通、水利等基础设施建设的需要；

（三）由政府组织实施的科技、教育、文化、卫生、体育、环境和资源保护、防灾减灾、文物保护、社会福利、市政公用等公共事业的需要；

（四）由政府组织实施的保障性安居工程建设的需要；

（五）由政府依照城乡规划法有关规定组织实施的对危房集中、基础设施落后等地段进行旧城区改建的需要；

（六）法律、行政法规规定的其他公共利益的需要。

第九条 依照本条例第八条规定，确需征收房屋的各项建设活动，应当符合国民经济和社会发展规划、土地利用总体规划、城乡规划和专项规划。保障性安居工程建设、旧城区改建，应当纳入市、县级国民经济和社会发展年度计划。

制定国民经济和社会发展规划、土地利用总体规划、城乡规划和专项规划，应当广泛征求社会公众意见，经过科学论证。

第十条 房屋征收部门拟定征收补偿方案，报市、县级人民政府。

市、县级人民政府应当组织有关部门对征收补偿方案进行论证并予以公布，征求公众意见。征求意见期限不得少于30日。

第十一条 市、县级人民政府应当将征求意见情况和根据公众意见修改的情况及时公布。

因旧城区改建需要征收房屋，多数被征收人认为征收补偿方案不符合本条例规定的，市、县级人民政府应当组织由被征收人和公众代表参加的听证会，并根据听证会情况修改方案。

第十二条 市、县级人民政府作出房屋征收决定前，应当按照有关规定进行社会稳定风险评估；房屋征收决定涉及被征收人数量较多的，应当经政府常务会议讨论决定。

作出房屋征收决定前，征收补偿费用应当足额到位、专户存储、专款专用。

第十三条 市、县级人民政府作出房屋征收决定后应当及时公告。公告应当载明征收补偿方案和行政复议、行政诉讼权利等事项。

市、县级人民政府及房屋征收部门应当做好房屋征收与补偿的宣传、解释工作。

房屋被依法征收的，国有土地使用权同时收回。

第十四条 被征收人对市、县级人民政府作出的房屋征收决定不服的，可以依法申请行政复议，也可以依法提起行政诉讼。

第十五条 房屋征收部门应当对房屋征收范围内房屋的权属、区位、用途、建筑面积等情况组织调查登记，被征收人应当予以配合。调查结果应当在房屋征收范围内向被征收人公布。

第十六条 房屋征收范围确定后，不得在房屋征收范围内实施新建、扩建、改建房屋和改变房屋用途等不当增加补偿费用的行为；违反规定实施的，不予补偿。

房屋征收部门应当将前款所列事项书面通知有关部门暂停办理相关手续。暂停办理相关手续的书面通知应当载明暂停期限。暂停期限最长不得超过1年。

第三章 补 偿

第十七条 作出房屋征收决定的市、县级人民政府对被征收人给予的补偿包括：

（一）被征收房屋价值的补偿；

（二）因征收房屋造成的搬迁、临时安置的补偿；

（三）因征收房屋造成的停产停业损失的补偿。

市、县级人民政府应当制定补助和奖励办法，对被征收人给予补助和奖励。

第十八条 征收个人住宅，被征收人符合住房保障条件的，作出房屋征收决定的市、县级人民政府应当优先给予住房保障。具体办法由省、自治区、直辖市制定。

第十九条 对被征收房屋价值的补偿，不得低于房屋征收决定公告之日被征收房屋类似房地产的市场价格。被征收房屋的价值，由具有相应资质的房地产价格评估机构按照房屋征收评估办法评估确定。

对评估确定的被征收房屋价值有异议的，可以向房地产价格评估机构申请复核评估。对复核结果有异议的，可以向房地产价格评估专家委员会申请鉴定。

房屋征收评估办法由国务院住房城乡建设主管部门制定，制定过程中，应当向社会公开征求意见。

第二十条 房地产价格评估机构由被征收人协商选定；协商不成的，通过多数决定、随机选定等方式确定，具体办法由省、自治区、直辖市制定。

房地产价格评估机构应当独立、客观、公正地开展房屋征收评估工作，任何单位和个人不得干预。

第二十一条 被征收人可以选择货币补偿，也可以选择房屋产权调换。

被征收人选择房屋产权调换的，市、县级人民政府应当提供用于产权调换的房屋，并与被征收人计算、结清被征收房屋价值与用于产权调换房屋价值的差价。

因旧城区改建征收个人住宅，被征收人选择在改建地段进行房屋产权调换的，作出房屋征收决定的市、县级人民政府应当提供改建地段或者就近地段的房屋。

第二十二条 因征收房屋造成搬迁的，房屋征收部门应当向被征收人支付搬迁费；选择房屋产权调换的，产权调换房屋交付前，房屋征收部门应当向被征收人支付临时安置费或者提供周转用房。

第二十三条　对因征收房屋造成停产停业损失的补偿，根据房屋被征收前的效益、停产停业期限等因素确定。具体办法由省、自治区、直辖市制定。

第二十四条　市、县级人民政府及其有关部门应当依法加强对建设活动的监督管理，对违反城乡规划进行建设的，依法予以处理。

市、县级人民政府作出房屋征收决定前，应当组织有关部门依法对征收范围内未经登记的建筑进行调查、认定和处理。对认定为合法建筑和未超过批准期限的临时建筑的，应当给予补偿；对认定为违法建筑和超过批准期限的临时建筑的，不予补偿。

第二十五条　房屋征收部门与被征收人依照本条例的规定，就补偿方式、补偿金额和支付期限、用于产权调换房屋的地点和面积、搬迁费、临时安置费或者周转用房、停产停业损失、搬迁期限、过渡方式和过渡期限等事项，订立补偿协议。

补偿协议订立后，一方当事人不履行补偿协议约定的义务的，另一方当事人可以依法提起诉讼。

第二十六条　房屋征收部门与被征收人在征收补偿方案确定的签约期限内达不成补偿协议，或者被征收房屋所有权人不明确的，由房屋征收部门报请作出房屋征收决定的市、县级人民政府依照本条例的规定，按照征收补偿方案作出补偿决定，并在房屋征收范围内予以公告。

补偿决定应当公平，包括本条例第二十五条第一款规定的有关补偿协议的事项。

被征收人对补偿决定不服的，可以依法申请行政复议，也可以依法提起行政诉讼。

第二十七条　实施房屋征收应当先补偿、后搬迁。

作出房屋征收决定的市、县级人民政府对被征收人给予补偿后，被征收人应当在补偿协议约定或者补偿决定确定的搬迁期限内完成搬迁。

任何单位和个人不得采取暴力、威胁或者违反规定中断供水、供热、供气、供电和道路通行等非法方式迫使被征收人搬迁。禁止建设单位参与搬迁活动。

第二十八条　被征收人在法定期限内不申请行政复议或者不提起行政诉讼，在补偿决定规定的期限内又不搬迁的，由作出房屋征收决定的市、县级人民政府依法申请人民法院强制执行。

强制执行申请书应当附具补偿金额和专户存储账号、产权调换房屋和周转用房的地点和面积等材料。

第二十九条　房屋征收部门应当依法建立房屋征收补偿档案，并将分户补偿情况在房屋征收范围内向被征收人公布。

审计机关应当加强对征收补偿费用管理和使用情况的监督，并公布审计结果。

第四章　法律责任

第三十条　市、县级人民政府及房屋征收部门的工作人员在房屋征收与补偿工作中不履行本条例规定的职责，或者滥用职权、玩忽职守、徇私舞弊的，由上级人民政府或者本级人民政府责令改正，通报批评；造成损失的，依法承担赔偿责任；对直接负责的主管人员和其他直接责任人员，依法给予处分；构成犯罪的，依法追究刑事责任。

第三十一条　采取暴力、威胁或者违反规定中断供水、供热、供气、供电和道路通行等非法方式迫使被征收人搬迁，造成损失的，依法承担赔偿责任；对直接负责的主管人员和其他直接责任人员，构成犯罪的，依法追究刑事责任；尚不构成犯罪的，依法给予处分；构成违反治安管理行为的，依法给予治安管理处罚。

第三十二条　采取暴力、威胁等方法阻碍依法进行的房屋征收与补偿工作，构成犯罪的，依法追究刑事责任；构成违反治安管理行为的，依法给予治安管理处罚。

第三十三条　贪污、挪用、私分、截留、拖欠征收补偿费用的，责令改正，追回有关款项，限期退还违法所得，对有关责任单位通报批评、给予警告；造成损失的，依法承担赔偿责任；对直接负责的主管人员和其他直接责任人员，构成犯罪的，依法追究刑事责任；尚不构成犯罪的，依法给予处分。

第三十四条　房地产价格评估机构或者房地产估价师出具虚假或者有重大差错的评估报告的，由发证机关责令限期改正，给予警告，对房地产价格评估机构并处5万元以上20万元以下罚款，对房地产估价师并处1万元以上3万元以下罚款，并记入信用档案；情节严重的，吊销资质证书、注册证书；造成损失的，依法承担赔偿责任；构成犯罪的，依法追究刑事责任。

第五章　附　　则

第三十五条　本条例自公布之日起施行。2001年6月13日国务院公布的《城市房屋拆迁管理条例》同时废止。本条例施行前已依法取得房屋拆迁许可证的项目，继续沿用原有的规定办理，但政府不得责成有关部门强制拆迁。

国有土地上房屋征收评估办法

(2011年6月3日　建房〔2011〕77号)

第一条　为规范国有土地上房屋征收评估活动，保证房屋征收评估结果客观公平，根据《国有土地上房屋征收与补偿条例》，制定本办法。

第二条　评估国有土地上被征收房屋和用于产权调换房屋的价值，测算被征收房屋类似房地产的市场价格，以及对相关评估结果进行复核评估和鉴定，适用本办法。

第三条　房地产价格评估机构、房地产估价师、房地产价格评估专家委员会（以下称评估专家委员会）成员应当独立、客观、公正地开展房屋征收评估、鉴定工作，并对出具的评估、鉴定意见负责。

任何单位和个人不得干预房屋征收评估、鉴定活动。与房屋征收当事人有利害关系的，应当回避。

第四条　房地产价格评估机构由被征收人在规定时间内协商选定；在规定时间内协商不成的，由房屋征收部门通过组织被征收人按照少数服从多数的原则投票决定，或者采取摇号、抽签等随机方式确定。具体办法由省、自治区、直辖市制定。

房地产价格评估机构不得采取迎合征收当事人不当要求、虚假宣传、恶意低收费等不正当手段承揽房屋征收评估业务。

第五条　同一征收项目的房屋征收评估工作，原则上由一家房地产价格评估机构承担。房屋征收范围较大的，可以由两家以上房地产价格评估机构共同承担。

两家以上房地产价格评估机构承担的，应当共同协商确定一家房地产价格评估机构为牵头单位；牵头单位应当组织相关房地产价格评估机构就评估对象、评估时点、价值内涵、评估依据、评估假设、评估原则、评估技术路线、评估方法、重要参数选取、评估结果确定方式等进行沟通，统一标准。

第六条　房地产价格评估机构选定或者确定后，一般由房屋征收部门作为委托人，向房地产价格评估机构出具房屋征收评估委托书，并与其签订房屋征收评估委托合同。

房屋征收评估委托书应当载明委托人的名称、委托的房地产价格评估机构的名称、评估目的、评估对象范围、评估要求以及委托日期等内容。

房屋征收评估委托合同应当载明下列事项：

（一）委托人和房地产价格评估机构的基本情况；

（二）负责本评估项目的注册房地产估价师；

（三）评估目的、评估对象、评估时点等评估基本事项；

（四）委托人应提供的评估所需资料；

（五）评估过程中双方的权利和义务；

（六）评估费用及收取方式；

（七）评估报告交付时间、方式；

（八）违约责任；

（九）解决争议的方法；

（十）其他需要载明的事项。

第七条 房地产价格评估机构应当指派与房屋征收评估项目工作量相适应的足够数量的注册房地产估价师开展评估工作。

房地产价格评估机构不得转让或者变相转让受托的房屋征收评估业务。

第八条 被征收房屋价值评估目的应当表述为"为房屋征收部门与被征收人确定被征收房屋价值的补偿提供依据，评估被征收房屋的价值"。

用于产权调换房屋价值评估目的应当表述为"为房屋征收部门与被征收人计算被征收房屋价值与用于产权调换房屋价值的差价提供依据，评估用于产权调换房屋的价值"。

第九条 房屋征收评估前，房屋征收部门应当组织有关单位对被征收房屋情况进行调查，明确评估对象。评估对象应当全面、客观，不得遗漏、虚构。

房屋征收部门应当向受托的房地产价格评估机构提供征收范围内房屋情况，包括已经登记的房屋情况和未经登记建筑的认定、处理结果情况。调查结果应当在房屋征收范围内向被征收人公布。

对于已经登记的房屋，其性质、用途和建筑面积，一般以房屋权属证书和房屋登记簿的记载为准；房屋权属证书与房屋登记簿的记载不一致的，除有证据证明房屋登记簿确有错误外，以房屋登记簿为准。对于未经登记的建筑，应当按照市、县级人民政府的认定、处理结果进行评估。

第十条 被征收房屋价值评估时点为房屋征收决定公告之日。

用于产权调换房屋价值评估时点应当与被征收房屋价值评估时点一致。

第十一条 被征收房屋价值是指被征收房屋及其占用范围内的土地使用权在正常交易情况下，由熟悉情况的交易双方以公平交易方式在评估时点自愿进行交易的金额，但不考虑被征收房屋租赁、抵押、查封等因素的影响。

前款所述不考虑租赁因素的影响，是指评估被征收房屋无租约限制的价值；不考虑抵押、查封因素的影响，是指评估价值中不扣除被征收房屋已抵押担保的债权数额、拖欠的建设工程价款和其他法定优先受偿款。

第十二条 房地产价格评估机构应当安排注册房地产估价师对被征收房屋进行实地查勘，调查被征收房屋状况，拍摄反映被征收房屋内外部状况的照片等影像资料，做好实地查勘记录，并妥善保管。

被征收人应当协助注册房地产估价师对被征收房屋进行实地查勘，提供或者协助搜集被征收房屋价值评估所必需的情况和资料。

房屋征收部门、被征收人和注册房地产估价师应当在实地查勘记录上签字或者盖章确认。被征收人拒绝在实地查勘记录上签字或者盖章的，应当由房屋征收部门、注册房地产估价师和无利害关系的第三人见证，有关情况应当在评估报告中说明。

第十三条 注册房地产估价师应当根据评估对象和当地房地产市场状况，对市场法、收益法、成本法、假设开发法等评估方法进行适用性分析后，选用其中一种或者多种方法对被征收房屋价值进行评估。

被征收房屋的类似房地产有交易的，应当选用市场法评估；被征收房屋或者其类似房地产有经济收益的，应当选用收益法评估；被征收房屋是在建工程的，应当选用假设开发法评估。

可以同时选用两种以上评估方法评估的，应当选用两种以上评估方法评估，并对各种评估方法的测算结果进行校核和比较分析后，合理确定评估结果。

第十四条 被征收房屋价值评估应当考虑被征收房屋的区位、用途、建筑结构、新旧程度、建筑面积以及占地面积、土地使用权等影响被征收房屋价值的因素。

被征收房屋室内装饰装修价值，机器设备、物资等搬迁费用，以及停产停业损失等补偿，由征收当事人协商确定；协商不成的，可以委托房地产价格评估机构通过评估确定。

第十五条 房屋征收评估价值应当以人民币为计价的货币单位，精确到元。

第十六条 房地产价格评估机构应当按照房屋征收评估委托书或者委托合同

的约定，向房屋征收部门提供分户的初步评估结果。分户的初步评估结果应当包括评估对象的构成及其基本情况和评估价值。房屋征收部门应当将分户的初步评估结果在征收范围内向被征收人公示。

公示期间，房地产价格评估机构应当安排注册房地产估价师对分户的初步评估结果进行现场说明解释。存在错误的，房地产价格评估机构应当修正。

第十七条　分户初步评估结果公示期满后，房地产价格评估机构应当向房屋征收部门提供委托评估范围内被征收房屋的整体评估报告和分户评估报告。房屋征收部门应当向被征收人转交分户评估报告。

整体评估报告和分户评估报告应当由负责房屋征收评估项目的两名以上注册房地产估价师签字，并加盖房地产价格评估机构公章。不得以印章代替签字。

第十八条　房屋征收评估业务完成后，房地产价格评估机构应当将评估报告及相关资料立卷、归档保管。

第十九条　被征收人或者房屋征收部门对评估报告有疑问的，出具评估报告的房地产价格评估机构应当向其作出解释和说明。

第二十条　被征收人或者房屋征收部门对评估结果有异议的，应当自收到评估报告之日起10日内，向房地产价格评估机构申请复核评估。

申请复核评估的，应当向原房地产价格评估机构提出书面复核评估申请，并指出评估报告存在的问题。

第二十一条　原房地产价格评估机构应当自收到书面复核评估申请之日起10日内对评估结果进行复核。复核后，改变原评估结果的，应当重新出具评估报告；评估结果没有改变的，应当书面告知复核评估申请人。

第二十二条　被征收人或者房屋征收部门对原房地产价格评估机构的复核结果有异议的，应当自收到复核结果之日起10日内，向被征收房屋所在地评估专家委员会申请鉴定。被征收人对补偿仍有异议的，按照《国有土地上房屋征收与补偿条例》第二十六条规定处理。

第二十三条　各省、自治区住房城乡建设主管部门和设区城市的房地产管理部门应当组织成立评估专家委员会，对房地产价格评估机构做出的复核结果进行鉴定。

评估专家委员会由房地产估价师以及价格、房地产、土地、城市规划、法律等方面的专家组成。

第二十四条　评估专家委员会应当选派成员组成专家组，对复核结果进行鉴定。专家组成员为3人以上单数，其中房地产估价师不得少于二分之一。

第二十五条 评估专家委员会应当自收到鉴定申请之日起10日内，对申请鉴定评估报告的评估程序、评估依据、评估假设、评估技术路线、评估方法选用、参数选取、评估结果确定方式等评估技术问题进行审核，出具书面鉴定意见。

经评估专家委员会鉴定，评估报告不存在技术问题的，应当维持评估报告；评估报告存在技术问题的，出具评估报告的房地产价格评估机构应当改正错误，重新出具评估报告。

第二十六条 房屋征收评估鉴定过程中，房地产价格评估机构应当按照评估专家委员会要求，就鉴定涉及的评估相关事宜进行说明。需要对被征收房屋进行实地查勘和调查的，有关单位和个人应当协助。

第二十七条 因房屋征收评估、复核评估、鉴定工作需要查询被征收房屋和用于产权调换房屋权属以及相关房地产交易信息的，房地产管理部门及其他相关部门应当提供便利。

第二十八条 在房屋征收评估过程中，房屋征收部门或者被征收人不配合、不提供相关资料的，房地产价格评估机构应当在评估报告中说明有关情况。

第二十九条 除政府对用于产权调换房屋价格有特别规定外，应当以评估方式确定用于产权调换房屋的市场价值。

第三十条 被征收房屋的类似房地产是指与被征收房屋的区位、用途、权利性质、档次、新旧程度、规模、建筑结构等相同或者相似的房地产。

被征收房屋类似房地产的市场价格是指被征收房屋的类似房地产在评估时点的平均交易价格。确定被征收房屋类似房地产的市场价格，应当剔除偶然的和不正常的因素。

第三十一条 房屋征收评估、鉴定费用由委托人承担。但鉴定改变原评估结果的，鉴定费用由原房地产价格评估机构承担。复核评估费用由原房地产价格评估机构承担。房屋征收评估、鉴定费用按照政府价格主管部门规定的收费标准执行。

第三十二条 在房屋征收评估活动中，房地产价格评估机构和房地产估价师的违法违规行为，按照《国有土地上房屋征收与补偿条例》、《房地产估价机构管理办法》、《注册房地产估价师管理办法》等规定处罚。违反规定收费的，由政府价格主管部门依照《中华人民共和国价格法》规定处罚。

第三十三条 本办法自公布之日起施行。2003年12月1日原建设部发布的《城市房屋拆迁估价指导意见》同时废止。但《国有土地上房屋征收与补偿条例》施行前已依法取得房屋拆迁许可证的项目，继续沿用原有规定。

附录三

1. 最高人民法院公布全国法院征收拆迁十大典型案例[①]
（2014年8月29日最高人民法院公布）

一、杨某芬诉某市人民政府房屋征收决定案
（一）基本案情

2007年10月16日，某市房产管理局向某职业技术学院作出×房拆迁字[2007]第19号《房屋拆迁许可证》，杨某芬的部分房屋在拆迁范围内，在拆迁许可期内未能拆迁。2010年，某市人民政府启动神农大道建设项目。2010年7月25日，某市发展改革委员会批准立项。2011年7月14日，某市规划局颁发了×规用[2011]0066号《建设用地规划许可证》。杨某芬的房屋位于泰山路与规划的神农大道交汇处，占地面积418平方米，建筑面积582.12平方米，房屋地面高于神农大道地面10余米，部分房屋在神农大道建设项目用地红线范围内。2011年7月15日，某市人民政府经论证公布了《神农大道项目建设国有土地上房屋征收补偿方案》征求公众意见。2011年9月15日，经社会稳定风险评估为C级。2011年9月30日，某市人民政府发布了修改后的补偿方案，并作出了[2011]第1号《某市人民政府国有土地上房屋征收决定》（以下简称《征收决定》），征收杨某芬的整栋房屋，并给予合理补偿。

杨某芬不服，以"申请人的房屋在某职业技术学院新校区项目建设拆迁许可范围内，被申请人作出征收决定征收申请人的房屋，该行为与原已生效的房屋拆迁许可证冲突"和"原项目拆迁方和被申请人均未能向申请人提供合理的安置补偿方案"为由向某省政府申请行政复议。复议机关认为，原拆迁人某职业技术学院取得的《房屋拆迁许可证》已过期，被申请人依据《征补条例》的规定征收申请人的房屋并不违反法律规定。申请人的部分房屋在神农大道项目用地红线范围内，且房屋地平面高于神农大道地平面10余米，房屋不整体拆除将存在严

[①]《最高法公布全国法院征收拆迁十大典型案例》，载中国法院网，https://www.chinacourt.org/article/detail/2014/08/id/1429378.shtml，最后访问时间：2023年6月26日。

重安全隐患,属于确需拆除的情形,《征收决定》内容适当,且作出前也履行了相关法律程序,故复议机关作出复议决定维持了《征收决定》。杨某芬其后以某市人民政府为被告提起行政诉讼,请求撤销《征收决定》。

(二) 裁判结果

株洲市天元区人民法院一审认为,关于杨某芬提出某市人民政府作出的[2011] 第1号《某市人民政府国有土地上房屋征收决定》与某市房产管理局作出的×房拆迁字[2007] 第19号《房屋拆迁许可证》主体和内容均相冲突的诉讼理由,因[2007] 第19号《房屋拆迁许可证》已失效,而神农大道属于新启动项目,两份文件并不存在冲突。关于杨某芬提出征收其红线范围外的房屋违法之主张,因其部分房屋在神农大道项目用地红线范围内,征收系出于公共利益需要,且房屋地面高于神农大道地面10余米,不整体拆除将产生严重安全隐患,整体征收拆除符合实际。杨某芬认为神农大道建设项目没有取得建设用地批准书。2011年7月14日,某市规划局为神农大道建设项目颁发了×规用[2011] 0066号《建设用地规划许可证》。杨某芬认为某市规划局在复议程序中出具的说明不能作为超出范围征收的依据。某市规划局在复议程序中出具的说明系另一法律关系,非本案审理范围。某市人民政府作出的[2011] 第1号《某市人民政府国有土地上房屋征收决定》事实清楚,程序合法,适用法律、法规正确,判决维持。

株洲市中级人民法院二审认为,本案的争议焦点为某市人民政府作出的[2011] 第1号《某市人民政府国有土地上房屋征收决定》是否合法。2010年,某市人民政府启动神农大道建设项目,某市规划局于2011年7月14日颁发了×规用[2011] 0066号《建设用地规划许可证》。杨某芬的部分房屋在神农大道建设项目用地红线范围内,虽然征收杨某芬整栋房屋超出了神龙大道的专项规划,但征收其房屋系公共利益需要,且房屋地面高于神农大道地面10余米,如果只拆除规划红线范围内部分房屋,未拆除的规划红线范围外的部分房屋将人为变成危房,失去了房屋应有的价值和作用,而整体征收杨某芬的房屋,并给予合理补偿符合实际情况,也是人民政府对人民群众生命财产安全担当责任的表现。判决驳回上诉,维持原判。

(三) 典型意义

本案典型意义在于:在房屋征收过程中,如果因规划不合理,致使整幢建筑的一部分未纳入规划红线范围内,则政府出于实用性、居住安全性等因素考虑,将未纳入规划的部分一并征收,该行为体现了以人为本的原则,有利于征收工作顺利推进。人民法院认可相关征收决定的合法性，不赞成过于片面、机械地理解法律。

二、何某诉某市某区人民政府房屋征收补偿决定案

（一）基本案情

2011年10月29日，某市某区人民政府（以下简称某区政府）发布《房屋征收决定公告》，决定对银川路东旧城改造项目规划红线范围内的房屋和附属物实施征收。同日，某区政府发布《银川路东地块房屋征收补偿方案》，何某位于淮安市某区某路北侧3号楼205号的房屋在上述征收范围内。经评估，何某被征收房屋住宅部分评估单价为3901元/平方米，经营性用房评估单价为15600元/平方米。在征收补偿商谈过程中，何某向征收部门表示选择产权调换，但双方就产权调换的地点、面积未能达成协议。2012年6月14日，某区政府依征收部门申请作出×政房征补决字〔2012〕01号《房屋征收补偿决定书》，主要内容：何某被征收房屋建筑面积59.04平方米，设计用途为商住。因征收双方未能在征收补偿方案确定的签约期限内达成补偿协议，某区政府作出以下征收补偿决定：1. 被征收人货币补偿款总计607027.15元；2. 被征收人何某在接到本决定之日起7日内搬迁完毕。何某不服，向某市人民政府申请行政复议，后某市人民政府复议维持本案征收补偿决定。何某仍不服，遂向法院提起行政诉讼，要求撤销某区政府对其作出的征收补偿决定。

（二）裁判结果

淮安市淮阴区人民法院认为，本案的争议焦点为被诉房屋征收补偿决定是否侵害了何某的补偿方式选择权。根据《征补条例》第二十一条第一款规定，被征收人可以选择货币补偿，也可以选择产权调换。通过对本案证据的分析，可以认定何某选择的补偿方式为产权调换，但被诉补偿决定确定的是货币补偿方式，侵害了何某的补偿选择权。据此，法院作出撤销被诉补偿决定的判决。一审判决后，双方均未提起上诉。

（三）典型意义

本案典型意义在于：在房屋补偿决定诉讼中，旗帜鲜明地维护了被征收人的补偿方式选择权。《征补条例》第二十一条明确规定，"被征收人可以选择货币补偿，也可以选择房屋产权调换"，而实践中不少"官"民矛盾的产生，源于市、县级政府在作出补偿决定时，没有给被征收人选择补偿方式的机会而径自加

以确定。本案的撤销判决从根本上纠正了行政机关这一典型违法情形，为当事人提供了充分的司法救济。

三、孔某丰诉某县人民政府房屋征收决定案

（一）基本案情

2011年4月6日，某县人民政府作出×政发〔2011〕15号《某县人民政府关于对某林业局片区和某古城路北片区实施房屋征收的决定》（以下简称《决定》），其征收补偿方案规定，选择货币补偿的，被征收主房按照该地块多层产权调换安置房的优惠价格补偿；选择产权调换的，安置房超出主房补偿面积的部分由被征收人出资，超出10平方米以内的按优惠价结算房价，超出10平方米以外的部分按市场价格结算房价；被征收主房面积大于安置房面积的部分，按照安置房优惠价增加300元/平方米的标准给予货币补偿。原告孔某丰的房屋在被征收范围内，其不服该《决定》，提起行政诉讼。

（二）裁判结果

济宁市中级人民法院经审理认为，根据《征补条例》第二条、第十九条规定，征收国有土地上单位、个人的房屋，应当对被征收房屋所有权人给予公平补偿。对被征收房屋价值的补偿，不得低于房屋征收决定公告之日被征收房屋类似房地产的市场价格。根据立法精神，对被征收房屋的补偿，应参照就近区位新建商品房的价格，以被征收人在房屋被征收后居住条件、生活质量不降低为宜。本案中，优惠价格显然低于市场价格，对被征收房屋的补偿价格也明显低于被征收人的出资购买价格。该征收补偿方案的规定对被征收人显失公平，违反了《征补条例》的相关规定。故判决：撤销被告某县人民政府作出的《决定》。宣判后，各方当事人均未提出上诉。

（三）典型意义

本案典型意义在于：《征补条例》第二条规定的对被征收人给予公平补偿原则，应贯穿于房屋征收与补偿全过程。无论是有关征收决定还是补偿决定的诉讼，人民法院都要坚持程序审查与实体审查相结合，一旦发现补偿方案确定的补偿标准明显低于法定的"类似房地产的市场价格"，即便是对于影响面大、涉及人数众多的征收决定，该确认违法的要坚决确认违法，该撤销的要坚决撤销，以有力地维护人民群众的根本权益。

四、艾某云、沙某芳诉马鞍山市某区人民政府房屋征收补偿决定案

(一) 基本案情

2012年3月20日，某区人民政府发布×城征 [2012] 2号《某区人民政府征收决定》及《采石古镇旧城改造项目房屋征收公告》。艾某云、沙某芳名下的马鞍山市某区某街22号房屋位于征收范围内，其房产证证载房屋建筑面积774.59平方米；房屋产别：私产；设计用途：商业。土地证记载使用权面积1185.9平方米；地类（用途）：综合；使用权类型：出让。2012年12月，某区房屋征收部门在司法工作人员全程见证和监督下，抽签确定某区某街22号房屋的房地产价格评估机构为某房地产评估公司。2012年12月12日，某房地产评估公司向某区房屋征收部门提交了对艾某云、沙某芳名下房屋作出的市场价值估价报告。2013年1月16日，某区人民政府对被征收人艾某云、沙某芳作出×政征补 [2013] 21号《房屋征收补偿决定书》。艾某云、沙某芳认为，被告作出补偿决定前没有向原告送达房屋评估结果，剥夺了原告依法享有的权利，故提起行政诉讼，请求依法撤销该《房屋征收补偿决定书》。

(二) 裁判结果

马鞍山市中级人民法院认为，根据《征补条例》第十九条的规定，被征收房屋的价值，由房地产价格评估机构按照房屋征收评估办法评估确定。对评估确定的被征收房屋价值有异议的，可以向房地产价格评估机构申请复核评估。对复核结果有异议的，可以向房地产价格评估专家委员会申请鉴定。根据住房和城乡建设部颁发的《国有土地上房屋征收评估办法》第十六条、第十七条、第二十条、第二十二条的规定，房屋征收部门应当将房屋分户初步评估结果在征收范围内向被征收人公示。公示期满后，房屋征收部门应当向被征收人转交分户评估报告。被征收人对评估结果有异议的，自收到评估报告10日内，向房地产评估机构申请复核评估。对复核结果有异议的，自收到复核结果10日内，向房地产价格评估专家委员会申请鉴定。从本案现有证据来看，某区房屋征收部门在某房地产评估公司对某街22号作出商业房地产市场价值评估报告后，未将该报告内容及时送达艾某云、沙某芳并公告，致使艾某云、沙某芳对其房产评估价格申请复核评估和申请房地产价格评估专家委员会鉴定的权利丧失，属于违反法定程序。据此，判决撤销某区人民政府作出的×政征补 [2013] 21号《房屋征收补偿决定书》。宣判后，各方当事人均未提出上诉。

(三) 典型意义

本案典型意义在于：通过严格的程序审查，在评估报告是否送达这一细节上，彰显了司法对被征收人获得公平补偿权的全方位保护。房屋价值评估报告是行政机关作出补偿决定最重要的依据之一，如果评估报告未及时送达，会导致被征收人申请复估和申请鉴定的法定权利无法行使，进而使得补偿决定本身失去合法性基础。本案判决敏锐地把握住了程序问题与实体权益保障的重要关联性，果断撤销了补偿决定，保障是充分到位的。

五、文某安诉某县人民政府房屋征收补偿决定案

(一) 基本案情

某县城关迎春台区域的房屋大多建于 30 年前，破损严重，基础设施落后。2012 年 12 月 8 日，某县房屋征收部门发布《关于迎春台棚户区房屋征收评估机构选择公告》，提供甲房地产估价师事务所、某房地产评估咨询公司、乙房地产评估事务所作为具有资质的评估机构，由被征收人选择。后因征收人与被征收人未能协商一致，某县房屋征收部门于 12 月 11 日发布《关于迎春台棚户区房屋征收评估机构抽签公告》，并于 12 月 14 日组织被征收人和群众代表抽签，确定甲房地产估价师事务所为该次房屋征收的价格评估机构。同年 12 月 24 日，某县人民政府作出×政［2012］24 号《关于迎春台安置区改造建设房屋征收的决定》。原告文某安长期居住的迎春台××号房屋在征收范围内。2013 年 5 月 10 日，房地产价格评估机构出具了房屋初评报告。某县房屋征收部门与原告在征收补偿方案确定的签约期限内未能达成补偿协议，被告于 2013 年 7 月 15 日依据房屋评估报告作出×政补决字［2013］3 号《某县人民政府房屋征收补偿决定书》。原告不服该征收补偿决定，向人民法院提起诉讼。

(二) 裁判结果

信阳市中级人民法院认为，本案被诉征收补偿决定的合法性存在以下问题：(1) 评估机构选择程序不合法。某县房屋征收部门于 2012 年 12 月 8 日发布《关于迎春台棚户区房屋征收评估机构选择公告》，但某县人民政府直到 2012 年 12 月 24 日才作出《关于迎春台安置区改造建设房屋征收的决定》，即先发布房屋征收评估机构选择公告，后作出房屋征收决定。这不符合《征补条例》第二十条第一款有关"房地产价格评估机构由被征收人协商选定；协商不成的，通过多数

决定、随机选定等方式确定,具体办法由省、自治区、直辖市制定"的规定与《河南省实施〈国有土地上房屋征收与补偿条例〉的规定》第六条的规定,违反法定程序。(2)对原告文某安的房屋权属认定错误。被告在《关于文某安房屋产权主体不一致的情况说明》中称"文某安在评估过程中拒绝配合致使评估人员未能进入房屋勘察",但在《迎春台安置区房地产权属情况调查认定报告》中称"此面积为县征收办入户丈量面积、房地产权属情况为权属无争议"。被告提供的证据相互矛盾,且没有充分证据证明系因原告的原因导致被告无法履行勘察程序。且该房屋所有权证及国有土地使用权证登记的权利人均为第三人文某而非文某安,被告对该被征收土地上房屋权属问题的认定确有错误。据此,一审法院判决撤销被诉房屋征收补偿决定。宣判后,各方当事人均未提出上诉。

(三)典型意义

本案典型意义在于:从程序合法性、实体合法性两个角度鲜明地指出补偿决定存在的硬伤。在程序合法性方面,依据有关规定突出强调了征收决定作出后才能正式确定评估机构的基本程序要求;在实体合法性方面,强调补偿决定认定的被征收人必须适格。本案因存在征收决定作出前已确定了评估机构,且补偿决定核定的被征收人不是合法权属登记人的问题,故判决撤销补偿决定,彰显了程序公正和实体公正价值的双重意义。

六、霍某英诉上海市某区人民政府房屋征收补偿决定案

(一)基本案情

上海市顺昌路××1—××3号××3#二层统间系原告霍某英租赁的公有房屋,房屋类型旧里,房屋用途为居住,居住面积11.9平方米,折合建筑面积18.33平方米。该户在册户口4人,即霍某英、孙某萱、陈某理、孙某强。因旧城区改建需要,2012年6月2日,被告上海市某区人民政府作出×府征[2012]2号房屋征收决定,原告户居住房屋位于征收范围内。因原告户认为其户经营公司,被告应当对其给予非居住房屋补偿,致征收双方未能在签约期限内达成征收补偿协议。2013年4月11日,房屋征收部门即第三人上海市某区住房保障和房屋管理局向被告报请作出征收补偿决定。被告受理后于2013年4月16日召开审理协调会议,因原告户自行离开会场致协调不成。被告经审查核实相关证据材料,于2013年4月23日作出沪×府房征补[2013]010号房屋征收补偿决定,认定原告

户被征收房屋为居住房屋，决定：1. 房屋征收部门以房屋产权调换的方式补偿公有房屋承租人霍某英户，用于产权调换房屋地址为上海市徐汇区东兰路121弄××号××室，霍某英户支付房屋征收部门差价款476706.84元；2. 房屋征收部门给予霍某英户各项补贴、奖励费等共计492150元，家用设施移装费按实结算，签约搬迁奖励费按搬迁日期结算；3. 霍某英户应在收到房屋征收补偿决定书之日起15日内搬迁至上述产权调换房屋地址，并将被征收房屋腾空。

原告不服该征收补偿决定，向上海市人民政府申请行政复议，上海市人民政府经复议维持该房屋征收补偿决定。原告仍不服，遂向上海市某区人民法院提起行政诉讼，要求撤销被诉征收补偿决定。

（二）裁判结果

上海市黄浦区人民法院认为，被告具有作出被诉房屋征收补偿决定的行政职权，被诉房屋征收补偿决定行政程序合法，适用法律规范正确，未损害原告户的合法权益。本案的主要争议在于原告户的被征收房屋性质应认定为居住房屋还是非居住房屋。经查，以孙某萱为法定代表人的上海某投资公司、上海某科技公司的住所地均为本市金山区，虽经营地址登记为本市顺昌路××1号，但两公司的营业期限自2003年12月起至2008年12月止，且原告承租公房的性质为居住。原告要求被告就孙某萱经营公司给予补偿缺乏法律依据，征收补偿方案亦无此规定，被诉征收补偿决定对其以居住房屋进行补偿于法有据。据此，一审法院判决驳回原告的诉讼请求。宣判后，各方当事人均未提出上诉。

（三）典型意义

本案典型意义在于：对如何界定被征收房屋是否属于居住房屋、进而适用不同补偿标准具有积极的借鉴意义。实践中，老百姓最关注的"按什么标准补"的前提往往是"房屋属于什么性质和用途"，这方面争议很多。法院在实践中通常依据房产登记证件所载明的用途认定房屋性质，但如果载明用途与被征收人的主张不一致，需要其提供营业执照和其他相关证据进行佐证，才有可能酌定不同补偿标准。本案中原告未能提供充分证据证明涉案房屋系非居住房屋，故法院不支持其诉讼请求。

七、毛某荣诉某县人民政府房屋征收补偿决定案

(一) 基本案情

2012年1月，某县人民政府拟定《某县北海子景区建设项目国有土地上房屋征收补偿方案》，向社会公众公开征求意见。期满后，作出《关于某县北海子景区建设项目涉及国有土地上房屋征收的决定》并予以公告。原告毛某荣、刘某华（与毛某荣系夫妻关系）、毛某峰（与毛某荣系父子关系）共同共有的住宅房屋一处（面积276平方米）、工业用房一处（面积775.8平方米）均在被征收范围内。经房屋征收部门通知，毛某荣等人选定评估机构对被征收房屋进行评估。评估报告作出后，毛某荣等人以漏评为由申请复核，评估机构复核后重新作出评估报告，并对漏评项目进行了详细说明。同年12月26日，房屋征收部门就补偿事宜与毛某荣多次协商无果后，告知其对房屋估价复核结果有异议可依据《国有土地上房屋征收评估办法》，在接到通知之日起10日内向某市房地产价格评估专家委员会申请鉴定。毛某荣在规定的期限内未申请鉴定。2013年1月9日，县政府作出×政征补[2013]第1号《关于国有土地上毛某荣房屋征收补偿决定》，对涉案被征收范围内住宅房屋、房屋室内外装饰、工业用房及附属物、停产停业损失等进行补偿，被征收人选择货币补偿，总补偿款合计人民币1842612元。毛某荣、刘某华、毛某峰认为补偿不合理，补偿价格过低，向市政府提起行政复议。复议机关经审查维持了县政府作出的征收补偿决定。毛某荣、刘某华、毛某峰不服，提起行政诉讼，请求撤销征收补偿决定。

(二) 裁判结果

金昌市中级人民法院经审理认为，县政府为公共事业的需要，组织实施县城北海子生态保护与景区规划建设，有权依照《征补条例》的规定，征收原告国有土地上的房屋。因房屋征收部门与被征收人在征收补偿方案确定的签约期限内未达成补偿协议，县政府具有依法按照征收补偿方案作出补偿决定的职权。在征收补偿过程中，评估机构系原告自己选定，该评估机构具有相应资质，复核评估报告对原告提出的漏评项目已作出明确说明。原告对评估复核结果虽有异议，但在规定的期限内并未向金昌市房地产价格评估专家委员会申请鉴定。因此，县政府应对因征收行为给原告的住宅房屋及其装饰、工业用房及其附属物、停产停业损失等给予补偿，符合《甘肃省实施〈国有土地上房屋征收与补偿条例〉若干规定》的相关规定。被诉征收补偿决定认定事实清楚，适用法律、法规正确，程

序合法。遂判决：驳回原告毛某荣、刘某华、毛某峰的诉讼请求。宣判后，各方当事人均未提出上诉。

（三）典型意义

本案的典型意义在于：人民法院通过发挥司法监督作用，对合乎法律法规的征收补偿行为给予有力支持。在本案征收补偿过程中，征收部门在听取被征收人对征收补偿方案的意见、评估机构选择、补偿范围确定等方面的意见后，比较充分到位，保障了当事人知情权、参与权，体现了公开、公平、公正原则。通过法官释法明理，原告逐步消解了内心疑虑和不合理的心理预期，其不仅未上诉，此后不久又与征收部门达成补偿协议，公益建设项目得以顺利推进，案件处理取得了较好的法律和社会效果。

八、廖某耀诉某县人民政府房屋强制拆迁案

（一）基本案情

原告廖某耀的房屋位于某县某镇某村东某小组，2011年被告某县人民政府批复同意建设县第一人民医院，廖某耀的房屋被纳入该建设项目拆迁范围。就拆迁安置补偿事宜，某县人民政府工作人员多次与廖某耀进行协商，但因意见分歧较大未达成一致。2013年2月27日，某县国土及规划部门将廖某耀的部分房屋认定为违章建筑，并下达自行拆除违建房屋的通知。同年3月，某县人民政府在未按照《行政强制法》的相关规定进行催告、未作出强制执行决定、未告知当事人诉权的情况下，组织相关部门对廖某耀的违建房屋实施强制拆除，同时对拆迁范围内的合法房屋也进行了部分拆除，导致该房屋丧失正常使用功能。廖某耀认为某县人民政府强制拆除其房屋和毁坏财产的行为严重侵犯其合法权益，遂于2013年7月向赣州市中级人民法院提起了行政诉讼，请求法院确认某县人民政府拆除其房屋的行政行为违法。赣州市中级人民法院将该案移交安远县人民法院审理。安远县人民法院受理案件后，于法定期限内向某县人民政府送达了起诉状副本和举证通知书，但其只在法定期限内向法院提供了对廖某耀违建房屋进行行政处罚的相关证据，并没有提供强制拆除房屋行政行为的相关证据和依据。

（二）裁判结果

安远县人民法院认为，根据《中华人民共和国行政诉讼法》第三十二条、第四十三条及《最高人民法院关于执行〈中华人民共和国行政诉讼法〉若干问

题的解释》第二十六条之规定，被告对作出的具体行政行为负有举证责任，应当在收到起诉状副本之日起 10 日内提供其作出具体行政行为的证据，未提供的，应当认定该具体行政行为没有证据。本案被告某县人民政府在收到起诉状副本和举证通知书后，始终没有提交强制拆除房屋行为的证据，应认定被告强制拆除原告房屋的行政行为没有证据，不具有合法性。据此，依照《最高人民法院关于执行〈中华人民共和国行政诉讼法〉若干问题的解释》第五十七条第二款第二项之规定，确认某县人民政府拆除廖某耀房屋的行政行为违法。

该判决生效后，廖某耀于 2014 年 5 月向法院提起了行政赔偿诉讼。经安远县人民法院多次协调，最终促使廖某耀与某县人民政府就违法行政行为造成的损失及拆除其全部房屋达成和解协议。廖某耀撤回起诉，该起行政纠纷得以实质性解决。

（三）典型意义

本案的典型意义在于，凸显了行政诉讼中行政机关的举证责任和司法权威，对促进行政机关及其工作人员积极应诉，不断强化诉讼意识、证据意识和责任意识具有警示作用。法律和司法解释明确规定了行政机关在诉讼中的举证责任，不在法定期限内提供证据，视为被诉行政行为没有证据，这是法院处理此类案件的法律底线。本案中，被告将原告的合法房屋在拆除违法建筑过程中一并拆除，在此后的诉讼过程中又未能在法定期限内向法院提供可以证明其行为合法的证据，因此只能承担败诉后果。

九、叶某胜、叶某长、叶某发诉某县人民政府房屋行政强制案

（一）基本案情

2009 年，某县人民政府（以下简称某县政府）规划建设某县有色金属循环经济产业基地，需要征收广东省某县某镇某村民委员会新围村民小组的部分土地。叶某胜、叶某长、叶某发（以下简称叶某胜等三人）的房屋所占土地在被征收土地范围之内，属于未经乡镇规划批准和领取土地使用证的"两违"建筑物。2009 年 8 月至 2013 年 7 月，某县政府先后在被征收土地的村民委员会、村民小组张贴《关于禁止抢种抢建的通告》《征地通告》《征地预公告》《致广大村民的一封信》《关于责令停止一切违建行为的告知书》等文书，以调查笔录等形式告知叶某胜等三人房屋所占土地是违法用地。2009 年 10 月、2013 年 6 月，某

县国土资源局分别发出两份《通知》，要求叶某发停止土地违法行为。2013年7月12日凌晨5时许，在未发强行拆除通知、未予公告的情况下，某县政府组织人员对叶某胜等三人的房屋实施强制拆除。叶某胜等三人遂向广东省韶关市中级人民法院提起行政诉讼，请求确认某县政府强制拆除行为违法。

（二）裁判结果

广东省韶关市中级人民法院认为，虽然叶某胜等三人使用农村集体土地建房未经政府批准属于违法建筑，但某县政府在2013年7月12日凌晨对叶某胜等三人所建的房屋进行强制拆除，程序上存在严重瑕疵，即采取强制拆除措施前未向叶某胜等三人发出强制拆除通知，未向强拆房屋所在地的村民委员会、村民小组张贴公告限期自行拆除，违反了《中华人民共和国行政强制法》第三十四条、第四十四条的规定。同时，某县政府在夜间实施行政强制执行，不符合《中华人民共和国行政强制法》第四十三条第一款有关"行政机关不得在夜间或者法定节假日实施行政强制执行"的规定。据此，依照《最高人民法院关于执行〈中华人民共和国行政诉讼法〉若干问题的解释》第五十七条的规定，判决：确认某县政府于2013年7月12日对叶某胜等三人房屋实施行政强制拆除的具体行政行为违法。宣判后，各方当事人均未提出上诉。

（三）典型意义

本案的典型意义在于：充分体现了行政审判监督政府依法行政、保障公民基本权益的重要职能。即使对违法建筑进行强制拆除，也要严格遵循《行政强制法》的程序性规定，拆除之前应当先通知相对人自行拆除，在当地张贴公告且不得在夜间拆除。本案被告未遵循这些程序要求，被人民法院判决确认违法。《行政强制法》自2012年1月1日起至今施行不久，本案判决有助于推动该法在行政审判中的正确适用。

十、叶某祥诉湖南省某市规划局、某市某区人民政府不履行拆除违法建筑法定职责案

（一）基本案情

2010年7月，某市某区某村散户111号户主沈某湘，在未经被告某市规划局等有关单位批准的情况下，将其父沈某如遗留的旧房拆除，新建和扩建房屋，严重影响了原告叶某祥的通行和采光。原告于2010年7月9日向被告某市规划局

举报。该局于 2010 年 10 月对沈某湘新建扩建房屋进行调查、勘验，于 2010 年 10 月 23 日，对沈某湘作出了×规罚告（石峰）字（2010）第（462）行政处罚告知书，告知其建房行为违反《中华人民共和国城乡规划法》第四十条，属违法建设。依据《中华人民共和国城乡规划法》第六十八条之规定，限接到告知书之日起，五天内自行无偿拆除，限期内不拆除的，将由某市某区人民政府组织拆除。该告知书送达沈某湘本人后，其未能拆除。原告叶某祥于 2010 年至 2013 年向某市某区某街道某社区委员会、某市规划局、某市某区人民政府举报和请求依法履行强制拆除沈某湘违法建筑行政义务，采取申请书等请求形式未能及时解决。2013 年 3 月 8 日，被告某市规划局以×规罚字（石 2013）第 6021 号对沈某湘作出行政处罚决定书，认定沈某湘的建房行为违反《中华人民共和国城乡规划法》第四十条和《湖南省实施〈中华人民共和国城乡规划法〉办法》第二十五条之规定，属违法建设。依据《中华人民共和国城乡规划法》第六十四条和《湖南省实施〈中华人民共和国城乡规划法〉办法》第五十一条之规定，限沈某湘自接到决定书之日起，三日内自行无偿拆除。如限期不自行履行本决定，依据《中华人民共和国城乡规划法》第六十八条和《湖南省实施〈中华人民共和国城乡规划法〉办法》第五十四条及×政发〔2008〕36 号文件之规定，将由某区人民政府组织实施强制拆除。由于被告某市规划局、某市某区人民政府未能完全履行拆除违法建筑法定职责，原告遂于 2013 年 6 月 5 日向法院提起行政诉讼。

（二）裁判结果

株洲市荷塘区人民法院认为，被告某市某区人民政府于 2010 年 12 月接到某市规划局对沈某湘×规罚告字（2010）第 004 号行政处罚告知书和×规罚字（石 2013）第 0021 号行政处罚决定书后，应按照某市规划局的授权积极履行法定职责，组织实施强制拆除违法建设。虽然被告某市某区人民政府在履行职责中对沈某湘违法建设进行过协调等工作，但未积极采取措施，其拆除违法建设工作不到位，属于不完全履行拆除违法建筑的法定职责。根据《中华人民共和国城乡规划法》第六十八条、《中华人民共和国行政诉讼法》第五十四条第三款的规定，判决被告某市某区人民政府在三个月内履行拆除沈某湘违法建设法定职责的行政行为。宣判后，各方当事人均未提出上诉。

（三）典型意义

本案典型意义在于：以违法建设相邻权人提起的行政不作为诉讼为载体，督促行政机关切实充分地履行拆除违建、保障民生的法定职责。针对各地违法建设数量庞大,局部地区有所蔓延的态势,虽然《城乡规划法》规定了县级以上人民政府对违反城市规划、乡镇人民政府对违反乡村规划的违法建设有权强制拆除,但实际情况不甚理想。违法建设侵犯相邻权人合法权益难以救济成为一种普遍现象和薄弱环节,本案判决在这一问题上表明法院应有态度:即使行政机关对违建采取过一定查处措施,但如果不到位仍构成不完全履行法定职责,法院有权要求行政机关进一步履行到位。这方面的审判力度需要不断加强。

2. 最高人民法院发布第二批征收拆迁典型案例[①]

（2018年5月15日最高人民法院发布）

一、王某俊诉北京市某区住房和城乡建设委员会拆迁补偿安置行政裁决案

（一）基本案情

2010年，北京市某区因轨道交通房山线东羊庄站项目建设需要对部分集体土地实施征收拆迁，王某俊所居住的房屋被列入拆迁范围。该户院宅在册人口共7人，包括王某俊的儿媳和孙女。因第三人某区土储分中心与王某俊未能达成拆迁补偿安置协议，第三人遂向北京市某区住房和城乡建设委员会（以下简称某区住建委）申请裁决。2014年3月6日，某区住建委作出被诉行政裁决，以王某俊儿媳、孙女的户籍迁入时间均在拆迁户口冻结统计之后、不符合此次拆迁补偿和回迁安置方案中确认安置人口的规定为由，将王某俊户的在册人口认定为5人。王某俊不服，诉至法院，请求撤销相应的行政裁决。

（二）裁判结果

北京市房山区人民法院一审认为，王某俊儿媳与孙女的户籍迁入时间均在拆迁户口冻结统计之后，被诉的行政裁决对在册人口为5人的认定并无不当，故判决驳回王某俊的诉讼请求。王某俊不服，提起上诉。北京市第二中级人民法院二审认为，依据《北京市集体土地房屋拆迁管理办法》第八条第一款第三项有关用地单位取得征地或者占地批准文件后，可以向区、县国土房管局申请在用地范围内暂停办理入户、分户，但因婚姻、出生、回国、军人退伍转业、经批准由外省市投靠直系亲属、刑满释放等原因必须入户、分户的除外的规定，王某俊儿媳因婚姻入户，其孙女因出生入户，不属于上述条款中规定的暂停办理入户和分户的范围，不属于因擅自办理入户而在拆迁时不予认定的范围。据此，被诉的行政裁决将王某俊户的在册人口认定为5人，属于认定事实不清、证据不足，二审法院判决撤销一审判决及被诉的行政裁决，并责令房山区住建委重新作出处理。

[①] 《人民法院征收拆迁典型案例（第二批）》，载最高人民法院网，https://www.court.gov.cn/zixun/xiangqing/95912.html，最后访问时间：2023年6月26日。

(三) 典型意义

在集体土地征收拆迁工作中，安置人口数量之认定关乎被拆迁农户财产权利的充分保护，准确认定乃是依法行政应有之义。实践中，有些地方出于行政效率等方面的考虑，简单以拆迁户口冻结统计的时间节点来确定安置人口数量，排除因婚姻、出生、回国、军人退伍转业等原因必须入户、分户的特殊情形，使某些特殊人群尤其是弱势群体的合理需求得不到应有的尊重，合法权益得不到应有的保护。本案中，二审法院通过纠正错误的一审判决和被诉行政行为，正确贯彻征收补偿的法律规则，充分保护农民合法权益的同时，也体现了国家对婚嫁女、新生儿童等特殊群体的特别关爱。

二、孙某兴诉浙江省舟山市某区人民政府房屋征收补偿案

（一）基本案情

2015年2月10日，浙江省舟山市某区人民政府（以下简称某区政府）作出×政房征决（2015）1号房屋征收决定，对包括孙某兴在内的国有土地上房屋及附属物进行征收。在完成公告房屋征收决定、选择评估机构、送达征收评估分户报告等法定程序之后，孙某兴未在签约期限内达成补偿协议、未在规定期限内选择征收补偿方式，且因孙某兴的原因，评估机构无法入户调查，完成被征收房屋的装饰装修及附属物的价值评估工作。2015年5月19日，某区政府作出被诉房屋征收补偿决定，并向其送达。该补偿决定明确了被征收房屋补偿费、搬迁费、临时安置费等数额，决定被征收房屋的装饰装修及附属物经入户按实评估后，按规定予以补偿及其他事项。孙某兴不服，提起诉讼，请求撤销被诉房屋征收补偿决定。

（二）裁判结果

舟山市中级人民法院一审认为，本案房地产价格评估机构根据被征收房屋所有权证所载内容并结合前期调查的现场勘察结果，认定被征收房屋的性质、用途、面积、位置、建筑结构、建筑年代等，并据此作出涉案房屋的征收评估分户报告，确定了评估价值（不包括装修、附属设施及未经产权登记的建筑物）。因孙某兴的原因导致无法入户调查，评估被征收房屋的装饰装修及附属物的价值，故被诉房屋征收补偿决定载明对于被征收房屋的装饰装修及附属物经入户按实评估后按规定予以补偿。此符合《浙江省国有土地上房屋征收与补偿条例》第三

十三条第三款的规定，并未损害孙某兴的合法权益，遂判决驳回了孙某兴的诉讼请求。孙某兴提起上诉，浙江省高级人民法院判决驳回上诉，维持原判。

(三) **典型意义**

评估报告只有准确反映被征收房屋的价值，被征收人才有可能获得充分、合理的补偿。要做到这一点，不仅需要行政机关和评估机构依法依规实施评估，同时也离不开被征收人自身的配合与协助。如果被征收人拒绝履行配合与协助的义务导致无法评估，不利后果应由被征收人承担。本案即属此种情形，在孙某兴拒绝评估机构入户，导致装饰装修及房屋附属物无法评估的情况下，行政机关没有直接对上述财物确定补偿数额，而是在决定中载明经入户按实评估后按规定予以补偿，人民法院判决对这一做法予以认可。此案判决不仅体现了对被拆迁人合法权益的保护，更值得注意的是，以个案方式引导被征收人积极协助当地政府的依法征拆工作，依法维护自身的合法权益。

三、王某超等 3 人诉吉林省某市某区住房和城乡建设局紧急避险决定案

(一) **基本案情**

2010 年，吉林省政府作出批复，同意对向阳村集体土地实施征收，王某超等 3 人所有的房屋被列入征收范围。后王某超等 3 人与征收部门就房屋补偿安置问题未达成一致意见，2013 年 11 月 19 日，某市国土资源管理局作出责令交出土地的决定。2015 年 4 月 7 日，经当地街道办事处报告，吉林省建筑工程质量检测中心作出鉴定，认定涉案房屋属于"D 级危险"房屋。同年 4 月 23 日，某市某区住房和城乡建设局（以下简称某区住建局）对涉案房屋作出紧急避险决定。在催告、限期拆除未果的情况下，某区住建局于 2015 年 4 月 28 日对涉案房屋实施了强制拆除行为。王某超等 3 人对上述紧急避险决定不服，提起行政诉讼，请求法院判决确认该紧急避险决定无效、责令被告在原地重建房屋等。

(二) **裁判结果**

长春市九台区人民法院一审认为，本案紧急避险决定所涉的房屋建筑位于农用地专用项目的房屋征收范围内，应按照征收补偿程序进行征收。某区住建局作出紧急避险决定，对涉案房屋予以拆除的行为违反法定程序，属于程序违法。一审判决撤销被诉的紧急避险决定，但同时驳回王某超等 3 人要求原地重建的诉讼

请求。王某超等人不服，提起上诉。经长春市中级人民法院二审认为，涉案房屋应当由征收部门进行补偿后，按照征收程序予以拆除。根据《城市危险房屋管理规定》的相关要求，提出危房鉴定的申请主体应当是房屋所有人和使用人，而本案系当地街道办事处申请，主体不适格；某区住建局将紧急避险决定直接贴于无人居住的房屋外墙，送达方式违法；该局在征收部门未予补偿的情况下，对涉案房屋作出被诉的紧急避险决定，不符合正当程序，应予撤销。但王某超等3人要求对其被拆除的房屋原地重建的主张，不符合该区域的整体规划。二审法院遂判决驳回上诉，维持原判。

（三）典型意义

在行政执法活动尤其是不动产征收当中，程序违法是一种常见、多发的违法形态。本案中，被告为了节省工期，对于已经启动征地程序的房屋，错误地采取危房鉴定和强制拆除的做法，刻意规避补偿程序，构成程序滥用，严重侵犯当事人的合法权益。对于此种以借紧急避险为由行违法强拆之实的情形，人民法院依法判决撤销被诉行为，彰显了行政诉讼保护公民产权的制度功能。此案的典型意义在于昭示了行政程序的价值，它不仅是规范行政权合法行使的重要方式，也是维护相对人合法权益的保障机制。在土地征收当中，行政机关只有遵循行政程序，才能做到"严格、规范、公正、文明"执法，才能体现以人为本，尊重群众主体地位，才能实现和谐拆迁，才能符合新时代中国特色社会主义法治精神的要求。

四、陆某尧诉江苏省泰兴市人民政府某街道办事处强制拆除案

（一）基本案情

陆某尧在取得江苏省泰兴市泰兴镇（现某街道）某村某组138平方米的集体土地使用权并领取相关权证后，除了在该地块上出资建房以外，还在房屋北侧未领取权证的空地上栽种树木，建设附着物。2015年12月9日上午，陆某尧后院内的树木被人铲除，道路、墩柱及围栏被人破坏，拆除物被运离现场。当时还有某街道办事处（以下简称街道办）的工作人员在场。此外，作为陆某尧持有权证地块上房屋的动迁主体，街道办曾多次与其商谈房屋的动迁情况，其间也涉及房屋后院的搬迁事宜。陆某尧认为，在无任何法律文书为依据、未征得其同意的情况下，街道办将后院拆除搬离的行为违法，故以街道办为被告诉至法院，请求判决确认拆除后院的行为违法，并恢复原状。

（二）裁判结果

泰州医药高新技术产业开发区人民法院一审认为，涉案附着物被拆除时，街道办有工作人员在场，尽管其辩称系因受托征收项目在附近，并未实际参与拆除活动，但未提交任何证据予以证明。经查，陆某尧房屋及地上附着物位于街道办的行政辖区内，街道办在强拆当天日间对有主的地上附着物采取了有组织的拆除运离，且街道办亦实际经历了该次拆除活动。作为陆某尧所建房屋的动迁主体，街道办具有推进动迁工作，拆除非属动迁范围之涉案附着物的动因，故从常理来看，街道办称系单纯目击而非参与的理由难以成立。据此，在未有其他主体宣告实施拆除或承担责任的情况下，可以推定街道办系该次拆除行为的实施主体。一审法院遂认定街道办为被告，确认其拆除陆某尧房屋北侧地上附着物的行为违法。一审判决后，原、被告双方均未提起上诉。

（三）典型意义

不动产征收工作中最容易出现的问题是，片面追求行政效率而牺牲正当程序，甚至不作书面决定就直接强拆房屋的事实行为也时有发生。强制拆除房屋以事实行为面目出现，往往会给相对人寻求救济造成困难。按照行政诉讼法的规定，起诉人证明被诉行为系行政机关而为是起诉条件之一，但是由于行政机关在强制拆除之前并未制作、送达任何书面法律文书，相对人要想获得行为主体的相关信息和证据往往很难。如何在起诉阶段证明被告是谁，有时成为制约公民、法人或者其他组织行使诉权的主要因素，寻求救济就会陷入僵局。如何破局？如何做到既合乎法律规定，又充分保护诉权，让人民群众感受到公平正义，是人民法院必须回答的问题。本案中，人民法院注意到强拆行为系动迁的多个执法阶段之一，通过对动迁全过程和有关规定的分析，得出被告街道办具有推进动迁和强拆房屋的动因，为行为主体的推定奠定了事理和情理的基础，为案件处理创造了情理法结合的条件。此案有两点启示意义：一是在行政执法不规范造成相对人举证困难的情况下，人民法院不宜简单以原告举证不力为由拒之门外，在此类案件中要格外关注诉权保护。二是事实行为是否系行政机关而为，人民法院应当从基础事实出发，结合责任政府、诚信政府等法律理念和生活逻辑作出合理判断。

五、吉林省某物资经销处诉吉林省某县人民政府征收补偿案

（一）基本案情

2015年4月8日，吉林省某县人民政府（以下简称某县政府）作出房屋征收决定，决定对相关棚户区实施改造，同日发布×政告字（2015）1号《房屋征收公告》并张贴于拆迁范围内的公告栏。某物资经销处（以下简称经销处）所在地段处于征收范围内。2015年4月27日至29日，某县房屋征收经办中心作出选定评估机构的实施方案，并于4月30日召开选定大会，确定改造项目的评估机构。2015年9月15日，某县政府依据评估结果作出×政房征补（2015）3号房屋征收补偿决定。经销处认为，该征收补偿决定存在认定事实不清、程序违法，评估机构的选定程序和适用依据不合法，评估价格明显低于市场价格等诸多问题，故以某县政府为被告诉至法院，请求判决撤销上述房屋征收补偿决定。

（二）裁判结果

吉林市中级人民法院一审认为，被诉房屋征收补偿决定依据的评估报告从形式要件来看，分别存在没有评估师签字，未附带设备、资产明细或者说明，未标注或者释明被征收人申请复核评估的权利等不符合法定要求的形式问题；从实体内容来看，在对被征收的附属物评估和资产、设备评估上均存在评估漏项的问题。上述评估报告明显缺乏客观性、公正性，不能作为被诉房屋征收补偿决定的合法依据。遂判决撤销被诉房屋征收补偿决定，责令某县政府60日内重新作出行政行为。某县政府不服，提起上诉，吉林省高级人民法院二审以与一审相同的理由判决驳回上诉，维持原判。

（三）典型意义

在征收拆迁案件中，评估报告作为确定征收补偿价值的核心证据，人民法院能否依法对其进行有效审查，已经在很大程度上决定着案件能否得到实质性解决、被拆迁人的合法权益能否得到充分保障。本案中，人民法院对评估报告的审查是严格的、到位的，因而效果也是好的。在认定涉案评估报告存在遗漏评估设备、没有评估师的签字盖章、未附带资产设备的明细说明、未告知申请复核的评估权利等系列问题之后，对这些问题的性质作出评估，得出了两个结论：一是评估报告不具备合法的证据形式，不能如实地反映被征收人的财产情况；二是据此认定评估报告缺乏客观公正性、不具备合法效力。在上述理论基础上撤销了被诉

房屋征收补偿决定并判令行政机关限期重作。本案对评估报告所进行的适度审查，可以作为此类案件的一种标杆。

六、焦某顺诉河南省新乡市某区人民政府行政征收管理案

（一）基本案情

2014年6月27日，河南省新乡市某区人民政府（以下简称某区政府）作出卫政（2014）41号《关于调整京广铁路与中同街交汇处西北区域征收范围的决定》（以下简称《调整征收范围决定》），将房屋征收范围调整为京广铁路以西、卫河以南、中同大街以北（不包含中同大街××号住宅房）、立新巷以东。焦某顺系中同大街××号住宅房的所有权人。焦某顺认为某区政府作出《调整征收范围决定》不应将其所有的房屋排除在外，且《调整征收范围决定》作出后未及时公告，对原房屋征收范围不产生调整的效力，请求人民法院判决撤销《调整征收范围决定》。

（二）裁判结果

新乡市中级人民法院一审认为，某区政府作出的《调整征收范围决定》不涉及焦某顺所有的房屋，对其财产权益不产生实际影响，焦某顺与被诉行政行为之间没有利害关系，遂裁定驳回了焦某顺的起诉。焦某顺提起上诉，河南省高级人民法院二审驳回上诉，维持原裁定。

（三）典型意义

在行政诉讼中，公民的权利意识特别是诉讼意识持续提升是社会和法治进步的体现。但是公民、法人或者其他组织提起行政诉讼应当具有诉的利益及诉的必要性，即与被诉行政行为之间存在"利害关系"。人民法院要依法审查被诉行政行为是否对当事人权利义务造成影响？是否会导致当事人权利义务发生增减得失？既不能对当事人合法权利的影响视而不见，损害当事人的合法诉权；也不能虚化、弱化利害关系的起诉条件，受理不符合行政诉讼法规定的受案范围条件的案件，造成当事人不必要的诉累。本案中，被告某区政府决定不再征收焦某顺所有的房屋，作出了《调整征收范围决定》。由于《调整征收范围决定》对焦某顺的财产权益不产生实际影响，所以其提起本案之诉不具有值得保护的实际权益。人民法院依法审查后，裁定驳回起诉，有利于引导当事人合理表达诉求，保护和规范当事人依法行使诉权。

七、王某影诉辽宁省沈阳市某区管理委员会履行补偿职责案

(一)基本案情

2011年12月5日,王某影与辽宁省沈阳市某房屋征收管理办公室(以下简称房屋征收办)签订国有土地上房屋征收与补偿安置协议,选择以实物安置的方式进行拆迁补偿,并约定房屋征收办于2014年3月15日前交付安置房屋,由王某影自行解决过渡用房,临时安置补助费每月996.3元。然而,房屋征收办一直未履行交付安置房屋的约定义务。2016年5月5日,王某影与房屋征收办重新签订相关协议,选择以货币方式进行拆迁补偿。其实际收到补偿款316829元,并按每月996.3元的标准领取了至2016年5月的临时安置补助费。其后因政府发文调整征收职责,相关职责下发到各个功能区管理委员会负责。王某影认为,按照《沈阳市国有土地上房屋征收与补偿办法》第三十六条有关超期未回迁的双倍支付临时安置补助费的规定,沈阳市某区管理委员会(以下简称某区管委会)未履行足额支付其超期未回迁安置补助费的职责,遂以该管委会为被告诉至法院,请求判决被告支付其自2014年1月1日起至2016年5月止的超期未回迁安置补助费47822.4元(以每月1992.6元为标准)。

(二)裁判结果

沈阳市大东区人民法院一审认为,王某影以实物安置方式签订的回迁安置协议已变更为以货币补偿方式进行拆迁补偿。合同变更后,以实物安置方式为标的的回迁安置协议已终止,遂判决驳回王某影的诉讼请求。王某影不服,提起上诉。沈阳市中级人民法院二审认为,本案的焦点问题在于某区管委会是否应当双倍支付临时安置补助费。由于2016年5月王某影与房屋征收办重新签订货币补偿协议时,双方关于是否双倍给付过渡期安置费问题正在民事诉讼过程中,未就该问题进行约定。根据《沈阳市国有土地上房屋征收与补偿办法》(2015年2月实施)第三十六条第三项有关"超期未回迁的,按照双倍支付临时安置补助费。选择货币补偿的,一次性支付4个月临时安置补助费"的规定,某区管委会应当双倍支付王某影2015年2月至2016年5月的临时安置补助费。虑及王某影已经按照一倍标准领取了临时安置补助费,二审法院遂撤销一审判决,判令某区管委会以每月996.3元为标准,支付王某影2015年2月至2016年5月的另一倍的临时安置补助费15940.8元。

(三) 典型意义

在依法治国的进程中，以更加柔和、富有弹性的行政协议方式代替以命令、强制为特征的高权行为，是行政管理的一个发展趋势。如何通过行政协议的方式在约束行政权的随意性与维护行政权的机动性之间建立平衡，如何将行政协议置于依法行政理念支配之下是加强法治政府建设面临的重要课题之一。本案即人民法院通过司法审查确保行政机关对行政协议权的行使符合法律要求，切实保障被征收人合法权益的典型案例。本案中，当事人通过合意，即签订国有土地上房屋征收与补偿安置协议的形式确定了各自行政法上具体的权利义务。行政协议约定的内容可能包罗万象，但依然会出现遗漏约定事项的情形。对于两个行政协议均未约定"双倍支付"临时安置补助费的内容，二审法院依据2015年2月实施的《沈阳市国有土地上房屋征收与补偿办法》有关"超期未回迁的，按照双倍支付临时安置补助费"之规定，结合行政机关未能履行2011年协议承诺的交房义务以及2016年已协议改变补偿方式等事实，判令行政机关按照上述规定追加补偿原告2015年2月至2016年5月一倍的临时安置补助费。此案判决明确了人民法院可适用地方政府规章等规定对行政协议未约定事项依法"填漏补缺"的裁判规则，督促行政机关在房屋征收补偿工作中及时、准确地适用各种惠及民生的新政策、新规定，对如何处理行政协议约定与既有法律规定之间的关系具有重要的指导意义。

八、谷某梁、孟某林诉江苏省盐城市某区人民政府房屋征收补偿决定案

(一) 基本案情

2015年4月3日，江苏省盐城市某区人民政府（以下简称某区政府）作出涉案青年路北侧地块建设项目房屋征收决定并予以公告，同时公布了征收补偿实施方案，确定某区住房和城乡建设局（以下简称某区住建局）为房屋征收部门。谷某梁、孟某林两人的房屋位于被征收范围内。其后，某区住建局公示了4家评估机构，并按法定方式予以确定。2015年4月21日，该局公示了分户初步评估结果，并告知被征收人10日内可申请复估。后给两人留置送达了《房屋分户估价报告单》《装饰装潢评估明细表》《附属物评估明细表》，两人均未书面申请复估。2016年7月26日，该局向两人发出告知书，要求其选择补偿方式，逾期将提请某区政府作

出征收补偿决定。两人既未在告知书指定期限内选择，也未提交书面意见。2016年10月10日，某区政府作出征收补偿决定书，经公证后向两人送达，且在征收范围内公示。两人不服，以某区政府为被告提起行政诉讼，请求撤销上述征收补偿决定书。

（二）裁判结果

盐城市中级人民法院一审认为，某区政府具有作出征收补偿决定的法定职权。在征收补偿过程中，某区住建局在被征收人未协商选定评估机构的情况下，在公证机构的公证下于2015年4月15日通过抽签方式依法确定某估价公司为评估机构。某区政府根据谷某梁、孟某林的户籍证明、房屋登记信息表等权属证明材料，确定被征收房屋权属、性质、用途及面积等，并将调查结果予以公示。涉案评估报告送达给谷某梁、孟某林后，其未在法定期限内提出异议。某区政府依据分户评估报告等材料，确定涉案房屋、装饰装潢、附属物的价值，并据此确定补偿金额，并无不当。征收部门其后书面告知两人有权选择补偿方式。在两人未在规定期限内选择的情形下，某区政府为充分保障其居住权，根据某区住建局的报请，按照征收补偿方案作出房屋征收补偿决定，确定产权调换的补偿方式进行安置，并依法向其送达。被诉决定认定事实清楚，适用法律、法规正确，程序合法，故判决驳回原告诉讼请求。一审宣判后，双方均未提出上诉。

（三）典型意义

"正义不仅要实现，而且要以看得见的方式实现。"科学合理的程序可以保障人民群众的知情权、参与权、陈述权和申辩权，促进实体公正。程序正当性在推进法治政府建设过程中具有独立的实践意义和理论价值，此既是党的十九大对加强权力监督与运行机制的基本要求，也是法治发展到一定阶段推进依法行政、建设法治政府的客观需要。《国有土地上房屋征收补偿条例》确立了征收补偿应当遵循决策民主、程序正当、结果公开原则，并对评估机构选择、评估过程运行、评估结果送达以及申请复估、申请鉴定等关键程序作了具有可操作性的明确规定。在房屋征收补偿过程中，行政机关不仅要做到实体合法，也必须做到程序正当。本案中，人民法院结合被诉征收补偿决定的形成过程，着重从评估机构的选定、评估事项的确定、评估报告的送达、评估异议以及补偿方式的选择等多个角度，分析了某区政府征收全过程的程序正当性，进而肯定了安置补偿方式与结果的合法性。既强调了被征收人享有的应受法律保障的程序与实体权利，也支持了本案行政机关采取的一系列正确做法，有力地发挥了司法监督作用，对于确立相关领域的审查范围和审查标准，维护公共利益具有示范作用。

3. 最高人民法院发布 10 个行政协议解释参考案例[①]

(2019 年 12 月 10 日最高人民法院公布)

1. 某纸业公司诉四川省某县人民政府不履行行政协议案

——行政协议的定义及相对人不履行行政协议约定义务时行政机关的救济途径

(一) 基本案情

2013 年 7 月，中共四川省遂宁市某县委为落实上级党委、政府的要求，实现节能减排目标，出台中共某县委第 23 期《关于研究某纸业处置方案会议纪要》(以下简称《会议纪要》)，决定对某纸业公司进行关停征收。根据《会议纪要》，四川省某县人民政府 (以下简称某县政府) 安排某县某镇政府 (以下简称某镇政府) 于 2013 年 9 月 6 日与某纸业公司签订了《某纸业公司资产转让协议书》(以下简称《资产转让协议书》)，某纸业公司关停退出造纸行业，某镇政府受让某纸业公司资产并支付对价。协议签订后，某纸业公司依约定履行了大部分义务，某镇政府接受了某纸业公司的厂房等资产后，于 2014 年 4 月 4 日前由某县政府、某镇政府共计支付了某纸业公司补偿金 322.4 万元，之后经多次催收其未再履行后续付款义务。某纸业公司认为其与某镇政府签订的《资产转让协议书》系合法有效的行政合同，某县政府、某镇政府应当按约定履行付款义务。故，诉至法院请求判令，某县政府、某镇政府支付某纸业公司转让费人民币 894.6 万元及相应利息。

(二) 裁判结果

经四川省遂宁市中级人民法院一审，四川省高级人民法院二审判决《资产转让协议书》合法有效，某县政府应当给付尚欠某纸业公司的征收补偿费用人民币 794.6 万元及资金利息。某县政府、某镇政府不服，向最高人民法院申请再审称，《资产转让协议书》系民事合同，若属行政协议，某纸业公司不履行约定义务将导致其无法救济，故本案不属于行政诉讼受案范围。

[①] 《最高法发布 10 个行政协议解释参考案例》，载中国法院网，https://www.chinacourt.org/article/detail/2019/12/id/4720734.shtml，最后访问时间：2023 年 6 月 26 日。

最高人民法院再审裁定认为，界定行政协议有以下四个要素：一是主体要素，即必须一方当事人为行政机关，另一方为行政相对人；二是目的要素，即必须是为了实现行政管理或者公共服务目标；三是内容要素，协议内容必须具有行政法上的权利义务内容；四是意思要素，即协议双方当事人必须协商一致。在此基础上，行政协议的识别可以从以下两个标准进行：一是形式标准，即是否发生于履职的行政机关与行政相对人之间的协商一致；二是实质标准，即协议的标的及内容有行政法上的权利义务，该权利义务取决于是否行使行政职权、履行行政职责；是否为实现行政管理目标和公共服务；行政机关是否具有优益权。本案案涉《资产转让协议书》系某县政府为履行环境保护治理法定职责，由某县政府通过某镇政府与某纸业公司订立协议替代行政决定，其意在通过受让涉污企业某纸业公司资产，让某纸业公司退出造纸行业，以实现节能减排和环境保护的行政管理目标，维护公共利益，符合上述行政协议的四个要素和两个标准，系行政协议，相应违约责任应由某县政府承担。同时，我国行政诉讼虽是奉行被告恒定原则，但并不影响作为行政协议一方当事人的行政机关的相关权利救济。在相对人不履行行政协议约定义务，行政机关又不能起诉行政相对人的情况下，行政机关可以通过申请非诉执行或者自己强制执行实现协议救济。行政机关可以作出要求相对人履行义务的决定，相对人拒不履行的，行政机关可以该决定为执行依据向人民法院申请强制执行或者自己强制执行。故，不存在案涉《资产转让协议书》若属行政协议，某纸业公司不履行约定义务将导致行政机关无法救济的问题。据此，最高人民法院裁定驳回某县政府的再审申请。

2. 蒋某某诉重庆某区管理委员会、重庆某区征地服务中心行政协议纠纷案

——因行政协议的订立、履行、变更、终止等产生的各类行政协议纠纷均属于人民法院行政诉讼受案范围

（一）基本案情

2016年7月12日，蒋某某不服其与重庆某区征地服务中心签订的《征地拆迁补偿安置协议》，以重庆某区管委会为被告向重庆市第五中级人民法院提起诉讼，请求撤销征地服务中心于2015年12月25日与其签订的《征地拆迁补偿安置协议》。

（二）裁判结果

经重庆市第五中级人民法院一审，重庆市高级人民法院二审认为，《行政诉讼法》第十二条第一款第十一项规定，人民法院受理公民、法人或者其他组织认为行政机关不依法履行、未按照约定履行或者违法变更、解除政府特许经营协议、土地房屋征收补偿协议等协议提起的行政诉讼。蒋某某起诉请求撤销《征地拆迁补偿安置协议》，其起诉状中所诉理由均系对签订协议时主体、程序以及协议约定和适用法律所提出的异议，不属于行政机关不依法履行、未按照约定履行或者违法变更、解除协议内容的范畴，以蒋某某的起诉不属于人民法院行政诉讼受案范围为由裁定驳回蒋某某的起诉。

蒋某某不服，向最高人民法院申请再审。最高人民法院经审理认为，通过对行政诉讼法、合同法及相关司法解释有关规定的梳理，行政协议争议类型，除《行政诉讼法》第十二条第一款第十一项列举的四种情形外，还包括协议订立时的缔约过失，协议成立与否，协议有效、无效，撤销、终止行政协议，请求继续履行行政协议，采取相应的补救措施，请求行政赔偿和行政补偿责任，以及行政机关监督、指挥、解释等行为产生的行政争议。将行政协议案件的行政诉讼受案范围仅理解为《行政诉讼法》第十二条第一款第十一项规定的四种情形，既不符合现行法律及司法解释的规定，亦在理论上难以自圆其说，且在实践中容易造成不必要的混乱。故，裁定撤销一、二审裁定，指令一审法院继续审理本案。

3. 成都某科技公司、乐山沙湾某科技公司诉四川省乐山市某区人民政府解除投资协议并赔偿经济损失案

——2015年5月1日之前订立的行政协议纳入行政诉讼受案范围的条件及行政机关不依法履行、未按照约定履行协议之诉讼时效的适用

（一）基本案情

成都某科技公司（以下简称成都某公司）、乐山沙湾某科技公司（以下简称乐山某公司）向四川省乐山市中级人民法院诉称，2011年4月1日，成都某公司与四川省乐山市某区人民政府（以下简称某区政府）签署《投资协议》，约定成都某公司租赁约800亩土地，投资5000万元建设以鳗鱼养殖为主并与新农村建设相结合的现代观光农业项目。某区政府负责提供"一站式服务"，为加快项目建设进度和协调相关部门的手续尽快落实。2011年9月13日，设立乐山某公司为项

目公司。成都某公司、乐山某公司认为某区政府一直怠于协调其项目行政手续办理事宜，隐瞒土地性质真相，无法办理相关手续，未按照约定履行《投资协议》，直接造成两公司重大损失。为此，诉请解除成都某公司与某区政府于2011年8月29日签署的《投资协议》，判令某区政府赔偿两公司经济损失共计400万元。

（二）裁判结果

经四川省乐山市中级人民法院一审，四川省高级人民法院二审认为，对于行政诉讼法修改施行之前形成的行政协议，根据当时的法律规定和人民法院处理此类纠纷的通常做法，一般不纳入行政诉讼受案范围，主要通过当事人提起民事诉讼的方式寻求司法救济，故依法裁定不予立案。成都某公司、乐山某公司不服，向最高人民法院申请再审。

最高人民法院经审理认为，案涉《投资协议》符合行政协议的本质特征，对形成于2015年5月1日之前的案涉《投资协议》产生的纠纷，当时的法律、行政法规、司法解释或者我国缔结或参加的国际条约没有规定其他争议解决途径的，作为协议一方的公民、法人或者其他组织提起行政诉讼，人民法院可以依法受理。行政协议作为一种行政手段，既有行政性又有协议性，应具体根据争议及诉讼的性质来确定相关的规则适用，在与行政法律规范不相冲突的情况下可以参照适用民事法律规范，故诉讼时效制度可适用于公民、法人或者其他组织对行政机关不依法履行、未按照约定履行协议提起的行政诉讼案件。本案系因成都某公司、乐山某公司对某区政府未履行案涉《投资协议》而提起的请求解除协议的行政诉讼，应当参照适用民事法律规范关于诉讼时效的规定，不再适用起诉期限的规定。结合本案案情，成都某公司、乐山某公司于2016年8月31日提起本案诉讼，并未超过诉讼时效。故撤销一、二审裁定，指令一审法院受理本案。

4. 甲燃气有限公司诉某市人民政府、某市某工业园管理委员会、乙燃气有限公司特许经营协议纠纷案

——在能源和公共基础设施建设等领域，行政机关将同一区域内独家特许经营权通过行政协议先后授予不同的经营者，人民法院应当认定该行为属于违约行为，并判决其承担相应的法律责任

（一）基本案情

2008年8月20日，某市建设局与丙燃气有限责任公司（以下简称丙公司）

签订《某市管道燃气特许经营协议》。同年8月22日,某市人民政府向某市建设局作出批复,同意将该市管道天然气特许经营权独家授予丙公司,期限为30年,至2038年8月20日止。丙公司组建甲燃气有限公司(以下简称甲公司)负责经营涉案业务。2010年至2011年,某市某工业园管理委员会(以下简称某园管委会)先后与甲公司签订投资天然气站项目合同、补充协议等协议,就该公司在某工业园内的管道燃气特许经营权具体实施,包括许可范围、开发建设及经营期限、建设用地等进行约定。

2012年9月4日,某市政府发布管道燃气特许经营权招投标公告。乙燃气投资(中国)有限公司参与招标并中标,并于2013年2月20日与某市规划和城市综合管理局签订《某市管道燃气特许经营协议》,取得包括某工业园在内的某市管道燃气业务独家特许经营权,有效期限为30年,至2043年2月20日止。该公司随后成立了乙燃气有限公司(以下简称乙公司)负责项目经营管理。

甲公司因与乙公司对某工业园管道燃气特许经营权范围发生争议,向法院起诉,请求:判令某市政府、某园管委会继续履行涉案行政协议,授予其在某工业园内管道燃气的独家特许经营权;判令该政府立即终止乙公司在涉案地域内的管道燃气建设及经营活动。

(二) 裁判结果

经清远市中级人民法院一审,广东省高级人民法院二审认为,涉案合法有效,甲公司享有的特许经营合同权利受法律保护,协议各方应当按照约定履行相关的合同义务。某市政府作为该管委会这一事业单位的设立机关以及特许经营许可一方,应承担相应的合同义务,保障合同履行,但某市政府又将某工业园的管道燃气特许经营权授予乙公司,存在对同一区域将具有排他性的独家特许经营权先后重复许可给不同的主体的行为,应当认定为违法。法院同时认为,该重复许可系行政机关的行政行为所致,并不必然导致在后的乙公司所获得的独家特许经营权无效,乙公司基于其所签订的特许经营权协议的相关合同利益、信赖利益亦应当予以保护。且甲公司、乙公司均已进行了管道建设并对园区企业供气,若撤销任何一家的特许经营权均将影响到其所在地域的公共利益。对于重复许可的相关法律后果,应当由行政机关承担,不应由乙公司承担。某市政府应当采取补救措施,依法作出行政处理,对双方相应经营地域范围予以界定,妥善解决本案经营权争议。故判决:一、确认涉案协议有效,确认甲公司在某工业园内有管道燃气特许经营权,且不得授予第三方;二、确认某市政府、某园管委会将某工业园内特许经营权授予乙公司的行为违法；三、责令某市人民政府采取补救措施；四、驳回甲公司其他诉讼请求。

5. 王某某诉江苏省仪征某旅游度假区管理办公室房屋搬迁协议案

——行政协议的订立应遵循自愿、合法原则，被诉行政协议在受胁迫等违背相对方真实意思表示的情形下所签订的，人民法院可依法判决撤销该行政协议

（一）基本案情

为加快某小镇项目建设，改善农民居住环境，推进城乡一体化建设和某地旅游产业的发展，2017年，原仪征市某办事处（现隶属于省政府批准成立的江苏省仪征某旅游度假区管理办公室）决定对包括某村在内的部分民居实施协议搬迁，王某某所有的位于某村××号的房屋在本次搬迁范围内。2017年8月4日早晨，仪征市某房屋拆迁服务公司工作人员一行到王某某家中商谈搬迁补偿安置事宜。2017年8月5日凌晨一点三十分左右，王某某在本案被诉的《某体育建设特色镇项目房屋搬迁协议》上签字，同时在《房屋拆除通知单》上签字。2017年8月5日凌晨五点二十分，王某某被送至医院直至8月21日出院，入院诊断为"1. 多处软组织挫伤……"因认为签订协议时遭到了胁迫，王某某于2017年9月19日向扬州市中级人民法院提起诉讼。

（二）裁判结果

扬州市中级人民法院一审认为，行政协议兼具单方意思与协商一致的双重属性，对行政协议的效力审查自然应当包含合法性和合约性两个方面。根据《合同法》第五十四条第二款规定，一方以欺诈、胁迫的手段或者乘人之危，使对方在违背真实意思的情况下订立的合同，受损害方有权请求人民法院或者仲裁机构予以变更或撤销。在签订本案被诉的搬迁协议过程中，虽无直接证据证明相关拆迁人员对王某某采用了暴力、胁迫等手段，但考虑到协商的时间正处于盛夏的8月4日，王某某已年近70岁，协商的时间跨度从早晨一直延续至第二日凌晨一点三十分左右等，综合以上因素，难以肯定王某某在签订搬迁协议时系其真实意思表示，亦有违行政程序的正当原则。据此，判决撤销本案被诉的房屋搬迁协议。双方当事人均未上诉。

6. 崔某某诉徐州市某县人民政府招商引资案

——行政机关违反招商引资承诺义务，滥用行政优益权的，人民法院不予支持

（一）基本案情

2001年6月28日，中共某县县委和某县人民政府（以下简称某县政府）印发×委发〔2001〕23号《关于印发某县招商引资优惠政策的通知》（以下简称《23号通知》），就某县当地的招商引资奖励政策和具体实施作出相应规定。2003年，在崔某某及其妻子李某某的推介运作下，水务公司建成并投产。后崔某某一直向某县政府主张支付招商引资奖励未果。2015年5月，崔某某向一审法院提起本案之诉，请求判令某县政府依照《23号通知》第25条和附则的规定兑现奖励义务。某县政府在收到一审法院送达的起诉状副本后，其下属部门某县发展改革与经济委员会（以下简称某县发改委）于2015年6月作出《关于对〈关于印发某县招商引资优惠政策的通知〉部分条款的解释》（以下简称《解释》），对《23号通知》第25条和附则作如下说明："……3. 本县新增固定资产投入300万元人民币以上者，可参照此政策执行。本条款是为了鼓励本县原有企业，增加固定资产投入，扩大产能，为我县税收作出新的贡献，可参照本优惠政策执行。"

（二）裁判结果

经江苏省徐州市中级人民法院一审，江苏省高级人民法院二审认为，某县政府作出的上述招商引资奖励承诺，以及崔某某因此开展的介绍行为，符合居间人向委托人报告订立合同的机会或者提供订立合同的媒介服务，委托人支付报酬的特征，具备诺成性、双务性和不要式性。崔某某多次主张某县政府应当按照《23号通知》的规定向其支付招商引资奖励未果，由此发生的纠纷属于行政合同争议，依法属于人民法院行政诉讼受理范围。对于本案中某县政府是否应当支付招商引资奖励费用的问题，要审查其行为有无违反准用的民事法律规范的基本原则。诚实信用原则不仅是合同法中的帝王条款，也是行政协议各方当事人应当遵守的基本行为准则。基于保护公共利益的考虑，可以赋予行政主体在解除和变更行政协议中一定的优益权，但这种优益权的行使不能与诚实信用原则相抵触，不能够被滥用，尤其是在行政协议案件中，对于关键条文的解释，应当限制行政主

体在无其他证据佐证的情形下任意行使所谓的优益权。本案一审中某县发改委将《23号通知》附则所规定的"本县新增固定资产投入"仅指某县原有企业，追加投入、扩大产能，属于限缩性的解释，与社会公众的正常理解不符。某县政府通过对当时承诺重新界定的方式，推卸自身应负义务，是对优益权的滥用，显然有悖于诚实信用原则。故应当认定某县发改委《解释》中的该相关内容无效，判令某县政府继续依照《23号通知》的承诺履行义务。

7. 金华市某商贸有限公司诉金华市某区人民政府拆迁行政合同案

——行政机关采用签订空白房地产收购补偿协议方式拆除房屋后，双方未能就补偿内容协商一致，行政机关又不作出补偿决定的，人民法院应当判决行政机关限期采取补救措施

（一）基本案情

2017年3月4日，原告金华市某商贸有限公司法定代表人严某某与被告某市某区人民政府设立的多湖中央商务区征迁指挥部签订《多湖中央商务区某市某商贸有限公司房屋及土地收购货币补偿协议》一份，原告同意多湖中央商务区征迁指挥部收购其所有的坐落于金华市某区某市场综合楼的房屋。但双方未就房屋的性质、面积及收购的补偿金额等内容进行约定。同日，原告法定代表人严某某作出书面承诺，承诺其本人会积极响应多湖中央商务区的开发建设工作，同意先行拆除某市场所有建筑物，自愿承担先行拆除的所有法律后果。次日，多湖中央商务区征迁指挥部对原告所有的某市场综合楼实施了拆除。之后，因被收购房屋性质为商业用地、土地性质为工业用地，双方对适用何种补偿标准存在争议，一直未就补偿金额协商一致。故原告起诉请求：确认《多湖中央商务区某市某商贸有限公司房屋与土地收购货币补偿协议》无效；请求被告恢复原状并赔偿损失或按现行同类附近房地产价格赔偿原告损失。

（二）裁判结果

经浙江省金华市中级人民法院一审，浙江省高级人民法院二审认为，建立在平等、自愿、等价、有偿基础上的收购协议，在一定层面上有利于提高旧城改造的效率，并有助于通过合理的价格来对房屋所有权人给予更加充分、及时的补偿安置，具有现实合理性和可行性。对于原告同意收购、承诺可以先行拆除再行协商补偿款项并已实际预支部分补偿款、行政机关愿意对房屋所有权人进行公平合

理的且并不低于当时当地、同区位、同类房屋市场评估价格的补偿安置，且不存在《合同法》第五十二条等规定的以欺诈、胁迫等手段签订收购协议情形的，不宜完全否定此种收购协议的合法性。故对原告事后要求确认该协议无效的请求，不予支持。同时鉴于协议约定的房屋已被拆除，对原告要求恢复房屋原状的请求，亦不予支持。对于涉案房屋的损失补偿问题，被告应采取补救措施，协商不成的，被告应及时作出补偿的处理意见。遂判决责令被告于本判决生效之日起三个月内对原告所有的案涉房屋的损失采取补救措施；驳回其他诉讼请求。

8. 某金属精密铸造厂诉某县人民政府搬迁行政协议案

——人民法院审理行政协议案件，在对行政协议进行效力性审查的同时，亦应当对行政机关订立行政协议的行为进行合法性审查，并作出相应裁判

（一）基本案情

2012年5月18日，中共某县委办公室、某县人民政府办公室印发安委办〔2012〕61号文件设立某经济区管理委员会（以下简称某管委会）。2013年12月30日，某县编制委员会发文撤销某管委会。2015年11月18日，某资产评估有限公司接受某管委会委托，对某金属精密铸造厂（以下简称某铸造厂）进行资产评估，并出具《资产评估报告书》，评估目的是拆迁补偿。2016年1月22日，某管委会与某铸造厂就企业搬迁安置达成《企业搬迁补偿协议书》，约定某管委会以货币形式安置、搬迁补偿总额合计1131650元。协议签订后，合同双方均依约履行了各自义务，2017年7月12日，某铸造厂以某县人民政府为被告提起诉讼，请求判令被告作出的《企业搬迁补偿协议书》的具体行政行为违法，应予以撤销，并责令依法与其重新签订拆迁补偿协议。

（二）裁判结果

经湖州市中级人民法院一审，浙江省高级人民法院二审认为，行政协议既有行政性又有契约性。基于行政协议的双重性特点，在行政协议案件司法审查中应坚持对行政机关的行政协议行为全程监督原则、双重审查的双重裁判原则。在具体的审查过程中，既要审查行政协议的契约效力性，又要审查行政协议行为特别是订立、履行、变更、解除行政协议等行为的合法性。本案中，某管委会系由某县人民政府等以规范性文件设立并赋予相应职能的机构，其不具有独立承担法律责任的能力，无权以自己的名义对外实施行政行为，该管委会被撤销后，更无权

实施签约行为。虽然某县人民政府追认该协议的效力，并不能改变某管委会签订涉案补偿协议行为违法的事实。但是，涉案补偿协议系双方基于真实意思表示自愿达成，且已经实际履行完毕，补偿协议的内容并未损害某铸造厂的合法补偿权益，在某县人民政府对涉案补偿协议予以追认的情况下，协议效力应予保留。故判决确认某县人民政府等设立的某管委会与某铸造厂签订案涉协议的行为违法；驳回某铸造厂要求撤销案涉协议并依法与其重新签订拆迁补偿协议的诉讼请求。

9. 某燃气有限公司诉某市人民政府解除特许经营协议案

——特许经营协议在履行过程中，出现损害社会公共利益的情形，符合协议解除的法定条件，行政机关可以单方解除特许经营协议并收回特许经营权，但该行为亦应遵循法定程序，给相对方造成损失的，应当依法补偿

（一）基本案情

2011年7月15日，某市人民政府授权某市住房和城乡建设局与某燃气有限公司（以下简称某燃气公司）签订《天然气综合利用项目合作协议》，约定由某燃气公司在某市从事城市天然气特许经营，期限为30年。协议签订后，某燃气公司办理了一部分开工手续，并进行了开工建设，但一直未能完工。2014年7月10日，某市住房和城乡建设局发出催告通知，告知某燃气公司在收到通知后两个月内抓紧办理天然气经营许可手续，否则将收回燃气授权经营区域。2015年6月29日，某燃气公司向某市人民政府出具项目建设保证书，承诺在办理完相关手续后三个月内完成项目建设，否则自动退出授权经营区域。2016年4月6日，某市人民政府决定按违约责任解除特许经营协议并收回某燃气公司的特许经营权。某燃气公司不服，经复议未果，遂起诉请求确认某市人民政府收回其天然气特许经营权的行为违法并撤销该行政行为。

（二）裁判结果

经潍坊市中级人民法院一审，山东省高级人民法院二审认为，特许经营协议在履行过程中，若出现了损害社会公共利益的情形，符合协议解除的法定条件，行政机关可以单方解除特许经营协议并收回特许经营权，但该行为亦应遵循法定程序，给相对方造成损失的还应当予以补偿。本案中，某市人民政府多次催促某燃气公司完成天然气项目建设，但其长期无法完工，致使授权经营区域内的居民供气目的无法实现，损害了社会公共利益，解除特许经营协议的法定条件成立。

某市人民政府解除特许经营协议并收回某燃气公司已获得的特许经营权，应依据《市政公用事业特许经营管理办法》第二十五条之规定应告知某燃气公司享有听证的权利，但其未能履行相应的告知义务，违反法定程序。因此，被诉行政行为虽然内容合法，但程序违法。鉴于被诉行政行为涉及社会公共利益，该行为一旦撤销会影响城市发展需要和居民供气需求，故该行为应判决确认程序违法但不予撤销。某市人民政府对此应采取相应的补救措施，对某燃气公司的合理投入予以弥补。

10. 徐某某诉某市人民政府房屋补偿安置协议案

——行政协议存在重大且明显违法情形或者适用民事法律规范亦属无效的，人民法院应当确认该协议无效

（一）基本案情

1993年12月，徐某某以非本村集体经济组织成员身份在某村购得一处宅基地，并盖有占地两间房屋的二层楼房。2013年，某市人民政府设立指挥部，对徐某某房屋所在的某村实施旧村改造，并公布安置补偿政策为"……房屋产权调换：每处3间以上的合法宅基地房屋在小区内安置调换200平方米楼房，分别选择一套80平方米、一套120平方米的十二层以下的小高层楼房；两间以下的安置一套100平方米的小高层楼房。实际面积超出或不足部分，按安置价找差……"同年8月5日，指挥部与徐某某签订《产权调换补偿协议书》，该协议第二条约定的补偿方式为"徐某某选择住宅楼回迁，选择住宅楼两套均为十二层以下小高层，户型以120平方米和80平方米户型设计……"协议签订后，徐某某领取房屋及地上附着物补偿款、临时安置费、搬迁费等共计152984元。2017年7月，指挥部交付徐某某一套100平方米楼房安置。对此，相关部门答复称"根据当时的拆迁政策，徐某某只能享受100平方米安置房一套。"徐某某不服，遂起诉请求判令某市人民政府继续履行《产权调换补偿协议书》，交付剩余的100平方米楼房。

（二）裁判结果

潍坊市中级人民法院一审认为，根据《行政诉讼法》第七十五条的规定，行政行为有实施主体不具有行政主体资格或者没有依据等重大且明显违法情形的，人民法院判决确认无效。本案中，某市人民政府作为旧城改造项目的法定实

施主体，制定了安置补偿政策的具体标准，该标准构成签订安置补偿协议的依据，而涉案《产权调换补偿协议书》中关于给徐某某两套回迁安置房的约定条款严重突破了安置补偿政策，应当视为该约定内容没有依据，属于无效情形。同时考虑到签订涉案协议的目的是改善居民生活条件、实现社会公共利益，如果徐某某依据违反拆迁政策的协议条款再获得100平方米的安置房，势必增加政府在旧村改造项目中的公共支出，破坏整个片区的补偿安置秩序，损害社会公共利益。因此，根据《合同法》第五十二条之规定，涉案争议条款中关于给徐某某两套回迁安置房的约定不符合协议目的，损害社会公共利益，亦应无效。故徐某某在按照安置补偿政策已获得相应补偿的情况下，其再要求某市人民政府交付剩余100平方米的安置楼房，缺乏事实和法律依据，人民法院遂判决驳回徐某某的诉讼请求。双方当事人均未上诉。

后　记

本书第一版于2014年由中国法制出版社出版，5年后进行了修订，并于2019年4月推出了第二版。从第二版面世至今，时间又过去了5年，这期间我国的征拆法律制度又发生了巨大变化。首先是2021年《民法典》的施行，其次是2019年《土地管理法》和2021年《土地管理法实施条例》的修改，再次是2023年《行政复议法》的修改，最后是《农村集体经济组织法》即将于2025年5月1日施行。

基于现实情况的剧烈变化，如果不再次进行修订，本书就多多少少有误人子弟的嫌疑了。此外，出版社的同志也告知，由于全国各地广大读者们的踊跃购买，本书第二版已经售罄，建议及时推出第三版，以飨广大读者的厚爱。最后，在京平律师奔赴全国各地开庭或咨询等过程中，有许多被拆迁人对本书提出了一些自己的想法和建议，很多都有重要的参考价值。考虑到以上种种情况，北京京平律师事务所决定成立新的修订小组，启动本书第三版的修订出版工作。

本次修订的基本思路与前两版保持一定的连续性。第一，基本的篇章框架保持稳定，篇章之下的小节根据实际需要进行相应的增删。第二，对全书所涉及的相关法律法规进行重新检索查证，替换过时的法律法规之规定，补充新出现的法律法规之规定。第三，考虑到案例的重要性以及时效性，对本书的案例全部进行了替换，均为京平律师近年来办理的成功案例。第四，对附录部分列举的相关法律法规进行了必要调整，补充了拆迁维权框架中部分重要法律法规，以方便读者参考。第五，考虑到最高人民法院两批征地拆迁典型案例的权威性，尽管距今时间稍显久远，但它们仍在实践中具有指导意义，因此本次修订再版时予以保留。另外，考虑到行政协议在拆迁补偿安置工作中的重要性，本书补充了最高人民法院为配合《最高人民法院关于审理行政协议案件若干问题的规定》施行而发布的10个参考案例。

需要着重指出的是，本次修订工作依然是京平律师集体智慧的结晶。无论是新案例的选择，还是新知识点的阐述，都是全体京平律师多年实战经验的积累、总结、提炼、深化与升华，亦不乏新生力量在资深律师传、帮、带之下完成的新作。其中，第一章第三节、第四节和第五节；第二章第二节、第三节和第五节；第三章第二节、第三节和第五节；第五章第三节、第四节和第五节；第七章第一节和第五节；第八章第一节第二、三、四项，第四节，第五节，第七节至第十一节，第十二节第一、四、五项，第十三节，第十八节至第二十二节等，以上罗列章节的部分相同或相似内容已见诸于京平律所的官方网站、京平官方微博、京平官方博客、京平官方知乎、京平微信公众号和微信视频号、京平抖音和京平快手等传统或新媒体形式之中。读者如对本部分的内容特别感兴趣，可以通过上述渠道作进一步了解，也可通过电话、电子邮件、微信公众号和微信视频号留言、抖音留言或快手留言等形式向京平律师进行咨询，以获得更全面、更专业和更及时的征收拆迁知识，最终能够更好地维护自身的合法权益。

图书在版编目（CIP）数据

拆迁维权实务及案例解析 / 赵健，刘春兴编著.
3版. -- 北京：中国法制出版社，2024.9. --（京平说拆迁系列）. -- ISBN 978-7-5216-4596-5

Ⅰ．D922.181.5

中国国家版本馆CIP数据核字第202416NV68号

策划编辑/责任编辑：黄会丽　　　　　　　　　　　　　　封面设计：李　宁

拆迁维权实务及案例解析
CHAIQIAN WEIQUAN SHIWU JI ANLI JIEXI

编著/赵健，刘春兴
经销/新华书店
印刷/三河市国英印务有限公司
开本/710毫米×1000毫米　16开　　　　　印张/ 24.75　字数/ 322千
版次/2024年9月第3版　　　　　　　　　　2024年9月第1次印刷

中国法制出版社出版
书号 ISBN 978-7-5216-4596-5　　　　　　　　　　　定价：86.00元

北京市西城区西便门西里甲16号西便门办公区
邮政编码：100053　　　　　　　　　　　　　传真：010-63141600
网址：http://www.zgfzs.com　　　　　　　　编辑部电话：010-63141784
市场营销部电话：010-63141612　　　　　　印务部电话：010-63141606

（如有印装质量问题，请与本社印务部联系。）